KB016521

나는 미디어 조작자다

: 여론 조작 전문가가 폭로하는
페이크 뉴스의 실체

나는 미디어 조작자다
: 여론 조작 전문가가 폭로하는 페이크 뉴스의 실체

초판 1쇄 펴냄 2019년 11월 15일
    2쇄 펴냄 2022년 3월 18일

지은이 라이언 홀리데이
옮긴이 한재호

펴낸이 고영은 박미숙
펴낸곳 뜨인돌출판(주) | 출판등록 1994.10.11.(제406-251002011000185호)
주소 10881 경기도 파주시 회동길 337-9
홈페이지 www.ddstone.com | 블로그 blog.naver.com/ddstone1994
페이스북 www.facebook.com/ddstone1994 | 인스타그램 @ddstone_books
대표전화 02-337-5252 | 팩스 031-947-5868

ISBN 978-89-5807-737-4 03300

나는 미디어 조작자다

여론 조작 전문가가 폭로하는 페이크 뉴스의 실체

라이언 홀리데이 지음 한재호 옮김

뜨인돌

목차

제1부 괴물에게 먹이 주기: 블로그는 어떻게 작동하는가

제2부 괴물의 공격: 블로그가 의미하는 것

'블로그'가 문제다!

: 미국 온라인 미디어에 대한
짧은 안내, 그리고
주요 매체(블로그) 소개

'블로그'는 본래 개인이 사적인 글을 올리는 웹사이트를 일컫는 말이지만, 이 책에서 지은 이는 온라인 미디어 업체, 올드미디어의 웹사이트, 소셜미디어 등을 통칭하는 데 사용하고 있다. 이는 현재의 미디어 환경, 특히 온라인상에서는 올드미디어든 블로그 기반 신생 미디어든 모두 같은 시스템 속에서 동일한 작동 방식에 따라 움직인다는 지은이의 생각에 기반하며, 블로그에서 시작한 온라인 미디어가 이미 주요한 언론으로 인정받은 현재 미국의 상황을 반영한다. 이 책에서 주로 다루는 블로그는 다음과 같다. (가나다순)

고커 Gawker

폭로성 기사를 주로 다루며 빠르게 성장한 블로그 기반 온라인 뉴스 사이트. 한 때는 영미권 언론 중 가장 많은 트래픽을 기록하며 승승장구했지만, 프로레슬링 선수 헐크 호건의 성관계 동영상을 공개한 일로 3100만 달러의 배상금을 지불하고 2016년 파산하였다.

데드스핀 Deadspin

스포츠 분야 전문 블로그로, 경기 결과뿐 아니라 스포츠 업계 안팎에서 일어나는 다양한 일들을 기사로 다룬다. 무뚝뚝하고 직설적인 문체가 특징이다.

데일리 비스트 The Daily Beast

정치와 대중문화를 주로 다루는 블로그. 기계적인 중립에 치우치지 않되, 중간자적인 입장에서 상반된 의견과 주장을 정리하는 특유의 기사 작성 스타일로 유명하다.

드러지 리포트 Drudge Report

뉴스 모음 웹사이트. 정치·연예·사회 분야의 기사들을 선별하여 헤드라인을 다시 달고 링크를 걸어 독자에게 제공한다. 자체적으로 취재 및 보도 활동을 하기도 하며, 클린턴 전 대통령의 성 추문을 최초 보도하며 유명해졌다.

미디엄 Medium

트위터의 공동 설립자 에번 윌리엄스가 만든 웹사이트. 트위터의 글자 수 제한에서 벗어나 아마추어와 전문가가 뒤섞여 자유롭게 글을 쓰는 플랫폼을 지향하며 만들어졌다.

버즈피드 BuzzFeed

가십성 콘텐츠를 제작하고 포스팅하는 뉴스·연예 전문 매체. 진보적이고 개방적인 성격을 띠고 있으나, 어떤 사안이든 여성·인종·종교·정치 문제로 환원시켜 문제의 본질을 놓친다는 비판을 받기도 한다. 20~30대의 젊은 연령층을 주 대상으로 한다.

보잉 보잉 Boing Boing

기술, SF, 전자기기, 미술, 정치 등의 주제를 주로 다루는 블로그. 특히 2000년대 초반에 그 영향력이 두드러졌다.

복스 Vox

2014년 설립된 인터넷 언론 매체로, 중산층 이상의 교육 수준이 높은 사람들을 대상으로 한다. 리버럴한 논조를 가지고 있으며, 단순히 사건 자체에 대해서 보도하는 게 아니라 상황 판단에 필요한 추가적인 정보를 자세히 제공하는 기사 스타일이 특징이다.

브라이트바트 뉴스 Breitbart News

2007년, 앤드루 브라이트바트에 의해 설립되었다. 자칭 대안우파(Alt-Right)로, 극우적인 논조로 유명하다. 보수 진영, 반페미니스트, 인종주의 집단을 결집시켜 트럼프가 대통령이 되는 데에 커다란 역할을 했다고 평가받는다.

비즈니스 인사이더 Business Insider

경제 분야를 전문으로 2007년 창간된 인터넷 언론. 현재는 「블룸버그」, 「마켓워치」와 비견될 정도로 성장하였다. 중국어, 프랑스어, 독일어 등 총 8개 국어로 서비스를 제공하고 있다.

살롱 Salon.com

정치·시사·문화·기술 등 생활을 둘러싼 전방위적인 주제들에 대한 기사를 게시하는 블로그. 진보적이고 리버럴한 경향을 띠고 있다.

슬레이트 Slate

1996년 만들어진 온라인 매거진. 정치·시사·문화 분야에서 일어나는 일들을 주로 다룬다. 짧고 논쟁적인 기사를 주로 게시하며, 정치적으로는 리버럴한 경향을 보인다.

시킹 알파 Seeking Alpha

주식, ETF, 투자 전략 등을 주로 다루는 투자 분야 전문 웹사이트. 각 개인이 주식 뉴스와 시세 분석 및 투자 전략 등에 대한 글을 자유롭게 올릴 수 있다.

어니언 The Onion

미국의 대표적인 풍자 언론사. 주간지로 시작해 인터넷으로 영역을 넓혔으나, 현재는 수익성 악화를 이유로 종이 신문을 폐간하였다.

엔가젯 Engadzet

「기즈모도」의 에디터이자 공동 설립자인 피터 로하스가 만든 IT 전문 미디어. 한때 한국어로도 서비스를 실시했으나 2019년 현재는 서비스를 중단하였다.

제저벨 Jezebel

"여성을 위한, 연예·섹스·패션을 다루는 왜곡 없는 블로그"를 표방하는 웹사이트. 2007년 고커 미디어에서 만들었다. 설립 당시 편집장이었던 애나 홈스는 「제저벨」의 운영 원칙 중 하나로 '여성 체중에 대한 차별적이고 혐오적인 표현을 피하는 것'을 언급한 바 있다.

테크크런치 TechCrunch

스타트업 및 테크놀로지 분야를 전문으로 하는 블로그. 최초로 테크놀로지 분야를 전문적으로 다룬 웹진 중 한 곳으로 꼽힌다.

폴리티코 Politico

정치 분야 전문 언론사로, 2007년 창간되었다. 인터넷 신문으로 시작하였으나 현재는 일간지, 격월간지, 팟캐스트 방송 등도 발행하고 있다. 2019년 2월에 있었던 2차 북미회담의 날짜와 장소를 가장 먼저 속보로 내보내기도 했었다.

허핑턴 포스트 Huffington Post

미국의 언론인 아리아나 허핑턴이 창간한 인터넷 언론. 영어권 언론사 가운데 가장 높은 트래픽을 기록하고 있다. 가장 성공한 인터넷 신문이지만 칼럼니스트에게 원고료를 미지급하는 정책, 사람들의 주목을 끌기 위한 특유의 헤드라인 등으로 비판받는다. 2017년에 '허프 포스트'로 제호를 바꾸었다.

TMZ

연예계 가십 전문 웹사이트. 수차례의 할리우드발 특종 보도들로 유명해졌다.

일러두기

1. 약물 체제
- 직접 기사를 생산하는 신문, 잡지, 온라인 매체('블로그' 포함) 등 언론의 제호는 「 」로 표시했다.
- 언론의 기사를 편집해 게재하는 온라인 사이트는 ' '로 표시했고, 언론사를 비롯한 주요 미디어 관련 업체 이름도 ' '로 표시했다.
- 도서와 문학 작품의 제목은 《 》로 표시했다.
- 방송 프로그램과 예술 작품 제목은 〈 〉로 표시했다.

2. '기자' 호칭
- 본격 언론 매체의 취재기자 및 편집기자뿐 아니라, 이 책에서 '블로그'라 칭하는 온라인 매체의 기고자(writer)도 '기자'로 옮겼다. 단, 원서에서 블로그 기고자를 'blogger'라 칭한 경우, 이를 살려 '블로거'로 옮겼다.
- 원문의 'journalist'는 문맥에 따라 '저널리스트' 또는 '언론인'으로 옮겼다.

3. 주석
- 각주와 미주는 모두 지은이가 작성한 것이다.
- 옮긴이주는 본문 해당 부분에 괄호로 표시하여 적고 '—옮긴이'라고 표시했다.

머리말

나보다 훨씬 똑똑한 어떤 이가 일찍이 말한 바에 따르면, '사기 (racket)'란 '보통 사람들 눈에는 보이지 않는 것'이며, 사기가 벌어질 때는 소수의 내부자만이 실상을 알고, 그들은 근본적으로 소수를 위해 다수를 희생시킨다.[1] 내가 이런 서술을 본 것은 이 책을 집필하고 출간한 뒤였다. 나는 이 책에서 '사기'란 단어를 무심코 몇 번 사용했을 뿐이지만, 지금은 내가 드러낸 사기의 규모를 이 책이 불러일으킨 반응에 근거해서 이해하고 있다.

위에서 언급한 서술은 현대 미디어 시스템을 정확히 규정한다. 현대의 미디어 산업은 '인식'과 '현실'의 차이를 활용하는 것에 기초를 두고 있다. 즉 현대 미디어는 우리가 한때 저널리즘으로 분류했던 양질의 뉴스를 생산하는 척하지만, 그것을 규정하는 기준이나 관례는 전혀 준수하지 않는다. 온라인 미디어 업체는 아주 신속하게 글을 써내야 한다. 그 때문에 어느 업체든 일을 제대로 할 여력을 지니고 있지 못하다. 하지만 시스템 전체가 무너지기 전까지는 아무도 이 사실을 받아들이지 않을 것이다.

슬슬 사기 치는 것처럼 들리기 시작하는가?

최근 들어 증거가 쌓이고 있다. CBS 회장은 어느 공식적인 자리에서, 도널드 트럼프의 당선이 "미국에는 좋지 않겠지만 CBS에는 더럽게 좋은 일이다"라고 말했다. 백인 우월주의자인 리처드 스펜서는 어떻게 '자기 운동을 밈(meme, 온라인상에서 유행하는 콘텐츠 등 문화 요소―옮긴이)으로 만들어서 존재하게 했는지'를 기자들에게 공공연히 말했다(그리고 기자들은 스펜서가 그 사실을 말한 뒤에도 계속 그에 대해 보도했다). 터무니없는 극좌 극우 이념 뉴스로 페이스북을 뒤덮는 '가짜 뉴스' 페이지 중 상당수가 동일한 회사의 소유라는 것이 밝혀졌다. 「고커Gawker」의 한 편집자는, 사실이라고 믿기에 딱 좋은 소문을 포스팅하지 않는다면 "트래픽이 뚝 떨어질 것"이라는 트윗을 올리기도 했다. 또 다른 「고커」 편집자는 내게 엉터리 기사를 전한 뒤에 뜻밖에도 이 바닥 전체가 '프로레슬링'이라고 말했다.◆ 이런 사례들은 미디어가 사람들을 희생시키는 소수에 의해 운영되는 뻔뻔하고 부패한 시스템임을 보여준다. 이쯤에서 이런 질문이 들 것이다. 내가 사실을 폭로하는 자라면, 미디어를 조작하는 자는 누구인가?

2011년 말 출판사와 이 책에 대해 논의하기 시작했을 때, 나는 미디어 비평 서적을 내려는 게 아니라고 말했다. 교수나 외부인이 쓰는 비평서는 얼마나 재치 있고 통찰력이 있든, 문제를 수박 겉 핥기

◆ 「고커」는 한 프로레슬링 선수가 도둑맞았던 섹스 테이프를 공개했다가 1억 달러 규모의 청구 소송을 당했는데, 이에 대해서는 나중에 더 자세히 다룰 것이다.

식으로 다룰 뿐이다. 나는 다른 것을 할 수 있겠다는 생각이 들었다. 나는 온라인 마케팅과 뉴스 시장에 존재하는 최악의 관행을 폭로하는 최초의 배신자가 될 수 있었다. 왜냐면 내가 그 시스템 중 다수를 창조하고 완성했기 때문이다.

나는 이 책 한 권으로 미디어 시스템과 대중, 양쪽 모두에 강력한 충격을 주기로 결심했다. 나는 커튼을 찢어버리고 누구든 자기가 본 것을 외면하지 못하게 할 작정이었다.

이 결정으로 인해, 여러분이 읽게 될 이 책은 이 바닥에 충분히 질렸다고 생각한 나조차도 경악게 하는 결과를 낳았다. 물론 내 예상은 냉소적이고 비관적이었다. 그러나 이 책이 출간된 지 5년 이상 지난 지금, 상황은 내가 생각했던 것보다 훨씬 더 심각하다.

출판사와 이 책에 대해 논의하던 초기에, 나는 마이클 루이스의 《라이어스 포커Liar's Poker》(마이클 루이스가 1980년대 월 스트리트 문화를 직접 체험하고 쓴 비판적인 회고록)가 월 스트리트에 취직하라고 부추기는 책으로 세간에 자주 거론되는 것이 흥미롭다고 생각했다. 그리고 내가 쓸 이 책(미디어 조작에 대한 내 경험을 바탕으로 미디어 시스템을 폭로하는 회고록)도 그 책과 비슷한 궤도를 그릴지도 모른다는 것을 늘 염두에 두었다. 하지만 세계에서 가장 명망 높은 미디어 업체를 속여서 자기 회사가 보도되게 하는 데 이 책을 이용했다는 사람들로부터 연락을 받으리라고는 미처 예상하지 못했다. 이 책을 학생이나 신입 사원의 필독서로 지정했다며 저널리즘 교수, 스타트업 기업, 미디어 회사로부터 연락 받을 줄은 몰랐다. 리얼리티 프로그램 스타 출신의 나사 하나 빠진 미치광이가 대통령이 되게 도운 사람들이 내 책의 영향력을 언급할 줄은 꿈에도 몰랐다.

내가 이 책에서 했던 말이 결국 맞은 셈이다. 그래서 소감이 어떠냐는 질문도 많이 받았다. 그 질문에 답하려면 이 책에 영감을 준 천재적인 문화 비평가 조지 W. S. 트로George W. S. Trow의 글을 인용하는 수밖에 없다.

필연적으로 나쁜 것이 승리할 것임을, 혹은 일시적으로 승리할 것임을 맞혔다면, 그것이 맞았다 한들 뭐가 즐겁겠는가?

예를 하나 들어보겠다. 이 책을 출간할 때 나는 상황이 얼마나 심각한지 증명하기 위해, 기자와 '전문적인' 정보원을 연결해준다고 주장하는 '헬프 어 리포터 아웃Help a Reporter Out'이라는 서비스를 활용해서 사람들의 이목을 끄는 쇼를 연출했다. 이런 서비스가 얼마나 터무니없고 오용되기 쉬운지를 증명하고 싶었던 것이다. 나는 이 사이트 운영진이 트위터에 올리는 '긴급 질문'을 비롯하여 이 사이트에 올라오는 모든 질문에 가능한 한 많이 답했는데, 마감 시간이 임박할수록 그 답변이 훨씬 잘 인용되리라 짐작하고 있었다. 그 결과 나는 아는 바가 전혀 없는 주제의 전문가로 CBS, MSNBC, ABC 뉴스, 「로이터Reuters」에 인용됐다. 나중에는 나를 대신해 내 조수가 기자들에게 인용할 말을 제공했고, 그것이 「뉴욕 타임스The New York Times」의 (역시 내가 완벽히 문외한인) LP 레코드판에 대한 특집 기사에 실렸다.

그 뒤에 내가 이 모든 일이 어떻게 일어났는지 폭로하자 거의 모든 주요 미디어 업체가 격노하고 대경실색했다. 하지만 이 사건으로 치부가 드러나 당황했던 「뉴욕 타임스」는 기자들에게 '헬프 어 리포터 아웃'의 이용을 금지시킬 수 있었음에도 그러지 않았다.

이들은 내 비판에 귀를 기울였어야 한다. 「뉴욕 타임스」는 이후 5년 동안 댄 나이넌이라는 밀레니얼 세대 코미디언의 말을 여섯 번이나 인용했다. 「포브스Forbes」, 「시카고 트리뷴Chicago Tribune」, 「비즈니스 인사이더Business Insider」, 「월 스트리트 저널The Wall Street Journal」, 「포춘Fortune」, CNN 등도 마찬가지였다. 그런데 문제가 하나 있었다. 뭘까? 댄은 밀레니얼 세대 코미디언이 아니라 그냥 거짓말쟁이였다. 진짜 나이는 55세였다. 그는 미국의 거의 모든 미디어 업체를 속였다. 그가 선택한 수단은? 헬프 어 리포터 아웃.

이 사건을 헬프 어 리포터 아웃의 창업자 면전에서 밝히는 것이 내게 즐거운 일이었으면 좋겠다. 그는 방송에서 나를 악당이라고 맹비난하며 화를 냈는데, 그러다 동맥이 터지는 건 아닐까 하는 생각이 들 정도였다. 이런 경우에, 내가 옳다는 사실은 나를 슬프고 두렵게 할 뿐이다.

미디어 업계 종사자들은 미디어가 사회와 민주주의에서 담당하는 필수적인 역할에 대해 곧잘 말한다. 그들이 옳다. 하지만 그들은 자기 일을 하지 않는다. 사실 그들은 미디어 조작자와 마케터처럼 이 문제의 일부이며, 어쩌면 훨씬 더한 존재인지도 모른다.

당신이 이 책을 읽을 때면 이 책이 출간된 게 먼 옛날인 듯 느껴질지도 모른다. 첫 출간 당시 이 책은 논란을 불러일으켰으며, 그건 내가 의도한 바였다. 나는 이 책이 소음을 뚫고 나아가려면 책 안에 있는 모든 것이 차별화돼야 하고, 이 책 안에 담긴 생각이 증명돼야 한다는 것을 알았다. 이를 위해 정당한 방법만을 사용하지는 않았지만 나는 내 목적을 분명히 달성했다. 유명 인사가 모든 것을 털어놓는 책이라는 정보를 흘리자 인터넷 매체들은 확인도 하지 않고 그걸 물었다. 내가 받은 선인세를 두 배로 부풀려서 발표했지만 아무도 팩트 체크를 하지 않았다. 나는 인기 있는 저널리스트들로 하여금 이 책을 맹비난하게 만들었고, 그들의 분노를 이용해서 책을 더 팔았다.

나는 미디어 조작이 만연한 현실과 그 위험성에 대한 경고를 퍼뜨리기 위해, 이 책에서 말한 모든 조작 전략을 사용했다. 또한 이 경고가 되도록 많은 사람에게 가닿도록 아래서부터 미디어 사슬을 타고 올라갔다. 작은 온라인 블로그에서 시작된 보도는 결국 말레이시아의 라디오 방송을 거쳐 「르몽드Le Monde」에까지 이르러 전 세계에서 반향을 일으켰다. 공영 라디오 방송국 NPR에서 「뉴욕 타임스」의 '에디터 노트Editor's Notes'(정보에 문제가 있다는 것이 드러나자 그들은 내게서 인용한 부분을 삭제했다)²를 거쳐 「포브스닷컴Forbes.com」에서 엄청나게 인기를 끈 기사(조회수 16만 5000)에 이르기까지, 이 책은 사방에서 눈에 띄었다.

이 모든 것의 목적은 단순한 자기 홍보가 아니었다. 나는 내가 말한 바대로 할 수 있음을 증명하고 싶었다. 또한 미디어 시스템이 너무나 취약해서 그 의도가 뻔히 보이는 사람조차도 시스템을 마음대로 주무를 수 있다는 것을 증명하고 싶었다.

물론 내가 계획하지 않은 일도 일어났다. 나는 마케팅을 통해 괴물에게 먹이를 주고 있었다. 통제권을 쥐고 있다고 생각한 순간에 명치를 얻어맞는다. 무언가가 생각대로 되지 않고 예상치 못한 일이 일어나면, 그다음에는 어느 틈엔가 원치 않게 '야후!'의 1면을 장식하는 사태를 맞게 된다.

통제 불능의 상태에 빠지는 것은 순식간이었다. '허세남'에서부터 '거짓말하는 얼간이', '뼛속까지 사기꾼' 그리고 '트롤(온라인상에서 근거 없는 루머나 악의적인 글을 올려 사람들에게 불쾌한 감정을 자아내고 불필요한 논쟁을 불러일으키는 자를 일컫는 말—옮긴이)'까지, 수많은 악담이 나와 내 책에 쏟아졌다. 한 블로거는 내게 "개소리를 한다"고 비난했고, 또 다른 영향력 있는 PR 작가는 내가 "업계 전체를 망치고 있다"고 주장했다. 포드 사의 소셜미디어 책임자 스콧 몬티는 내 책을 쓰레기통에 넣은 사진을 트위터에 올렸다. 한 인터뷰에서 기자가 내게 이렇게 말한 게 기억난다. "가짜 전문가 행세로 이목을 끈 일은 당신 부고 기사에도 들어갈걸요." 그렇게 까마득한 미래를 생각해본 적은 없었다. 난 스물다섯 살이었으니까.

다음은 지난 몇 년 동안 일어난 예상 밖의 일이다. 어떤 건 재미있었고 어떤 건 아니었지만, 내 주장을 입증해주기는 매한가지다.

- 새 아파트를 임대할 때, 내 책의 (가짜) 선인세에 대한 기사를 주인에게 보내는 것으로 신용 평가를 건너뛰었다.
- 책을 출간하기 훨씬 전에 누군가 내 책의 제안서를 「뉴욕 옵서버The New York Observer」에 유출해서, 시작하기도 전에 이 책의 마케팅을 망치려 했다.
- 많은 온라인 매체가 내 책과 관련해서 민망한 오류를 범하고도 바로잡기를 거부했다. 책을 읽지 않고 비난과 비판을 하는 이들도 있었다.
- 내 고객 중 한 명이 연관된 소송의 합의가 지연됐는데, 이는 내가 이 '진실을 까발리는 책'에서 폭로하리라고 추정되는 무엇인가를 우려했기 때문이다.
- 내가 책에서 강하게 비판한 「비즈니스 인사이더」는 자신들을 변호하

는 대신, 열두 장짜리 카드 뉴스를 통해 나를 거짓말쟁이로 묘사했다.

- 내가 출간한 책들은 꽤 잘 팔려서 전부 「뉴욕 타임스」 베스트셀러 목록에 올랐지만, 「뉴욕 타임스」는 내가 이 책에 나오는 실험으로 그들을 당혹스럽게 만든 것에 대해 보복을 하지는 않았다.

- 세계에서 가장 악명 높은 미디어 트롤 몇몇에게서 이메일을 받았는데, 그중에는 이른바 '대안우파'의 구성원도 있었다. 그들은 내 책이 자기들의 바이블이며, 여기 나온 방법을 활용해서 사람들의 관심을 끈다고 했다(《라이어스 포커》 사례의 반복).

- 나는 이 책이 나를 마케팅 세계에서 이탈하게 할 것이라고 생각했다. 하지만 오히려 이 책은 내가 감당할 수 없을 만큼 많은 자문과 조언 역으로 나를 이끌었다.

- 마지막으로, 나는 나이를 먹었고 세상(과 권력, 사람들, 조직)을 더 많이 겪었다. 이로 인해 이 책 내용의 일부와 나 자신의 글을 바라보는 관점이 바뀌었다. 나는 내가 했던 어떤 행동이나 말에 대해서도 사과하지 않을 것이다. 심지어 가장 민망하게 여기는 순간에 대해서도. 하지만 그 모든 것을 자랑스럽게 여기는 건 분명히 아니다. 20대 초반과 30대의 관점이 어떻게 같을 수 있겠는가? 그래서 나는 그 경험에 맞게 이 책을 개정했다.

내 접근법에 명백한 실수가 하나 있었다는 걸 인정해야겠다. 나는 냉소적이었지만 한편으로는 지나치게 낙관적이어서, 시스템이 실제로는 나의 메시지를 들을 능력이나 욕구를 지녔을 거라고 생각했다. 많은 미디어가 기꺼이 내 책을 보도했고, 그들을 위해 내가 창출한 페이지뷰를 게걸스럽게 먹어치웠다. 하지만 문제에 대해 그들이 실제로 행동하게끔 하는 것은 훨씬 더 어려운 일이었다. 업턴 싱클레어(미국의 소설가 겸 사회운동가. 사회주의적 경향의 작품 활동을 했으며, 대표작으로 《정글》이 있다.—옮긴이)는 "누군가에게 뭔가를 이해시키는 것은, 그걸 이해하지 않는 것에 그의 봉급이 달려 있는 한 어려운 일이다"라고 말했다. 하지만 나는 이 문제를 그런 식으로 보지 않았다. 만약 그런 식으로 생각했다면 훨씬 덜 놀랐을 것이다. 순진하게 보일지도 모르지만, 나는 모든 사람의 이목을 끌고 문제를 제대로 드러내기만 하면 뭔가가 변하리라고 생각했다. 내 방법이 전통적이지 않고 사람들이 불편해하리라는 것은(앞서 말했듯이, 그래야만 했다) 알았지만, 무엇보다 내 폭로가 큰 영향을 미치기를 바랐다.

이 책에 쓴 모든 내용이 내가 실제로 겪은 일에 기초함에도 동료들이 "라이언, 그건 아니지. 그렇게 심각하지는 않아"라고 말할까 봐 속으로 늘 노심초사했다. 어쩌면 그들이 내게 아전인수식으로 생각하고 있다거나 냉소적이라고 말할지도 모르는 일이었다. 하지만 실제로는 아무도 그렇게 말하지 않았다. 업계 사람들이 보인 압도적 반응은 "라이언, 네가 말한 것보다 훨씬 더 심각해"였다.

단, 그들은 그런 말들을 사적으로만 건넸다. 이메일을 보내거나 파티에서 나를 따로 불러서 말했다. 그들 중 상당수가 공개적으로는 내 책을 비난하거나 헐뜯었다. 또는 내가 가장 두려워한 대로, 완전히 무시했다. 내 책이 확산되는 데 필요한 산소를 빼앗아간 것이다.

이 책이 낳은 반응이나 충격과는 무관하게, 나는 여러분이 이 책을 읽는다는 사실에 흥분된다. 나는 거대한 마음의 짐을 내려놓고 싶었을 뿐만 아니라, 소셜미디어 업계라는 전망 있는 분야의 입문서 역할을 할 책을 쓰고자 했다(이 업계에는 아직 '바이블'이 없는 것 같왔다). 내가 들은 바로는, 이제 많은 회사가 직원에게 이 책을 읽게 한다고 한다. 더 고무적인 것은 저널리즘 학교뿐만 아니라 수많은 블로그에서 기자와 학생에게 이 책을 읽으라고 권한다는 것이다. 이로써 이들은 조작을 알아채고 막는 방법을 알게 된다.

이 모든 것이 나를 위해, 그리고 미디어를 위해, 앞으로 어떻게 흘러갈지 누가 알겠는가? 여기서 더 나빠질 수 있을까? 과거의 나는 아니라고 말했지만, 지금 상황이 어떻게 됐는지 보라. 미래는 당신에게, 그리고 우리에게 달려 있다.

2017년 여름,
텍사스주 오스틴에서
라이언 홀리데이

광범위하고 성공적인 거짓말,
사실상 그것이 저널리즘의 피와 정액이다.
그런 거짓말을 제거하면, 저널리즘은 더는 존재하지 않는다.
—

제임스 에이지James Agee,
《이제 유명인을 찬양하자Let Us Now Praise Famous Men》

글을 시작하며

너그러운 사람이라면 내가 하는 일을 마케팅과 홍보 또는 온라인 전략과 광고라고 불러줄 것이다. 하지만 그런 말은 냉혹한 진실을 가리는 겉치레다. 솔직히 말하자면, 나는 미디어 조작자다. 사람들을 속이는 대가로 돈을 받는다. 언론 매체에 거짓말을 해서 그들이 당신을 속이도록 하는 게 내 일이다. 나는 베스트셀러 작가와 수십억 달러짜리 브랜드를 위해 속이고, 매수하고, 공모한다. 그리고 이를 위해 인터넷에 대한 내 지식을 악용한다.

단언컨대, 이런 짓을 하는 건 나 혼자가 아니다.

나 같은 사람들은 온라인에 포스팅된 글에 수백만 달러를 쏟아부어서 페이지뷰에 대한 저들의 어마어마한 욕구에 기름을 끼얹는다. 우리는 사람들의 페이스북 피드를 채우고 직장 동료와의 잡담거리가 되는 특종과 속보를 통제한다. 나는 전국에 블로거가 넘쳐나게 했고, 트래픽을 조작해서 그들이 수익을 올리게 했으며, 그들을 대신해 이야기를 만들었고, 그들의 이목을 끌기 위해 치밀한 계획을 세웠다. 심지어 그들의 가족을 고용하기도 했다. 내가 여태껏 패션 블로거들에게 보낸 기프트카드와 티셔츠는 조그만 나라의 주민들 전부를 입힐 만큼은 될 것이다. 왜 나는 이런 일을 했을까? 이것이 바로 나의 고객들이 원하는 것을 얻을 수 있도록 하는 최고의 방법이기 때문이다. 사람들의 주목 말이다. 나는 기자와 영향력 있는 이들을 뉴스의 소스로 만들기 위해, 즉 세계 최대의 미디어와 플랫폼을 통해 수백만의 사람들이 그들을 접하게 하기 위해 그렇게 했다. 나는 뉴스를 조작하기 위해 블로그를 이용했다.

그것이 내가 새벽 2시에 검은 옷을 뒤집어쓴 채 로스앤젤레스의 버려진 교차로에 있었던 이유다. 내 손에는 전날 이른 오후에 킨코스에서 프린트한 외설적인 스티커와 스카치테이프가 들려 있었다. 거기서 뭘 했을까? 나는 광고판을, 그것도 내가 디자인하고 사용료를 지불한 광고판을 훼손하고 있었다. 그런 일을 하게 될 줄은 몰랐지만 아무튼 나는 거기서 그 짓을 하고 있었다. 차량의 운전석에는 내가 구슬려서 공범이 된 당시의 여자 친구이자 미래의 아내가 앉아 있었다.

일을 끝낸 뒤, 우리는 주위를 돌며 그 광경을 우연히 목격한 것처럼 차창을 통해 사진을 찍었다. 광고판에는 60센티미터짜리 스티커가 붙어 있었다. 영화 제작자이자 내 고객인 터커 맥스의 성기가 날카로운 금속 갈고리가 달린 여성형 콘돔에 꿰어도 싸다는 내용이었다.

나는 집에 오자마자 에번 메이어라는 가명으로 유명 블로그 두 곳에 이메일을 보냈다. "어젯밤 집에 오는 길에 봤는데, 아마 3번가와 크레센트하이츠 대로 부근이었던 것 같아요. 로스앤젤레스도 터커 맥스를 싫어한다는 걸 알게 돼 기쁘네요." 이렇게 적고 사진을 첨부했다.

한 곳에서 답신을 보내왔다. "장난치는 거 아니죠?"

난 아니라고 했다. "믿으세요, 거짓말 아니니까…."

광고판을 훼손하고 사진이 보도되게 한 것은 〈아이 호프 데이 서브 비어 인 헬I Hope They Serve Beer in Hell〉(터커 맥스가 쓴 동명의 책을 바탕으로 만들어진 코미디 영화. 여성들과의 잠자리를 인생의 목표로 삼은 주인공이 결혼을 앞둔 친구를 속여 스트립 클럽에 가며 벌어지는 하룻밤 동안의 이야기를 다룬다. 여성 혐오적인 내용으로 큰 논란을 빚었다. ―옮긴이)이라는 영화를 위한 자극적인 홍보의 일부였다. 터커는 이 영화를 둘러싸고 논란이 벌어지게 해달라고 주문했고, 난 그렇게 했다. 어려울 게 없었다. 내가 커리어 내내 해온, 특별할 것 하나 없는 일이었다. 하지만 이 일은 사람들 눈에 보이지 않는 미디어 시스템의 일부를 드러낸다. 바로 뉴스가 마케터의 손에서 만들어져 퍼져나가는 방식, 그리고 아무도 그것을 막으려 하지 않는다는 사실을 말이다.

돈 한 푼 들이지 않았지만 2주도 채 되지 않아 전국의 대학에서 수천 명의 학생이 영화 상영에 반대하는 시위를 벌였고, 각지의 성난 시민들은 자기 동네에 있는 광고판을 훼손했다. 「폭스뉴스닷컴FoxNews.com」은 이 반발을 1면 기사로 냈고, 「뉴욕 포스트New York Post」는 가십 섹션인 '페이지 식스Page six'에서 처음으로 터커에 대해 다루었으며, 운송 회사인 '시카고 트랜싯 오소리티'는 자사 버스에서 이 영화 광고를 금지하고 광고물을 떼어냈다. 영화가 개봉하는 주에는 「워싱턴 포스트Washington Post」와 「시카고 트리뷴」에 영화를 비난하는 사설이 실리며 이 모든 일에 방점을 찍었다. 이 사건은 몇 년 뒤 〈포틀랜디아Portlandia〉라는 드라마의 소재로 쓰이기까지 했다. 터커에 대한 사람들의 분노는 그만큼 엄청났다.

이제 이 한바탕의 소동이 본질적으로 가짜였다는 사실을 시인해도 괜찮을 것 같다.

나는 광고를 고안하고 구매하고 전국에 설치한 뒤, 바로 전화를 걸어 광고에 대한 익명의 항의를 남겼다(그리고 그 사실을 여러 블로그에 알리고 지지를 구했다). 나는 각 대학의 성소수자 및 여성 인권 단체에 그들이 있는 지역에서 영화가 상영될 거라고 경고하고, 그들이 극장에다 이 불쾌한 영화를 상영하는 것에 항의하도록 미끼를 던졌다. 저녁 뉴스에서 이 사건을 다루리라는 것을 나는 알고 있었다. 난 페이스북에서 불매운동을 시작했다. 가짜 트윗을 올리고 온라인 기사에 댓글을 달았다. 심지어 시카고의 어떤 콘테스트에서는 훼손된 영화 광고의 사진을 첫 번째로 보낸 사람으로 뽑히기도 했다. (시카고 「레드아이RedEye」, 공짜 티셔츠 고맙습니다. 아, 그리고 그 사진은 뉴욕에서 찍었습니다.) 터커가 촬영장 안팎에서 기행을 벌였다는 말도 안 되는 이야기를 지어내서 가십 웹사이트에 뿌렸더니, 이들은 또 신이 나서 그걸 그대로 포스팅했다. 나는 페미니즘을 다루는 사이트에 반여성적인 광고를 올리고 기독교 웹사이트에 반종교적인 광고를 올리는 데 돈을 지불했는데, 언론 매체들에서 그 일에 대한 기사를 쓰리라는 것을 알았기 때문이다. 때로는 그냥 각 사이트의 스크린숏 이미지에다 포토샵으로 광고를 합성하기도 했는데, 그러자 실제로 게재된 적 없는 광고에 대한 보도가 나가기도 했다. 이 악순환은, 사상 처음으로 자신이 만들어낸 비판 여론에 자신이 답하는 보도 자료를 발표하며 끝났다. 제목은 '터커 맥스가 시카고 트랜싯 오소리티의 결정에 응답하다: "엿 먹어"'였다.

안녕, 언론의 호들갑? 안녕, 「뉴욕 타임스」 베스트셀러 1위!

나는 연줄과 돈, 선례 없이 이 일을 해냈다. 블로그가 구성된 시스템(조회수에 따라 보수를 받는 것에서부터 게시물이 독자의 주목을 끌도록 쓰여야 하는 것까지) 때문에 이 모든 것이 너무나 쉬웠다. 이 시스템은 내가 생산하는 종류의 자료를 먹어치운다. 내가 만들어낸 조작된 자료가 언론에서 재생산되는 동안 사람들은 그것을 믿기 시작했고, 그것이 곧 진실이 됐다.

당시 나는 도발적인 이미지와 파격적인 상술로 유명한 의류 회사 '아메리칸 어패럴'의 마케팅 책임자였다. 그러면서 내 마케팅 회사 '브래스 체크Brass Check'를 설립하는 방향으로 나아가고 있었다. 브래스 체크는 책을 수백만 권씩 팔아치우는 작가에서부터 자산이 수억 달러나 되는 사업가에 이르기까지, 유명 고객들을 위해 홍보용 스턴트(이목 끌기 기법―옮긴이) 마케팅 술수를 기획하는 회사다. 나는 이들을 위해 뉴스를 창조하고 빚어냈다.

보통은 그냥 단순한 사기다. 누군가 내게 돈을 지불하면 난 그들을 위해 이야기를 날조한 뒤 그것이 미디어 사슬을 타고 위로 올라가게 한다. 즉 작은 블로그에서 시작해 지역 뉴스 방송과 '레딧Reddit', 「허핑턴 포스트The Huffington Post」, 주요 신문, 케이블 뉴스를 거쳐, 결국 '가짜'가 '진짜'가 될 때까지 위로 올라가게 하는 것이다.◆ 때로는 이야기를 심는 것으로 시작하고, 때로는 보도 자료를 내거나 친구에게 부탁해서 새로운 이야기를 그들의 블로그에 띄운다. 문서를 유출하기도 한다. 어떤 때는 문서를 조작해서 유출한다. 위키피디아 페이지를 훼손하는 것에서부터 값비싼 바이럴 동영상을 제작하는 것까지, 사실상 뭐든지 가능하다. 이 연극은 어떻게 시작되든 결과가 같다. 즉 인터넷 경제는 대중의 인식을 바꾸기 위해, 그리고 상품을 팔기 위해 악용된다.

이 세계에 들어왔을 때 나는 결코 순진한 아이가 아니었다. 나는 온라인에서 자랐고, 모든 커뮤니티에 트롤과 사기꾼이 존재한다는 것을 알았다. 많은 사람처럼 나도 여전히 웹 신봉자였다. 나는 웹이 능력 위주의 사회이고 일반적으로 좋은 것이 위쪽으로 올라간다고 생각했다. 하지만 여러분도 미디어 세계의 뒷골목에서 오랜 시간을 보내며 손쉬운 속임수에 속아 넘어가는 미디어가 정치나 문화에 대한 문제를 진지하게 보도하는 것을 지켜보다 보면, 이런 순진함에서 벗어나게 될 것이다. 그리고 희망이 냉소로 바뀔 것이다.

이 모든 것이 무너진 순간을, 모든 것이 거대한 사기라는 것을 깨달은 순간을 정확히 집어낼 수 있으면 좋겠지만 그럴 수 없다. 내가 아는 것이라고는 결국 내가 그 일을 했다는 것뿐이다. 내가 이 책을 쓰게 된 건 궁극적으로 그 때문이다.

나는 일을 하면서 온라인 미디어의 경제와 생태를 깊이 연구했다. 사용되는 기술에서부터 사용자의 성격에 이르기까지. 그것이 작동하는 방식뿐만 아니라 이유까지 이해하고 싶었다. 나는 내부자로서, 학자와 전문가와 저널리스트는 결코 직접 볼 수 없는 것들을 목

◆　여기서 '진짜'라는 것은 사람들이 그것을 믿고 그에 따라 행동하는 것을 의미한다. 나는 인터넷이라는 사회기반시설이 날조된 헛소리를 광범위한 분노로, 그다음에는 행동으로 바꿔놓는 데 악용될 수 있음을 말하고자 하는 것이다. 이런 일이 날마다 일어난다. 하루도 빠짐없이.

격했다. 미디어 발행인들은 나와 대화하기를 좋아했는데, 내가 수백만 달러의 온라인 광고 예산을 통제했기 때문이다. 그들은 놀랄 만큼 솔직했다.

나는 이 정보 조각들 사이에서 연결 고리를 만들고 역사의 패턴을 보기 시작했다. 발행된 지 수십 년씩 된 책들에서, 근래 들어 다시 발생한 언론의 허점에 대한 비판을 발견했다. 블로거가 뉴스(그리고 가짜 뉴스)를 전하면서 기본적인 규칙을 어기거나 무시하는 것을 지켜봤다. 온라인 언론의 체계가 대체로 불완전한 가정과 이기적인 논리에 기초한다는 것을 알고 난 뒤, 나는 그들보다 한 수 앞설 수 있겠다고 생각했다. 이 앎은 나를 두렵게 함과 동시에 대담하게 만들어주었다. 고백하건대, 나는 이 지식을 공익에 반하는 나 자신의 이익을 위해 사용했다.

연구 과정에서 발견한, 잘 알려지지 않은 그림 하나가 내 머릿속을 떠나지 않는다. 지금은 폐간된 「레슬리 삽화 주간신문Leslie's Illustrated Weekly Newspaper」에 1913년 실린 뒤 오랫동안 회자된 시사만화 한 컷이다. 알게 된 바에 따르면, 그 만화는 한 사업가가 자기 앞에 위협적으로 서 있는, 팔이 여러 개 달리고 송곳니를 드러낸 거대한 괴물의 입에 동전을 던지는 모습을 그리고 있다. 주변 도시를 파괴하는 그 촉수 같은 팔에는 각각 '증오 양성', '사실 왜곡', '노동자를 격앙시키는 싸구려 감상'과 같은 문구가 새겨져 있다. 이 남성은 광고주고, 입을 벌리고 있는 괴물은 살아가기 위해 그의 돈을 필요로 하는 악의적인 황색신문인 것이다. 그림 아래에는 〈괴물에게 먹이를 주는 바보〉라는 제목이 붙어 있다.

왜인지 모르겠지만 나는 한 세기 전의 이 그림을 찾아야겠다고 생각했다. 그걸 찾기 위해 에스컬레이터를 타고 유리로 덮인 중정을 통과해 로스앤젤레스 공공도서관의 중심부로 들어갔다. 그때 문득, 내가 단지 희귀한 옛 신문을 찾고 있는 게 아니라는 생각이 들었다. 나는 나 자신을 찾고 있었다. 나는 '바보'가 누구인지 알았다. 바로 나였다.

중독증 극복 모임에 참여하는 사람들도 괴물의 이미지를 경고의 표시로 사용하곤 한다. 현관에서 소포를 발견한 한 남자가 있다. 안에는 강아지처럼 귀여운 작은 괴물이 들어 있다. 그는 그 괴물을 키운다. 먹이를 줄수록 녀석은 더 커지고 더 많은 먹이를 요구한다. 남자가 불안을 짐짓 무시하는 동안 녀석은 더 크고 더 위협적이고 더 많이 요구하고 더 예측할 수 없게 된다. 그러던 어느 날, 그는 같이 놀던 도중 괴물의 공격을 받아 거의 죽을 뻔한다. 자신이 감당할 수 있는 수준을 넘어섰다는 깨달음이 너무 늦게 찾아온 것이다. 남자는 통제권을 잃고, 괴물은 자기 자신의 삶을 얻는다.

괴물 이야기와 내 이야기는 아주 비슷하다. 한 가지 다른 점은, 내 이야기의 괴물, 즉 내가 먹이를 주고 통제한다고 생각했던 것은 약물이나 황색신문이 아니라 훨씬 더 거대하고 현대적인 '미디어'라는 멋진 신세계라는 사실이다. 나는 그 세계에서 호화롭게 잘살았으며, 그것이 더는 전과 같아 보이지 않을 때까지 그것을 믿었다. 많은 일이 있었다. 그에 대한 내 책임이 어디에서 시작하고 어디에서 끝나는지 모르겠지만, 그 사건들에 대해 말할 준비가 되었다.

나는 블로그를 통해 거짓된 인식을 만들어냈고, 이 인식은 나쁜 결론과 잘못된 결정으로, 즉 사람들에게 영향을 미치는 진짜 세계의 진짜 결정으로 이어졌다. 고객의 블로그를 홍보하기 위해 고객이

악행이나 기행을 저질렀다는 유언비어를 지어내 장난스레 퍼뜨리자 '유명 강간범'과 같은 표현이 그 뒤를 따랐다. 아메리칸 어패럴은 논란을 불러일으키기를 즐기는 CEO에 질려버려서 결국 그를 해고했고, 그렇게 휘청거리다가 파산했으며, 안타깝게도 아무도 신경 쓰지 않는 회사가 되어버렸다. 동료들은 파산하고 빈털터리가 됐다. 점차 나는, 내가 하는 일과 같은 짓이 도처에 널려 있지만 아무도 그것을 알아채지 못하고 누구도 그로 인한 피해를 바로잡지 않는다는 것을 깨닫기 시작했다. 내가 종종 가짜 이야기를 가지고 장난을 치곤 했던 사이트에서 나온 뉴스 때문에 주식시장이 수천만 달러에 달하는 큰 타격을 입기도 했다. 이런 사이트 중 일부는 나를 부당하게 저격하고 이런저런 이유로 비난했는데, 전부 페이지뷰를 노린 짓이었다.

정치 담론의 붕괴를 목격하고 리얼리티 프로그램의 스타가 대통령으로 선출된 지금, 괴물에게 먹이를 준 결과가 무엇인지를 모두가 깨닫기 시작했다는 데에는 논란의 여지가 없다. 우리는 이제 서로 대화조차 하기 힘들게 됐다. 저마다 페이스북에서 제각각으로 편향된 작은 세계를 운영하고 있지 않은가. 양측이 서로에게 가짜 뉴스라는 꼬리표를 붙인다. 윈스턴 처칠은 당대의 타협론자들에 대해 다음과 같은 문장을 남겼다. "이들은 악어에게 먹이를 충분히 주면, 악어가 자기를 맨 마지막에 이르러서야 잡아먹으리라는 희망을 품는다." 나는 완전히 잡아먹히는 일은 피할 수 있으리라고 생각했다. 아마 여러분도 그랬을 것이다. 우리는 통제할 수 있다고 생각했다. 나는 틀렸다. 우리 모두가 틀렸다.

나는 왜 이 책을 썼는가

나는 굳이 이 책을 쓸 필요가 없었다. 경제적으로는 그랬다. 미디어 조작자로서 정치인이나 사업가와 함께 일했다면 훨씬 더 많은 돈을 벌었을 것이다. 뉴스 조작을 통해서만 당신의 삶에 관여함으로써 익명의 존재로 남을 수도 있었을 것이다. 하지만 그러지 않기로 했다. 물론 이 책을 쓰는 보상이 주어지지 않는 것은 아니다. 또한 전적으로 신뢰할 수 있는 화자는 아무도 없을 것이고, 거기에는 물론 나도 포함될 것이다. 나는 그저 내가 아는 것을 솔직하게 말할 뿐이다. 나는 이 바닥을 잘 안다. 어떤 사람들은 내가 이 책에서도 거짓말을 한다고 주장하지만, 내 대답은 언제나 같다. 대체 내가 왜?

내가 이 책의 초판 원고를 쓴 것은 상황이 돌아가는 꼴에 진심으로 넌더리가 났기 때문이다. 어떤 직업이나 활동이 윤리적인가를 알아보려면 "더 많은 사람이 나처럼 행동한다면 세상이 어떻게 될까?" 하고 물으면 된다. 내 답은 "훨씬 더 나빠진다"였다.

나는 당시에 이 책을 사과하기 위해서가 아니라 경고하기 위해서 썼다. 이 책을 두 번이나 개정한 이유는 내 경고가 충분하지 않은 것으로 드러났고, 상황이 내 예상보다 훨씬 더 나쁜 것으로 드러났기 때문이다. 이 점에는 논쟁의 여지가 없다고 생각한다.

내 사무실의 서랍 안에는 내가 지난 몇 년간 게재한 수백 건의 기사가 가득 찬 커다란 상자가 있다. 이 기사들은 내가 직접 만들어 낸 거짓과 사기 뉴스의 특징을 잘 보여주는데, 거기에는 지난 10년간의 가장 큰 뉴스와 오락거리도 많이 포함되어 있다. 여백에는 작은 글씨로 적은 성난 메모와 물음표가 가득하다. 풍자 시인 유베날리스는 로마의 부패한 부유함 속에서 "공책 전체를 휘갈겨 쓴 악담으로 채우는 것"에 대해 썼다. 그 상자와 이 책은 나 자신이 그런 세상 속에서 살던 시절의 노트이다. 전체적으로 보면, 나를 눈뜨게 해준 것은 바로 이 과정이었다. 여러분에게도 같은 효과가 있기를 바란다.

이 책을 다 읽을 때쯤, 여러분 중 몇몇은 자신을 곤란하게 만든 나를 미워하게 될 것이다. 또는 상황을 과장했다며 나를 비난할 수도 있다. 당신이 좋아하는 웹사이트나 정치인 뒤에 있는 자가 돌팔이, 허풍선이, 사기꾼이라는 사실을 내가 폭로하지 않기를 바랄 것이다.

나를 좋아할 필요는 없다. 하지만 내 말에는 귀를 기울이는 게 좋을 것이다. 우리는 사기꾼이 득실대는 세상에서 살고 있으며, 당신은 그들의 표적이다. 이 사기는 타인의 등골을 빼서 브랜드를 만들어 낸다. 당신은 관심과 믿음을 도난당하고 있다.

이 책의 구성은 일반적인 경제·경영서와는 다르다. 기나긴 장들 대신 2개의 부로 나뉘며, 각각은 짧고 중첩되며 내용을 보강하는 글들로 이루어져 있다. 1부는 블로그와 소셜미디어가 왜 문제인지, 이들이 어떻게 뉴스를 생산해내는지, 그리고 이것들이 어떻게 조작될 수 있는지를 설명한다. 2부는 이런 일을 할 때 어떤 상황이 벌어지는지, 어떻게 역효과가 나는지, 현재 시스템의 치명적인 결과가 무엇인지 보여준다. 마지막에는 독자에게 유용하리라 생각되는 추가적인 자료와 인터뷰를 실었다.

이 책에 나오는 전략 하나하나는 우리의 미디어 시스템에 존재하는 결정적인 취약점을 드러낸다. 나는 그 취약점이 어디에 있는지, 그것으로 무엇을 할 수 있는지를 보여줄 것이며, 그것이 당신에게 적용되는 경우를 알아챌 수 있도록 도울 것이다. 어떻게 하면 그 약점을 이용할 수 있는지도 설명하려 한다. 하지만 **그런 취약점이 존재한다는 것** 자체를 주로 말할 것이다. 비평가든 다른 누구에 의해서든 이 두 가지 측면이 알려지는 것은 이번이 처음이다.

일단 알려지고 나면 이 취약점들을 더는 이용할 수 없으리라는 희망을 걸어본다. 내심 오랫동안 모순을 느껴왔기에, 이런 내 입장에 모순이 있다는 것도 안다. 이런 내 분열 상태가 항상 건전했던 것은 아니지만, 문제를 독특한 관점에서 설명할 수 있게 해줄 것이다.

이 책을 읽고 나면 여러분은 미디어 시스템이 사람을 속이고, 꼬드기고, 세상에서 가장 소중한 자원인 우리의 시간을 매순간 훔쳐가도록 설계됐다는 사실을 알게 될 것이다. 나는 여러분에게 이런 속임수를 낱낱이 보여주고 그것이 의미하는 바를 알려줄 것이다.

이 정보로 무엇을 할 것인지는 여러분에게 달려 있다.

1

굿바이 이효리

이효리 바로알기

이효리에게 박하

블로그는
어떻게
작동하는가

뉴스... 미디어... 클릭 얻기, 암소문 내기, 검색에진 최적화, 페이지뷰 저널리즘...

1

블로그가
뉴스를 만든다

뉴스가 신문을 파는 게 아니다.
신문이 뉴스를 판다.

— 윌리엄 빌 보너, 《군중, 구세주, 시장Mobs, Messiahs, and Markets》

2012년 미국 대통령 선거의 초기 중에서도 초기, 그러니까 투표가 실시되기 거의 2년 전인 2011년 초, 「뉴욕 타임스」에 실렸던 기사를 주의 깊게 살펴보자.[1]

이 기사는 당시 잘 알려지지 않은 인물이었던 미네소타 주지사 팀 폴렌티에 대하여 다룬다. 폴렌티는 이때까지 대통령 후보가 아니었다. 그에게는 선거운동 관리자도 버스도 없었으며, 기부자도 인지도도 거의 없었다. 사실 그는 선거운동을 하지 않았다. 아무튼 때는 2011년 1월, 「폴리티코Politico」의 한 기자가 카메라와 노트북을 들고 그를 그림자처럼 쫓아다니며 선거운동이 아니라 그의 일거수일투족을 취재했다.

생각해보면 좀 이상하다. 「뉴욕 타임스」는 바그다드 지국에서만도 한 해에 수백만 달러를 쓰는, 취재를 하고 기사를 작성하는 데 5년이 걸리든 10년이 걸리든 자금을 댈 수 있는 신문사다. 그런 곳조차도 폴렌티를 취재하는 기자를 따로 두지는 않았다. 그런데 그런 주요 신문에 비해 규모가 아주 작은 「폴리티코」가 그렇게 하고 있었던 거다. 「뉴욕 타임스」는 이처럼 후보자가 아닌 인물을 취재하는 「폴리티코」를 취재했다.

이것은 폰지 사기와 비슷했고, 사기가 다 그렇듯이 급격히 부풀어 오르다 터져버렸다. 폴렌티는 후보자가 됐다. 그에 대한 보도가 온라인에서 수백만 번 노출되고 지면에 실리며 최종적으로 텔레비전에서까지 방송됐지만, 결국 기세가 꺾이며 그는 대선 출마를 포

◆ 2012년 미국 대선에 대한 완벽한 설명을 원하면, 「뉴욕 옵서버」에 내가 기고한 「선거의 역기능: 미디어는 왜 뻔한 결말을 접전으로 바꿔놓았는가Electile Dysfunction: Why the Media Turned a Foregone Conclusion into a Horse Race」를 보라.

기했다. 그러나 이 모든 일에도 불구하고 그의 입후보가 선거에 미친 영향력은 대단해서, 차기 공화당 선두 주자는 폴렌티의 지지를 구해야 했다.

현재(지은이가 이 글을 쓴 2017년 무렵을 가리킨다. ― 옮긴이) 상황이 너무나 불쾌한 만큼, 2016년 선거에 비추어 보면 이 이야기는 옛날 일처럼 보인다. 나는 팀 폴렌티를 좋아하지 않지만, 그는 적어도 대통령 출마를 생각해볼 수 있는 정통 정치인이었다. 도널드 트럼프는 내가 살아온 기간 내내 대통령 출마를 '고려 중'이라고 말하곤 했다. 그의 대선 출마가 어느 정도까지 마케팅용이었는지는 알기 어렵다. 확실한 건, 그는 분명 정치를 진지하게 생각하지 않았다는 사실이다. 어쩌면 정책에 관한 얕은 지식을 얻기 위해 30년이란 시간 중 몇 달 정도는 투자했는지도 모르겠다.

2012년까지도 그가 이런 홍보를 즐기며 출마를 '고려 중'이라고 말한 것은, 그 말이 언제나 헤드라인을 장식했기 때문이다. 그 말들은 어떤 결과를 낳았을까? 아무런 결과도 낳지 않았다. 당시만 해도 미디어 내에 신중함과 통일성이 존재하고 있어서 어떤 선 같은 것이 있었다. 부분적으로나마 정치는 진지한 사업이었고, 뉴스 보도도 마찬가지였다.

하지만 2015년에 트럼프가 다시 한번 출마를 선언했을 때는 더이상 그렇지 않았다. 그가 상황이 달라졌다고 생각하지 않았다면, 즉 자신의 자극적이고 도발적이며 예측할 수 없는 성격이 온라인과 오프라인에서 트래픽과 주목이라는 금은보화가 되리라는 무의식적 깨달음이 없었다면 그는 출마하지 않았을 것이다. 트럼프는 분명 대부분의 정치인이 그때까지 깨닫지 못하고 있던 무언가를 감지했다. 바로 온라인 콘텐츠의 경제학이라고 할 만한 트위터 문화가 다른 모든 것을 삼켜버린 현실을 감지한 것이다.

AP통신에 대한 유명한 20세기 정치 풍자만화가 있다. 당시 AP는 미국에서 대부분의 신문에 뉴스를 공급하는 통신사였다. 이 만화에서 AP의 첩보원은 여러 병에 든 액체를 도시의 수원(水源)에 붓는다. 병에는 '거짓말', '편견', '비방', '사실 은폐', '증오'라는 딱지가 붙어 있다. 이 그림의 제목은 〈출처가 오염된 뉴스〉다.

나는 블로그와 소셜미디어가 오늘날의 뉴스 통신사라고 생각한다. 3억 2500만 국민으로 이루어진 국가의 토론과 판단력을 오염시키는 것은 이들이다. 우리를 역사상 최대의 사기 중 하나에 속아 넘어가게 한 것은 이들이다.

블로그가 문제다

나는 '블로그'라는 말을, 온라인을 통해 게시되는 모든 것을 지칭하는 용어로 사용하려 한다. 트위터 계정에서부터 주요 신문 웹사이트, 인터넷 동영상, 수백 명의 기자가 모인 집단 블로그에 이르기까지, 모든 것을 이 단어로 지칭할 것이다. 소유자가 스스로 그것을 블로그로 여기는지 아닌지는 내 알 바가 아니다. 현실은 그들 모두가 같은 인센티브에 종속되며, 주목받기 위해 비슷한 전략으로 싸운다는 것이다.

사람들은 오늘날 정보가 실제로 어떻게 순환하는지 이해하지 못한다. 그들은 자신의 전반적인 세계관이 온라인에서 뉴스가 생성되는 방식에 얼마나 많이 영향을 받는지 모른다. 온라인에서 시작된 것은 오프라인에서 끝난다.

온라인에는 수백만 개의 블로그가 있지만, 당신은 그중 이 책에서 자주 언급되는 몇몇만을 알 것이다. 「고커」, 「비즈니스 인사이더」, 「브라이트바트 뉴스Breitbart News」, 「폴리티코」, 「복스Vox」, 「버즈피드BuzzFeed」, 「바이스VICE」, 「허핑턴 포스트」, 「미디엄Medium」, 「드러지 리포트Drudge Report」 등. 그 이유는 이것들이 가장 널리 읽히기 때문이 아니라, 미디어 엘리트들이 주로 이것들을 읽기 때문이다. 그뿐 아니라 우리에게 블로그를 전도한 닉 덴턴, 헨리 블로젯, 조나 페레티, 아리아나 허핑턴 같은 창업자는 선구적 리더로서 엄청난 영향력을 행사한다. 팔로어 수가 보잘것없더라도 그 팔로어가 TV 제작자이거나 전국 단위 신문에 글을 쓰는 사람들이라면 그 블로그는 작다고 볼 수 없다. 그들이 만들어낸 것이 결과적으로 인터넷에서 확산된다면 팔로어가 얼마나 되는지는 중요하지 않다.

라디오 DJ와 뉴스 진행자가 방송을 신문 헤드라인으로 채우던 때도 있었지만, 오늘날 그들은 온라인에서 읽은 것, 그중에서도 특정 블로그에서 읽은 것을 방송으로 옮긴다. 블로그에서 나온 얘기는 대화와 입소문을 통해 퍼진다. 한마디로, 블로그는 대중매체 기자나 가장 수다스러운 친구가 뉴스를 찾아내고 빌려오는 매체다. 이 비밀스러운 순환은 우리 문화의 기준이 되는 밈, 유명 인사가 되는 신예 스타, 우리의 구루가 되는 사상가, 우리의 뉴스가 되는 뉴스를 낳는다.

생각해보자. 오늘날 사람들은 어디에서 정보를 찾을까? 온라인에서 찾는다. 이것은 일반인뿐만 아니라 정보를 관리하고 통제하는 이른바 게이트키퍼(gatekeeper)도 마찬가지다. 무언가가 페이스북,

트위터 등지에서 이야깃거리가 되면 그것은 다른 모든 형식의 미디어를 거쳐 결국 문화 자체가 된다. 이건 사실이다.

홍보 일을 하던 초기에 이것을 알아냈을 때, 나는 순진하고 파괴적인 야심을 지닌 20대 풋내기만이 할 수 있을 만한 생각을 했다. 블로그를 지배하는 규칙을 통달한다면 그것이 결정하는 모든 것의 주인이 될 수 있으리라 생각한 것이다. 이것은 본질적으로 문화를 다스리는 법에 대한 접근이었다.

위험한 생각인지도 모르겠지만, 이것은 과장이 아니었다. 폴렌티는 미국의 대통령이 될 수도 있었다. 도널드 트럼프는 실제로 대통령이 됐다. 과거의 어느 미디어 비평가는 이런 상황에 대해 다음과 같이 말했다. "이 나라는 여론이 지배하고 여론은 언론이 지배한다면, 무엇이 언론을 지배하는지 이해하는 것이 중요하지 않겠는가?" 그의 결론은, 미디어를 지배하는 것이 바로 이 나라를 지배하는 것이라는 의미였다. 결국 「폴리티코」를 지배한 것이 모든 사람을, 말 그대로 '거의' 지배했다.

무엇이 블로그를 움직이는지(왜 「폴리티코」가 폴렌티를 졸졸 따라다녔는지, 왜 미디어가 트럼프에게 46억 달러에 상당하는 무료 홍보를 제공했는지) 이해하는 것은, 온라인 매체로 하여금 당신이 원하는 것을 하게 만드는 데(또는 이 고장 난 시스템을 멈추는 데) 있어서 핵심이다. 그들의 규칙을 배우고 게임 룰을 바꿔라. 그것이 여론을 통제하는 데 필요한 전부다.

「폴리티코」는 왜 폴렌티를 따라다녔을까?

언뜻 보면 이건 꽤 미친 짓이다. 폴렌티의 유령 입후보는 기삿거리가 아니었으며, 「뉴욕 타임스」가 그를 따라다니는 기자에게 보수를 지급할 여유가 없었다면 「폴리티코」도 마찬가지였을 것이다.

하지만 이것은 미친 짓이 아니었다. 블로그에는 기삿거리가 필요하다. 「뉴욕 타임스」는 하루에 한 번만 신문을 채우면 된다. 케이블 뉴스 채널은 1년 365일 24시간 프로그램을 채워야 한다. 하지만 블로그는 무한한 공간을 채워야 한다. 가장 많이 보도하는 사이트가 승리한다.

정치 블로그는 선거기간에 자신의 트래픽이 올라간다는 것을 안다. 트래픽은 그들이 광고주에게 파는 것이므로, 선거기간의 도래는 곧 수익 증가를 의미한다. 그런데 불행하게도 선거기간은 몇 년에 한 번씩만 돌아온다. 설상가상으로 선거에는 끝이 있다. 블로그는 이에 대한 간단한 해결책을 갖고 있다. 그건 바로 보도를 통해 현실을 바꾸는 것이다.

「폴리티코」는 후보자를 만들어내고 있었을 뿐만 아니라, 순전히 이익을 얻으려는 목적으로 선거 사이클 전체를 만들어내고 있었다. 이것은 의식적인 결정이었다. 「폴리티코」의 편집장 짐 밴더하이는 「뉴욕 타임스」에 자기 일에 대해 이야기하며 속내를 드러냈다. "2008년에 우리는 그때그때 봐가며 주먹구구식으로 일하는 개러지 록밴드 같았죠. 지금은 200명이 정확한 직감과 계획을 가지고 일하는 회사입니다. 우리는 다른 모든 사람이 보는 앞에서 도약하려 합니다." 선거를 몇 번 더 거친 현재, 「폴리티코」의 직원은 300명이다.

「폴리티코」는 무수한 경쟁자를 낳았으며 그중 몇몇 블로그는 규모가 훨씬 크다.

　「폴리티코」 같은 블로그가 "다른 모든 사람이 보는 앞에서 도약하려" 했을 때, 그들이 취재하기로 임의로 정한 사람은 실제 후보자가 됐다. 블로그에서 점진적으로 몇 마디씩 언급되다 곧 잠재적인 경쟁자가 되고, 토론회 참가 대상으로 고려되기 시작하다가 마침내 투표용지에 포함된다. 이들의 플랫폼은 돈과 시간을 선거운동에 기부하는 진짜 지지자들을 끌어모은다. 선거운동이 만들어내는 여러 홍보용 이야깃거리는 온라인상의 소재라면 뭐든 취재하고 정당화하는 대중매체에 의해 구체화된다.

　폴렌티의 선거운동은 실패했을지 모르지만, 블로그와 여타 미디어에게 그것은 득이 되는 성공이었다. 폴렌티는 블로그에 수백만 건의 페이지뷰를 안겨줬고, 오프라인과 온라인에서 발행된 이야기 수십 편의 소재가 됐으며, TV에도 출연했다. 저널리스트들이 처음 트럼프를 취재했을 때 그들이 트럼프를 좋아했던 것은, 그를 웃기는 사람이라고 생각했기 때문이다. 그들은 트럼프가 청중에게 양극단적인 반응을 불러일으키고 그의 정신 나간 말과 행동이 헤드라인을 더 풍성하게 해주는 것을 좋아했다. 시간이 지나면서, 그는 진지한 후보자가 됐다. 다시 말하지만, 끊임없는 미디어의 보도가 그걸 가능하게 한다. 이른바 미디어의 진보 편향에도 불구하고 그들은 계속해서 트럼프를 집중 보도했다. 그는 미디어의 비즈니스에 아주 적합한 인물이었다.

　이해를 돕기 위해 이 순환을 요약해보겠다.

▶ 정치 블로그는 기삿거리를 원하는데, 선거기간이 되어야 트래픽은 증가한다.

▶ (선거가 까마득히 먼) 현실은 이런 조건에 부합하지 않는다.

▶ 정치 블로그는 일찌감치 후보자를 만들어 터무니없고 논쟁적인 이슈를 만든다. 이로써 선거 사이클이 앞당겨진다.

▶ 이런 보도에 힘입어, 그들이 다루는 사람은 실제 후보자(또는 대통령)가 된다.

▶ 블로그는 이익을 얻고, 대중은 손해를 본다.

여러분은 이 책에서 위의 순환이 몇 번이고 반복되는 것을 보게 될 것이다. 이는 유명 인사에 대한 가십, 정치, 비즈니스 관련 뉴스 등 블로그가 다루는 모든 주제에 적용된다. 인터넷 매체가 처한 제약 상황은 인위적인 내용을 만들어내며, 그렇게 만들어진 내용은 현실이 되고 현실 세계의 사건에 영향을 미친다.

인터넷상의 경제 체계는 트래픽이 진실보다 더 중요하고 더 수익성을 좋게 만드는 왜곡된 인센티브 체계를 만들어냈다. 오늘날의 대중매체와 대중문화가 대박을 터뜨리기 위해 웹에 의존하는 상황에서, 이러한 체계는 우리에게 엄청난 영향을 미친다.

블로그는 트래픽을 원하고, '최초 보도'는 트래픽을 유도하며, 이를 위해 모든 이야기가 아무런 근거도 없이 날조된다. 이것은 인터넷 경제의 일면이자 매우 중요한 부분이다. 비즈니스적인 선택을 이끄는 이 논리를 이해하면, 우리는 이 선택을 예측할 수 있게 된다. 예측 가능한 것은 예상, 전용(轉用), 촉진, 통제될 수 있다. 여러분이나 내가 어떤 선택을 하든 말이다.

2012년 선거 후반기, 「폴리티코」는 정상에 머무르기 위해 다시 골대를 움직였다. 이들은 일이 잘 풀리지 않자 스캔들에 의존해서 다시 한번 경선을 뒤집어놓았다. 폴렌티 이후에 나타난, 미디어가 만들어낸 어이없는 후보 허먼 케인을 기억하는가? 케인은 공화당 후보 경선에서 선두 주자로 급부상했고, 트래픽을 바라는 수많은 블로그가 그를 다루었다. 그런 뒤 선정적인, 그리고 본인은 아직도 강하게 부정하는 스캔들에 의해 완전히 무너졌다. 짐작했겠지만, 스캔들을 보도한 곳은 「폴리티코」였다.◆

그렇게 또 다른 후보자가 만들어지고, 진짜가 되고, 제거됐다. 블로그가 저들의 사이클을 채우는 데에 케인을 활용했고, 정작 케인 자신은 헛물만 켠 셈이다. 어떻게 보면, 이 모든 불합리에도 불구하고 결국에는 정상적인 후보자가 승리할 것이라는 믿음(그게 밋 롬니건 누구건 간에)이 우리에게 있었다는 게 최악이었다. 왜냐하면 이것은, 우리가 결국 트럼프는 질 것이라고 생각했다는 뜻이기 때문이다. 이를테면 우리는 다음과 같이 생각했다. '트럼프는 결국 꿈에서 깨어나 현실로 돌아올 것이다. 사람들은 결국 그의 본색을 알게 될 것이다. 그가 영원히 손바닥으로 하늘을 가릴 수는 없다.'

그러나 이런 생각들은 전부 사실이 아니었다. 이것이 바로 괴물에게 먹이를 줄 때 일어나는 일이다. 이는 모든 예상과 규칙을 거스른다.

◆　작가이자 영화 제작자인 버드 셜버그의 회고록 《활동사진Moving Pictures》의 글을 빌려 표현하자면, "이것은 꼬리가 개를 흔들 뿐만 아니라, 짖기까지 하겠다고 나서는 사례다."

2

미디어 사슬을 타고 올라가기: 손쉽게 '무'를 '유'로 바꿔놓는 3단계

내가 보기에 일부 언론사 사람들은 지독히 게으르다. 내가 만들어낸 이야기를 글자 그대로 실을 때도 있다. 그야말로 부끄러운 일이다. 그들은 질보다 양을 요구하는 시대에 적응하는 중이다. 이런 상황은 나에게 유리하다. 기자는 내가 자기를 대신해 일을 꾸며주기를 원하기 때문이다. 대중은 쉬운 기사를 선택할 것이고, 그래서 기자는 다음 단계로 나아갈 수 있다. 기자는 자기 기사가 「드러지」에 얼마나 자주 실리는지에 의해 평가된다. 나쁜 일이지만 이것이 현실이다.

— 커트 바델라(공화당 하원 의원 대럴 아이사의 전 언론 담당 비서)

나는 서론에서 '미디어 사슬을 타고 올라가기'라는 사기를 소개했다. 이는 내가 개발한 것으로, 반복을 통해 미디어를 조작하는 전략이다. '무'를 '유'로 바꾸는 방법은 다음과 같다. 내가 아주 수준 낮은 소규모 블로그에 이야기를 전하면, 그곳은 곧 더 큰 블로그의 출처가 되고, 그 블로그는 다시 좀 더 큰 미디어 업체가 전하는 기사의 출처가 된다. 한 미디어학자의 표현을 인용하자면 '자기 강화적인 뉴스의 물결'이 만들어지는 것이다. 나 같은 사람들은 날마다 이런 짓을 한다.

　내가 하는 일은 절대 존중받을 만한 것이 아니다. 하지만 내 악명 높은 고객들과 관련된 부정적인 측면은 제쳐놓고, 일단 이 사기가 어떻게 작동하는지 설명하고 싶다. 내가 좋은 뜻으로 미디어를 조작했던 경우를 예로 들어보겠다.

　내 친구 중 한 명은 최근 자기가 운영하는 자선단체를 위해, 내 조언에 따라 '미디어 사슬을 타고 올라가기' 방법을 사용했다. 지역 예술 프로젝트의 경비 충당을 위해 기금을 모아야 했던 친구는 크라우드펀딩 서비스인 '킥스타터Kickstarter'를 이용하기로 했다. 친구는 단 며칠간의 노력만으로 이름 없던 프로젝트를 인기 있는 인터넷 밈으로 만들었고, 1만 달러가량을 모금해서 자선단체를 국제적으로 확장했다.

　그는 킥스타터에 올라갈 홍보 페이지를 위해, 내가 제시한 전략에 따라 자선사업을 홍보하는 유튜브 동영상을 만들었다. 그 동영상은 자선단체에서 가장 잘 수행한 사업에 대한 것도, 가장 중요한 사업에 대한 것도 아니었다. 동영상이 퍼지는 데 도움을 줄 특정한 요소(지역사회의 도움을 거의 받지 못하는, 외국 지역에 대한 두세 가지 사례)를 과장한 것이었다. 다음으로 그는 브루클린을 기반으로 하는 소규모 지역 블로그에 짧은 기사를 게재하고 그 동영상을 첨부했다. 그 사이트를 선택한 이유는 그곳의 포스팅이 「허핑턴 포스트」의 '뉴욕'란에 자주 실렸기 때문이다. 예상대로 「허핑턴 포스트」는 미끼를 물었고, 이 이야기는 뉴욕 시와 로스앤젤레스 지역 뉴스에 특집 기사로 나갔다. 친구는 내 조언에 따라 가짜 계정으로 이 기사의 링크를 로스앤젤레스 CBS의 한 기자에게 보냈다. 그 기자는 과도하게 편집된 내 친구의 동영상을 활용해 텔레비전 방송을 만들었다. 이 모든 것을 예상한 친구는 모금 운동 개시를 앞둔 몇 주 동안 관계를 형성하기 위해 소셜 뉴스 사이트인 레딧(사용자가 마음에 드는 이야기나 주제를 추천할 수 있는 사이트)의 관련 채널에서 적극적으로 활동했다.

CBS 뉴스에서 방송되고 동영상이 오름세를 탔을 때, 친구는 이 모든 것을 레딧에 올릴 준비가 돼 있었다. 이 이야기는 즉각적으로 그 사이트의 첫 화면을 장식했다. 다른 언론의 지원까지 더해지며 이 프로젝트는 내가 '폼 나는 것들을 주로 다루는 블로그'라고 부르는 「보잉 보잉Boing Boing」, 「래핑 스퀴드Laughing Squid」, 「파운드!FFFFOUND!」 등의 레이더에 걸려들었다. 이들은 포스팅 아이디어를 레딧에서 얻기 때문이다. 이 마지막 보도가 나가자 사람들이 프로젝트를 알아보았고, 자원봉사자와 돈이 쏟아져 들어오기 시작했다.

광고 예산도, 홍보 담당자도, 경험도 없었지만, 친구의 짧은 동영상은 50만 건에 달하는 조회수를 기록했고, 프로젝트는 이후 2년 동안 자금을 지원받게 됐다. 아마추어가 만든 과장된 동영상 하나가 수십 개의 업체에 의해 보도되고 수백만 번 노출된 새로운 이야기가 됐다. 그는 전적으로 혼자서 이런 관심을 만들어내고 조작했다. 무를 유로 바꾼 것이다.

이런 일은 드물지 않다. '원수에게 반짝이를 보내세요Ship Your Enemies Glitter'라는 회사를 만든 남자에 대해 들어본 적 있는가? 그는 말 그대로 무에서 유를 창조했다. 어느 날 밤, 술에 취한 그는 사람들에게 반짝이가 든 봉투를 보낸 뒤 요금을 청구하자는 재미있는 생각을 했다. 그는 홈페이지를 만들고는, 이것을 새로 출범한 스타트업 회사를 소개하는 '프로덕트헌트닷컴ProductHunt.com'이라는 사이트에 올렸다. 이를 시작으로, 그의 회사에 대한 기사가 「워싱턴 포스트」, 「비즈니스 인사이더」, 「허핑턴 포스트」, 「버지The Verge」, 「타임Time」, 「패스트 컴퍼니Fast Company」에 실렸다. 그는 금세 2만 달러 상당의 주문을 받았다. 그러나 진짜 회사가 아니었으므로, 이 사업을 다음 단계로 끌어올리고자 하는 사업가에게 8만 달러를 받고 도메인을 팔았다. 가짜 아이디어로 진짜 돈을 번 셈이다.

화를 내기 전에 명심해야 한다. 우리는 단지 린지 로버트슨이 가르쳐준 대로 했을 뿐이다. 「비디오검Videogum」, 「제저벨Jezebel」, 「뉴욕 매거진New York Magazine」에서 운영하는 「벌처Vulture」 등의 블로그에서 기자로 활동한 그녀는, 홍보 담당자들을 염두에 두고 자기처럼 성공할 수 있는 방법을 설명하는 포스트를 작성했다. 그녀는 "콘텐츠가 '아래'로 이동하는 것만큼 '위'로도 이동한다는 것과, 인터넷 세상을 빠르고 깊숙이 파고드는 작은 사이트가 커다란 사이트의 2군 역할을 한다는 것을 이해하고 낮은 트래픽층에 집중하라"고 조언했다.◆1

◆   「뉴스위크Newsweek」는 린지의 작은 개인 블로그에 있던 이 포스팅을 「뉴스위크」 공식 텀블러에 다시 게시함으로써 이 이론이 무서울 정도로 옳다는 것을 입증했다.

사실 새로운 얘기는 아니다.

20세기 초반 미디어 비평가들은 가짜 뉴스가 어떤 방식으로 미디어 시스템을 통해 쉽게 전파되는지를 최초로 설명했다. 당시의 지역 신문들은 종종 부정확한 기사를 게재했다. 전신의 출현에 힘입어 이런 이야기는 각지로 퍼져, 전국의 신문에 그다음 주 내내 실려 있기도 했다. 1914년에 저널리스트 맥스 셰로버는 신문에 대해 이렇게 말했다. "그들이 전하는 이야기는 분명 대부분 떠들썩한 모험담으로 구성된다. 그들은 가장 개연성 없는 이야기를 냉큼 낚아챈 다음, 상상력을 발휘해서 만들어낸 세부 사항을 덧붙여 그것을 확대한다."

'클린턴 아카이브'가 최근 공개한 1995년의 한 문서는, 보다 현대적인 정치 조작자들 역시 이야기나 스캔들을 심기 위해 온라인 미디어의 하위 계층을 이용하려 했음을 보여준다. 그 문서는 다음과 같이 설명한다.

이 흐름은 다음과 같은 방식으로 작동한다. 재원이 탄탄한 우파 싱크탱크나 개인이 '웨스턴 저널리즘 센터Western Journalism Center', 「아메리칸 스펙테이터The American Spectator」, 「피츠버그 트리뷴 리뷰The Pittsburgh Tribune-Review」 같은 보수적인 뉴스레터나 신문을 후원한다. 이런 매체가 만든 기사는 인터넷을 통해 퍼지며 다음 두 가지 방식 중 하나를 통해 주류 미디어에 실린다. 첫째, 영국 타블로이드가 포착해서 주요 기사로 다루고, 이를 통해 미국 중도우파 주류 미디어(「월 스트리트 저널」, 「워싱턴 타임스The Washington Times」, 「뉴욕 포스트」)가 기사를 포착한다. 둘째, 기사는 인터넷에서 곧바로 중도우파의 주류 미국 미디어로 도약

한다. 이 미디어들이 기사를 다루고 나면 의회의 위원회가 기사의 내용을 조사한다. 그러면 기사는 나머지 미국 주류 언론이 '진짜'로 다룰 만한 타당성을 얻는다.

클린턴 부부는 확실한 근거 없이 우익의 거대한 음모를 주장한 것으로 유명하며, 자기 잇속만 챙기는 신뢰할 수 없는 부부이기는 하지만, 이들이 완전히 틀린 건 아니다. 단지 좌파도 같은 전략을 사용할 수 있고 실제로 사용한다는 것을 언급하지 않았을 뿐이다. 공화당 소속의 사우스캐롤라이나 주지사 니키 헤일리가 시크 교단과 관련된 일 때문에 조세 포탈 혐의로 기소될 것이라는 2012년의 기사를 달리 어떻게 설명할 수 있겠는가? 시크 교단이 명예훼손 소송을 제기한 덕에, 우리는 한 블로거가 지역 블로거와 지역 방송 기자를 '두 명의 믿을 수 있는 법률 전문가'로 둔갑시켜 트윗을 올린 것에서 이 기사가 시작되었다는 사실을 알 수 있었다. 트윗 이후에 이 이야기를 「데일리 비스트The Daily Beast」, 「데일리 콜러The Daily Caller」, 「드러지 리포트」가 물었다.

헤일리 이야기가 시작됐다가 사그라진 속도는(다음 날, 헤일리는 미국 국세청이 그녀를 조사하지 않을 것임을 명시한 문서를 제시했다) 단순히 책임을 묻는 것만으로도 이 사슬을 끊어버릴 수 있음을 보여준다. 가짜 뉴스를 만든 기자가 명예훼손 소송 때문에 서면으로 공식 사과를 하고 취재원 두 사람의 이름을 공개한 것은 극히 이례적인 일이기는 하지만 말이다.

온라인 매체는 기삿거리를 먼저 차지하기 위해 경쟁하고, 신문은 그것을 '확증'하기 위해 경쟁하며, 전문가는 그에 대한 의견을 밝힐 방송을 따내기 위해 경쟁한다. 작은 사이트는 더 많은 독자를 보유한 사이트를 상대로 자기 기사의 가치를 정당화한다. 연속적이고도 동시다발적으로, 이러한 일련의 흐름은 본질적으로 그들이 다루는 모든 것을 왜곡하고 과장한다.

실태

실태는 다음과 같다. 기삿거리를 찾아 웹을 샅샅이 뒤지는 수천 명의 사람이 있다. 이들은 날마다 몇 건의 기사를 써야만 한다. 이는 쉬운 일이 아니기에 이들은 소재를 찾으려고 트위터와 페이스북, 댓글란, 보도 자료, 경쟁 블로그를 뒤진다. 이들이 달리 어디에서 정보를 얻겠는가? 독자적으로 조사해 보도할 시간이 없다.

이들 위에는 블로그, 잡지, 신문에 소속돼 하위 블로그를 정보원과 필터로 사용하는 중간 단계의 온라인 및 오프라인 저널리스트 수백 명이 있다. 이들 역시 끊임없이 글을 써내야 하며, 좀 더 나은 기삿거리를 찾기 위해 똑같이 검색에 참여한다.

그들 위에는 전국 단위의 주요 웹사이트와 발행물, 텔레비전 방송국이 있다. 이들 또한 소재를 찾기 위해 밑에 있는 정탐꾼들을 훑어본 뒤, 주도권을 쥐고 그것을 전국적 담론으로 만든다. 이들이 바로 가장 영향력 있는 패거리인 「뉴욕 타임스」, 〈투데이 쇼The Today Show〉, CNN, 폭스 뉴스이며, 수익이 좀 줄어들고 있든 아니든 간에 엄청난 영향력을 과시한다.

마지막으로 이 동심원상 계층의 사이와 위, 그리고 구석구석에 가장 큰 집단인 우리 독자들이 있다. 우리는 구경하고, 댓글을 달고, 친구 및 팔로어와 공유할 자료를 찾아 웹을 검색한다.

블로거에게 정보를 제공하는 블로거에게 정보를 제공하는 블로거…가 무한히 밑을 떠받치고 있다. 입증되지 않은 개인적 관찰이 아니라 사실이다. 마케팅 회사 '시전Cision'과 조지 워싱턴 대학교가 진행한 미디어 감시 연구에서, 저널리스트의 89퍼센트가 기사를 조사할 때 블로그를 사용한다고 보고했다. 대략 절반이 기사를 찾고 조사하기 위해 트위터를 이용한다고 보고했으며, 3분의 2 이상이 페이스북이나 링크드인LinkedIn 같은 여타 소셜 네트워크를 같은 방식으로 사용했다.[2] 매체의 성격이 즉각적일수록(인터넷, 신문, 잡지 순) 이들은 소셜미디어 같은 부정확한 온라인 취재원에 더 심하게 의존했다.

무모하다고 할까 게으르다고 할까. 뭐라고 하든 간에 이런 태도는 공공연히 용인되고 인정된다. 조사에 참여한 대부분의 저널리스트는, 온라인 취재가 전통적인 취재보다 신뢰성이 떨어진다는 것을 안다고 시인했다. 소셜미디어에서 모은 정보가 전통적인 미디어에서 얻은 정보보다 훨씬 더 신뢰성이 있다고 생각하는 저널리스트는 단 한 명도 없었다. 왜일까? 온라인은 "사실 확인과 검증을 하지 않고 보도 기준이 없는" 상태이기 때문이다.[3]

좀 더 단순화하기 위해, 이 사슬을 세 단계로 나눠보자. 이 단계들은 하나같이 뉴스를 지어내기 위한 교두보 역할을 한다. 이보다 더 조작하기 쉬운 시스템은 누가 만들려 해도 만들 수 없을 것이다.

1단계: 진입
첫 번째 단계에서 관심을 끌기에 가장 쉬운 사이트는 특정 지역 또는 사건을 다루는 소규모 블로그와 지역 웹사이트다. 이들은 일반적으로 한정된 독자층과 관련된 지역적이고 개인적인 문제에 대해 글을 쓰기 때문에 신뢰도가 매우 높다. 그와 동시에 항상 자금난에 허덕이고 트래픽에 굶주려 있으며, 구독자 수 그래프를 치솟게 해줄 굉장한 기삿거리가 없는지 주시한다. 하지만 꼭 지역에 기반한 사이트여야 할 필요는 없다. 당신이 잘 아는 주제를 다루는 사이트, 또는 친구가 운영하는 사이트도 괜찮다.

중요한 것은, 작고 인력이 부족한 사이트여야 한다는 것이다. 그래야 사이트가 추구하는 바와는 연관성이 적더라도, 당신을 확실히 다음 단계로 나아가게 해주는 기삿거리를 그들에게 팔 수 있다.

2단계: 올드미디어

이 단계에서 우리는 온라인 취재와 오프라인 취재가 혼합되는 것을 보기 시작한다. 신문사나 지역 텔레비전 방송국이 운영하는 블로그가 최고의 표적이다. 우선 그들은 모체인 신문사나 방송사와 동일한 웹사이트 주소를 공유하고, 종종 구글 뉴스에도 들어간다. 「월스트리트 저널」, 「뉴스위크」, CBS 같은 곳은 회사의 로고를 내세운 사이트를 운영하지만, 이 사이트들의 기사 편집 기준은 자신들의 모태인 올드미디어만큼 엄격하지 않다. '파크닷컴Fark.com'의 창업인 드루 커티스의 말처럼, 이들은 정통적으로 보이지만 실제로는 그저 "최신 정보를 더 자주 전하고 편집 기준은 부실한 대중매체 집단"일 뿐이다.

기존의 언론 매체에게는 이슈가 추진력을 받는 결정적인 전환점이 된다. 「포브스」나 「시카고 트리뷴」 등에서 운영하는 홈페이지는 인쇄되어 나오는 신문과는 다른 편집 지침을 따르고 있는 게 현실이다. 하지만 이 홈페이지들에 실리는 기사는 신문에 실리는 기사와 동일한 중요성을 지닌 것처럼 보일 수 있다. 만약 당신의 스타트업을 언급하기 위해 「와이어드닷컴Wired.com」에 기사를 싣는다면, 월간지 「와이어드」가 당신 회사의 CEO를 잡지 표지에 실었을 때와 마찬가지로, 당신은 제품 상자에 '혁신적인 장치!—「와이어드」'라는 문구를 떡하니 붙일 수 있는 것이다.

하지만 이런 사이트가 아무것에 대해서나 기사를 써주지는 않으므로, 이 '호구'들을 낚기 위해서는 기삿거리가 될 만한 요소를 꾸며내야 한다. 그 사이트들은 특정 내용이 기사로 다루기에 타당하다는 판단을 행하는데, 이는 그들이 스스로 기삿거리를 선별하는 수고를 감수한다는 환상에서 기인한다. 그런 그들을 위해 기삿거리를 꾸며내는 일은 할 만한 가치가 있는 작업이다. 이 과정을 거쳐야 비로소 당신이 염두에 두고 있는 더 큰 웹사이트에서 "NBC가 보도하기를…" 같은 마법의 문장을 사용해주게 된다.

3단계: 전국적 미디어

다양한 취재원에서 나온 다양한 기사를 지역 미디어와 중간 계층의 미디어에 확실히 심었다면, 이제 이 보도를 지렛대 삼아 가장 상층에 있는 미디어인 전국 단위 언론에 접근할 수 있다. 일반적으로 이 단계에 도달하려면, 직접적으로 밀고 나가는 것을 줄이고 조작을 더 많이 해야 한다. 이전 단계에서 당신의 미끼를 문 사이트는 이제 당신 편이다. 이들은 자기 기사가 트래픽을 최대한 많이 얻기를 간절히 원하는데, 그 방법은 바로 규모가 큰 사이트에 기사의 링크가 실리거나 언급되는 것이다. 이들은 자신들의 기사가 「드러지」나 레딧 같은 곳에 실릴 수 있도록 신경을 쓰는데, 그런 사이트의 1면을 장식하면 수천수만의 방문자가 기사에 몰린다. 대중매체의 기자는 기삿거리를 찾기 위해 뉴스를 취합해 종합적으로 다루는 사이트를 주시하며, 내 친구의 자선단체 관련 내용이 레딧의 1면을 장식한 뒤에 그랬듯 종종 그런 사이트에서 유행하는 것을 기사로 다룬다. 오늘날에는 이런 사람들까지도 블로거들처럼 생각해야 한다. 즉, 이들 역시 조회수를 최대한 늘려야 하는 것이다. 미디어 사슬의 하위 단계에서의 성공은, 전국적인 플랫폼에서도 성공할 것이라는 증거가 된다.

당신이 할 일은 그저, 이런 기자들에게 당신의 기사가 사람들의 관심을 끌고 있다고 알리는 것이다. 궁극적으로 보도되길 원하는 미디어를 택한 뒤, 그곳의 보도 패턴을 관찰해보라. 그들이 동일한 2단계의 사이트에서 기삿거리를 얻는 경향이 있다는 것, 그리고 기사의 내용을 그런 작은 사이트에 맞춤으로써 더 큰 사이트의 주목을 받을 수 있다는 것을 알게 될 것이다. 특정한 블로그가 뉴욕에 있는 미디어 집단 내에서 아주 널리 읽히기도 한다. 이런 사이트에서 다룰 내용을 공들여 만들어내면, 자동적으로 그것을 읽는 기자들의 관심을 끌 수 있다. 그들에게 직접 제보하지 않고서도 말이다. 예를 들어 CBS의 뉴스 진행자 케이티 커릭은 트위터에서 기삿거리를 많이 얻는다고 말한 바 있는데, 이는 그녀가 700여 명의 팔로어로부터 얻는 트윗이 전국적인 저녁 뉴스 방송을 채우는 전부임을 의미한다.

이런 속임수에 취약한 건 뉴스 진행자만이 아니다. 〈안투라지〉나 〈하우 투 메이크 잇 인 아메리카〉 같은 HBO 드라마에 들어가는 노래를 선곡하는 작업으로 유명한 히트곡 제조기 스콧 베너는 '잘 알려지지 않은 예술가'를 발굴하는 것으로 명성이 자자하다. 그런데 그는 자기가 찾아낸 음악 대부분이 그저 "인터넷에서 뜨고 있는 것"일 뿐이라고 시인했다.[4] 베너는 트위터상의 대화와 최신 음악 블로그의 댓글을 주시했을 뿐이다. 그러므로 HBO가 그에게 주는 어마어마한 액수의 월급과 주류 미디어 노출은 한낱 거품에 불과하다.

이건 단순한 속임수다. 웹상에서 밈이 되고 있다는 인상을 만들어라. 모든 기자(혹은 음악 감독이나 유명인의 스타일리스트)가 그것을 대중화해줄 것이다. 그들은 첫 인상을 그냥 지나치는 법이 없다.

1, 2, 3단계: 나는 어떻게 미디어 사슬을 타고 올라갔는가

〈아이 호프 데이 서브 비어 인 헬〉 홍보는 광고판을 훼손하는 것으로 시작됐다. 그 그래피티는 「커브드 로스앤젤레스Curbed Los Angeles」와 '미디어비스트로Mediabistro'의 「피시볼LAFishbowlLA」라는 두 개의 특정 사이트를 미끼로 꾀기 위해 고안한 것이었다. 내가 에번 메이어라는 가명으로 사진을 보내자 그들은 재빨리 그걸 물었다.[5] (에번은 취재원으로 기여한 덕에 미디어비스트로 홈페이지에서 프로필을 얻었고, 이 프로필은 아직도 존재한다. 이 사이트에 따르면, 에번은 그 이후로 나타나지 않았다.)

「커브드 로스앤젤레스」는 내 이메일 내용을 그대로 옮겨 적는 것으로 기사를 시작했다.

한 독자가 말했다. "어젯밤 집에 오는 길에 봤는데, 아마 3번가와 크레센트하이츠 대로 부근이었던 것 같아요. 로스앤젤레스도 터커 맥스를 싫어한다는 걸 알게 돼 기쁘네요."

선동꾼 터커 맥스의 새 영화 〈아이 호프 데이 서브 비어 인 헬〉은 이번 주말에 개봉한다.[강조는 필자]

광고 고맙다!◆ 이 영화를 향한 분노를 불러일으킬 때는 운이 많이 따랐다. 우리가 익명의 제보를 통해 선동한 상영 반대 시위 뉴스를 지역 웹사이트들이 많이 다루고 퍼뜨려줬다. 이 사이트들이 시동을 걸기 가장 쉬운 매체였다. 우리는 터커가 한 모욕적인 말을 인용해서 보내며, "이 여성 혐오자가 우리 학교에 온다니 머리끝까지 화가 납니다. 이 사실을 널리 알리는 데 도움을 주실 수 있나요?"라고 했다. 또한 지역 사이트에 메일을 보내서 '불매운동을 한다는 소문이 도는 논란 많은 영화'가 며칠 뒤에 상영된다고 말했다.

섹스, 대학생 시위, 할리우드. 지역에서 뉴스를 만들어내는 이들이 원하는 것 바로 그 자체 아닌가. 그들은 내가 속인 작은 블로그들에서 점점 논란이 커져가는 것을 보며 취재진을 상영관에 보냈다. 이에 대한 영상을 방송국 웹사이트에 게시했고, 해당 도시의 더 큰 블로그, 이를테면 「허핑턴 포스트」 같은 신문이나 회사가 주관하는 블로그가 이를 다시 다뤘다. 짧은 시간 동안 나는 뉴스 가치를 판단하는 기준이 낮은 소규모 사이트를 이용해 이 이야기를 퍼뜨릴 수 있었다. 다른 미디어들은 사태의 전모를 알고 있을 텐데도 차례로 기사를 보도해 나에게 또 다른 충격을 선사했다. 이쯤 되면 내가 다룰 수 있는 도구가 생긴다. 서너 개의 링크가 최신 유행 기사 또는 논란을 만들어낸다. 이것만으로도 주요 미디어와 전국적인 웹사이트를 흥분시킬 수 있다. 「슬레이트Slate」에서 미디어 비평가로 활동했던 잭 셰이퍼는 이런 식으로 조작된 온라인상의 논란을 '가짜 도발(frovocation)'('가짜'를 뜻하는 'fake'와 '도발'을 뜻하는 'provocation'을 이용해 만든 조어 ─ 옮긴이)이라고 불렀다. 나는 '분노 포르노(outrage porn)'가 더 나은 용어라고 생각한다. 사람들은 실제로 포르노 비디오를 보는 것만큼이나 화내는 것을 좋아한다.

2단계에서 3단계로 나아가는 비결은 은근슬쩍 광고하기다. 「워싱턴 포스트」의 칼럼니스트에게 이메일을 보내서 "이봐, 우리가 노이즈 마케팅으로 이득을 볼 수 있게 우리 영화를 깎아내려줄래?"라고 요청할 수는 없는 노릇이다. 따라서 나는 이런 칼럼니스트가 읽을 가능성이 큰 사이트를 표적으로 삼았다. '미디어비스트로'에서 운영하는 블로그들과 「고커」는 대단히 미디어 중심적이므로, 우리는 그곳의 독자들로부터 분노를 끌어내기 위해 이야기를 그들에게 맞췄고, 이 독자층에는 「워싱턴 포스트」 같은 곳의 기자들도 속해 있었다.◆◆ 직접 나서야 할 때가 되자, 지메일과 '야후!'에 가짜 이메일 주

◆　이 사건 이후 5년이 넘게 지났다. 나는 이 내용을 책의 초판과 2판에 수록했고 NPR의 뉴스 프로그램 〈온 더 미디어〉를 비롯한 수십 군데에서 이야기했지만, 이에 대한 「커브드 로스앤젤레스」(복스 미디어 소유)의 기사는 여전히 그대로 있다.

◆◆　사실 몇 년이 지난 뒤, 영화를 홍보하는 동안 우리가 반복적으로 조작한 사이트 중 한 곳의 기자가 '전통적인 뉴스 미디어는 블로거로부터 특종을 훔치고 있는가?'라는 제목의 게시물을 올렸다. 그녀는 「시카고 트리뷴」이 자기 블로그 「시카고 나우Chicago Now」에서 기삿거리를 훔쳐간다고 비난했다. 그녀가 옳았다. 그들은 도둑질을 했으며, 그것이 바로 우리가 「시카고 트리뷴」의 사설란을 차지한 방법이다.

소를 몇 개 등록한 다음, 그때까지 모은 모든 링크를 첨부한 이메일을 보내면서 "어떻게 여태 이 일에 대한 기사를 안 쓸 수 있죠?"라고 말했다. 기자가 독자로부터 중요한 제보나 경고를 받는 경우는 거의 없으므로, 한 문제에 대해 두세 개의 타당한 제보를 받는 일은 강력한 신호가 된다.

그래서 나는 그걸 그들에게 보냈다. 뭐, 적당히. 사실 다른 사이트에서 써먹은, 가짜 이메일 주소로 가짜 제보를 보내는 수법에서 조금 더 나아간 것뿐이다. 이번에는 주요 블로그의 링크를 첨부해서 모두가 그 일에 대해 이야기하고 있다는 것을 명백히 해줬다는 점만 달랐다.

이쯤에서 놀라운 일이 일어났다. 내가 사기를 쳐서 만들어낸 보도가, 영화사가 월급 2만 달러를 주고 고용한 홍보 전문가를 돕기 시작한 것이다. 심야 텔레비전 방송과 신문 인터뷰, 아침 라디오 방송 출연 요청이 들어왔고, 거절하려면 회신 전화를 부탁한다고도 했다. 터커는 처음으로 카슨 데일리가 진행하는 NBC 심야 방송에 출연했다. 이 사기가 끝날 무렵에는, 수백 명의 유명 기자와 프로듀서, 블로거가 휩쓸려 있었다. 수많은 사람들이 다수의 블로그에서 뉴스를 게걸스럽게 먹어치웠다. 그럴 때마다 영화 예고편 조회수가 치솟았고, 책 판매고가 올라갔으며, 터커는 점점 더 유명해지고 점점 더 논란이 됐다. 자신들의 행위가 우리의 계획에 따라 그 역겨운 터커 맥스를 홍보하는 짓이 되고 있다는 걸 그들이 알았다면 좋았을 텐데.

몇 차례 단순한 수를 두는 것만으로도 나는 이 이야기를 1단계에서 3단계로 옮겨놓을 수 있었다. 그것도 한 번만 그런 게 아니라, 이 단계들을 여러 번 왕복했다. 이 영화는 개봉 당시 우리가 바란 것만큼 잘되지는 않았다. 하지만 압도적인 관심을 끌었고 놀라울 만큼 수익성이 좋았다. 추가적으로 시행한 게릴라 마케팅은 내 통제를 벗어나 광고 활동의 일부가 아니라 전부가 됐다. 결국, 이 영화는 DVD 시장에서 광신적이라고 할 만한 인기를 끌었다.

일단 시동이 걸리고 나면, 이런 식의 사기는 자체적으로 생명력을 얻는다. 내가 터커의 광고판을 훼손한 뒤에 일어난 사건도 그런 것이다. 정확히 일주일 뒤, 내 행위에 영감을 받은 페미니스트 16명이 한밤중에 뉴욕 시에 모여 맨해튼 전역에서 영화 포스터를 훼손했다.[6] 이들의 행동은 내가 그랬을 때보다 훨씬 더 많이 보도됐는데, 「빌리지 보이스The Village Voice」의 블로그에 650자 기사와 함께 3장의 사진이 실렸고 댓글도 수십 개 달렸다(나는 사람들을 짜증 나게 하려고 가명으로 댓글을 몇 개 달았는데, 지금은 나도 어떤 것이 진짜고 어떤 것이 가짜인지 모른다). '가짜'에서 진짜 행동이 나온 것이다.

미디어: 자기 자신과 춤추기

미디어 사슬을 타고 올라가는 전략은 위기관리 전문가 마이클 시트릭의 통찰력에 의존한다. 시트릭은 비호감을 사고 있거나 논란이 되고 있는 고객을 위해 상황을 뒤집어야 할 때, "앞잡이가 필요해!"라고 말하곤 했다. 미디어는 동물처럼 무리를 지어 전속력으로 질주한다. 하나의 앞잡이만 있으면, 너도나도 앞다퉈 달리기 시작한다. 첫 번째는 앞잡이를 만드는 것이다. 나머지 할 일은 그저 그것이 가는 방향으로 사람들의 주의를 돌리는 것뿐이다.

명심하라. 상층부의 몇몇을 제외하면, 미디어 생태계의 모든 사람은 빠듯한 마감 시한 내에 콘텐츠를 생산해야 한다는 엄청난 압박감에 시달린다. 자, 당신은 팔 것을 갖고 있다. 그리고 이들은 그 어느 때보다 필사적으로 그걸 사야 한다. 아주 조잡한 근거만 있으면 충분하다.

이런 일이 나 같은 기획자의 의도적인 자극 없이도 발생하는 광경을 보기 시작했을 때 나는 기겁했다. 나는 내부의 불꽃에 의해 미디어가 폭발하는 것을 봤다. 네트워크화되고 상호 의존적인 우리 세계에서는, 아무도 의식적으로 유도하거나 조작하지 않을 때조차 잘못된 정보가 확산될 수 있다. 이 시스템은 너무나 잘 갖추어져 있고, 조정되고 있고, 준비되어 있기 때문에, 나 같은 사람이 필요 없을 때도 많다. 괴물은 스스로에게 먹이를 준다.

때로는 맥락에서 벗어난 인용문 하나가 사태를 촉발할 수도 있다. 2011년 초, 'AOL'의 연예 코너에서 가십을 담당하던 한 기자가 전 NFL 쿼터백 커트 워너에게 〈댄싱 위드 더 스타스〉(각계의 명사들이 전문 댄서와 함께 춤을 추고 실력을 겨루는 TV 쇼 ─ 옮긴이)에 참가할 다음 운동선수로 누가 적당하겠냐고 물었다. 워너는 농담 삼아 당시 성희롱 스캔들에 휘말렸던 브렛 파브를 추천했다. 해당 프로그램의 관계자가 파브와 엮지 말아달라고 말했음에도 불구하고, 기자는 '커트 워너가 브렛 파브를 〈댄싱 위드 더 스타스〉 참가자로 점찍다: 논란은 시청률에 도움이 되니까'라는 제목의 게시물을 올리고 독점이라는 꼬리표까지 달았다. 게시물에는 당시 워너가 별생각 없이 말했다는 내용이 적혀 있었다.

이틀 뒤, 블로그 「블리처 리포트Bleacher Report」는 이 기사를 링크하며, 워너가 파브에게 프로그램에 참가하라고 진지하게 권한 것처럼 보이도록 포스팅했다(해당 프로그램 관계자가 파브와 얽히기 싫다고 AOL에 말했던 것을 기억하라).

이 기사가 올라간 뒤 소문은 급속히 퍼져나가기 시작했다. 아이오와 지역의 TV 뉴스 방송국 'KCCI 디모인KCCI Des Moines'의 기자는 이 기사를 접하고 '브렛 파브의 다음 행보는?'이라는 제목으로 62자의 단신을 쓰면서 「블리처 리포트」가 다룬 '소문'을 언급했다. 이 기사는 다시 「USA 투데이USA Today」에서 '브렛 파브가 〈댄싱 위드 더 스타스 시즌12〉의 출연자?'라는 기사가 되었고, 「프로풋볼토크 ProFootballTalk」 등이 이를 전국에 퍼뜨렸다.[7]

사건을 다시 요약해보자. 의도적이든 아니든, 한 가십 블로그가 농담을 왜곡해서 보도함으로써 특종을 만들어냈다. 그 잘못된 특종이 소규모 연예 블로그에서 시작해 스포츠 사이트, CBS와 제휴를 맺은 아이오와의 방송국, 미국에서 가장 큰 신문사 중 한 곳에서 운영하는 웹사이트에 이르기까지 미디어 사슬을 타고 올라가면서 퍼져나갔다.◆ 그것은 소문이라고도 할 수 없는 것이었다. 소문은 적어도 논리적이다. 그것은 그냥 아무것도 아닌 무의미한 것이었다.

파브에 대한 이 잘못된 보도는 내가 터커의 영화를 홍보할 때와 거의 같은 경로를 따라 퍼졌지만, 내가 개입하지 않았다는 점만큼은 달랐다. 웹은 잘못된 정보를 퍼뜨릴 뿐만 아니라, 그것의 근원이 될

◆　「퀴키시Quickish」는 '브렛 파브가 댄싱 위드 더 스타스에?: 아니, 이건 뜬소문도 못 된다'라는 기사에서 이 점을 정확히 포착하고 자세히 설명했다. 상습적으로 잘못된 기사를 싣는 「데드스핀Deadspin」은 이들의 기사를 즉시 도용해 게시함으로써 손쉽게 2만 5000건의 조회수를 얻었다.

수도 있다.

단순한 가십이라는 점을 생각하면, 이건 별일이 아닐지도 모른다. "파브 이야기는 옛날 얘기잖아. 알 게 뭐야?"라고 생각할지도 모른다. 만약 그렇다면, 이런 질문을 해보겠다. 그사이에 뉴스 편집실 예산은 줄어들고, 광고율은 떨어지고, 보도 주기는 더욱 빨라졌는데, 인터넷을 통해 퍼져나가는 이런 가짜 이야기는 더 적어졌을까, 아니면 훨씬 더 많아졌을까? 믿을 수 없는 것이라곤 연예인에 대한 가십뿐이었던 그리운 시절로 돌아갈 수 있기를 바랄 뿐이다.

괴물에게 먹이를 주는 진짜 바보

나는 미디어 사슬을 타고 올라가는 전략을 진저리 날 만큼 부정적으로 생각한다. 그럴 수밖에 없다. 기본적으로 어떤 것이든 이 사슬을 통해 퍼지는 게 가능하다. 터무니없는 허위 정보조차도 그렇다. 하지만 오랫동안 나는, 미디어가 전하는 조작된 이야기가 그저 감정을 상하게 하고 시간을 낭비하게 할 뿐이라고만 생각했다. 나는 이 때문에 누군가가 죽을 수 있다고는 생각하지 못했었다. 내가 잘못 생각했던 것이다.

혹시 테리 존스라는 덜떨어진 목사를 기억하는지 모르겠다. 그가 코란을 불태운 뒤 아프가니스탄에서 소요 사태가 발생해 30명 가까운 사람이 희생되었다. 존스 목사의 광신은 우연이지만 완벽하게 미디어 사슬을 타고 올라갔으며, 미디어는 자기도 모르게 이를 허용했다.

존스는 자기 교회 앞에 모욕적이고 불쾌한 광고를 내걸면서 플로리다 지역 언론에 처음 이름을 알렸다. 그런 뒤 강도를 높여 코란 화형식을 거행할 예정이라고 발표했다. 이 기삿거리를 「릴리전 뉴스 서비스Religion News Service」라는 작은 웹사이트가 포착했다. '야후!'에서 이들이 쓴 짧은 기사를 올렸고, 수십 개의 블로그가 그 뒤를 따랐으며, CNN은 존스를 초대해서 방송에 출연시켰다.

하지만 그를 방송에 출연시키는 것의 잠재적인 영향을 아는 미디어와 대중이 반발하기 시작했다. 많은 미디어에서 그를 방송에 출연시키지 않기로 했다. 카불에서 열린 시위에 500여 명이 참가해 존스의 인형을 불태웠다. 마지막 순간에 압박감을 느낀 존스가 물러섬으로써 최악의 상황은 피할 수 있었다.

하지만 몇 달 뒤 돌아온 존스는 코란을 불태우겠다는 계획을 다시 발표했다. 화형식 준비를 보도한 블로그와 미디어가 그 소식과 테리 존스라는 괴물을 훨씬 더 대담하고 거대하게 만들었다. 기자들은 그에게 오바마 대통령이 직접 요청하면 그만두겠냐고 물었다. 이는 미국 대통령이 자국 테러리스트와 협상해야 할지도 모른다는 사실을 의미하는 것이었다. 그는 미디어 사슬을 타고 올라가 세계 최고의 권력자에 도달한 셈이다.

이 소동의 결과, 존스는 마침내 미친 짓을 실행에 옮겼다. 2011년 3월, 압박감을 느낀 미디어가 보도를 통제했음에도 존스는 기어코 화형식을 거행했다.

그는 어디 한번 두고 보자고 허세를 부렸는데, 그게 적중했다. 너무 더럽고 위험해서 많은 기자가 양심상 이 이야기에 손대기를 꺼렸지만, 프랑스 통신사 AFP의 프리랜서 기자로 활동하던 앤드루 포

드라는 대학생이 이를 기회로 활용하며 보도 통제가 깨졌다.♦

　포드의 기사를 발행한 AFP는 구글과 야후! 뉴스에 기사를 공급했다. 이들은 즉시 그의 기사를 올렸다. 이 기사는 미디어 사슬의 상부로 올라가기 시작하면서 점점 더 부피를 불렸고, 그날에만 30여 곳의 대규모 블로그와 온라인 뉴스에서 포드의 기사를 링크했다. 이로 인해 이 뉴스는 나머지 미디어가 더는 저항할 수 없을 만큼 큰 기삿거리가 됐다. 이렇게 해서 존스의 코란 화형식 소식, 즉 악용되는 것을 막을 수 없는 시스템을 이용하기 위해 정확히 계산된 이 스턴트는 세상에 널리 알려지게 되었다. 이것이 이 이야기에서 가장 무서운 괴물이다.

　아프가니스탄에서 일어난 폭동으로 UN 직원 7명을 비롯한 27명이 며칠 만에 목숨을 잃었고 40명이 부상당했다. 구체적으로 기독교인이 표적이 됐고, 카불 거리에서는 탈레반 깃발이 휘날렸다. 포인터 연구소Poynter Institute는 이 기사로 인한 사태를 "보도 통제가 깨지고 기사가 24시간 만에 지구 반 바퀴를 도는 데는 대학생 한 명의 활약이면 충분했다"라고 분석했다. 「포브스」의 기자 제프 버코비치의 말처럼, 이것은 '저널리즘 2.0이 살인을 저지른' 실제 사례다.[8]

　이 미치광이와 지나치게 열심인 젊은 저널리스트의 사례는 사슬을 타고 올라가는 것, 즉 괴물에게 먹이를 주는 것이 왜 그렇게 위험한지를 보여준다(존스의 경우에는 효과를 톡톡히 봤지만). 이들은 단지 무를 유로 바꿔놓기만 한 것이 아니다. 블로그가 만들어낸 괴물은 불

♦　　정치판에서는 이런 일이 늘 일어난다. 민주당 자문 위원인 크리스천 그랜섬은 「포브스」에 말했다. "선거운동을 하는 사람들은 정식 기자가 보도하지 않을 이야기가 있다는 것을 압니다. 그래서 그런 이야기는 블로그에 제공하죠."

필요한 유혈 사태를 일으켰다.

2017년, 버클리에서 학생들이 악명 높은 트롤인 마일로 이아노 풀로스에 항의하다 발생한 시위 사태도 이와 비슷하다. 영문은 모르겠지만, 마일로가 캘리포니아 대학교 버클리 캠퍼스에서 강연하는 동안 강연장에서 불법 이민자들을 쫓아낼 것이라는 소문이 돌았다. 나는 이 소문을 뒷받침하는 명확한 증거를 본 적이 없다. 사실은 누군가 그런 행동을 했다는 증거조차 존재할 수 없었다. 시위가 너무 격렬해서 강연 자체가 취소됐기 때문이다. 사람들이 다치거나 죽을 수도 있을 정도였다. 하지만 더 심각했던 건, 시위대가 자기들이 마일로의 손에 놀아나고 있음을 깨닫지 못했다는 것이다. 시위가 없었다면 수백 명의 학생들 앞에서 진행되고 말았을 강연이 며칠 동안 전국적인 주요 뉴스가 됐다. 심지어 트럼프 대통령까지 끼어들어서 해당 대학교에 주는 연방 기금을 끊겠다고 위협했다. 다시 한번, 트롤이 승리하고 그가 원하는 주목을 보상으로 받았다. 미디어 종사자 중 어느 누구도 그들이 자초한 패턴을 깰 수 없었기 때문이다.

당신은 자선단체를 위해 미디어 사슬을 타고 올라갈 수도 있고, 재미있는 가짜 뉴스를 만들어내기 위해 미디어 사슬을 타고 올라갈 수도 있다. 아니면 폭력과 증오, 심지어 부수적으로 죽음까지 불러일으키기 위해 그렇게 할 수도 있다.

3

블로그 사기: 발행인이 온라인으로 돈을 버는 방법

미디어 회사는 성장하기 위해 시간과 싸움을 벌인다. 투자자는 투자에 대한 수익을 원하는데, 웹 뉴스의 경제적 상황을 고려할 때, 이는 색다른 것과 페이지뷰가 거의 언제나 기하급수적으로 성장해야 함을 뜻한다.

— 라이언 매카시, 「로이터」

노예가 노를 젓고 해적이 지휘하는 갤리선을 상상해보라.

— 팀 루튼, 「로스앤젤레스 타임스Los Angeles Times」
(「허핑턴 포스트」의 비즈니스 모델에 대해 이야기하며)

실상을 까놓고 보면 온라인 뉴스 시장, 즉 블로그가 작동하는 방식은 충격적이다. 나는 일용할 양식을 마련하기 위해 블로그를 하거나 집세를 벌기 위해 페이지뷰를 만들어낼 필요가 전혀 없는 사람이지만, 홍보 담당자이자 미디어 구매자, 미디어 회사 컨설턴트로서 이 시스템이 어떻게 돌아가고 있는지 안다. 도축 동영상이나 노동 착취 현장에 대한 폭로를 보는 것만큼 충격적이라고 말하고 싶지는 않다. 하지만 「허핑턴 포스트」나 「뉴욕 타임스」의 웹사이트 같은 온라인 미디어가 어떻게 돈을 버는지, 얼마나 많은 돈을 버는지 알게 되면 구역질이 날 것이다.

이를 아는 것은 중요하다. 왜냐하면 돈을 벌기 위해 고안된 사업인 만큼 이들의 사업 방식이 뉴스를 만들 때 주요한 필터 역할을 하기 때문이다. 이들이 생산해내는 모든 기사는 주제나 소재가 무엇이건 간에 이 틀에 맞게 왜곡돼야 한다. 나는 온라인 경제 시장을 어떻게 내 개인적인 이익을 위해 악용했는지를 설명함으로써 블로그의 비즈니스 모델을 보여줄 것이다. 여기서 배우게 될 교훈을 기회로 볼 것인지 또는 막아야 하는 허점으로 볼 것인지는 당신에게 달려 있다. 나는 둘 다라고 생각한다.

트래픽이 돈이다

표면적으로, 블로그는 광고를 팔아서 돈을 번다. 광고는 노출 횟수에 따라 돈이 지급된다(일반적으로 1000회 노출당 가격을 매긴다). 홈페이지는 각 페이지마다 여러 개의 광고 구역을 가지고 있다. 블로그의 수익은 누적 CPM(Cost Per Thousand, 노출 1000회당 받는 비용)에 페이지뷰 수를 곱한 값과 같다. 광고×트래픽=수익. 나 같은 광고 구매자는 수백만 건 단위로 이 광고 구역을 구입한다. 이 사이트에서는 1000만, 다른 곳에서는 500만, 또 다른 네트워크를 통해서 5000만… 하는 식으로 말이다. 콘퍼런스를 주최하거나 제휴를 맺는 식의 추가적인 활동을 통해 수익의 일부를 창출하는 블로그도 있지만, 대부분의 경우에는 이것이 유일한 사업이다. 즉 트래픽이 돈이다.

광고의 일부는 블로그가 직접 판매하고, 일부는 대행사가 수수료를 받고 판매하며, 그러고도 남은 것은 재고 판매를 전문으로 하는 광고 네트워크 회사가 보통 실시간 입찰제로 판매한다. 누가 팔고 누가 사든 간에, 중요한 것은 한 사이트에 실리는 광고가 전부 돈이 된다는 것이다. 비록 푼돈일지라도 말이다. 페이지뷰 하나하나가 블로그 발행인의 호주머니 속 돈이 되는 것이다.

발행인과 광고주는 사이트에서 광고가 노출되는 유형을 구별할 수 없다. 기사를 정독하는 독자가 우연히 들른 독자보다 나을 것도 없고, 독자에게 유익한 기사가 즉시 잊히는 기사보다 나을 것도 없는 것이다. 페이지가 뜨고 광고가 노출되기만 하면 어느 쪽이건 이들의 목적은 충족된다. 클릭은 다 같은 클릭일 뿐이다.

이러한 점을 알기 때문에 블로거는 위에서 언급한 등식의 후자(트래픽, 페이지뷰)를 늘리기 위해 할 수 있는 모든 일을 한다. 블로그라는 사업은 이런 식으로 이해해야 한다. 블로그 발행인이 내리는 모든 결정은 다음과 같은 격언의 지배를 받는다. '수단과 방법을 가리지 말고 트래픽을 올려라.'

특종이 트래픽이다

온라인 세계가 경험한 가장 큰 충격 중 하나는 「TMZ」의 출범일 것이다. 2005년에 AOL이 만든 이 블로그는 즉각 연수입이 2000만 달러까지 치솟아, 현재는 유명 텔레비전 프로그램까지 만들 정도다. 이 모든 성취는 몇몇 특종 덕분이었다. 아니면 적어도 「TMZ」가 '특별히' 정의한 특종 덕분이든가.

이 블로그를 만든 하비 레빈은 한 인터뷰에서 「TMZ」에 대해 "미국의 모든 뉴스 업체가 공유하는 엄격한 기준을 따르는 진지한 뉴스 업체"라고 말한 바 있다. 이 사이트가 바로 새벽 4시 7분에 독점 보도를 했던 그곳이다. 대통령이 되기 전의 존 F. 케네디가 벌거벗은 여자들과 함께 배 안에 있는 그 흐릿한 사진 말이다. 이 '독점' 특종에는 '역사를 바꿀 수 있었던 존 F. 케네디의 사진'이라는 제목이 달렸다. 하지만 이 사진은 아주 단순한 이유 딱 하나 때문에 세계사를 바꿀 수 없었다. 이 사진 속 남성은 존 F. 케네디가 아니었다. 사실 그 사진은 1967년 발행된 「플레이보이Playboy」에 실린 것이었다.[1] 아이고!

이런 실수를 저질렀음에도, 「TMZ」는 특종을 터뜨리는 것을 일종의 과학으로 만들었다. 이들은 멜 깁슨이 음주 운전으로 체포되어 취중에 반유대주의 발언을 한 것을 보도했고, 마이클 리처즈(미국의 배우 겸 코미디언—옮긴이)가 무대 위에서 이성을 잃은 상태로 인종차별을 하는 동영상을 올렸으며, 리한나(미국의 배우 겸 가수—옮긴이)의 얼굴에 멍이 든 경찰 측 사진을 게시했고, 마이클 잭슨의 사망 소식을 전했다. 「TMZ」는 인터넷을 통해 처음으로 보도가 된 사건 중 가장 커다란 네 가지 사건을 보도했고, 급증한 트래픽을 통해 사람들을 사로잡았다.♦ 이들이 특종을 입수할 때 올바르거나 신뢰할 만한 수단만을 사용한 건 아니지만, 그럼에도 요사이 사람들은 유명인에 관한 뉴스를 생각하면 「TMZ」를 떠올린다. (사람들은 「TMZ」의 전신인 '고커미디어'의 「디페이머Defamer」를 생각하지 않는다. 「디페이머」는 특종을 내놓지도 못했고, 사람들이 더 이상 페레스 힐턴의 유치한 낙서 쪼가리를 좋아하지 않았기 때문에 폐쇄됐다.) 이것이 블로거에게 보낸 메시지는 분명했다. '독점이 블로그를 만든다. 특종이 곧 트래픽이다.'

문제는 독점적인 특종은 드물고, 얻으려면 약간이나마 노력을 해야 한다는 것이다. 그리하여 탐욕스러운 블로거들은 이른바 '사이비 독점'이라는 기술을 완성시킨다. '고커 미디어' 제국의 창립자 닉 덴턴은 직원들에게 비공개 메모를 보내 이 기술을 사용하라고 했다. 그렇게 하면 "엄밀히 따져 '독점'은 아닐지라도, 그 기사에 대한 소유권을 얻을 수 있기 때문"이다.[2] 다른 말로 하면, 그냥 특종을 잡은 척하라는 것이다. 이 전략이 잘 먹히는 이유는, 많은 독자가 해당 기사를 블로그 한 곳에서만 접하게 되기 때문일 것이다. 독자들은 그 기사가 다루는 이야기가 실제로는 이미 알려져 있는 것이거나 원래 다른 곳에서 보도된 내용이라는 사실을 모른다.

이 경쟁의 초기에 「고커」의 최대 특종 중 하나는 톰 크루즈의 사이언톨로지 활동 동영상 모음이다(확실히 「TMZ」 수준이기는 하다). 이 기사는 '사이비 독점'의 좋은 사례다. 그 특종을 잡은 주인공은 그

♦ 그들의 말에 따르면, 독점은 또 다른 이유로도 중요하다. 기사를 독점이라고 광고하는 것은 경쟁자의 폐부를 찌른다. "우리는 이 이야기를 입수했고, 저들은 못했으니까, 우리가 더 낫다." 그래서 블로그는 너도나도 게시하는 재미있는 기사보다, 차라리 빈약하나마 독점인 기사를 전면에 게시하려 든다.

기사로 막대한 페이지뷰를 얻은 사이트가 아니었기 때문이다.

나는 배후에서 일이 펼쳐지는 광경을 직접 목격했기 때문에 사건의 진상을 안다. 그 테이프를 찾은 이는 당시 내가 조언하던 모 블로그의 운영자인 할리우드 저널리스트 마크 에브너였다. 엄청난 특종이 될 수 있다는 가능성에 흥분한 에브너는 내게 전화를 걸어서 그 자료를 가져오겠다고 했다. 몇 시간 뒤, 그는 '기밀'이라고 적힌 봉투에 든 DVD를 내게 건넸고, 나는 그날 늦은 시간에 친구들과 함께 그걸 봤다. 우리의 짜증스러운 반응은 "톰 크루즈는 원래 미쳤잖아. 그게 뭐가 새로워?"였다.

「고커」는 다르게 반응했다. 에브너는 「고커」에 있는 친구들에게도 이 영상을 보여줬다. 그런데 그들은 다른 곳에서 보도하기 전에, 에브너의 뒤통수를 치고 이 동영상을 보도했다. 「고커」가 에브너의 공을 인정해주기로 나중에라도 약속했는지는 모르겠다. 내가 아는 건, 이는 비열한 짓이라는 것뿐이다. 그 게시물은 약 320만 건의 조회수를 기록했고, 그 기사로 「고커」는 완전히 새로운 독자들을 끌어들였다. 에브너는 아무것도 얻지 못했다. 당연한 일이지만, 「고커」가 실제 출처인 에브너의 사이트를 링크하지 않았기 때문이다. 이러한 과정을 통해 「고커」는 자기 것이 아닌 이야기를 소유하게 됐다. 이 일이 있고 나서야 나는 블로그가 어떻게 거액을 벌어들이는지 이해하게 됐다. 바로 타인을 등쳐 먹는 것이다.

인터넷 세계 밑바닥에 있던 블로그가 악명 높은 주류로 도약하기 위해 필요한 것이 기사라면, 사이트가 주목을 받기 위해 그 어떤 짓을 한다 해도 놀랍지 않다. 특종을 날조하거나 훔치고 그 과정에서 독자와 광고주를 속이는 짓도 마다하지 않을 것이다.

기득권 언론에는 이런 문제가 없다. 이들은 이미 인지도가 있기에 거기에 목을 매지 않는다. 사업 모델에 대한 이들의 주요 관심사는 인지도를 얻기 위해 규칙(그리고 진리)을 왜곡하는 것이 아니라 자신들의 평판을 지키는 것이다. 이것이 결정적인 차이다. 미디어는 한때 명성을 지키는 것에 주력했다. 반면 웹상에서 미디어는 명성을 쌓는 것에 주력한다.

블로그 사기: 명성, 특종, 그리고 트래픽이 출구를 만든다

여태까지 나는 어떻게 블로그가 페이지뷰를 통한 수익 추구에 끝없이 빠져드는지를 말했다. 페이지뷰를 통한 수익 추구, 그들이 하는 일이 바로 그것이다. 하지만 블로그는 애초에 독립적으로 수익을 낼 수 있는 사업이 아니다. 그들이 트래픽과 수익을 키우기 위해 사용하는 도구들은 더 큰 판의 일부다.

블로그를 만드는 목적은, 그것을 다른 곳에 파는 거다. 이들은 광고를 통해 상당한 수익을 거두지만, 진짜 돈벌이는 트래픽과 소득을 배가시키기 위해 사이트를 통째로 더 큰 회사에 매각하는 것이다. 보통은 돈 많은 호구에게 팔아넘긴다.

웹로그Weblogs 주식회사는 AOL에 2500만 달러에 팔렸다. 「허핑턴 포스트」는 AOL에 현금 3억 1500만 달러에 팔렸는데, 소유주인 아리아나 허핑턴은 의도적으로 신규상장의 기회를 피했다. 「테크크런치TechCrunch」도 AOL에 3000만 달러에 팔렸다. 디스커버리는 블로그 「트리허거TreeHugger」를 1000만 달러에 샀다. 「아르스 테크니카Ars Technica」는 콘데 나스트에 2000만 달러 이상에 팔렸다. 「노 유어 밈Know Your Meme」은 치즈버거 네트워크에 수백만 달러에 인수됐다. 폭스 스포츠 인터랙티브는 스포츠 블로그 네트워크 「야드바커Yardbarker」를 매입했다. 내가 컨설팅해주는 인재 관리 회사 컬렉티브가 호러 영화 전문 블로그인 「블러디 디스거스팅Bloody Disgusting」을 추후 더 큰 곳에 되팔 것을 염두에 두고 샀을 때, 나 자신도 이런 인수 작업에 공을 들였다. 「바이럴노바ViralNova」라는 사이트는 1억 달러에 팔렸다고 알려졌고, 「엘리트 데일리Elite Daily」는 5000만 달러에 팔렸다. 대중문화 블로그인 「헬로기글스HelloGiggles」역시 수백만 달러에 인수됐다.

블로그는 출구를 염두에 두고 구축되고 운영된다. 이것이 블로그가 특종을 원하고 유명 블로거를 사들이는 진짜 이유다. 다시 말하자면, 지명도를 높이고 트래픽이 급속히 증가하는 추세를 보여주어 투자자를 끌어들이려는 것이다. 단기간에 트래픽을 높여야 한다는 압박감은 상당하다. 그리고 미디어 조작자들은 그 절박함이야말로 자신들의 잠재적인 피해자에게서 기대할 만한 최고의 것임을 안다. 각각의 블로그는 그 자체로 작은 폰지 사기다. 이들에게는 트래픽 증가가 탄탄한 재정보다 중요하고, 브랜드 인지도가 신뢰보다 중요하며, 블로그의 규모가 사업 감각보다 중요하다. 블로그는 그것을 원하는 다른 누군가, 그것을 돈 주고 사려는 바보 같은 이들을 위해 만들어진다. 이들은 수백만 달러를 본질적으로 무가치한 것과 교환하는 것이다.

도둑의 소굴에서는 뭐든 상관없다

이 세계에 수상한 사업 거래와 이해 충돌이 만연해 있다는 건 전혀 놀라운 일이 아니다. 내가 가장 좋아하는 예는 나 자신이다. 나는 내 고객들을 위해 온라인 광고 구매자이자 홍보 담당자로 활동하며 그들을 대변한다. 그렇기에 내 고객들을 비판적으로 다루는 사이트가 매년 수십만 내지 수백만 달러에 달하는 수입을 내게 의존하는 일이 일어난다. 어느 블로그 기자가 항간에 떠도는 소문에 대한 정보를 캐기 위해 내게 이메일을 보내고 있는 바로 그때에, 그 블로그의 소유주는 내게 전화를 걸어 광고를 좀 더 늘려줄 수 있는지 묻는 식이다. 이 책의 후반부에서 나는 블로거들이 쓴 기사를 바로잡는 일이, 심지어 노골적으로 부정확하게 쓴 기사라도 그것을 바로잡는 일이 얼마나 어려운지에 대해 쓸 것인데, 이런 이해 충돌 관계는 내가 그들과 다툴 때 사용할 수 있는 유일한 도구였다. 당연히, 아무도 내가 무슨 일을 벌이는지 신경 쓰지 않았다. 왜냐하면 그들은 사리사욕을 채우느라 너무 바빠 내게 신경 쓸 여력이 없었기 때문이다.

「테크크런치」의 창립자이자 전 편집장, 수다쟁이인 마이클 애링턴은 자기 블로그에서 다룰 예정인 스타트업에 투자한 것으로 유명하다. 그는 더 이상 「테크크런치」를 운영하지 않지만 그 블로그를 운영하는 동안에 투자기금 두 곳과 파트너 관계를 맺고 있었고, 지금은 또 독자적으로 '크런치펀드'라는 회사를 운영한다. 다시 말하자면, 그는 직접적인 투자자가 아닐 때조차 자기 세력권 안에 있는 수십 개의 회사에 연줄이나 지분을 갖고 있고, 그의 내부 정보는 자기 회사의 이익을 불리는 데 도움이 된다.

이런 이해 충돌 관계에 대해 비판받자 그는, "내가 경쟁자들보다 훨씬 낫기" 때문에 그들이 질투하는 것뿐이라고 말했다(농담이 아니다).◆ 그래서 애링턴이 2011년에 실리콘밸리에서 열린 엔젤 투자자들의 비밀 모임에 대하여 폭로한 일은(나중에 '엔젤게이트'로 알려졌다) 대체 누구의 이익을 위해서 그런 것인지, 즉 블로그의 독자들을 위해서 그런 것인지 아니면 자기 자신을 위해서 그런 것인지 모를 일이다. 어쩌면 그가 마음이 상한 이유는 그 비밀 모임이 잘못된 것이라서가 아니라, 그들이 그를 초대하지 않았고, 그럼에도 그가 그 자리에 나타났을 때 그들이 무례하게 굴어서였을지도 모른다. 애링턴은 블로그의 새로운 소유주 AOL이 이런 이해 충돌 관계에 이의를 제기하자 대대적인 다툼을 벌이고 결국 「테크크런치」를 떠났다.

「고커」의 닉 덴턴도 자기 영역에 많은 투자를 한다. 그는 종종 자기 회사에서 퇴사하거나 해고된 직원들이 설립한 회사에 돈을 투자하기도 한다. 그는 각 지역에 기반을 두고 네트워크를 이루고 있는 「커브드」 같은 블로그의 지분을 가지고 있다. 이 블로그들은 종종 그가 소유한 대형 블로그에 대한 글을 쓰거나 그곳으로 링크를 건다. 그는 사용자들을 이 두 종류의 사이트 사이에서 이리저리 움직이게 함으로써 광고주에게 요금을 두 배로 걸을 수 있다. 덴턴은 '시티파일'이라는 사이트에도 투자했는데, 그는 자신의 다른 블로그에서 트

◆　애링턴의 주장은, 그를 비롯한 블로거들이 이해 충돌 관계를 숨기지 않았기 때문에 결백하다는 것이다. 2012년에 출간된 댄 애리얼리의 《거짓말하는 착한 사람들》은 이런 주장을 반박한다. 이 책에 실린 과학적 자료들에 의하면, 이해 충돌 관계를 드러내는 건 사실 왜곡된 자료에 대한 편견을 증가시킬 뿐이다. 우리는 오염된 정보를 버리는 것에 별로 익숙하지 않다.

래픽을 끌어들여서 이 사이트를 부풀린 다음, 그 사이트를 완전히 인수해서 「고커」로 편입시켰다.

대다수 블로그와 블로그 소유주의 궁극적 목표는 영향력이다. 영향력이야말로 더 큰 미디어 회사가 그들에게서 구입하고자 하는 것이기 때문이다. 하지만 애링턴과 덴턴의 예가 보여주듯, 블로그가 가진 영향력은 투자와 이익을 위해 남용될 수 있다. 그들이 기사에서 다루는 회사에 투자하는 식으로, 또는 돈이나 마찬가지인 트래픽을 몰아주는 곳에 투자하는 식으로 말이다. 이것은 노골적인 이해 충돌이 대중의 눈에 띌 만큼 드러난 한 예에 불과하다. 배후에서는 어떤 일이 일어나고 있는지 또 누가 알겠는가?

많은 블로그와 여타 유사 플랫폼이 다른 업계의 부패와 악행을 폭로한다고 주장하지만, 그들 역시 자신들만의 흑막을 가지고 있다는 사실 또한 흥미롭다. 「벤처비트VentureBeat」의 기자였던 베카 그랜트가 최근 「미디엄」에 고백한 것처럼, 블로그를 운영한다는 것은 맹렬히 움직이는 고속 기계에 끊임없이 먹이를 던져주는 것과 같다. "저는 하루에 평균 다섯 개의 글을 썼습니다. 20개월 동안 1740개에 달하는 기사를 써냈죠. 어떤 객관적인 기준을 적용해보더라도 그건 분명히 미친 짓이었습니다."

내 생각으로는 '미친 짓'보다 '착취'가 더 나은 표현일 것 같다. 몇 년 전, 「워싱턴 포스트」 블로그의 구인 광고를 보았는데, 매일 최소 12건의 포스팅을 할 것을 요구하고 있었다. 이게 다른 사업체와 공인에게 노동환경에 대한 책임을 묻던 그 조직이 맞단 말인가? 상황이 이런데도 우리는 우버에 압력을 넣는 그들의 말에 귀를 기울여야 하는 것일까?

출구: 조작자

인지도를 쌓으려 열심인 블로그 기반 저널리스트와 자기 블로그를 팔려고 열심인 블로그 소유주는, 가짜 투자 기회를 통해 이익을 창출하려고 공모하는 두 명의 부정한 사업가와 비슷하다. 상황이 어떻게 돌아가고 있는지 사람들이 깨닫기 전에 일을 벌였다가 정리한다. 규칙과 윤리가 느슨한 이 세계에서는 제3자에 불과해야 할 이들이 엄청난 영향력을 발휘할 수 있다. 그것을 가능케 하는 이들이 바로 미디어 조작자들이다.

블로그와 그 소유주의 전제에는 명백한 취약점이 있고, 나 같은 사람들은 그걸 이용한다. 이들은 우리가 미디어를 통제하게끔 내버려둔다. 미디어는 이익을 좇느라 너무 바빠서 우리를 막는 데 신경 쓸 여력이 없기 때문이다. 그들은 우리에게 신경 쓸 이유가 없다. 그들은 독자 말고, 자기 자신과 속임수에 충성한다. 이것은 궁극적으로 나를 절망케 하지만, 나는 작은 위안거리 하나를 발견했다. 사기꾼에게 사기를 치는 것이 인생에서 가장 즐거운 일 중 하나라는 것 말이다. 게다가 별로 어려운 일도 아니다.

다음 장에서 나는 어떻게 이것이 가능한지, 어떻게 행해지는지를 개괄적으로 보여줄 것이다. 효율적으로 블로그를 조작하는 방법을 아홉 가지로 분류해봤다. 각 전략은 우리 미디어 시스템의 비참한 취약성을 드러내지만, 적절히만 사용한다면 공평한 경쟁의 장을 만들고 웹의 정보 흐름을 통제할 무제한의 자유를 제공해줄 것이다.

4

전략 #1:
뇌물의 기술

생계를 위해 쓰는 글은 그 자체로 살아 있는 글이 아니며,
작가가 최선을 다한 글도 절대 아닐 것이다. (중략)
펜으로 먹고 살아야 하는 자는 고역스러운 문필 노동,
또는 기껏해야 대중을 상대하는 글에 의존해야만 한다.

― 존 스튜어트 밀,《자서전》

뇌물을 주는 방법은 다양하다. 돈다발을 건네는 경우는 거의 없다.

고용주가 블로그 기자의 급여를 책정하기 위해 사용하는 기준을 악용하면 간접적인 뇌물이 된다. 나는 이 수단을 아주 쉽게 알아냈고, 적절히 확인해서 써먹었더니 이것은 눈에 보이는 뇌물만큼이나 효과적이었다.

시작은 블로그의 기자들이 고용되는 방식이다. 지원자가 기술, 정직성, 전문 분야에 대한 애정에 근거해 선발된다는 생각은 버려야 한다. 인기 있는 테크놀로지 관련 블로그 「매셔블Mashable」을 대표하는 편집자 벤 파는 블로그 기자를 고용할 때 무엇을 요구하느냐는 질문을 받았다. 그의 답은 한 단어였다. 신속함. "온라인 저널리즘은 빠르게 돌아갑니다. 우리에게는 몇 분 만에 기사를 생산해낼 수 있고, 며칠이 아니라 몇 시간 만에 거창한 사설을 작성할 수 있는 사람이 필요합니다." 신속함은 저널리즘의 모든 실무에서 '확실한 이점'으로 여겨질 것이다.[1]

블로그의 급여 지불 구조는 품질이나 정확성, 내용의 유용성 같은 다른 기준보다 속도를 강조하는 태도를 반영한다. 초기의 블로그는 기자들에게 게시물당 얼마를 지급하거나 하루 최소 게시물 충족 시 고정 급여를 지급하는 경향을 보였다. 2005년, 웹로그가 운영하는 「엔가젯Engadget」, 「슬래시푸드Slashfood」, 「오토블로그Autoblog」 등의 사이트는 블로그에서 활동하는 기자가 한 달 동안 125개의 게시물을 올리면 500달러를 지급했다. 하나에 4달러짜리 포스트를 매일 4개씩 올리게 한 셈이다.[2] 「고커」는 2008년 후반기에 게시물 하나당 12달러를 지급했다. 이런 급료에는 편집, 이메일 회신, 댓글 달기처럼 블로거가 떠맡는 다른 업무는 당연히 포함되지 않는다. 전문적인 블로깅은 은밀하게 진행되며 인정사정 봐주지 않는다.

「고커」는 게시물 수에 따라 급여를 지급하는 방식을 버리고, 월별 트래픽 수치에 근거해 인센티브를 지급하는 페이지뷰 기반 보상 체계로 전환하며 업계를 들었다 놨다. 이 인센티브는 정해진 월급 외에 추가로 지급됐으며, 월간 할당량을 달성하면 사실상 월급의 두 배에 달하는 급여를 받을 수 있었다. 이것이 어떤 결과를 초래했는지 상상할 수 있을 것이다. 어떤 「고커」 기자는 이번 달에 자기가 얼마나 돈을 받을 수 있을지 모르겠다고 투덜거리는 포스팅을 올렸다. 그리고 이 게시물은 조회수 1만 7000건을 기록했다.

이 보너스 체계는 고커의 블로거에게 너무 직접적인 보상을 해줬기 때문에 회사는 인센티브 비율을 약간 줄였다. 하지만 이 체계는 여전히 남아 있으며, 이 회사의 사무실에는 소속된 모든 기자와 그들이 작성한 기사에 대한 통계를 보여주는 커다란 게시판이 있다. 기자가 인센티브를 위해 분투하지 않을 때 그가 해야 할 일은 그저 정신이 번쩍 들도록 위를 올려다보는 것이다. 게시판의 저점에 자기가 랭크되어 있다면 해고될지도 모른다.

이것이 현재 블로그들의 표준 모델이다. 금융 기자들의 네트워크인 「시킹 알파Seeking Alpha」(투자자들에게는 분명 상당한 가치가 있는 곳이다)는 2010년에 게시물이 만들어내는 트래픽에 근거해 기자에게 돈을 지급하는 플랫폼을 출시했다. 기사 1건당 평균 지급액은 처음 6개월 동안 고작 58달러였다. 한 기자가 1000달러를 벌려면 10만 건의 조회수를 달성해야 하는데, 매달 인터넷에 글을 발표하는 수천 명의 기자들과 경쟁을 해야 하니 악전고투할 수밖에 없다. 블로그「올The Awl」도 회사를 설립한 지 2년이 지난 뒤 이와 비슷한 모델을 적용하여 기자들에게 급여를 지급할 것이라고 발표했다. 수십여 개의 블로그가 사이트 광고에 의해 산출되는 작은 판돈을 나눠 먹는다. 사이트가 트래픽을 더 많이 산출할수록 판돈은 더 커진다. 이들은 인센티브를 노리고, 대박을 칠 기사에 필사적으로 매달린다. 그런데 페이지뷰를 얻기 위해 서로 경쟁하는 대신, 다 같이 사기에 모든 것을 건다.[3]

또한 많은 업체가 이른바 '기고자 시스템'이라 불리는 것도 만들었다. 이전까지는 독점적으로 운영되던 미디어를 프리랜서 기자들에게 개방한 것이다. 이들은 기사의 조회수나 기사가 소셜미디어에 공유되는 횟수(페이지뷰의 근사치로서)에 따라 돈을 받는다. 예를 들어, 「포브스닷컴」에서 기고자가 썼다고 되어 있는 글은 「포브스」의 직원이 쓴 것이 아니라 클릭수를 최대한 많이 올리려고 서두르는 누군가가 쓴 것이다. 나는 기고자 시스템이 전적으로 나쁘다고는 생각하지 않는다(나는 실제로 몇몇 주요 회사에서 그 시스템을 만드는 걸 도운 적이 있다). 하지만 나는 대중이 이런 콘텐츠 사이의 차이점에 대해 더 많이 알아야 한다고 생각한다. 당신이 전문 저널리스트가 쓴 것이리라 생각하며 읽는 어떤 기사는, 그걸 쓰는 대가로 받는 돈이 너무 적어서 기사의 주인공이 제시한 뇌물의 표적이 된 누군가가 쓴 것일 수도 있다(「포브스닷컴」처럼 기고자가 많은 온라인 미디어에서 그런 일이 일어난다).

여기 내가 방금 받은 이메일이 있다. 이들은 「안트러프러너 Entrepreneur」(기고 시스템이 있는 또 다른 사이트)에 내가 기고하는 기사에 링크를 하겠다고 제안한다.

안녕하십니까, 라이언 씨.

저는 얼마 전부터 「안트러프러너」에서 귀하의 글을 유심히 지켜봐왔습니다. 짤막한 이메일로 연락드리는 것을 양해해주시기 바랍니다.

제 이름은 개러스로, 런던에 기반을 두고 활동하는 디지털 홍보 컨설턴트입니다. 저는 신뢰할 만한 고객들과 함께 일하며, 귀하가 쓴 기사에 대한 '미디어 노출' 서비스를 그들에게 제공하고 있습니다.

저희는 고객과의 협력하에 자연스러운 정보 콘텐츠를 만들고 있습니다 (블로그 포스트, 인포그래픽 등). 이 콘텐츠들은 클릭 시에 본래 사이트로 연결될 것이며, 귀하가 차후 작성하려는 기사들에 유용하게 쓰일 수 있을 것입니다.

또한 저희는 저희 고객사의 CEO나 고위 직원의 코멘트를 제공할 수도 있습니다. 이것들은 귀하의 기사에 가치를 더해줄 것입니다.

저희는 귀하의 기사에 가치를 더하는 링크를 제공하고자 할 뿐이며, 기사에 배치된 각 링크에 대한 보수는 즉시 지급한다는 것을 기억해주십시오.

보수에 관해 논의하고 일을 시작할 수 있기를 바랍니다. 답장 부탁드리겠습니다.

감사합니다. 좋은 하루 보내십시오.

개러스 드림

그는 완곡어법을 사용하면 그 일이 검색엔진 노출을 위한 뇌물 사기라는 사실을 가릴 수 있다고 생각하는 것 같다.◆ 나는 이런 제안에 흔들릴 만한 입장에 있지 않지만, 얼마나 많은 블로거가 유혹을 느낄지 짐작할 수 있다. 그리고 그들의 편집자와 발행인은 이 사실을 절대 알지 못할 가능성이 크다.

「비즈니스 인사이더」의 설립자 헨리 블로젯은 기자들이 고용된 몫을 다하려면 간접비, 마케팅비, 호스팅비, 블로젯 자신이 가져가는 몫에 달하는 비용뿐 아니라 그들 자신이 받아가는 연봉과 복리후생 비용의 세 배에 달하는 페이지뷰를 만들어야 한다고 설명한 바 있다.

달리 표현하자면, 연간 6만 달러를 버는 직원은 매달 180만 회 이상의 페이지뷰를 생산해야 하고, 그렇지 않으면 쫓겨난다는 것이다.[4] 이건 쉬운 일이 아니다. 사람들이 트래픽을 끌어들이는 데 능숙해지고 시장에는 재고가 넘쳐나므로, 시간이 지날수록 그것은 점점 더 힘들어질 것이다.

유튜버도 이와 같은 가혹한 상황에 직면해 있다. 유튜브는 광고를 팔고 제공하며, 상당한 몫을 챙긴 뒤 나머지를 제작자에게 건넨다. 이런 수치는 대체로 공개되지 않지만, 쓸 만한 계정은 조회수 1000건당 1달러가량을 벌 수 있다(클릭당 1센트보다 적은 수치다). 나는 음반을 수백만 장씩 파는 아주 인기 있는 록밴드 린킨 파크와 함께 일했는데, 당시 그들의 계정은 1억 건이 넘는 조회수를 기록해 가까

◆ 며칠 뒤 「체크 코너Check Corner」라는 사이트를 운영하는 빌리 스미스라는 사람에게서 다음과 같은 이메일도 받았다. "「더 넥스트 웹The Next Web」이나 귀하가 글을 쓰는 다른 웹사이트에 저희 사이트를 언급해주셨으면 합니다. 기꺼이 협상할 용의가 있으며, 게시물을 올리거나 언급해주신 것에 대한 사례를 지불할 것입니다."

스로 10만 달러 단위의 돈을 벌어들였고, 이것을 6명의 멤버와 매니저, 변호사, 음반 회사가 나눠 가졌다. 이런 수익 구조 때문에 큰 채널이든 작은 채널이든 유튜버는 돈을 벌기 위해 끊임없이 동영상을 쏟아내야 한다. 조회수 하나는 호주머니 속 1센트에 지나지 않는다.

소셜미디어에서 활동하는 인플루언서는 오로지 돈밖에 모른다. 당신은 실제로 다양한 광고 네트워크를 통하여 인플루언서에게 돈을 지불한 뒤 미리 작성된 메시지를 게시하거나 제품을 홍보할 수 있다.

나는 터커의 책을 홍보하기 위해 팔로어가 40만 명이 넘는 트위터 계정에 '팩트: 사람들은 돈을 벌기 위해서라면 뭐든지 할 것이다'라는 글을 게시했는데, 그 일에 25달러가 들었다. 그 책을 「뉴욕타임스」 베스트셀러 2위로 데뷔하도록 뒷받침해준 굴욕적인 홍보 문구가 수십 개의 다른 계정에 게시되게 하는 데는 몇백 달러가 더 들었다. 한 블로그의 헤드라인이 이 일을 잘 요약한다. '셀럽에게 돈을 지불하면 원하는 것을 트윗하게 만들 수 있다는 것을 터커 맥스가 증명하다.'[5]

후원을 받는 트위터, 인스타그램, 스냅챗은 음모론이나 해괴한 아이디어를 전파하는 아주 손쉬운 통로라는 생각이 든다.◆ 특정한 생각을 정당화하는 데 그 생각을 계속 반복하는 것보다 더 쉬운 방법이 있을까? 셀럽은 개당 몇 달러면 기꺼이 이런 일을 한다.

만약 이 모든 수치가 너무 보잘것없게 느껴진다면(나는 그렇게

◆　또는, 제대로 계획되지도 않은 콘서트 표를 비싸게 팔면서 그걸 '파이어 페스티벌'(2017년 미국에서 벌어진 희대의 음악 축제 사기 사건 — 옮긴이)이라고 부를 때도!

느낀다), 그건 단지 블로거들이 부당하게 대우받고 있기 때문만은 아니다. 그건 그들이 생산하는 것들이 그만큼 가치가 없기 때문이다. 정치 분석가 네이트 실버의 추정에 따르면, 「허핑턴 포스트」에 실리는 기고문의 가치는 회사 수익 측면에서 보면 평균적으로 3달러에 불과하다.[6] 따라서 그들이 보수를 공정하게 받는다고 해도 그 액수가 그리 크지는 않을 것이다. 실버는 2만 7000건의 페이지뷰를 기록하고 540여 개의 댓글이 달린 전 미국 노동부 장관 로버트 라이시의 기사들이 대략 200달러의 가치밖에 없다고 결론 내렸다. 이것은 라이시 같은 사람을 잠자리에서 일으켜 세울 수도 없을 만큼의 금액이다. 현재 무급 기고자의 기사는 대부분 이보다 훨씬 적은 수익을 창출한다.

착취할 시기

이 모든 것이 의미하는 바는, 블로거가 부자가 되기를 원한다면(혹은 임대료라도 내기를 원한다면) 돈을 거둬들일 다른 방법을 찾아야 한다는 것이다. 나 같은 사람이 증정품을 한 아름 들고 개입하는 지점이 바로 여기다.

제품이 온라인에서 보도되게 하는 가장 빠른 방법 중 하나는 제품을 블로거에게 공짜로 증정하는 것이다(이들은 자신의 이해 충돌 관계를 드러내지 않을 것이다). 아메리칸 어패럴에서 일할 때 나는 패션 블로거들(자기 옷차림을 모방하는 수천 명의 독자에게 매일 자기 옷 사진을 보여주는 이들)을 찾아내 우리의 신상품을 보내주는 일을 담당하는 정규직 직원 2명을 뒀다. 나는 그중 가장 유명한 블로거들과 광고 제휴 계약을 맺고, 누군가 그들의 사진을 본 뒤 우리 사이트에서 뭔가를 구입할 때마다 수수료를 지불했다. 그들이 게시물에서 아메리칸 어패럴 제품을 얼마나 자주 다뤘는지 알면 여러분은 분명히 충격을 받을 것이다.

영화를 홍보할 때는 촬영장 방문 행사를 하거나 시사회에 초대하는 게 직방이었다. 밴드와 작업할 때는 콘서트 표나 밴드 멤버의 이메일 한 통이면 스타에게 빠진 블로거로부터 원하는 것을 얻어낼 수 있었다. 하지만 삼성이 한 일에 비하면 이건 아무것도 아니다. 「비즈니스 인사이더」의 광고주인 삼성은 그 매체의 직원이 바르셀로나에 가서 '모바일 월드 콩그레스'(매년 2월에 바르셀로나에서 열리는 모바일 산업 관련 세계 최대의 박람회—옮긴이)를 취재할 수 있게 자금을 대줬다. 다행히 그 직원은 즉각 이 관계에 대하여 공개했다. 하지만 그 사실을 밝힐 때, 그는 이런 후한 제안의 결과로 "삼성에 상당히 따뜻하고 애매한" 감정을 느끼게 됐다고 시인했다. 어떻게 해서든 이런 감정을 부추기는 것이 바로 마케터가 하는 일의 전부다.[7]

하지만 이는 그저 부정 이득이나 특전일 뿐이다. 블로거가 **진짜** 돈을 버는 가장 쉬운 방법은 기존의 미디어 회사나 기술 기업으로 직장을 옮기는 것이다. 그들의 소유주나 투자자가 그러려고 애쓰는 것처럼, 블로거도 인지도를 쌓아서 호구에게 팔 수 있다. 특종이나 논란이 되는 기사, 주요 기사를 통해 개인 브랜드를 구축하는 순간, 블로거는 자신이 제공하는 신뢰도와 소란을 간절히 원하는 잡지나 스타트업에서 편한 일자리를 얻을 수 있다. 시류에 뒤처진 이런 회사들은 그러고 나서 주주들에게 "봐봐, 우리가 대세야!" 또는 "우리가 상황을 역전시키고 있어!"라고 말한다.

　당연한 일이겠지만 이런 낙하산 인사는 보도에 이상한 영향을 미친다. 돈이 되는 일을 얻을 기회가 기다리고 있는데, 대체 어떤 블로거가 구글이나 페이스북, 트위터 같은 기업의 실상을 보도하겠는가? 자기 일이 인맥을 형성하는 활동에 달려 있는데, 어느 기자가 그 원천을 불태워버리려 하겠는가?

　잠깐 내 얘기를 하자면, 나는 블로거들에게 (내게 유리하고 내 기호에 맞는) 큰 기삿거리를 제공해서 그들이 이름을 떨치게 돕고, 그들이 잡지사와 신문사의 더 좋은 일자리와 주요 블로그의 편집장 자리로 옮겨가는 것을 지켜봤지만, 그들의 근황을 지속적으로 파악하지는 않는다. 그런데 며칠 전 로스앤젤레스에서 운전을 하다가 라 시에네가 대로에서 거대한 얼굴만 떡하니 그려진 광고판을 보았다. 동영상 하나당 조회수 몇천 건을 찍던 시절에 내게서 공짜 의류를 제공받던 어느 동영상 블로거의 얼굴이었다. 현재 그의 동영상은 조회수가 몇백만 건에 달하며, 그는 HBO에서 자기 프로그램을 진행한다. 일찌감치 블로거들에 투자하면 영향력을 싸게 사들일 수 있다.

　대부분의 경우, 블로거는 내가 무엇을 하는지 알고 있지만 그렇다고 크게 신경 쓰지는 않는다. 블로그 발행인이 끊임없이 출구를 찾고 있다면, 블로거도 마찬가지일 것이다. 이들은 모두 대형 미디어 회사의 돈을 원한다. 이들은 자기가 기사로 써내는 스캔들이 진짜인지 날조된 것인지, 혹은 취재원이 편향됐는지 자기 잇속만 차리는지는 신경 쓰지 않는다. 그로부터 무언가를 얻을 수 있는 한 그렇다.

진짜 이해 충돌

우리는 저널리스트가 자기 기사에서 다룬 사람에게 돈을 받거나, 자기가 기사로 다룬 것과 관련해 투자를 해서는 안 된다는 사실(자신이 소유한 주식을 기사로 쓰는 행동 등)을 자명한 것으로 받아들인다. 이해 충돌은 보도를 좌우하고 기사를 더럽힌다. 그래서 나는 전 「고커」의 기자 해밀턴 놀런이 쓴 '미디어 윤리를 위한 새로운 규칙'이라는 게시물에서 이와 거의 일치하는 정서를 읽었을 때 기쁘기도 하고 놀랍기도 했다. 그는 "미디어 업계 종사자, 즉 기자와 비평가 등은 자기가 취재하는 것과 관련한 금전적 이해관계가 있어선 안 된다"라고 솔직하게 말했다.

하지만 나는 이 모든 것이 얼마나 위선적인지 곧 깨달았다. 놀런은 자기 게시물이 조회수를 얼마나 많이 기록하는지에 따라 돈을 받기 때문이다. 그의 금전적 이해관계는 무엇에 대해 쓰느냐가 아니라 어떻게 쓰느냐와 관련이 있다. 페이지뷰 급여 모델에서는, 게시물 하나하나가 다 이해 충돌이다.

「바이스」에 실린 '왜 텍사스는 인앤아웃 버거와 사랑에 빠질 수 없는가'라는 기사를 보자. 이 제목은 캘리포니아에서 온 이 버거 체인점을 텍사스가 거부하고 있다는, 거창하지만 입증 가능한 주장을 제시하려는 것 같다. 하지만 기사를 읽다 보면, 실제로는 텍사스에 위치한 인앤아웃 매장들이 '옐프Yelp'(이용자들이 음식점을 비롯하여 다양한 상점들에 대한 별점을 남기고 확인할 수 있는 미국 최대 리뷰 사이트 ─옮긴이)에서 별을 4개 이하로 받는다는 내용임을 알게 된다. 농담이 아니다.◆ 이 기자가 타당성이 없는 이런 주장을 과장해서 하는 이유는, 바로 그래야 트래픽을 얻을 수 있기 때문이다. 그는 인앤아웃의 주가에는 아무 관심이 없다. 그는 자기 기사에 따라 달라지는 자기 주식에 관심이 있다. 이 잘나가던 기업이 쇠퇴할 징조를 보인다면, 어느 경제 전문지 기자가 또 이런 식으로 보도할지 모르는 일이다. "작년에, 「바이스」에서는 다음과 같이 보도한 바 있다. …" 이런 일이 계속되고 또 계속된다.

나는 이들의 영향력을 직접적으로 사야 했던 적은 없다. 하지만 여러분은 이런 비겁한 블로거가 얼마나 쉽게 부패할지 알 수 있을 것이다. 조잡한 기사에서 가짜 기사로 가는 길은 그리 멀지 않다.

대부분의 사이트는 신용을 지키기 위해 최선을 다해 뇌물 수수를 금지한다. 하지만 허용하는 사이트도 있다. 내가 좋아하는 플랫폼인 「미디엄」은 사실 별개의 여러 채널로 구성된 사이트다. 이 채널들은 구매자에게 접근권과 기사를 파는 것을 허용한다. 내가 이 사실을 아는 이유는, 이런 제안을 받은 뒤 「미디엄」의 편집자에게 이메일을 보내서 이 일에 대해 알렸지만 이런 거래가 정당한 것이라는 답을 들었기 때문이다.

철학자이자 선동가인 나심 탈레브는 이렇게 말한 바 있다. "택시를 불러달라는 요청을 받고는 이미 도시를 한 바퀴 돌며 미터기를 부풀려둔 사촌에게 전화를 거는 밀라노의 식당 주인, 자기에게 돈이되는 약을 팔려고 의도적으로 오진을 하는 의사, 그리고 「가디언The

---

◆ 나는 이 기사를 읽고 기자에게 트윗을 보냈다. "옐프에서 별 5개를 받지 못한다는 것 외에 텍사스가 인앤아웃을 받아들이지 않는다는 것을 뒷받침하는 자료가 있나요?" 그가 답했다. "인앤아웃이 개점할 무렵에 텍사스에서 거주한 경험과, 그에 대해 사람들과 나눈 대화에서 그런 결론을 도출했습니다." 즉, 아무런 근거가 없다는 말이다.

Guardian」의 기자, 이들 사이에는 아무런 차이가 없다." 대부분의 부정행위는 명백히 드러나지 않는다. 블로거는 인센티브 때문에 더 거창하게, 더 단순하게, 혹은 더 논쟁적이거나 아니면 반대로 더 호의적으로 글을 쓰게 된다. 취재나 팩트 체크에 시간이나 자원을 낭비하지 않으며, 글을 지나치게 많이 쓰게 된다. 그래야 트래픽을 얻기 때문이다. 감지하기 힘들지만, 인센티브에 좌우되는 이러한 시스템은 실재한다. 이것은 당신이 보고 듣는 것을 왜곡하며, 당신이 세상의 주목을 받을 때 당신과 당신 친구들에 대한 기사를 왜곡한다.

온라인 글쓰기가 종종 '디지털 노동 착취의 현장'이라고 불리는 데는 그럴 만한 이유가 있다.◆ '음식물 찌꺼기를 놓고 벌이는 끊임없는 싸움'이라는 표현도 있고, 헨리 키신저가 남긴 다음과 같은 불멸의 명언도 있다. "온라인상에서 칼이 그렇게 날카로운 이유는 파이가 너무 작기 때문이다."

◆　누군가 농담으로, 텍사스에 있는 내 작은 목장의 이름을 '콘텐츠 농장'으로 하는 게 좋겠다고 말한 적이 있다. 내가 농장 구입의 대가로 콘텐츠를 지불했기 때문이다.

5

전략 #2:
듣고 싶어 하는
말을 해주라

설령 신뢰성이 당신이 팔아야 하는 전부라고 할지라도,
이제 그것만으로는 충분하지 않다. 신뢰성은 비즈니스 모델로
작동하지 않는다. 어찌 되었든, 저널리즘의 신뢰도는
역대 최저치를 기록하고 있다.

— 켈리 맥브라이드(포인터 연구소 부소장)

에드워드 제이 엡스타인은 저서 《사실과 허구 사이Between Fact and Fiction》에서 저널리즘의 문제는 단순하다고 말한다. 기자들이 스스로 문제의 진실을 밝힐 위치에 있지 못하는 이유는, 그들이 사건을 직접 목격하지 않았기 때문이라는 것이다. 그들은 사실을 공급하기 위해 '자기 잇속을 챙기는 취재원에 전적으로 의존'한다. 뉴스 제작 과정의 모든 부분이 이 관계에 의해 규정된다. 즉, 모든 것이 이 현실에 의해 채색된다.

그렇다면 '자기 잇속을 챙기는 취재원'은 누구인가? 상품이나 메시지, 어젠다를 파는 사람, 쉽게 말해 나 같은 사람이다.

「뉴욕 타임스」가 유출된 문서를 발표할 때, 우리는 암묵적으로 그들이 적어도 문서가 진짜인지 확인하려 애썼을 것이라고 생각한다. 문서를 건넨 취재원의 신원에 대해서도 마찬가지다. 그런데 온라인상에서 '익명'은 완전히 다른 것을 의미한다. 인용문이나 제보는 기자들이 요청한 적도 없고 추적도 안 되는 이메일, 아니면 댓글란에서 골랐거나 뭔가를 얻으려는 사람이 보낸 성난 의견에서 구한다. 나는 수십 번이나 이런 종류의 취재원이 되어봤기 때문에 이걸 안다. 정말 무언가 중요한 것을 위해 그런 적은 한 번도 없다. 내 신원은 절대 확인되지 않는다.

오늘날, 온라인 뉴스는 100만 개의 방향으로, 100만 킬로미터의 속도로 퍼져나간다. 「뉴욕 타임스」는 여전히 취재원을 확인하려고 노력할지도 모르겠지만, 그건 별로 중요치 않다. 그들 말고는 아무도 그러지 않기 때문이다. 이로 인해, 나 같은 사람이 슬며시 끼어들어서 자기 필요에 맞게 사실을 왜곡할 무한한 기회가 생긴다. 엡스타인이 말했듯이, 실제 사건과 정보원이 제공하는 사건 사이에는 거대한 회색 영역이 있다. 이와 유사한 모든 영역이 바로 내가 가장 직접적인 영향력을, 가장 즐겁게 행사하는 곳이다.

의도적인 유출

한번은 소송 중에 어떤 정보를 그 소송과 관련한 공개적인 논의에 주입할 필요가 있었다. 나는 회사의 입장을 설명하는 가짜 내부 문건을 급히 작성해서 출력하고 스캔한 다음, 마치 상사에게서 방금 얻은 문건을 유출하는 직원인 척하며 그 파일을 다수의 블로그에 보냈다. 내가 직접 그 사실을 전할 때는 무관심하던 블로거들이 기꺼이 '독점!', '유출!'이라며 게시물을 올렸다. 그들이 내 편이 되어 기사를 쓴 이유는, 내가 그 이야기를 그들이 듣고 싶어 하는 형태로 전했기 때문이다. 그래서 내가 '공식 성명'의 형태로 그 사실을 발표했을 때보다 더 많은 사람이 그걸 보게 됐다.

　예전에 내 고객 회사가 한 주요 신문의 기사에서 완전히 저격당한 적이 있다. 그 기사를 쓴 기자는 사실, 자기가 '객관적으로' 보도했다는 그 회사를 비방하는 블로그를 자체적으로 운영하고 있었다. 내 고객은 그 신문의 편집자에게 항의했지만 편집자는 무시했다. 이에 대응하기 위해 나는 고객에게 긴 이메일을 써서 어떻게 된 일인지를 설명하고 기사 내용과 반대되는 사실을 적어 보내라고 했다. 우리는 그 이메일을 다른 언론사 기자에게 보냈고, 그는 그 내용을 전부 보도했다. 이메일은 잘 읽혔고 고발 성격이 상당히 강했다. 애초에 대중에게 공개할 목적으로 쓴 것이기 때문이다. 내 고객을 저격한 언론사는 반응을 보일 수밖에 없었다. 그 언론사는 이제 그와 같은 악평을 퍼뜨리는 일을 신중히 생각하게 될 것이다.

이런 적도 있다. 핼러윈 광고를 위한 홍보용 사진이 있었는데 저작권 문제로 사용할 수가 없었다. 그럼에도 그걸 공개하고 싶었던 나는, 직원을 시켜서 그것을 「제저벨」과 「고커」에 이메일로 보내고, 거기에 "이런 짓을 하면 안 되겠지만, '아메리칸 어패럴' 서버에서 은밀한 사진을 발견해서 보내드립니다"라고 적게 했다. 이 거짓말에 기초한 게시물은 조회수 9만 건을 기록했다. 그곳의 직원은 다음과 같은 유용한 조언을 답장으로 보내왔다. "회사 이메일 주소로 정보를 유출할 필요는 없습니다. 잡힐 수도 있어요." 나는 이런 생각이 들었다. 회사 이메일 주소가 아니면 내용이 진짜인지 어떻게 확인하지?

당시에는 재미있었다. 그런데 몇 달 뒤, 한 하원 의원이 '크레이그리스트Craigslist'(미국의 지역 생활정보 커뮤니티 사이트. 중고품 및 주택의 매매, 구인 구직, 사람 간의 만남 등이 이루어진다.—옮긴이)에서 알게 된 여성과 이메일을 교환하다가 웃통을 벗은 자기 사진을 보냈다는 소식이 전해졌다. 여성은 이 사진과 이 사건의 증거가 될 만한 이메일을 (「제저벨」을 소유한) 「고커」에 보냈다. 「고커」는 그것을 게시했고, 그 의원은 즉시 사임했다.

「고커」에 보낸 익명의 제보가 미국 하원 의원의 경력을 끝장낼 힘을 지닌다는 것을 알았을 때도 좀 재미있었다. 아니, 사실은 아니다. 온라인에서 취재 작업이 어떻게 이루어지는지를 알고 있는 지금, 나는 진정 두려움을 느낀다.◆

보도 자료 2.0

내가 홍보 일을 시작했을 무렵, 모든 선도적인 웹 전문가들은 보도 자료에 사망 선고를 내리고 있었다. 속이 다 시원했다. 저널리스트는 보도 자료를 바탕으로 하는 기사와 게시물을 쉴 새 없이 써내는 데 너무나 많은 신경을 써야 한다.

그러나 이보다 더한 오판은 없을 것이다. 오래지 않아 나는 진실을 보게 됐다. 블로그는 보도 자료를 사랑한다. 보도 자료는 그들에게 매사 도움이 된다. 내용을 미리 써주고, 관점도 제시해주며, 뉴스거리가 된다. 게다가 공식적인 출처를 통해 나온 것이므로, 기사가 잘못된 것으로 드러났을 때 다른 누군가를 비난할 수 있다.

2010년, 퓨 연구소는 우수한 저널리즘을 위한 연구를 통해 다음과 같은 결과를 내놓았다.

> 뉴스가 더 빨리 게시되고 기획력 있는 보도는 거의 추가되지 않는 흐름에 따라, 사건에 대한 공식적인 견해는 점점 중요해지고 있다. 우리는 공식 보도 자료 내용이, 종종 사건에 대한 첫 기사에서 별다른 언급 없이 **글자 그대로** 나온다는 사실을 발견했다.[1]
> [강조는 필자]

그래서 나는 항상 보도 자료를 내놓았다. 새 가게를 연다고? 보

◆ '의도적인 유출'이 어떻게 우리를 기만하는지에 대해 여러분도 알기를 바란다. 예를 들면, 트럼프의 2005년도 소득 신고 건이 있다. 누가 저항할 수 있겠는가? 의도가 빤히 들여다보이더라도, 흥미로운 특종은 무시할 수 없는 법이다.

도 자료. 신상품을 출시한다고? 보도 자료. 신상품을 새로운 색상으로 출시한다고? 보도 자료. 블로거가 물어갈지도 모른다. 설사 어떤 업체에서도 물어가지 않는다 해도, 보도 자료는 'PR웹PRWEB'(보도 자료 배포를 대행하는 업체 — 옮긴이) 같은 서비스를 통해 검색엔진 최적화가 돼서 구글 검색 결과에 오랫동안 올라가 있을 것이다. 가장 중요한 건 구글 파이낸스, CNN 머니, 야후! 파이낸스, 모틀리 풀과 같은 투자 관련 사이트가 기사를 자동적으로 주요 통신사에 판다는 것이다. 만약 당신의 회사가 '주식회사' 마크를 달고 있다면, 당신이 내놓는 보도 자료에 실린 좋은 뉴스는 당신의 가장 중요한 청중인 주주 바로 앞에 나타난다. 내놓은 지 몇 분 만에 '최신 뉴스'의 회사 주식 면에 게시되고, 투자자와 거래자들이 열심히 그것을 읽을 것이다.

　그러나 나는 미디어 업계의 모든 사람이 이것을 무해하고 쉽게 달성할 수 있는 목표 정도로만 여기는 것은 아님을 곧 알게 됐다. 그런 직감 자체가 부당이득으로 이어지는 것은 아니다. 하지만 보도 자료에 대한 블로거들의 믿음은 그런 직감을 가진 이들이 부당이득을 얻게 될 기회를 제공한다. 뉴욕의 증권 중개인 람브로스 발라스가 좋은 예다. 그는 구글, 디즈니, 마이크로소프트 같은 회사의 주식에 대한 가짜 온라인 보도 자료를 발행해 블로그와 금융 포럼에 뿌린 혐의로 미국 증권거래위원회에 의해 기소됐다. 마이크로소프트가 인수 제안을 했다는 가짜 뉴스로 인해 '로컬닷컴Local.com'의 주식은 하루 만에 75퍼센트가 급등했고, 그러자 그와 다른 트레이더들은 얼른 주식을 팔아치우고 또 다른 가짜 뉴스로 다른 주식의 주가를 띄우기 위해 눈길을 돌렸다.[2] 텍사스주의 오스틴에서는 크리스토퍼 프렌치라는 남성이 가명으로 「시킹 알파」에 기사를 써서 주식을 부풀린 죄로 미국 증권거래위원회로부터 4만 달러의 벌금을 부과받았다. 가명이 문제가 아니었다. 문제는 그가 회사들로부터 최소 1만 6000달러를 받고 기사를 썼다는 것이었다. 나는 한 남성이 타깃 마트에서 폭발물을 터뜨리려는 계획을 세웠다는 보도를 접한 적이 있다. 싸게 주식을 산 뒤 주가가 다시 오를 때 이득을 얻으려고 그랬다는 것이다. 세상에. 누군가 그 남자한테 훨씬 더 쉬운 방법이 있다는 걸 알려줬으면 좋았을 텐데.

평판이 좋건 나쁘건 간에, 현재 이런 보도 자료는 깜짝 놀랄 만큼 뉴스를 좌우한다. '렉시스넥시스LexisNexis'(판례·법령·특허·기사 등의 검색을 전문으로 하는 데이터베이스 검색 서비스 — 옮긴이)라는 서비스를 이용해 주요 신문을 선택한 뒤 '보도 자료에서'라는 표현을 검색하면 너무나 많은 결과가 나온다. "3000건이 넘는 결과가 포함되어 검색이 중단되었습니다. 검색을 계속하는 데에는 긴 시간이 소요됩니다" 같은 경고 문구가 나올 정도다. '오늘 발표된'과 '기자에 따르면' 등의 검색어도 마찬가지다. 다시 말해, 신문은 마케팅용으로 무작위로 발송하는 보도 자료에 그만큼 많이 의존한다는 소리다.

구글 블로그에서 '보도 자료에 의하면'(보도 자료를 직접적으로 인용했음을 뜻한다)을 검색해보라. 렉시스넥시스 검색과 같은 시간 동안 검색된 결과가 30만 7000건이며, 전체 검색 결과는 400만 건이 넘는다. '오늘 발표된'이라는 키워드로 검색하면 기간을 지난 한 주로 설정해도 3만 2000건이 넘는 결과가 나온다. 「테크크런치」 내부에서만 검색해도 '오늘 발표된'이라는 문구를 포함한 기사가 5000건 이상이고, 보도 자료를 인용한 기사는 7000건 이상이다. 하지만 이 정도는 「허핑턴 포스트」에 비하면 약과다. 이곳의 기자들은 '오늘 발표된'이라는 표현을 5만 번 이상 썼고, 보도 자료는 20만 번 이상 인용했다.

「토킹 포인츠 메모Talking Points Memo」라는 사이트도 빼놓을 수 없다. 이 사이트 이름은 본의 아니게 블로거와 신문이 독자에게 전하는 바를 그대로 드러낸다. 힘을 가지고 있는 이들이 '미리 작성해놓은 화젯거리(prewritten talking points)' 말이다.

지금은 누구나 그런 힘을 가질 수 있다. 누구든 블로그에서 자신의 화젯거리를 전달할 수 있다. 이를 두고 판매자가 유리한 시장이라고 부르는 건 절제된 표현일 것이다. 하지만 기술 분야 블로거 로버트 스코블 같은 유력 인사가 스타트업 기업 '플립보드'로부터 받은 홍보용 '광고'를 그대로 자기 구글플러스 계정에 재게시하는 미디어를 묘사하기에는 이만한 표현도 없는 것 같다. 당신의 표적이 실제로 홍보를 원할 때가, 바로 미디어 조작자가 되기 위한 최적기다.

취재원이 될 필요조차 없다

블로거는 엄청난 압박감에 시달리며 글을 써낸다. 취재원과 직접 이야기할 시간이 없는 건 말할 것도 없고 조사나 검증을 할 시간도 거의 없다. 어떤 경우에는, 취재 중인 기삿거리가 너무 말도 안 되는 것이라 감히 조사할 엄두를 내지 못하기도 한다. 그랬다가는 허울이 전부 벗겨질 것이기 때문이다.

내 경험에 의하면, 블로거는 몇 가지 일반적인 경험칙에 따라 움직인다. 예를 들어, 만약 정보를 가진 누군가가 블로거와 접촉하는

데 이메일을 사용할 수 없는 상황이라면, 그는 아마 취재원이 될 수 없을 것이다. 나는 블로거와 전화로 얘기해본 적은 몇 번 안 되지만, 이메일로는 수천 번 얘기했다. 배경 정보를 공개적으로 쉽게 입수할 수 없다면, 그 내용은 기사에 포함되지 않을 것이다. 블로거는 보도 자료, 대변인, 정부 관계자, 기업이 제공하는 마케팅 자료와 같은 공식적인 취재원에 휘둘린다. 아, 이건 블로거가 뭔가를 확인하려 들 때에 그렇다는 것이다.

가장 중요한 건, 블로거가 위키피디아에 휘둘린다는 사실인데, 그들이 조사를 하는 데가 바로 그곳이기 때문이다. 나 같은 사람들이 그곳까지 조작한다는 건 안타까운 일이다. 이를 제대로 보여주는 예로, 한 남성이 장난삼아 코미디언 겸 배우 러셀 브랜드의 어머니 이름을 '바버라'에서 '줄리엣'으로 바꾼 사건이 있다. 이 사건 직후 브랜드가 어머니를 아카데미 시상식에 데려갔을 때, 「로스앤젤레스 타임스」는 홈페이지 헤드라인에 그들의 사진을 띄우고 거기에 '러셀 브랜드와 그의 어머니 줄리엣 브랜드…'라는 제목을 붙였다.

어느 해 1월에 터커 맥스의 집 소파에 앉아 있는데, 당시 베스트셀러 목록을 오르내리던 그의 책에 대한 아이디어가 떠올랐다. "터커, 당신 책이 2006년, 2007년, 2008년 「뉴욕 타임스」 베스트셀러 목록에 오른 거 알죠?" (3년 내내 올라 있었다는 게 아니라, 그 기간에 적어도 한 번씩은 목록에 올라 있었다는 것이다.) 그래서 나는 그 내용을 컴퓨터로 작성하고 출처까지 첨부한 뒤 위키피디아에 추가했다.◆ 이것을 게시하고 얼마 지나지 않아 한 저널리스트가 내가 '조사'한 내용을 베꼈고, 독해력 부족이라는 큰 호의를 베풀었다. 그는 "터커 맥스의 책은 「뉴욕 타임스」 베스트셀러 목록에 3년 동안 머물렀다"라고 썼다. 우리는 이 내용을 인용해서 위키피디아에 있는 우리의 인용문에 새롭고 더 관대한 이 해석을 추가했다.

내가 지켜본 바, 이런 순환은 속도가 빨라질 뿐 아니라 서서히 노골적인 표절로 타락한다. 구체적인 내용을 말해줄 수는 없지만, 나는 유급 편집자가 위키피디아에 끼워 넣은 독특한 표현이나 선택적으로 편집한 사실이 그대로 주요 신문이나 블로그에 인용되는 것을 흔히 본다('언제', '어디서' 같은 것에 대해서는 나를 신뢰하길 바란다).

위키피디아는 기자를 비롯한 많은 사람에게 기초적인 정보를 보증하는 역할을 한다. 위키피디아가 형사 고발 사건, 논란이 많은 사회운동, 소송, 평론 같은 문제를 다루는 방식에 아주 약간만 영향을 줘도, 블로거가 그 문제에 대해 글을 쓰는 방식에 엄청난 영향을 미칠 수 있다. 이를테면, "아무개가 2011년에 두 번째 음반을 발매했다"와 "아무개의 첫 음반은 수백만 장이 팔렸고 비평가에게 찬사를 받았다" 사이에는 차이가 있다. 위키피디아의 표현을 바꾸면, 기자와 독자도 언젠가 표현을 바꾸게 된다.

한 유명 신인 여배우의 경우, 우리가 위키피디아 페이지를 전면적으로 수정한 지 일주일도 채 지나지 않아 대형 타블로이드 신문에 6페이지짜리 양면 기사가 나왔다. 그런데 우리가 위키피디아에 기재한 긍정적이고 추켜세우는 표현을 기사에서 너무 두드러지게 사용

◆   나는 가끔 고객한테 인터뷰에서 어떤 말을 하라고 시킨다. 일단 그 내용이 보도되면 우리는 그걸 위키피디아에 삽입할 수 있고, 그러면 그것이 미디어가 그 고객에 대해 설명하는 표준적인 내용이 될 것이기 때문이다. 우리는 특정한 사실을 선전하기 위해 인터뷰를 찾아내고, 그것을 위키피디아에 추가함으로써 그 사실을 두 배로 확실한 것으로 만든다.

하는 바람에, 나는 그것 자체가 스캔들을 낳지나 않을지 염려해야 할 지경이었다.

그러므로 당신은 자기 페이지를 통제해야 한다. 그렇지 않으면, 내 친구처럼 난처한 입장에 처하게 될지도 모른다. 전국 단위 신문의 한 기자가 내 친구의 인물 소개를 작성할 때 이렇게 물었다고 한다. "위키피디아에 따르면, 당신은 실패한 시나리오 작가인데, 사실인가요?"

믿으세요, 저는 전문가입니다

블로그의 취재원이 되기 쉽다는 것을 누군가에게 납득시키기는 어렵지 않다. 하지만 주류 미디어에 침투하는 것은 훨씬 더 힘들지 않을까? 아니. 이런 목적을 위해 특별히 고안된 도구가 실제로 있다.

서문에서 언급한, 홍보 전문가 피터 섕크먼이 설립한 '헬프 어 리포터 아웃', 즉 HARO라는 사이트는 매일 수백 명의 '사리사욕을 추구하는 취재원'과 적극적인 기자를 연결해준다. 이 사이트는 사실상 저널리스트와 홍보 담당자를 위한 취재원을 제공하는 데 앞장서는 공장이다. 이 사이트에 따르면, 거의 3만 명의 저널리스트가 HARO의 취재원을 사용하며, 여기에는 「뉴욕 타임스」, AP통신, 「허핑턴 포스트」, 그리고 그 사이에 있는 모두가 포함된다.

이 전문가들은 이런 서비스를 제공하고 무엇을 얻을까? 당연히 무료 홍보다. '무료 홍보'는 사실상 HARO의 구호다. 나 자신도 그걸 활용해서 ABC 뉴스, 로이터, 〈투데이 쇼〉, 그리고 그 유명한 「뉴욕 타임스」의 기자들을 속였다. 심지어 어떤 때는 내가 직접 하지도 않았다. 그냥 조수에게 이메일이나 전화로 나를 사칭하게 시켰다.

HARO 서비스를 이용해서 나 자신과 내 고객에게 이득이 돌아가게 하는 방법을 생각할 때면 내 눈에서는 빛이 난다. 내가 누군가를 '산업 전문가'로 만들어주는 일을 맡는다고 해보자. 그런 인상을 만드는 데 필요한 건, 그저 적절한 블로거에게 가짜 이메일 몇 통을 보내고 재빨리 응답하는 것뿐이다. 일단 HARO를 이용해서 내용을 증명하는 데 신경 쓰지 않는 블로그에 인용되게 한 다음, 그 인용을 권위 있는 증거로 사용해서, 더 평판이 좋은 발행물에 기사가 실리게 하는 것이다. 'OOO, OOO, 그리고 OOO에 대서특필된, 전국적으로 인정받는 전문가'가 되는 데는 그리 오랜 시간이 걸리지 않을 것이다. 유일한 문제는, 그게 사실이 아니라는 것뿐이다.

저널리스트는 HARO가 검색 도구라고 말하지만, 그렇지 않다. HARO는 검색처럼 보이는 자기 홍보를 만들어내는 도구다. 다음과 같은 알림을 고려해보라.

긴급: OOO@aol.com은 가족에게 돈을 저축하는 독특한 방법을 알려주는, 새롭고 거의 알려지지 않은 자원(앱, 웹사이트 등)을 찾습니다.◆

이것은 가르침을 받으려는 기자의 고귀한 노력이 아니라, 마케터를 자기 기사에 참여하게 유도하는 게으른 블로거의 흔하디흔한

◆ 열흘 뒤 이 기자는 너그럽게도 다음과 같이 요청함으로써 두 번째 마케터가 같은 이야기를 접할 기회를 제공했다. "긴급: OOO@aol.com은 어린 자녀를 둔 가족이 돈을 저축할 수 있게 돕는, 새롭고 거의 알려지지 않은 앱이나 웹사이트를 찾습니다."

사례다. 저널리스트 역시 이미 써놓은 이야기를 뒷받침해줄 취재원을 요청하는 공고를 즐겨 낸다.

> ○○○@gmail.com은 대출이나 학자금 대출, 신용 평가 보고서, 일수꾼, 신용카드와 관련된 무서운 이야기를 찾습니다.

> 긴급: ○○○@abc.com은 실직 후 집안에서 새로운 역할을 맡은 남성을 찾습니다.

이것이 바로 유행하는 가짜 이야기들이 만들어지는 방식이다. 심지어 어떤 기자는 "유행이 어떻게 창조되는지에 대해 전문가와 이야기하고 싶다"는 요청을 HARO에 올렸다. 여기에 누가 답을 했는지 모르겠지만, 그와 같은 사람들의 자아도취적인 미디어 보도가 그 사안과 아주 관련이 깊다는 걸 설명했기를 바란다.

본질적으로 HARO가 하는 일은 저널리스트가 말하고자 하는 바를 단순히 확인해주는 취재원을 찾도록 돕는 것이다. 이 관행은 이 유별나게 나쁜 플랫폼 너머로 퍼져나간다. 다종다양한 매체의 저널리스트는 취재를 하고 그 결과를 대중에게 전하는 대신, 그저 자신의 페이지뷰 저널리즘을 입증하는 데 필수적인(그러나 인위적으로 꾸며진) 인용문을 '전문가'로부터 입수한다. 독자에게 이것은 정당한 뉴스처럼 보인다. 그러나 저널리스트에게 이것은 그저 검색엔진 친화적인 전제로부터 자기 이야기를 역설계하는 것이다.

일례로, 2015년 「뉴욕 타임스」는 전자담배에 관한 기사를 게재했다. 기자는 다음과 같은 트윗을 보내서 취재원을 찾아냈다.

10대 전자담배 흡연자 중, 나이가 두 배 많은 기자한테 자기가 전자담배를 왜 좋아하는지 말하고 싶은 사람이 있으면 @stavernises 또는 abrinat@nytimes.com으로 연락주세요.

그런데 이 인기 있는 최신 기사에 인용된 응답자 중 한 명이 나중에 자기 답변은 이름을 포함해서 전부 지어낸 것이라고 주장했다. 이 사기꾼은 자기 말이 사실이라는 것을 증명하기 위해 「고커」에 모든 것을 털어놓았다. 그런데 「고커」는 불과 며칠 뒤에 「버즈피드」에 대한 기사를 쓰기 위해, "우리가 원하는 것을 들려줘"라고 외치며 취재원을 요청하는 글을 게시했다. 이보다 더 심각한 사례는, BBC 기자가 비욘세의 슈퍼볼 공연에 대해 논평할 사람을 찾는다는 트윗을 게시한 일이었다. 팬과 이야기해보고 도움이 될 만한 사람을 태그하라고 누군가 댓글로 권했지만, 기자는 이에 대해 응답하면서 본심을 드러냈다. "저는 진짜 팬을 원하지 않습니다. 비욘세의 공연이 정치적이라서 부적절했다고 말할 수 있는 사람을 원합니다."

이처럼 의도적으로 조작하려는 생각으로 만든 이야기가 너무 많다. 마케팅 야바위꾼이 합법적인 전문가 행세를 한다. 그러면서 자기 고객에게는 이득이 되도록, 사람들이 속아 그들의 상품을 구입하도록 조언하고 논평한다. 나는 블로거와 저널리스트로부터 터무니없는 소문이나 추측에 근거한 분석에 대한 '반응'을 보여달라는 이메일을 꾸준히 받는다. 그들은 내가 그 소문을 부정적으로 생각한다는 말을 인용하고 싶은 것이다. 대다수 사람들은 신경도 안 쓸 루머를 기사로 만드는 것에 대한 정당성을 부여하기 위해서 말이다. 의제는 이미 정해졌고, 독자는 속아 넘어갈 준비를 하고 있는 셈이다.

저격

몇 년 전, 나는 집 근처의 속도위반 단속 카메라에 질려버려서 뭔가 조치를 취하기로 했다. 공청회에 가서 카메라에 반대하는 목소리를 낸 다음, 미디어 업계 종사자가 보도하기를 바랄 수도 있다. 하지만 그건 너무 많은 걸 운에 맡기는 행동이다. 그 대신, 나는 뉴올리언스의 호전적이면서 영향력 있는 일간지 「타임스 피커윤The Times Picayune」의 기자에게 이메일을 보냈다. 나는 그가 이 문제를 전에 다뤘다는 사실을 알고 있었다. 나는 기자에게, 이 도시에 새로 이사 온 사람인데 속도위반 딱지를 부당하게 수십 개나 떼였고 하루에 세 개를 떼인 적도 있다고 말했다. 내 여자 친구도 딱지를 떼여서 상당한 경제적 부담을 지게 됐고, 이에 항의하자 공무원이 무례하게 굴어서 그녀가 눈물을 흘렸다는 것을 강조했다. 카메라 근처에 파손된 채 방치된 표지판 사진도 보냈다. 나는 피해자 행세를 하면서, 불량배에게 점심값을 빼앗긴 느낌이라고 말했다.

이것은 사실이었지만, 나는 의도적으로 그걸 아주 딱하게 표현했다. 물론 벌금을 낼 수 있지만, 마치 그럴 형편이 안 되는 것처럼 보이게 했고, 명백히 아주 편향된 태도를 보였다. 나는 화가 나서 누군가에게 복수하고 싶었다. 그 결과, 일주일 뒤 「타임스 피커윤」의 헤드라인에는 내가 찍은 사진과 함께 괴롭힘을 당했다는 내용이 대문짝만하게 게시됐고, 이것은 수백 개의 댓글과 수많은 다른 보도를 촉발했다. 한 달 뒤, 뉴올리언스는 정책을 바꾸는 중이라고 발표했고, 주 의원들은 속도위반 단속 카메라 전면 금지를 논의했다.

물론 나는 이것이 반대 방향으로 향하는 것도 봤다. 만약 다니던 회사에 불만을 품은 전 직원이 자신을 아주 딱하게 보이도록 꾸며 제보한다면, 기자들은 도대체 왜 이 사람이 갑자기 자기와 그렇게 간절히 얘기하고 싶어 하는지 굳이 캐묻지 않을 것이다. 기업은 이것을 아주 조심해야 한다.

나는 바로 이 문제에 대해 돼지 축산 협회에서 강연한 적이 있다. 그들은 채식주의자와 동물 권리 운동가 때문에 언론에서 맹비난을 받는 것에 지쳐 있었다. 나는 공장식 축산을 지지하지 않지만, 그들의 입장에 공감했다. 대규모 부자 농장보다는 편향된 취재원이 언제나 더 큰 공감을 얻을 것이다. 내가 앞서 언급한 「고커」의 경우도 그런 것이었다. 그 블로거는 자신의 옛 회사를 익명으로 공격할 목적으로 「버즈피드」에서 퇴직한 직원 중에서 불만이 있는 사람을 적극적으로 찾았던 것이다.

자신의 헛소리는 잊어버리기

나에 대한 기사를 개인적으로 몇 년 동안 모으고 있을 때, 한동안 잊고 있던 기사를 우연히 발견했다. 나는 내 블로그에 "80년대와 90년대의 고전은 무엇인가?"라는 질문을 게시했었다. 나는 몇몇 친구와 이에 대해 토론했는데, 우리는 50년 뒤에 교사가 학생에게 지금 시대를 알려주기 위해 어떤 책을 읽으라고 권할지 궁금했다. 경제학자 타일러 코언은 블로그 「마지널 레볼루션Marginal Revolution」에서 이 토론을 다뤘다. 이 블로그는 하루 페이지뷰가 대략 5만 건에 이른다. 그의 게시물은 다음과 같았다.

80년대와 90년대의 고전은 무엇인가?

타일러 코언, 2008년 9월 3일 오후 6시 42분

이것은 라이언 홀리데이의 질문이다. 작품의 우수성에 대한 질문이 아니라, '문학적 시대를 대표하는 것' 또는 단지 그 시대 자체를 대표하는 것에 대한 질문일 것이다. 나는 《허영의 불꽃》과 《파이트 클럽》이 최고라고 생각한다. 이 블로그의 충실한 독자인 제프 리즈 씨는 이스턴 엘리스의 작품이 그렇다고 생각한다(《아메리칸 사이코》는 아니지만). 여러분은 어떤가? 내가 감히, 존 그리섬의 《그래서 그들은 바다로 갔다》가 킹, 스틸, 클랜시 등의 블록버스터 트렌드를 구현하고 있다고 말해도 괜찮을까? 《해리 포터》와 그래픽 노블들은 늘 순위에 있다.

이것을 발견한 일이 갑자기 떠오른 이유는, 내가 타일러 코언뿐만 아니라 제프 리즈의 굉장한 팬이기 때문이다. 아니, 팬이었기 때문이다. 왜냐면 제프 리즈는 내가 전에 사용하던 가명 중 하나이고, 그 이름으로 내 게시물을 「마지널 레볼루션」에 제보했기 때문이다. 물론 제프 리즈는 브렛 이스턴 엘리스의 작품이 그렇다고 생각한다. 그는 내가 가장 좋아하는 작가 중 한 명이니까. 심지어 나는 몇 년 뒤에 한 잡지와 인터뷰를 할 때, 이것을 변형한 질문에 나(라이언 홀리데이)로서 답변했다.

나는 이 기사의 취재원이었지만 그걸 완전히 잊어버렸다. 나는 내 사이트를 위해 트래픽을 얻으려고 타일러를 속였고, 그는 나를 링크했다. (미안합니다, 타일러!) 이것도 성과가 있었다. 「로스앤젤레스 타임스」 블로그가 코언의 블로그에서 이 토론을 포착하고 '20대 풋내기 라이언 홀리데이'에 대해 긍정적으로 이야기했다. 「마지널 레볼루션」은 널리 읽히는 영향력 있는 블로그다. 이것이 아니었다면 나는 「로스앤젤레스 타임스」의 레이더에 잡히지 않았을 것이다. 가장 좋은 것은, 현재 내 이력을 적을 때, 나를 보도한 곳 중 하나로 「로스앤젤레스 타임스」를 언급하게 됐다는 것이다. 성공.◆

확인할 시간이 없다

제프 리츠가 용케 미디어 취재원으로 등장할 수 있었던 이유가 뭘까? 미디어 조작에 관한 책을 쓰는 라이언 홀리데이가 HARO에 적신호를 올리지 않은 이유가 뭘까? 아무도 그것을 확인할 시간이 없기 때문이다. 저널리스트가 전적으로 취재원에 의존한다는 엡스타인의 말은 1975년에도 사실이었지만, 40년 후의 블로거들은 그때보다도 훨씬 더 의존적이며 조사할 시간도 훨씬 더 적다.

내가 편집 고문으로 있는 「뉴욕 옵서버」에서 장난꾼과 거짓말쟁이가 기자를 등쳐먹는 광경을 보고 있노라면 진이 다 빠진다. 2015년에 '부기'라는 마케팅 에이전시는 만우절 장난으로 아이폰이 고장 나지 않게 해준다는 '슈트'라는 앱을 꾸며냈다. 유일한 문제는, 이들이 장난을 3월에 했다는 것이었다. '창업자'는 설득력 있는 인물을 연기하고 흥미진진한 이야기를 전했으며, 기사가 보도된 뒤에 회사는 사실을 밝히고 사과했다. 1년 뒤, '어돕틀리'라는 가짜 앱을 위

◆ 이상한 일은, 최근에 제프 리츠라는 이름을 사용하는 다른 누군가가 내 책들 중 한 권에 대해 아마존닷컴에 부정적인 댓글을 남겼다는 것이다.

한 킥스타터 캠페인에 대한 또 다른 장난질이 있었다.

「뉴욕 옵서버」의 기자가 첫 번째 장난에 속아 넘어간 일을 설명한 글은 기자들이 얼마나 곤란한 입장에 처해 있는지를 설명해준다.

「뉴욕 옵서버」는 우리가 범한 실수를 유감스럽게 생각한다. 슈트의 트위터 팔로잉이 많지 않았고, 슈트의 '창업자'가 우리와 전화로 인터뷰할 때 이상할 정도로 단조롭게 말했다는 사실과 같은 몇몇 적신호를 알아차렸어야 한다는 점을 인정한다.
하지만 최근의 몇몇 미디어 스턴트와 달리, 슈트에 관한 우리의 기사는 쉽게 속아 넘어간 리블로깅의 산물이 아니라는 점에 주목해야 한다. 부기는 스크린숏과 제품의 실제 기획안으로 가득한 온전한 랜딩 페이지와 가상의 앱 창업자를 구성했다. 「뉴욕 옵서버」는 부기의 사내 제품 관리자가 연기한 허구의 창업자와 인터뷰했는데, 그는 전화상으로 거짓말을 했고 후속 질문에는 이메일로 답했다.

몇 가지 적신호가 있었지만, 블로거에게는 그걸 전부 확인할 시간이 없었다. 1975년에 기자는 기사 하나를 며칠에 걸쳐 작성했을 테지만, 지금은 몇 분 만에 작성해야 한다. 취재원과 기자 사이에는 복잡한 춤이 존재한다. 취재원이 자기 이야기가 보도되는 것에 관심을 두는 이유는 그것이 자기 사업에 도움이 되기 때문이다. 그리고 일반적으로 블로거가 같은 것에 관심을 갖는 이유는, 그들의 사업은 잠재적인 사기를 예방하는 게 아니라 기사를 발표하는 것이기 때문이다. 이들이 불신감을 억누르는 이유는 그것이 사업에 도움이 되기 때문이다.

「기즈모도Gizmodo」의 기사도 지적하고 싶은데, 이 사이트는 거짓말에 속아서 제대로 조사도 하지 않은 채로 '오작동한 케이크가 파티를 망치고 석유 업계 거물의 온몸에 술을 뿌리다'라는 헤드라인을 내서 3만 건의 페이지뷰를 얻었다.[3] 이 사건이 장난이라는 것이 밝혀진 뒤, 이들은 '불행하게도, 쉘 오일 파티 참사 동영상은 가짜'라는 기사를 덧붙여서 9만 건의 페이지뷰를 얻었다.[4] 이로써 기사는 0개가 아닌 2개가 되었다. 어떤가? 이들이 왜 취재원에 의문을 제기하지 않는지 알 만하지 않은가?

반면에, 조작자와 자기 홍보자는 저널리스트가 마땅히 기울여야 하는 주의를 전혀 기울이지 않기를 기도한다. 그리고 안타깝게도, 그들은 실제로 그렇게 될 가능성이 크다는 것을 안다.

6

전략 #3:
확산되는 것을 주라

「디그Digg」 또는 MSN닷컴의 헤드라인을 살펴보면, 한 가지
패턴이 보일 것이다. 헤드라인은 전부 사람들을 양극화시킨다.
그것으로 사람들의 행동, 믿음, 소유물 이 세 가지를 위협하면,
이야기는 바이러스처럼 엄청나게 확산된다.

— 팀 페리스(「뉴욕 타임스」 베스트셀러 1위 작가)

우리는 공감을 즉각적으로 얻지 못하는 것이,
대개 가장 훌륭하고 가치 있는 것이라는 사실을 안다.

— 쿠르트 볼프(프란츠 카프카 등 저명 작가들의 책을 펴낸 발행인)

MIT의 미디어학 교수 헨리 젠킨스가 출판사와 기업에 전하는 조언은 직설적이다. "확산되지 않는 건 죽은 것이다." 사회적 공유에서 트래픽이 나오고, 트래픽에서 돈이 나온다. 확산되지 않는 콘텐츠는 아무런 가치가 없다.

미디어에서 이야기를 전개하는 임무를 맡은 사람에게는 이 조언의 이면도 똑같이 직설적이다. 확산되는 것이 금이다. 블로그는 게시물을 광고할 돈이 없고, 블로거는 글을 홍보할 계획을 세울 시간이 없다. 당신 페이스북 피드에 있는 모든 블로그와 발행인, 끊임없이 무언가를 공유하는 이들은 자체적인 생명력을 가진, 그래서 최소한의 작업만으로도 주목을 받고, 다른 곳에 링크되고, 새로운 독자를 얻게 해줄 게시물을 끊임없이 찾는다. 내용이 정확한지, 중요한지, 유용한지는 그들의 우선순위 목록에 없다.

블로거에게 내용의 질이 중요하지 않다면, 마케터에게는 중요할까? 그건 내게 전혀 중요하지 않다. 그래서 나는 블로거에게 팔 것을 정할 때, 내가 확산될 것이라고 확신하는 (그리고 그들이 그렇게 생각하는) 것에 근거해 계획을 세운다. 나는 블로거가 온라인에서 퍼져나가리라고 생각하는 것을 그들에게 팔고, 그럼으로써 그들이 돈을 벌도록 해준다.

두 도시의 슬라이드쇼 이야기

여러분도 나처럼 인터넷에 돌아다니는 디트로이트의 폐허 사진을 보고 매료된 적이 있을 것이다. 부식돼가는 유나이티드 아티스트 시어터의 동굴 같은 내부, 그리고 버려진 고딕 성당을 닮은 우뚝 솟은 미시간 중앙역을 담은 놀랄 만큼 멋진 사진. 우리 모두는 그것을 넋을 잃고 바라봤다. 이 아름다운 고해상도 사진 슬라이드쇼는 온라인 저널리즘의 인상적인 작품이다. 혹은 그렇게 여겨진다.

다른 사람들처럼, 나도 이 슬라이드쇼를 마구 모았으며, 심지어 디트로이트에 가서 폐허 사이를 걷고 싶다는 죄책감 어린 욕망을 품기까지 했다. 이것을 아는 친구들은 새로운 사진이 나오면 바로 내게 보내줬다. 이 사진들을 보면 〈파이트 클럽〉의 대사가 떠오른다.

> 내가 보는 세상에서, 너는 록펠러 센터의 폐허 주변 축축한 협곡의 숲을 가로질러 엘크를 뒤쫓고 있어…. 넌 시어스 타워를 둘러싼 손목 굵기의 칡덩굴을 타고 오를 거야. 아래를 내려다보면, 버려진 고속도로의 텅 빈 다인승 전용 차로 위에 사슴고기 조각을 널어놓고 곡식을 빻는 사람들의 모습이 조그맣게 보이겠지.

부서지고 버려진 미국 도시를 보는 것은 가슴 아프고 거의 영적인 경험이라서 즉시 모든 지인들과 공유하고 싶은 생각이 든다.

이런 반응을 불러일으키는 슬라이드쇼는 온라인상의 황금이다. 일반적인 블로그 게시물은 분량이 그저 한 페이지이므로, 디트로이트에 관한 1000단어짜리 기사 한 편은 독자당 페이지뷰 하나를 얻을 것이다. 반면 디트로이트에 관한 슬라이드쇼는 페이지뷰를 사용자당 20건, 총 수십만 건을 넘게 얻고, 아주 높은 광고료가 사진에 부과된다. 최근에 「허핑턴 포스트」가 게시한 사진 20장에는 4000

건이 넘는 댓글이 달렸고, 페이스북에서 좋아요를 2만 5000번 받았다. 이것은 「허핑턴 포스트」의 두 번째 게시였는데도 그랬다. 「뉴욕 타임스」 웹사이트는 2번에 걸쳐 총 25장의 사진을 올렸다. 「가디언」의 웹사이트는 16장짜리 게시물을 올렸다. 「타임닷컴Time.com」의 11장짜리 게시물은 '디트로이트 사진'에 관한 구글 검색의 최상단을 차지한다. 이것을 다 합치면 조회수가 몇백만 건에 이른다.

사람들은 디트로이트 사진이라면 어떤 것이든 온라인에서 즉시 인기를 얻으리라고 생각할 것이다. 하지만 그렇지 않다. 이보다 한참 앞선 2009년, 소유권을 빼앗기고 허물어진 디트로이트의 집과 그곳의 초췌한 주민을 담은 아름답지만 슬픈 사진들이 '매그넘 포토스Magnum Photos' 사이트에 게시됐었다. 이것도 똑같이 건축물의 황폐화와 빈곤, 쇠락의 장면을 보여준다. 하지만 「허핑턴 포스트」의 슬라이드쇼에는 며칠 만에 4000개의 댓글이 달린 반면, 이 사진들에는 2년 동안 고작 21개의 댓글이 달렸다.[1]

하나가 확산되면, 다른 하나는 확산되지 않는다

「뉴 리퍼블릭New Republic」에 실린 '경제적 재앙 포르노에 대항하는 사례'라는 기사에서 노린 멀론은, 엄청나게 널리 퍼진 디트로이트 사진에서 눈에 띄는 점이 한 가지 발견된다고 지적한다. 디트로이트 폐허 사진 중 인기 있는 사진은 사람의 모습을 전혀 담고 있지 않다. 이것이 「허핑턴 포스트」의 슬라이드쇼와 매그넘 사진 사이의 차이였다. 매그넘은 디트로이트 사진 속에 사람들을 담아낼 용기가 있었다. 이와 달리, 널리 확산된 사진들은 생명의 흔적을 의도적으로 완전히 배제했다.[2]

디트로이트는 노숙인 인구가 거의 2만 명이며, 2011년에 노숙인을 위한 시의 재원이 절반으로 삭감됐다. 수천 명 이상이 소유권을 잃고 전기나 난방이 끊긴 집과 건물, 즉 사진 속 건축물들에서 살아간다. 이 사진들은 사람만 배제한 게 아니다. 디트로이트는 떠돌이 개가 들끓는 도시로, 개들은 무리 지어 거리를 배회하며 먹이를 찾아 사냥하고 쓰레기 더미를 뒤진다. 디트로이트에 사는 들개는 적게 잡아도 무려 5만 마리, 길고양이는 대략 65만 마리다. 다시 말해, 디트로이트에서는 비통하고 깊이 상처받은 생명의 흔적을 마주치지 않고서는 단 한 구역도 걸을 수 없다.

사람들은 이런 걸 피하기 마련이다. 슬라이드쇼 사진작가들도 바로 그렇게 했다. 왜일까? 모든 것이 우울하기 때문이다. 「허핑턴 포스트」와 「버즈피드」의 배후에 있는 바이럴리티(virality) 전문가 조나 페레티의 믿음처럼 "어떤 것이 마냥 불쾌하면 사람들은 그걸 공유하지 않는다". 사람들이 공유하지 않으면, 블로그는 그걸 게재하지 않을 것이다. 노숙인과 마약 중독자, 굶주리며 죽어가는 동물을 보는 것은 전혀 즐겁지 않다.◆ 심란한 사진은 보는 이의 마음을 불편하게 하므로 공유에 도움이 되지 않는다. 페레티는 블로거나 독자가

◆　훨씬 더 인기 있는 「뉴욕 타임스」 사진이 적절한 예다. 버려진 미시간 중앙역을 찍은 이 사진 속에는, 바닥에 깔린 눈 위를 교차하는 수십 개의 발자국, 그리고 문이 있다. 사람은 없다. 마치 "걱정 마. 기분 나쁠 이유가 없어. 모두가 이미 떠났잖아. 계속 넋 놓고 바라봐"라고 말하는 듯하다.

뭐하러 나쁜 감정을 전하려 하겠느냐고 묻는다.[3]

웹의 경제는 디트로이트의 복잡한 상황을 정확히 묘사할 수 없게 한다. 디트로이트 사진은 그 안에 생명이 없기 때문에 그렇게 널리 퍼졌다. 뇌리를 떠나지 않는 도시의 폐허를 담은 단순한 기사는 확산되고 살아남는 반면, 도움이 절실히 필요한 진짜 사람들로 가득한 도시를 담은 복잡한 기사는 잊힌다.

한 도시를 두 가지로 묘사할 수 있다. 하나는 불쾌하고, 하나는 멋지다. 오직 멋진 묘사만이 「허핑턴 포스트」의 슬라이드쇼로 만들어진다.

여기서 내 말의 요지는 사회학적이기보다는 실용적이다. 이것이 어떻게 기업과 공인에게 영향을 미치는지 설명하겠다. 누군가 당신에게 끔찍한 혐의를 제기한다고 해보자. 외설스러운 혐의는 분명히 좋은 기삿거리가 된다. 문제는 진실, 즉 당신의 대응이 혐의보다 훨씬 덜 흥미롭다는 것이다. 배우자를 배신했다가 들킨 사건은 1면을 장식할 것이다. 하지만 결혼 생활은 이미 오래전에 끝났고, 두 사람 모두 그저 서류상 절차가 끝나기만을 기다리고 있었으며, 실은 배우자도 다른 사람을 만나왔다는 사실은 많은 변수를 포함한다. 복잡하고 지루하다. 어느 누구도 이런 것을 공유하며 흥분하지 않는다.

나는 위기관리 상황에서 고객에게 항상 이 점에 대해 설명해야 한다. 나는 이렇게 말한다. "이보세요. 당신의 대응이 혐의보다 흥미롭지 않다면, 아무도 관심을 갖지 않을 겁니다. 그냥 신경 끄는 게 나아요." 사람들이 결국 수많은 헛소리를 듣게 되는 이유는, 미디어는 정확한 것보다 확산되는 것에 관심을 두기 때문이다. 그보다 더 심각한 것은 점증적인 확대다. 예를 들어, 누군가가 다른 누군가를 비난

한다고 해보자. 후자는 이것은 전부 지어낸 얘기이며 전자가 저런 짓을 하는 유일한 이유는 '다른 거짓말' 때문이라고 대응해야 한다. 이렇게 계속 돌고 돌 뿐이다.

현실의 극단적인 형태

디트로이트 슬라이드쇼를 보면, 세상이 끝나가고 있다는 생각이 들지도 모른다. 그러나 「업워디닷컴Upworthy.com」의 몇몇 헤드라인을 보면, 세상이 기막히게 좋아지고 있다고 생각해도 될 것만 같다. 극단적인 부정과 마찬가지로, 지나치게 감상적이고 달콤한 긍정도 효과적인 기술이다. 수백만 건의 조회수를 기록한 다음 헤드라인을 한번 보라.

> '동성 결혼을 공격했던 한 설교자가
> 그 자리에서 마음을 완전히 바꾸는 광경을 지켜보라'
> '사진에서 자기가 예쁘게 나오지 않는다고 생각하는
> 모든 사람에게 보내는 메시지'
> '그녀는 자살을 시도했지만 실패했다.
> 그녀가 어떻게 이 모든 것을 아름다운 것으로 뒤바꿨는지 보라'
> '그녀는 자기 인생의 사랑이 낭만적이지 않다고 생각했다.
> 그때 그녀는 사무실 창문을 내다봤다'
> '비켜, 바비 인형. 넌 한물갔어'

세상이 실제로 이렇다면 좋을 테지만….

사실, 이 사이트의 편집자들은 현실이 그렇지 않다는 것을 안다. 하지만 「업워디」는 현실에서 오직 반짝이는 것만을 걸러내서 전한다. 쓸쓸함이라고는 전혀 없이 달콤하기만 한 것들을. 심지어 이메일 주소를 얻기 위해 고안된 팝업 메시지조차도 그렇다. "세상의 좋은 것을 상기한다는 건 멋진 일입니다. 그런 일이 더 자주 일어나야 합니다." 당신이 그들에게 이메일 주소를 주면, 그들은 '좋은 것을 상기시키는 이메일'로 당신을 폭격하기 시작한다.

대부분의 미디어는 이 스펙트럼의 반대쪽 끝에서 '분노 포르노'에 사로잡혀 있다. 다음은 내 주장을 증명하는 「살롱닷컴Salon.com」의 헤드라인이다.

**'패튼 오즈월트, 인종차별주의 KTYU 뉴스 보도에 대응해
동양인 이름으로 농담하다'**
**'백악관에 품종 좋은 애완견을 한 마리 더?
오바마 가족은 다른 성명을 발표했어야 한다'**
**'언론사 어니언은 근친상간,
즉 법률에 명시된 강간이 웃기다고 생각한다'**
'「고커」의 '특권 토너먼트'는 전부 백인의 분노에 관한 것이다'
'〈컨저링〉: 우익, 여성 혐오, 그리고 진정한 공포'

세상은 끔찍한가, 아니면 멋진가? 이들은 그냥 마음을 정할 수는 없는 걸까? 마틴 에이미스는 말했다. "언론은 대중보다 사악하다." 「업워디」처럼, 언론은 보통 사람보다 긍정적이고 감상적이기도

하다. 이유가 뭘까? 그걸로 돈을 벌기 때문이다.

2010년, 와튼 스쿨의 바이럴리티 전문가 조나 버거는 「뉴욕 타임스」에서 이메일로 가장 많이 전송된 기사 목록에 오른 7000개의 기사를 살펴봤다. (「뉴욕 타임스」의 기사는 4초에 하나씩 트위터에 공유되므로 이 목록은 웹에서 가장 큰 미디어 플랫폼 중 하나다.) 이 연구 결과는 디트로이트에 관한 선정적인 폐허 포르노 같은 콘텐츠가 퍼져나가는 것과 관련해 우리가 확인한 내용을 거의 입증한다.[4] 나는 이를 통해 내 조작을 뒷받침하는 모든 직관을 확증했다.

이 연구에 따르면, "바이럴리티를 가장 정확히 예측하게 해주는 변수는 기사가 **얼마나 많은 분노를 유발하는가**이다".[강조는 필자] 다시 말하자면, 온라인에서 무엇이 확산될지를 가장 정확히 예측하게 해주는 변수는 분노다. 그러고 보면, 온라인상에 분노를 유발하는 콘텐츠가 그렇게 많다는 게 놀랍지 않은가? 내가 터커의 영화를 홍보하기 위해 촉발한 분노가 아주 효과적이었던 건 당연하다. 버거의 연구에 의하면, 기사의 분노 수치에서 표준편차가 하나 증가한 것이 「뉴욕타임스닷컴」 1면 헤드라인을 3시간 동안 장식한 것과 맞먹을 만큼, 분노의 영향력은 실로 엄청나다.

극단적인 것은 어떤 것이든 간에 확산되는 정도에 큰 영향을 미치지만, 특정한 감정은 더 그렇다. 예를 들어, 기사의 긍정성 수치에서 표준편차가 하나 증가한 것은 헤드라인을 약 1.2시간 동안 장식하는 것과 맞먹는다. 이것은 상당히 크고 분명한 차이이다. 기사는 독자를 화나게 할수록 더 큰 영향력을 미친다. 하지만 행복하게 하는 것도 이처럼 영향을 미치기는 한다.

연구에 따르면, 슬픔은 극단적인 감정이지만 전혀 확산되지 않는다. 떠돌이 개가 몸을 떨며 온기를 찾거나 노숙인이 돈을 구걸하는 모습을 볼 때 사람들이 느끼는 것처럼, 슬픔은 일반적으로 각성을 잘 일으키지 않는다. 슬픔은 사회적 공유를 향한 충동을 약화시킨다. 아무도 매그넘 사진을 공유하지 않았지만, 모두가 「허핑턴 포스트」의 사진을 기꺼이 공유한 것은 이 때문이다. 「허핑턴 포스트」의 사진은 기막힌 것이었다. 우리를 화나게 하거나, 놀라게 했다. 이런 감정은 행동하려는 욕구를 불러일으키는데(다시 말해, 우리를 자극하는데), 발행인은 바로 이것을 이용한다. 「업워디」의 창립자 일라이 패리저는 「비즈니스위크Businessweek」에 말했다. "사람들은 바이럴 콘텐츠를 오해하고 있습니다. 그들은 뭔가를 공유하는 이유가 즐거움을 얻기 위해서라고 생각하죠. 하지만 뭔가를 공유하는 큰 이유는 정말 중요한 것을 밝히려는 열정 때문입니다."

결과적으로, 이것은 마케터가 이용하는 것이기도 하다. 콘텐츠가 온라인에서 확산될 것인지를 가장 정확히 예측하게 해주는 변수는 유의성(valence), 즉 개인이 느끼는 적극적 또는 소극적 감정의 정도다. 양극단은 중간의 어떤 곳보다 바람직하다. 주제와 무관하게, 누군가를 기분 나쁘거나 좋게 할수록, 그 기사는 이메일로 가장 많이 전송된 목록에 오를 가능성이 커진다. 나는 사람들이 열정을 느끼는 것을 가져다 상품 또는 고객과 연결시키고, 그것 때문에 사람들이 흥분해서 소란을 일으키고 떠들어대기를 원한다. 똑똑한 마케터라면 합리성, 복잡성, 뒤섞인 감정의 냄새가 나는 이야기를 밀어붙이는 일은 절대 없을 것이다. 우리는 사람들을 짜증 나게 만들고 싶어 한다. 우리는 당신을 자극해서 수다를 떨게 만들고 싶어 한다.

문제는, 사실이 명백히 좋거나 나쁜 경우가 거의 없다는 것이다. 사실은 그냥 존재한다. 진리는 보통 지루하고 복잡하다. 진퇴양난에 빠진 마케터와 발행인은 이런 정보를 대중의 감정을 뒤흔들 무언가로 왜곡할 음모를 꾸민다. 사실을, 널리 퍼져 클릭을 유도하는 무언가로 탈바꿈시키는 것이다. 나는 배후에서 스캔들, 갈등, 사소함, 자극, 독단주의에 의지해 기사의 유의성이 잘 돌아가게 한다. 이런 요소들은 전파를 보장한다.

종종 언론은 사람들로 하여금 자기 자료를 공유하도록 유도하기 위해 부정적인 태도를 취해야 하고, 사람들의 심리를 가지고 장난질을 쳐야 한다. 예를 들어, 한 연구에서 피험자에게 부정적인 장면(전쟁, 비행기 추락, 사형, 자연재해)을 보여줬는데, 피험자는 부정적이지 않은 장면보다 부정적인 장면을 볼 때 더 흥분하고, 더 잘 기억하고, 더 집중하고, 미디어에 더 열중했다.[5] 부정적인 것은 당신으로 하여금 '공유' 버튼을 누르게 한다. 그들은 당신의 버튼을 누르고, 그 결과 당신은 그들의 버튼을 누른다.

세상은 부정적이어야 하지만 지나치게 부정적이면 안 된다. 절망은 우리로 하여금 아무것도 하지 않게 한다. 연민과 공감은 무언가를 하게 한다. 즉, 컴퓨터 앞에서 일어나서 행동하게 한다. 하지만 분노, 공포, 흥분, 웃음, 격노는 소식을 퍼뜨리게 한다. 이것들은 우리가 뭔가를 하고 있는 것처럼 느끼게 해주지만, 실제로 우리는 그저 피상적이고 완전히 무의미한 대화에 참여하고 있을 뿐이다. 온라인 게임과 앱도 같은 원리로 작동하며, 같은 충동을 활용한다. 좌절시키지 않은 채 사로잡고, 수법을 드러내지 않은 채 조종하는 것이다.

사람들을 자극해서 공유하게 하는 수법을 아는 이에게, 미디어 조작은 단지 포장과 표현 방식의 문제일 뿐이다. 필요한 것은 적절한 틀과 적절한 관점뿐이며, 당신을 대신해 수백만 명의 독자가 당신의 생각이나 이미지, 광고를 자기 친구와 가족, 동료에게 기꺼이 보낼 것이다. 블로거는 이것을 알고 있고, 사람들이 그리하길 몹시 원한다. 남에게 들려주기 좋은 이야기를 그들에게 건넨다면, 누군들 그것을 거절하겠는가?

악당에게 원하는 것을 주기

나는 아메리칸 어패럴의 온라인 광고를 고안할 때 거의 매번 자극적인 관점을 찾아냈다. 분노와 독선, 자극은 하나같이 효과적이었다. 성적인 것은 당연히 기억에 가장 잘 남으며, 이 공식은 모든 유형의 이미지에 효과적이었다. 어른처럼 차려입은 아이들의 사진, 옷을 입은 개, 말도 안 되는 광고 문구, 이것은 전부 유의성이 높고 잘 확산되는 이미지다. 반응을 불러일으킬 수 있다면, 광고는 수용자에게 내가 (광고 게재 공간 구입을 통해) 대가를 지불해야 하는 것이 아니라, 사람들이 높은 트래픽을 기록하는 자기 웹사이트의 전면에 기꺼이 올리는 것이 된다.

나는 예전에 포르노 스타 사샤 그레이를 모델로 하는 (직장에서 보기에는 위험한) 누드 광고를 두 개의 블로그에 게시한 적이 있다. 아주 작은 웹사이트라서 전체 광고 비용이 고작 1200달러였다. 음모가 보이는 벌거벗은 여성＋미국의 주요 소매 업체＋블로그＝엄청난 온라인 기삿거리.

이 광고를 「너브Nerve」, 「버즈피드」, 「패스트 컴퍼니」, 「제저벨」,

「리파이너리29Refinery29」, NBC 뉴욕, 「플레시봇Fleshbot」, 「포틀랜드 머큐리The Portland Mercury」가 온라인에서 포착했다. 이것은 결국 멀리 브라질 「롤링 스톤Rolling Stone」에도 게재됐고, 아직도 온라인에서 돌아다닌다. 아무튼, 나는 광고를 통해 직접적으로 상품을 팔 생각이 없었다. 모델이 실제로 상품을 전혀 입지 않았고, 사이트가 너무 작았기 때문이다. 나는 합법적인 블로그에 포르노 요소를 차용한 광고를 게시한 회사가 있다는 사실만으로도, 공유에 굶주린 사이트와 독자들이 저항하기에는 너무 자극적이라는 것을 알았다(말장난이 아니다). 이런 광고를 한 게 내가 최초인지는 분명하지 않지만, 나는 기자들에게 내가 최초라고 분명히 말했다. 일부 블로그는 이에 대한 글을 쓰며 화를 냈고, 일부는 역겨워했으며, 다른 이들은 좋아하고 더 원했다. 중요한 점은, 어쨌든 이들이 광고에 대해 글을 썼다는 것이다. 내 광고는 결국 조회수가 수백만 건에 달했는데, 우리가 돈을 내고 광고를 게시한 원래 사이트에서 기록한 조회수는 아주 미미했다.

　나는 논쟁을 하려고 논란을 만들어낸 것이 아니었다. 구경거리를 이용한 홍보는 수만 달러의 매출을 올렸고, 내 목적은 언제나 그것이었다. 나는 어떤 상품이건 입소문과 판매량은 정비례한다는 사실을 뒷받침하는 자료를 엄청나게 갖고 있었다. 이 정보로 무장한 나는 자극과 분노라는 유의성 큰 감정을 활용해서 입소문을 만들어내는 전략을 만들었다. 내가 신문사와 광고 네트워크의 기준을 노골적으로 위반하는 광고를 제공한 이유는, 이런 광고는 불가피하게 철회된다고 해도 사용자가 보는 순간 브랜드 인지도를 높여줄 것임을 알았기 때문이다. 솜방망이 처벌을 받거나 몇몇 내숭쟁이를 열 받게 하는 것은, 우리가 얻는 모든 주목과 돈을 감안하면 충분히 치를 가치가 있는 대가였다.

내가 개발한 효율적인 광고 전략 덕에 아메리칸 어패럴은 아주 적은 광고 예산으로, 온라인 판매를 3년 만에 4000만 달러에서 근 6000만 달러까지 끌어올렸다.

숨겨진 결과

나는 상품을 팔기 위해 이 전략을 사용한다. 이 전략은 효과적이어서 그 덕에 상품을 많이 팔았다. 하지만 나는 지속적으로 사람들을 도발하고 속이는 행동에는 그 이상의 대가가 따른다는 것을 알게 됐다. 나 혼자만 그런 행동을 하는 게 아니었다.

여러분은 아마도 2009년 2월에 무슨 일이 있었는지 기억하지 못할 것이다. 주목할 만한 일이 일어난 건 아니기 때문이다. 적어도 일반적인 기준으로 보면 그렇다. 하지만 '확산되는 것'으로 생계를 꾸려가는 사람들에게 그날은 수지맞은 날이었고, 미국에는 손실이 큰 날이었다.

CNBC 기자 릭 산텔리는 정상적인 프로그램이 방송돼야 하는 동안에 시카고 상업거래소 객장에서 꼴사납게 길길이 날뛰었다. 그는 대본을 무시한 채 오바마 행정부를 큰 소리로 비난하기 시작했고, 최근에 통과된 부양책을 비판했다. 그런 다음, 감당할 수 없을 만큼 큰 대출을 받은 주택 소유자, 쿠바, 그리고 다른 터무니없는 것들에 대해서 호통을 치기 시작했다. 객장의 거래자들은 환호하기 (조롱하기) 시작했고, 그는 '시카고 티 파티(Chicago Tea Party)'를 결성해서 파생 상품을 미시간호에 버리겠다는 선언으로 발언을 마무리했다. 이 모든 상황은 허황된 쇼처럼 보였다.

CNBC는 영리했다. 그들은 자기 진행자들의 반응(경악부터 가벼운 당혹감까지)을 보고 뭔가 쓸모 있는 것을 손에 넣었음을 알아차렸다. CNBC는 이 영상을 블로거와 뉴스광, 인터넷 게시판, 매시업 아티스트가 발견하기를 기다리는 대신, 자기 웹사이트에 즉시 게시했다. 진지한 미디어 업체가 하는 행동이라기에는 좀 이상하게 보일 수도 있었지만, 그렇지 않았다. 이 영상은 「드러지 리포트」가 링크하는 순간 폭발했다. 「애틀랜틱The Atlantic」에서 롭 워커가 분석한 것처럼, 이것은 새로운 바이럴(viral) 문화의 핵심 원리였다. "모욕을 금지하면 안 된다. 상품화해야 한다." CNBC는 쓰레기 같은 텔레비전 저널리즘을 부끄럽게 여기지 않았고, 그것이 만들어낸 수백만 건의 조회수 덕에 가욋돈을 벌어들일 수 있었다.

산텔리의 동영상이 그렇게 빨리 퍼진 진짜 이유는 웹의 유의성을 가지고 장난을 쳤기 때문이다. 원래 이 영상은 농담거리로 퍼져나갔으며, 시청자의 정치적 성향에 따라 재미가 결정됐다. 하지만 누군가가 농담을 보는 곳에서, 다른 누군가는 진리를 말하는 자를 봤다. 시카고 티 파티는 실제로 조직됐다. 불만을 품은 유권자들은 그의 말에 진심으로 동의했다. 일부는 산텔리가 이성을 잃은 게 아니라, 그저 자기들처럼 화가 난 것이라고 생각했다. 그러나 정치적 성향이 정반대인 사람들은 웃지 않았을 뿐만 아니라 소름이 끼칠 만큼 불쾌하게 여겼다. 그들에게 이것은 CNBC가 정치적으로 편향됐다는 증거였다. 일부는 이 폭발이 우익에 활력을 불어넣으려는 보수적인 백만장자들의 지원을 받아 의도적으로 계획된 장난질이라는 음모론을 받아들일 정도로 이것을 심각하게 생각했다.

그들이 산텔리의 호통을 어떻게 해석했는지와 무관하게, 다들 너무나 극단적으로 반응해서 그것의 실체를 알아본 사람은 많지 않았다. 그것은 잊혔어야 하는 다소 불편한 뉴스 프로그램이었다.

2009년에 회자됐던 모든 중요한 정치 및 경제 이야기 중에서 이것은 분명히 우리에게 필요 없는 것이었다. 차입 자본을 이용하는 자본주의에 대한 합리적인 비판, 즉 희생을 요구하는 해결책에 대한 게시물은 흥미진진하지도 않고 온라인에서 잘 확산되지도 않았다. 하지만 산텔리의 영상은 확산됐다. CNBC는 모욕과 음모론, 분노, 좌절, 유머, 열정, 그리고 이것들이 상호작용하여 웹에서 퍼져나가는 폭풍에 처음으로 휩쓸려 들었다. 이것만으로는 충분하지 않았는지, 2015년과 이듬해에 공화당 친트럼프 진영이 부상함과 동시에 이 모든 불합리한 수작이 다시 등장했다. 사람들을 화나고 분노하게 만드는 이야기를 향한 미디어의 채울 수 없는 욕구가 분노 시장을 만들어낸 것처럼 보인다. 우리가 이렇게 분열되고 혼란스러운 것은 그 때문인 것 같아 보인다.

아니, 바로 그게 이유다!

철학자이자 저널리스트인 크리스 헤지스는 말했다. "이미지와 오락의 시대, 즉각적인 감정 만족의 시대에, 우리는 정직이나 현실을 추구하지도 원하지도 않는다. 현실은 복잡하다. 현실은 지루하다. 우리에겐 현실의 혼란을 다룰 능력이나 의지가 없다."

조작자인 나는 분명히 이런 시대를 조장하고 부채질한다. 콘텐츠 제작자도 마찬가지다. 미디어는 자기가 만들어내는 트래픽에 의지해 광고를 팔 수 있는 한, 이런 일이 어떻게 일어나는지 별로 신경 쓰지 않는다. 대중도 클릭 한 번으로 깔끔하게 의사표시를 함으로써 괜찮다고 말한다. 우리 모두가 괴물에게 먹이를 준다.

아무것도 아닌 것처럼 보일지 모른다. 사람들은 그냥 즐기는 거 아닌가? 물론이다. 내가 의도적으로 만든 도발적인 광고는 눈에 띄자마자 금세 사라지고 관심은 사그라든다. 모든 바이럴 웹 콘텐츠가 그렇듯이 말이다. 「뉴욕 타임스」 연구에서, 이메일로 가장 많이 전송된 목록에 오른 7000개의 기사 중 대략 96퍼센트가 단 한 번만 목록에 올라갔다. 목록에 올라갔다가 내려온 뒤 다시 올라간 기사는 거의 없었다. 기사는 일시적으로 존재했다가 사라진다. 그런데 바이럴 콘텐츠는 이처럼 사라질지언정 그 결과는 그렇지 않다. 유해한 정당이나 값싸고 손쉬운 주목에 중독되는 현상이 그 결과로 나타난다.

인기를 누리는 디트로이트 슬라이드쇼에서 인간을 생략하는 것은 악의적인 선택이 아니다. 사이비 긍정을 다른 사이트의 바이럴 이야기에 주입하는 것도 마찬가지다. 그 배후에 나처럼 사람들을 호도하려 드는 사람은 없었다. (대부분의 경우에) 검열이나 공공연한 조작은 없었다. 사실, 수천 장의 다른, 더 현실적인 사진이 있다. 그럼에도 언제나 대중은 우리가 필사적으로 해결해야 할 필요가 있는 상황에 대해 잘못 알고 있다. 확산되는 것, 즉 트래픽과 페이지뷰를 많이 얻을 수 있는 콘텐츠를 선택하는 선별적인 메커니즘을 통해, 우리는 생략이 아니라 전달에 의해 억압받는다.

웹에는 오직 한 가지 화폐만이 존재하며, 우리는 그것을 유의성, 극단, 자극, 권력, 흥분 등등 마음대로 부를 수 있다. 하지만 이것은 잘못된 인식을 더한다. 당신이 디트로이트 사람들에게 관심을 갖거나 이웃과 공통점을 찾으려는 발행인이 아닌 이상, 그건 아주 좋은 일이다. 온라인을 번창하게 만드는 것은, 당신과 내가 살아가는 현실과 가까운 뭔가를 반영하는 글이 아니다. 그것은 우리가 바라는 세상을 창조해줄 변화를 허용하지도 않는다. 하지만 그것은 나의 일을 가능하게 해준다. 그리고 이게 현실인 한, 나 같은 사람들은 그 일을 계속할 것이다.

7

전략 #4:
독자를 속이는 것을
도우라

1. 앉아 있는 것은 치명적인 행위인가?
2. 당신은 잠을 얼마나 적게 잘 수 있는가?
3. 설탕은 유해한가?
4. 최고의 운동은 무엇인가?
5. 휴대폰이 뇌종양을 유발하는가?

— 2011년 4월 16일 「뉴욕 타임스 매거진」에서 가장 인기 있는 기사 목록

나는 익명의 글쟁이가 거짓말을 지어내서 공표할 때,
또는 자기가 전혀 알지 못하거나 이해할 수 없는 문제에 대해
비평할 때 놀라지 않는다. 그것이 그들의 사업이다.
그들은 그것으로 먹고 산다.

— 윌리엄 테쿰세 셔먼 장군

유도신문을 하는 헤드라인이 인기가 있을까? 물론! 「고커」의 기자였던 브라이언 모일런이 언젠가 떠벌린 것처럼, 비결은 "기사 전체를 헤드라인에 집어넣되 사람들이 클릭하고 싶어질 만큼 빼는" 것이다.

닉 덴턴은 얼버무리고 호도하는 것이 트래픽을 얻고 수익을 늘리는 최고의 방법임을 안다. 그는 자기 회사 블로거들에게 독자를 조종해서 수익을 얻는 방법을 구체적으로 전달했다.

> 어떤 주장을 검토할 때, 주장이 의심스럽다고 할지라도, 결론에 도달하기 전에 회의적인 헤드라인으로 일축하지 말라. 왜냐하면 아무도 결론에 도달하지 않을 것이기 때문이다. 걱정할 필요 없다. (중략) 일단 수수께끼를 던져놓고 링크 뒤에서 설명하라. 좋은 질문을 던지면 응답에 느낌표가 두 배로 붙는다는 분석도 있다.

내 나름의 분석은 다음과 같다. 헤드라인에서 물음표를 제거하면, 대개는 거짓말이 된다. 블로거가 이 수법을 즐겨 사용하는 이유는 아무도 비난할 수 없는 거짓 진술을 하고 빠져나갈 수 있기 때문이다. 독자는 클릭을 한 뒤 곧바로 헤드라인의 '질문'에 대한 답이 명백히 "아니, 물론 아니다"라는 것을 알게 된다. 하지만 질문 형태로 제시했으므로 블로거가 잘못한 것은 아니다. 그저 질문했을 뿐이다. "글렌 벡이 1990년에 어린 소녀를 강간하고 살해했는가?" 물론, 나는 모르지만, 클릭은 얻는다.

블로거는 독자로 하여금 미묘하고 공정한 기사를 읽게 하려고 헤드라인으로 장난을 좀 친 것뿐이라고 스스로에게 말한다. 하지만

괴물에게 먹이 주기

그건 거짓말이다. (기사 본문을 실제로 읽어보면, 헤드라인이 제시하는 것보다 조금이라도 구체적인 건 거의 없다.) 이것은 블로거가 자존감을 높이기 위해 하는 거짓말이며, 당신은 그걸 이용할 수 있다. 그러니 블로거들에게 헤드라인을 주라. 그들이 원하는 게 그것이다. 그들이 거짓말을 얼마나 원하든 그것을 은밀히 합리화하도록 내버려두라.

누군가 내 고객에 대해 글을 쓰려고 할 때, 나는 사람을 속이는 것에 대한 그들의 모순적 감정을 의도적으로 이용할 수 있다. 내가 고객을 대신해서 그들에게 공식적인 논평을 전할 때, 나는 문제를 완전히 다루지 않음으로써 그들이 추측할 여지를 남긴다. 가짜 정보 제공자로서 이야기를 만들어낼 때에는 수사적인 질문을 많이 던진다. 예를 들면 이런 것이다. 설마 [상황에 대한 말도 안 되는 오해]가 빚어지고 있는 걸까요? 그들이 감추고 있는 것이 [군침 도는 스캔들]이라고 생각하나요? 그런 다음 나는, 블로거가 이와 꼭 같은 질문을, 클릭을 유도하는 헤드라인으로 독자에게 제시하는 것을 지켜본다. 내 질문에 대한 답은 명백히 "아니, 물론 아니다"이지만, 나는 내 고객을 의심하는 척하고, 심지어 추잡한 말까지 한다. 그러면 블로거는 자기 사이트의 전면에서 그런 짓을 한다.

조작자는 블로거를 속이고, 블로거는 독자를 속인다. 우리는 원하는 클릭을 함께 얻는다. 이 협정은 트래픽에 굶주린 블로거에게, 그리고 나 같은 사람과, 주목받기 바라는 내 고객에게 아주 좋은 것이다. 독자는 이런 기사보다는 정말 중요한 정보를 알려주는 게시물을 통해 더 큰 도움을 받을 것이다. 하지만 앞선 장에서 봤듯이, 유용한 정보를 전하는 기사는 다른 유형의 콘텐츠보다 널리 퍼져나갈 가능성이 적다.

예를 들어 영화 평론, 상세 사용 설명서, 기술적 분석, 요리법에 대한 게시물은 최초의 독자에게는 인기가 있으며, 때로는 이메일로 가장 많이 전송된 목록에 오르기도 한다. 하지만 이것들은 다른 웹사이트에서 트래픽을 많이 끌어내지 못하는 경향이 있다. 공유하기에는 재미가 덜하므로 결과적으로 덜 확산된다. 언뜻 납득이 잘 안 될 수도 있지만, 온라인 콘텐츠 경제에 따르면 이것은 완전히 이치에 맞는다. 다른 사람의 논평이나 조언을 읽는 일은 그리 재미있지도 않고, 그 위에 또 다른 논평을 덧붙이는 것은 까다로운 일이다. 더 나쁜 점은, 원작자가 문제를 완전히 해결하거나 그에 대한 합리적인 해결책을 제시하는 식으로 철저하게 글을 썼을 수도 있다는 것이다. 이 두 가지 경우가 열띤 토론이 벌어지는 데 찬물을 끼얹은 셈이다.

블로거에게 실용성은 종종 골칫거리다. 실용성은 트래픽 킬러다. 잠재적으로 긍정적인 다른 속성도 그렇다. 이를테면, 공정하고 합리적이어서는 트롤을 이러쿵저러쿵 떠들어댈 정도로 화나게 만들기 힘들다. 이야기의 전모를 완전히 밝히면, 후속 게시물을 낼 수 없게 된다. 문제가 시시한 것이라고 지적하는 경우도 마찬가지다. 합리적인 목소리를 내는 것도 그렇다. 그 어떤 블로거든 자신을 비판하는 다른 블로거에 대해 글을 쓰지는 않을 것이다.

덴턴의 발언을 다시 언급하자면, 느낌표를 사용하는 것은 최종적인 것이다. 최종적이거나, 권위적이거나, 유용하거나, 명백히 긍정적인 속성은 피해야 한다. 이것들은 사용자 참여를 미끼로 던지지 않기 때문이다. 그리고 참여하는 사용자는 돈이 있는 곳에 꼬인다.

　　　　　　　　　　　　　　　　괴물에게 먹이 주기

콘텐츠에 참여하기

'사용자 참여'가 좋은 것이라는 의견에 반대하기 전에, 한번 실제로 살펴보자. 당신을 화나게 하는 블로그 기사를 읽는다고 가정해보자. 당신은 그에 대한 생각을 글쓴이에게 반드시 알려줘야 할 정도로 화가 났다. 그래서 댓글을 남기러 간다.

사이트는 댓글을 남기려면 로그인을 하라고 요구한다. 아직 회원이 아니라고? 당장 등록하시오. 클릭을 했더니 온통 광고로 도배된 새 페이지가 뜬다. 페이지의 양식을 채우시오. 이메일 주소, 성별, 거주지 정보를 넘겨주고 '제출'을 누르시오. 젠장, 보안문자를 잘못 기입해서 페이지가 또 다른 광고와 함께 다시 뜬다. 마침내 보안문자를 제대로 입력하자 확인 페이지가 나온다(또 다른 페이지와 또 다른 광고를 접한다는 뜻이다). 이메일을 확인하시오. 계정을 인증하려면 이 링크를 클릭하시오. 이제 등록이 완료됐다고 말한다. 또 다른 페이지, 또 다른 광고, 로그인, 더 많은 페이지, 더 많은 광고. 당신은 마침내 '참여했다'.

항상 이런 식이다. 블로그에 처음 댓글을 남기려면 페이지뷰가 10개는 필요할 수도 있다. 기사에서 오류를 발견해서 정정 내용을 제보하는 양식을 작성할 때는? 일단 당신의 이메일 주소를 달라고 할 것이고, 그다음엔 자기들로부터 매일 이메일을 받을 것인지 물어볼 것이다.◆

◆   아니면 페이스북으로 로그인하라고 요구해서 광고주가 당신을 더 잘 공략할 수 있게 한다.

이렇게 하면, 당신은 호구 잡힌 거다. 이런 사이트는 당신의 의견에 관심이 없다. 그들은 정보를 끌어냄으로써 페이지뷰를 거저 얻는 것에 관심 있을 뿐이다. 물론, 이런 식의 조작은 새로운 것이 아니다. 모든 종류의 미디어에 이런 수법이 만연해 있다.

「버즈피드」의 조나 페레티는 리얼리티 TV가 어떻게 시청자를 끌어들이는지 지적했다.

리얼리티 TV가 한동안 잘된 이유는, 방송 초반에 집단 내 회의와 참가자 탈락이라는 포맷을 배치하는 전형적인 공식을 유지했기 때문이다. 그래서 사람들은 프로그램의 50퍼센트가 지루한 내용이라 슬슬 채널을 돌리고 싶어져도, "아, 그래도 내가 좋아하는 사람이 탈락할 것인지 궁금하잖아"라고 생각한다. 그래서 그걸 보려고 끝까지 시청하게 된다. 어떤 면에서 이것은 시간을 조작하는 한 방식이다.

그리고 현재 온라인 미디어는, 19페이지짜리 슬라이드쇼를 사용하든 아니면 헤드라인 장난질이나 자동 재생 동영상을 활용하든 간에, 대중을 조종하는 자신만의 방법을 찾아냈다.

페이스북의 데이터 과학자로 근무했던 앤드루 레드비나는 직설적이다. "페이스북에서 데이터를 다루는 자들의 근본적인 목적은 사람들의 기분과 행동에 영향을 미쳐서 그걸 바꾸는 것입니다. 그들은 당신이 기사를 더 좋아하고, 광고를 더 많이 클릭하고, 사이트에서 시간을 더 많이 보내게 하려고 시종일관 이런 일을 합니다."

블로그는 그들이 구독자의 분노를 불러일으키려고 다루는 문제에 관심이 없고, 소셜 네트워크는 사람들의 사고와 관련된 주제에 관심이 없다. 그들은 자신이 목적하는 바, 즉 자신들이 다루는 주제가 사이트에서 얼마나 많은 트래픽과 시간을 산출하는지에 관심을 둔다. 한 비디오 게임 블로거는 신제품 엑스박스를 능가하는 신제품 플레이스테이션을 사야 하는 모든 이유를 제시하는 게시물을 올렸다. 이 게시물은 조회수 50만 건을 기록했다. 그런데 같은 블로거가 입장을 바꿔서 플레이스테이션을 능가하는 엑스박스를 사야 하는 모든 이유를 제시했다. 이것 역시 조회수 50만 건을 기록했다. 두 게시물 모두 많은 댓글과 공유를 이끌어냈다.

사실, 관계자들은 사람들이 무엇을 생각하고 느끼는지에 조금도 관심이 없다. 그들은 반응과 주목에만 관심이 있다.

누가 진짜 트롤인가?

대안우파 블로거 마이크 세르노비치는 미디어 업계에서 트롤로 통한다. 그는 이 꼬리표를 받아들였다. 그는 영리해서, 자기가 뭔가 불쾌한 발언을 하면 진보주의자들이 참지 못하고 대응하리라는 것을 안다. 즉, 이런 대응이 관심을 불러일으키고 자신의 인지도를 높여주리라는 것을 안다.

하지만 이것이 그렇게 명명백백하다면, 그리고 미디어가 노골적인 트롤링 시도를 더 많은 대중에게 전달한다면, 미디어에 적어도 부분적인 책임이 있는 것은 아닐까? 미디어가 거기에 연루되어 있는 것은 아닐까?

나는 그렇다고 생각한다. 예를 하나 들어보겠다. 2012년에 내 고객 터커 맥스는 큰 규모의 자선 기부를 하려고 했고, 그것으로 명성을 얻고자 했다. 그는 자기 책에서, 자기가 여러 해에 걸쳐 낙태 비용을 엄청나게 많이 지불했으므로 가족계획연맹은 자기 이름을 따서 병원 이름을 지어야 한다는 농담을 했다. 내 생각은 이걸 현실로 만드는 것이었다. 다시 말하자면, 나는 한 병원의 이름을 사용할 권리를 구매하려고 했다. 나중에 밝혀진 바대로, 당시 미국 가족계획연맹은 공화당 소속 주지사 릭 페리 때문에 텍사스에서 주는 지원금을 인정사정없이 박탈당했을 뿐만 아니라, 텍사스 북부에 새 병원을 개원하려 하고 있었다. 이것은 삼자가 모두 득을 보는 상황으로 보였다. 터커는 (다른 때와는 달리) 긍정적인 일로 언론에 보도되고, 가족계획연맹은 새로운 대중에게 다가가며, 여성들은 잠재적으로 생명을 구하는 서비스를 접할 기회를 얻는다.

하지만 이것은 분명히 트롤링이기도 했다. 많은 사람을 열 받게 해서 그의 새 책을 홍보하는 것이었기 때문이다. 가족계획연맹이 (몇 주 동안 진지하게 협상한 끝에) 기부를 받지 않겠다고 했을 때, 나는 이와 관련해 「포브스닷컴」에 '가족계획연맹은 왜 50만 달러를 거절했는가?'라는 제목의 기사를 썼다. 그런 다음 기사의 링크를, 이에 대해 글을 쓸 확률이 높아 보이는 수십 개의 사이트에 보냈다. 「허핑턴 포스트」, 「제저벨」, 「살롱」, 「데일리 비스트」, KVUE-TV 오스틴, KFDM-TV 보몬트, KGO-AM 샌프란시스코, 「뉴욕 데일리 뉴스」, 「고다미스트Gothamist」, 「휴스턴 크로니클Houston Chronicle」을 비롯한 상당수가 그것을 물었다. 나는 내 직원 한 명에게 이 홍보용 스턴트의 모든 링크를 집계하라고 했다. 처음에 집계한 것만 해도 행간 여백 없이 8쪽에 달했다. 8쪽짜리 링크. 우리가 이 링크의 일부를 레딧에 보낸 뒤, 이 기사는 사슬을 타고 올라가서 훨씬 더 중요한 미디어를 연루시켰다.

다시 한번 말하겠는데, 나는 이것이 트롤링이라는 사실을 전적으로 인정하지만, 미디어가 여기에 참여했다는 것을 강력히 주장하는 바이다. 그들은 분명히 이로부터 이익을 얻었다. 「허핑턴 포스트」의 기사 하나만 해도 페이스북에서 1만 번 이상 공유됐다. 보도가 총 8쪽에 걸쳐 링크가 됐으니 조회수와 클릭, 공유가 얼마나 많았을지 한번 생각해보라. 나는 원래 5만 건의 페이지뷰를 바랐다. 그런데 최종적으로는 몇백만 건의 페이지뷰를 기록했다. 나는 블로그 몇 곳에서 이 이야기를 포착해주기를 바랐다. 그런데 200개 이상의 미디어 업체가 보도했다. 나는 이 모든 언론을 공짜로 이용했을 뿐만 아니라, 「포브스닷컴」은 이 논란이 만들어낸 페이지뷰에 대한 몫으로 내게 현금 1000달러를 지급했다.

그렇다면 여기서 진짜 트롤은 누구인가? 나? 아니면 미디어 업계에 있는 내 친구들?

당신은 속고 있다

클릭은 클릭이고 페이지뷰는 페이지뷰다. 블로거는 그걸 어떻게 얻는지에 관심이 없다. 그들의 상사도 관심 없다. 단지 그걸 원할 뿐이다.◆

헤드라인이 있는 이유는 당신이 기사를 보게 하기 위해서다. 그 이상도 이하도 아니다. 당신이 기사에서 뭔가를 얻는지 아닌지는 상관없다. 클릭은 이미 발생했다. 댓글란은 여기에 활용되기 위한 것이다. 모든 게시물 하단에 있는 공유 버튼도 마찬가지다. 훌륭한 작가 벵카테시 라오가 지적한 더러운 진실은 다음과 같다.

> 소셜미디어는 인간이 다른 인간과 소통하게 해주는 도구의 모음이 아니다. 그것은 기술이 자기 조직화의 광란 속에서 인간을 이용하여 서로 소통하게 해주는 임베딩 메커니즘(embedding mechanism)의 모음이다. (중략) 〈매트릭스〉가 틀렸다. 당신은 전 세계에서 인간을 노예화한 인공지능의 건전지 동력원이 아니다. 그보다는 약간 더 가치가 있다. 당신은 전환 회로의 일부다.[1]

블로그가 다루기 번거롭다거나, 의도적으로 호도한다거나, 불필요하게 선동한다는 사실은 사용자인 당신을 피폐하고 피로하게 만들지 모르지만, 오웰은 《1984》에서 "세포의 피로는 유기체의 활력이다"라는 것을 우리에게 상기시켰다.

온라인 미디어의 기술도 마찬가지다. 독자를 최대한 오래 붙잡아놓는 것, 즉 의도적으로 독자를 번거롭게 만드는 것은 단순한 독자를 페이지뷰 생산 기계로 만든다. 미디어는 클릭을 계속 얻으려면 매번 훨씬 더 거부하기 힘든 새로운 헤드라인을 만들어야 하고, 다음

◆ 역사상 가장 위대한 해커인 리처드 그린블랫은 2010년에 「와이어드」에 말했다. "버튼을 많이 눌러야 하는 방식으로 웹페이지를 구성해서 사람들이 광고를 많이 보게 하자는 게 현재의 추세입니다. 기본적으로, 당신을 어떻게든 가장 불편하게 만드는 사람이 승자입니다."

괴물에게 먹이 주기

기사를 훨씬 더 선동적이거나 덜 현실적으로 만들어야 한다는 것을 안다. 이것은 악순환이다. 그들은 독자를 착취하는 한편 나에게 착취 당함으로써, 결국 독자를 점점 더 심하게 착취하게 된다.

물론, 때때로 사람들은 자기가 속았다는 것을 알고 화를 낸다. 독자는 자기가 읽은 이야기가 근거 없는 것이라는 사실을 알고 불쾌 해한다. 독자는 자기가 클릭한 링크가 그 사이트에 후원한 콘텐츠를 위한 것이라는 사실을 알고 화를 낸다. 블로거는 독자들이 거짓말에 속아 넘어갔을 때 기뻐하지 않는다. 하지만 이것은 블로거와 내가 모두 감수하는, 계산된 위험이다. 왜냐하면 그로 인한 결과가 대체로 대수롭지 않기 때문이다. 우리가 현행범으로 붙잡히는 일은 드물고, 설령 그런 일이 벌어지더라고 벌어들인 돈을 돌려줘야 하는 건 아니다. 유베날리스는 이런 농담을 했다. "재산을 지킬 수 있다면, 악명이 뭐가 대수인가?"

8

전략 #5:
그들이 팔 수 있는 것을
그들에게 팔라
(뉴스에 나가려면, 뉴스를 만들라)

신문은 광고 수입을 통해 수익을 얻는 사업입니다.
광고 수입은 판매 부수에 기초하고,
판매 부수가 무엇에 달려 있는지는 당신도 알겠죠.

— 《기나긴 이별》(레이먼드 챈들러)에서 할런 포터의 대사

나는 미디어 학자가 아니지만, 무엇이 블로거를 움직이게 하는지 미친 듯이 조사하는 과정에서 내가 찾아낼 수 있는 모든 미디어 역사학자의 도움을 받았고 그들의 저작을 탐독했다. 이 전문가들을 통해, 블로그가 독자 앞에 기사를 내놓는 방식이 그들의 글을 미리 결정한다는 것을 이해하기 시작했다. 한 세기 전의 황색신문처럼 블로그도 끊임없는 압박에 휘둘려서 뉴스를 조작하고, 결과적으로 그들도 조작된다.

역사 수업은 지루할 수 있지만, 이 경우에는 짧은 역사 수업을 할 만한 가치가 분명히 있다. 미디어의 지배에 대한 새로운 관점을 열어주기 때문이다. 기자들이 상품을 어떻게 파는지 알고 나면, 당신의 상품을 그들에게 팔기 쉬워진다.

(역사의 대부분에서 '뉴스'와 동의어인) 신문은 3단계로 뚜렷이 구분된다. 당보에서 시작해서, 악명 높은 황색신문을 거쳐, 현대 언론(또는 구독 중심 언론)의 안정적인 시대로 끝난다. 이 단계들은 오늘날의 블로그와 놀라울 만큼 비슷하다. 즉, 과거의 실수가 다시 한번 반복되고 있으며, 수십 년 만에 처음으로 조작이 다시 가능해졌다.

당보

신문의 가장 초기 형태는 정당의 사교 모임에서 출발한다. 이것은 당 지도부가 당원들과 소통하는 매체, 즉 그들에게 필요하고 또 그들이 원하는 정보를 제공하는 언론 매체였다. 당보는 미디어의 편향에 대한 논의에서 종종 오해받고 오용되는 뉴스 역사의 일부이다.

이 신문은 폭스 뉴스의 초기 형태 같은 게 아니었다. 일반적으로 자영업이었다. 편집자 겸 발행인 겸 기자 겸 인쇄업자는 자기 도시의 정당에 아주 소중한 서비스를 제공하는 헌신적인 사무장이었다. 이 서비스라는 것은 아이디어와 중요한 문제에 대한 정보를 전달하는 능력이었다. 이 정치적 신문은 서비스를 사업가와 정치인, 유권자에게 팔았다.

당보는 보통 1년에 약 10달러를 내고 구독하는 형태로 팔렸다. 양질의 당보도 구독자가 겨우 1000명 정도에 불과했는데 일부 지역의 당원은 구독이 거의 의무적이었으니, 이것은 일종의 후원이었던 셈이다.

이 첫 단계의 저널리즘은 범위와 영향력이 제한적이었다. 독자의 규모와 종류 때문에 당보는 뉴스 사업에 속하지 않았다. 당보는 편집 사업에 속했다. 이것은 색다른 시대의, 색다른 방식의 사업이었고, 기술과 유통의 변화로 인해 쇠퇴하고 말았다.

황색신문

신문은 1833년에 벤저민 데이가 「뉴욕 선The New York Sun」을 창간하는 순간 변화했다. 모든 것을 바꾼 것은 그의 신문 자체가 아니라, 그가 신문을 파는 방식이었다. 그는 신문을 거리에서 한 번에 한 부씩 팔았다. 실업자를 고용해서 신문을 팔러 다니게 함으로써, 그는 이전 단계의 신문 사업을 괴롭히던 주요 문제인 구독료 미납을 즉시 해결했다. 데이의 '현찰 판매' 방식은 외상을 사절했다. 고객은 돈을 치르고 신문을 가져갔다. 「뉴욕 선」은 이 단순한 유통 혁신으로 뉴스와 신문을 발명했다. 수천 명의 모방자가 뒤를 따랐다.

이 신문은 현관 앞에 배달되지 않았다. 따라서 길모퉁이와 술집, 기차역에서 판매 경쟁을 벌일 수 있을 만큼 흥미진진하고 야단스러워야 했다.♦ 유통 방식의 변화와 인쇄기의 속도 향상으로 인해 신문은 진정한 신문이 됐다. 이들의 유일한 목표는 새로운 정보를 입수해서 경쟁사보다 더 빨리 인쇄하고 더 독점적으로 기사를 내는 것이었다. 이는 사설의 축소를 의미한다. 이 신문들은 가십에 의존했다. 이 흐름에 저항하는 신문은 실패하고 폐업할 수밖에 없었다. 데이 직전에 노예제 폐지론자 호러스 그릴리가 가십이 없는 현찰 판매 신문을 시도했다가 대실패를 맛본 것이 대표적인 사례다.

데이가 창업한 직후인 1835년, 제임스 고든 베넷 시니어는 「뉴욕 헤럴드The New York Herald」를 창간했다. 불과 몇 년 뒤 「뉴욕 헤럴드」는 미국에서, 아니 전 세계에서 가장 판매 부수가 많은 일간지가 된다. 하지만 이 신문은 가장 선정적이고 악랄하기도 했다.

이 모든 것은 베넷의 개인적 신념이 아니라 그의 사업적 신념 때문이었다. 그는 신문의 역할이 '정보를 알려주는 것이 아니라 사람들을 놀라게 하는 것'임을 알았다. 그의 신문은 흑인과 이민자, 예민함에 반대했다. 이런 명분을 좋아하는 사람들과 싫어하는 사람들 모두가 바로 그 점 때문에 이 신문을 샀다. 사고 또 샀다.

베넷은 혼자가 아니었다. 조지프 퓰리처가 있었다. 그 유명한

♦ 데이는 이 무렵에 구인란과 항목별 광고란을 발명했다. 이것은 일일 판매를 촉진하는 데 아주 효과적인 방법이었다.

'퓰리처상' 덕분에 악명이 누그러졌지만, 본래 선정적인 소문을 퍼뜨리는 업자였던 퓰리처는 자신의 신문으로 비슷한 격언을 역설했다. 세상은 "값쌀 뿐만 아니라 눈부셔야 하고, 눈부실 뿐만 아니라 거대해야" 했다. 분주한 도시의 분주한 사람들에게 매일 아침 수천 부의 신문을 팔려면, 그래야 했다.

매일 새로운 호를 팔아야 하기 때문에 내가 '일회성 문제'라고 부르는 문제가 생겨난다. 베넷의 신문은 어떻게 해서든 관심을 끌어서 이 문제를 해결했다.

베넷의 「뉴욕 헤럴드」 창간호는 다음과 같은 식으로 구성됐다. 1면: 눈길을 끌지만 쉽게 이해되는 잡문. 2면: 신문의 핵심인 사설과 뉴스. 3면: 지역 뉴스. 4면: 광고와 단신. 여기에는 모든 사람을 위한 요소가 있었다. 이 신문은 짧고, 자극적이었다. 그는 훗날 1면과 2면을 뒤바꿈으로써 일회용 뉴스 대신 양질의 사설을 강조하려고 했다. 하지만 결과는 참담했다. 그런 식으로는 거리에서 신문을 팔 수 없었다.

일회성 문제는 신문의 형태와 배치 이상의 것을 규정했다. 뉴스가 일회성에 기초해서 팔리므로 발행인은 가만히 앉아서 뉴스가 다가오기를 기다릴 수 없다. 그것으로는 충분하지 않다. 자연적으로 발생하는 것은 충분히 흥미진진하지 않다. 그러므로 신문이 팔리게 해줄 뉴스를 만들어내야 한다. 기자들은 구경거리와 사건을 취재하기 위해 파견됐을 때, 뉴스가 있으면 취재하고 없으면 만들어내는 것이 자기의 일임을 알았다.◆

오늘날의 블로그와 똑같은 처지였던 것이다. 블로그가 자신의 부담을 덜어주는 조작자를 좋아하듯이, 황색신문도 마찬가지였다.

황색신문은 제보자와 홍보 담당자에게 많은 돈을 지불했다. 신문에 날조와 윤색이 너무 만연한 나머지, 유명한 일기 작가 겸 변호사인 조지 템플턴 스트롱은 남북전쟁이 시작됐다는 소식을 좀처럼 믿지 않았다. 1861년 네 개의 월에 쓴 일기에 의하면, 그와 친구들은 신문팔이 소년들이 거의 네 개 구역에 걸쳐서 "「뉴욕 헤럴드」 호외요! 섬터 요새 폭격"이라고 외치는 소리를 의도적으로 무시했는데, 그것이 '야바위'라고 확신했기 때문이다. 스트롱이 마침내 선입견을 깨고 구입한 섬터 요새 호외는 단 하루에 15만 5000부가 팔렸다. 이것은 「뉴욕 헤럴드」 역사상 가장 많이 발행된 호였다. 이 전쟁으로 인한 흥행은 황색신문으로 하여금 미국–스페인 전쟁을 부르짖게 (또는 어떤 이들의 말처럼, 일으키게) 만들었다. 벤저민 데이는 이렇게 말했다. "우리 신문 업계 사람들은 타인의 재난을 최고로 즐긴다."

미디어 역사학자 W. J. 캠벨은 황색 저널리즘의 특징을 다음과 같이 설명했다.

- 궁극적으로 중요치 않은 뉴스에 대해 수선 떠는, 눈에 잘 띄는 제목
- (대체로 관련성이 거의 없는) 사진의 과도한 사용
- 사칭꾼, 사기꾼, 가짜 인터뷰
- 컬러 만화와 크고 두꺼운 일요일 부록

◆ 달리 말하면, 우리는 한 세기 넘게 가짜 혐의로 공인들을 비방해온 것이다. 자신을 위한 일이라 생각하고 '뚱보 아버클'의 스캔들을 찾아보라. 일회성 문제가 불러온 결과를 보고 정신이 번쩍 날 것이다.(20세기 초 미국의 전설적 코미디 배우인 '뚱보' 로스코 아버클은, 무고로 인해 강간 살해범으로 몰려 인생의 정점에서 한순간에 나락으로 추락했다. 이 스캔들에는 언론의 선정적인 보도도 한몫했다.—옮긴이)

- 약자의 대의명분에 대한 과시적인 지지
- 익명의 취재원 사용
- 상류사회와 사건에 대한 두드러진 보도

일요일 부록 말고, 다른 것도 익숙하게 들리는가? 아마도 기억을 되살리려면 잠시 「마이크닷컴Mic.com」이나 「허핑턴 포스트」를 떠올려야 할 것이다.

책을 쓰는 동안 이 깨달음을 여러 번 절감했다. 100년 전에 쓰인 미디어 비평에서 단어 몇 글자만 바꾸면 블로그가 어떻게 작동하는지 정확히 기술할 수 있다고도 느꼈다. 나는 당시 황색신문의 특징을 이해함으로써 현 시대의 블로그에 그들이 '원하는' 것을 주는 방법을 알게 됐다. 이에 대해서는 나중에 더 자세히 다루겠다.

이런 신문의 일일 판매가 치솟고 대기업과 백화점이 출현하면서 이들은 광고주에게 엄청나게 매력적인 기회가 됐다. 새로운 광고주가 지불하는 돈은 신문의 독자 수 증대를 유도했다.

베넷, 퓰리처, 윌리엄 랜돌프 허스트와 같은 주요 창업자들은 성공을 거뒀다. 천정부지로 치솟는 판매 부수에 추진력을 제공한 것은 단 한 가지, 바로 선정주의였다. 자, 일회성 문제와 광고 중심 저널리즘의 교차로에 온 것을 환영한다.

(구독에 의한) 현대의 안정적인 언론

제임스 고든 베넷이 선정적인 황색신문의 시대를 구현한 것처럼,

「뉴욕 타임스」의 발행인 아돌프 사이먼 옥스는 다음 시대의 뉴스를 도입했다.

옥스는 대부분의 위대한 사업가와 마찬가지로 차별화가 엄청난 부를 얻는 길이라는 것을 알았다. 새로 인수한 신문과 황색 저널리즘의 지저분하고 더러운 세계에 반하여, 그는 "품위는 돈이 된다"라고 선언했다.

옥스는 즉시 베넷, 허스트, 퓰리처, 그리고 그들을 모방한 자들을 번성하게 해주던 상황을 바꾸기 시작했다. 그는 전화로 구독을 권유한 최초의 발행인이었다. 그는 판매원들이 경쟁하게 했다. 판매원에게 끌어들여야 하는 구독자 수 할당량과 목표를 정해준 것이다.

옥스는 사람들이 황색신문을 사는 이유는 가격이 저렴하고 다른 선택의 여지가 없기 때문이라는 것을 알았다. 그는 선택권이 있다면 사람들이 더 나은 것을 고를 것이라고 생각했다. 그는 선택의 여지를 만들기로 했다. 먼저 가격을 경쟁사와 대등하게 한 다음, 가격이 낮은 기존 신문의 가치를 훨씬 뛰어넘는 신문을 내놓았다.

효과가 있었다. 「뉴욕 타임스」의 가격을 1센트로 낮추자, 첫해에 판매 부수가 3배로 늘었다. 그는 내용으로 경쟁했다. 신문을 인수한 지 2개월 만에 "인쇄에 적합한 뉴스는 모두 싣는다"라는 편집진 강령을 생각해냈다. 조금 덜 알려진 강령은 다음과 같다. "세계의 모든 뉴스를 싣는다. 하지만 스캔들은 안 된다."

나는 과장할 생각은 없다. 안정적인 언론으로의 이행은 결코 즉각적이지 않았고, 경쟁 구도가 즉시 바뀌지는 않았다. 하지만 구독이라는 새로운 환경은 신문과 신문기자로 하여금 독자의 요구에 좀 더잘 들어맞게 행동하도록 유인했다. 이 저널리즘이 일으킨 바람의 결말은, 신문은 구독에 의해 독자에게 판매된다는 것, 그리고 황색 저 널리즘의 모든 병폐가 구독 모델에서는 즉각적으로 철퇴를 맞는다 는 것이었다. 기사에 속은 독자는 구독을 끊었고, 오류는 다음 호에 서 필히 수정되어야 했으며, 신문팔이 소년들의 요구는 더 이상 일간 지 헤드라인에 영향을 미치지 않게 되었다.

음악이건 뉴스건 간에, 구독 모델은 일회성 배포 모델에서 번 성했던 종류의 이야기에는 결핍되어 있던 뉘앙스를 보충해준다. 요 컨대, 이제 반대 관점을 포함할 수 있다. 불확실성을 인정할 수 있다. 인간성이 허용된다. 기사가 독자적으로 유포될 필요가 없고, 그 대신 (온전한 신문이나 음반이나 모음집과 같은) 구성물의 일부로 유포되므로, 발행인은 일회성 구매자를 부추기기 위해 유의성을 활용할 필요가 없다.

옥스의 조처로 인해, 명성이 악명보다 중요해지기 시작했다. 기 자들은 사교 모임을 시작했으며, 그곳에서 서로의 작업을 비평했다. 일부는 노동조합을 결성하자고 말하기 시작했다. 이들은 저널리즘 을 직업으로 보기 시작했으며, 따라서 행동 규범과 규칙을 발전시켰 다. 저널리즘의 직업화는 기사를 어떻게 찾아내고, 쓰고, 제시하는지 에 새로운 발상을 적용하는 것을 의미했다. 이로 인해 처음으로 지면 과 판매 부수에 대한 책임뿐만이 아니라 독자에 대한 책임감이 생겨 났다.

베넷이 그랬던 것처럼, 옥스에게도 모방자가 생겼다. 사실, 언론 은 그가 「뉴욕 타임스」를 인수한 뒤에 세운 원칙을 모방해왔다. 심지 어 지금도 사람들은 가판대에서 신문은 살 때, 헤드라인을 살펴본 뒤 그중에서 가장 선정적인 신문은 사지 않는다. 사람들은 자신이 신뢰하는 신문을 산다. 라디오 방송을 듣고 텔레비전 뉴스를 볼 때도 마찬가지다. 이것이 옥스가 발명한 이래 우리 안에 내면화된 구독 모델인 '브랜드' 모델이다. 이것은 기사가 아니라 구독에 의한 판매다.

이것이 완벽한 시스템이라고 말하는 것은 절대 아니다. 나는 20세기의 신문이 정직과 정확성의 전형이라거나 변화를 즉시 받아들였다는 뉘앙스로 말하려는 게 아니다. 1970년대 후반까지도 「뉴올리언스 타임스 피커윤」은 여전히 거리와 신문 가판대 판매에 크게 의존했고, 그래서 계속 범죄 기사를 강조하고 선정적으로 다뤘다.

구독 모델은 대중으로 인해 타락하는 상황에서는 자유로웠을지 모르지만, 상부의 영향력으로 인해 타락하는 상황은 피할 수 없었다. 레이먼드 챈들러의 소설 《기나긴 이별》의 등장인물 필립 말로는 이렇게 말했다.

신문을 소유하고 발행하는 건 부자입니다. 부자는 전부 같은 사교 모임에 속하고요. 물론 경쟁은 존재합니다. 판매 부수, 취재 담당 구역, 독점 기사를 놓고 극심한 경쟁을 벌이죠. 소유주의 위신과 특권과 지위를 해치지 않는 한에서 말입니다.

이것은 나중에 놈 촘스키와 벤 배그디키언 같은 이론가가 제시한 강력한 증거와 공명하는, 예리한 미디어 비평이었다(그것도 소설에서!). 한 친구는 좀 더 직설적으로 말했다. "각 세대의 미디어는 저마다 다른 당근을 입에 물고 있다."

과거에는 적어도 미디어의 문제를 공개적으로 논의했다. 반면 오늘날 블로그의 유독한 경제학은 은폐되어 있고, 떡고물이 떨어지길 바라는 기술 전문가들은 사실상 그것을 지키려 한다. 우리는 과거의 문제에, 엄청나게 많은 새로운 문제가 더해진 상황에 처해 있다.

구독의 죽음, 미디어 조작의 부활

거의 지난 세기 내내, 저널리즘과 오락은 대부분 구독 방식(세 번째 단계)으로 판매됐다. 하지만 현재는 온라인상에서 다시 제각기 일회성으로 판매되고 있다. 각각의 기사는 스스로 팔려나가야 하고, 다른 모든 기사를 뚫고 나와 울려 퍼져야 하며, 구글 뉴스나 트위터, 페이스북의 담벼락에 올라가야 한다. 이 일회성 문제는 한 세기 전 또는 그 이전부터 황색신문 때문에 발생했던 문제와 똑같으며, 오늘날의 뉴스를 당시처럼 왜곡한다. 유일하게 달라진 점은, 지금은 몇백 개의 신문이 아니라 수백만 개의 블로그에 의해 그것이 증폭된다는 것이다. 일라이 패리저는 《생각 조종자들》에서 인터넷 뉴스에 대해 이렇게 말한다.

> 각 기사는 가장 많이 전송된 목록에 오르지 않으면 혼자서 수치스러운 죽음을 맞이한다. (중략) 관심경제(attention economy)는 제본을 벗겨내며, 읽히는 페이지는 보통 가장 화제성을 띠거나 불미스럽거나 입소문 타기 좋은 것들이다.

사람들은 블로그를 하나만 읽지 않는다. 그들은 언제나 여러 블로그를 읽으므로 신뢰의 구축은 거의 필요없다. 독자를 위한 경쟁은 기사 단위로 진행되며, 이 때문에 발행인은 (디지털) 거리의 모퉁이로 돌아가서 신문을 팔기 위해 "전쟁이 다가온다!"라고 외친다. 이로 인해 그들은 새로운 뉴스를 향한 채울 수 없는 욕구를 채우기 위해 상황을 지어내는 상태로 되돌아가고 만다.

풀리처상을 수상한 전기 작가 로버트 카로(「뉴스데이Newsday」의 전 기자)는 80번째 생일 즈음에 「고다미스트」라는 블로그와 인터뷰했다. 그곳의 기자는 카로에게 근래 저널리즘이 돌아가는 상황을 설명했다.

차트비트라는 회사가 있습니다. 이 회사는 특정 시간에 특정 기사를 얼마나 많은 사람이 읽고 있는지와 사람들이 해당 기사를 얼마나 오래 읽는지 보여주는 서비스를 제공합니다. 이걸 '참여 시간'이라고 부르죠. 저희는 이것을 보여주는 거대한 평면 스크린을 벽에 걸어놓고 있는데, 많은 미디어가 그렇게 합니다.

카로의 대답은 완벽했다. "당신이 방금 한 말은 제가 여태 들어본 것 중 최악입니다."

인터뷰는 다음과 같이 계속된다.

기자: 헤드라인과 다른 도구들은… 사람들이 기사를 클릭하게 만드는 데 사용됩니다. 이것은 미묘할 수도 있는 글을 가장 외설스러운 가십으로 격하시킵니다. 그래서 풀리처상을 받은 당신의 책 《파워 브로커》에 대한 헤드라인은 '로버트 모지스는 어쨌든 인종차별주의자다'가 될 수 있습니다. 또는 최근에 누군가

한 것처럼 '파워 브로커에 관한 가장 충격적인 11가지 사실' 같은 것을 시도해볼 수도 있죠. 이것은 모든 뉘앙스를 짓이겨버립니다.

카로: 당신 말을 들으니, 제가 기자였던 시절이 생각나는군요. 만약 제 글을 읽는 사람들의 참여 시간이 2초였다면, 전 자살했을 겁니다.

카로가 저렇게 말한 이유는 실제로 자기가 쓴 것에 관심을 갖고 있기 때문이다. 엄청나게 중요한 그의 책들은 잠시 폭발적인 관심을 받고 사라지는 것이 아니라 오랫동안 꾸준히 팔리도록 계획됐다. 하지만 안타깝게도, 현재의 시스템과 그 시스템을 측정하는 현재의 도구는 그런 것을 권장하지 않는다.

우리가 온라인에서 콘텐츠를 소비하는 방식을 생각해보라. 구독이 아니다. 유일하게 실행 가능한 블로그 구독 방법인 RSS는 오래전에 죽었다.

주요 웹사이트와 블로그의 상위 트래픽의 소스를 보라. 누적하면 이런 소스는 거의 언제나 사이트의 직접적인 트래픽(예를 들어, URL을 입력한 사람들)보다 더 많은 방문자를 끌어들인다. 사이트마다 다르긴 하지만, 트래픽의 가장 큰 소스는 일반적으로 구글, 페이스북, 트위터다. 이것을 통해 사용자는 특정한 기사를 일회성으로 보게 된다. 그들은 구독자가 아니라 검색자나 구경꾼이다.

이것은 미디어 조작자에게 아주 좋은 소식이고, 다른 모든 사람에게는 나쁜 소식이다. 구독의 죽음이란, 다시 말해 블로그가 오랜 독자인 당신에게 가치 있는 기사를 제공하려 애쓰기보다는 끊임 없이 다른 독자, 즉 바이럴 세계의 가공의 독자를 좇는다는 것을 의미한다. 작가는 매일 양질의 기사를 제공하는 대신 외설적인 스캔들이나 재미있는 동영상 밈과 같은 대박을 노린다. 블로거는 유료 구독을 통해서건 이메일을 통해서건 간에, 일관되고 충실한 독자층을 구축하는 데 관심이 없다. 왜냐하면 그들이 정말로 원하는 것은 수십만 또는 수백만 건의 페이지뷰를 올려줄 기사이기 때문이다. 그들은 팔릴 기사를 원한다.

독자들이 품고 있는 순진한 믿음이 있는데, 중요한 뉴스라면 알게 되리라는 믿음이 바로 그것이다. 나는 정반대 주장을 하겠다. 당신을 찾아가는 것은 대체로 가장 덜 중요한 뉴스다. 소음을 뚫고 나가는 이야기는 극단적인 소식들이다. 당신이 놓치게 될 것은 재미없는 정보, 사람들이 알리고 싶어 하지 않는 비밀스러운 것이다. 이것이 당신이 구독하고, 돈을 지불하고, 좇아야 하는 뉴스다.

마케터로서 '논란이 되는' 무언가를 부풀리는 것은 쉬운 일이며, 미디어 조작자는 '중요한' 무언가를 하기보다는, 바로 그런 전략을 선호한다. 한정된 자원과 매체의 엄격한 제약 때문에 선택지가 몇 가지 없다. 선정주의와 극단주의, 섹스, 스캔들, 증오. 블로거는 이런 것이 팔린다는 것을 알고, 미디어 조작자는 이 사실을 알기 때문에 우리는 블로거에게 그것을 판다.

구독은 신뢰가 중요하지만, 일회성 트래픽은 신속성과 자극이 전부다. 심지어 그것을 유발하기 위해 뉴스가 왜곡되어야 한다고 해도 말이다. 우리의 뉴스는 뜨고 있는 것이고, 뜨고 있는 것은 확산되는 것이며, 확산되는 것은 우리를 화나게 하거나 웃기는 것이다. 우리의 미디어 식단은 소비되고 없어져버리는 정크 푸드로, 나 같은 사람들이 조작한 가짜 이야기들로 금세 변형된다. 이것은 정보 먹이 피라미드상의 정제되고 가공된 설탕이다. 색다르고, 부자연스럽고, 의도적으로 달게 만든 것이다.

혼란 속에서는 호도하기 쉽다. 흥미진진하고 선정적인 것, 즉 '부풀려진' 기사만이 독자를 찾아간다. 기자는 후속 기사를 내거나 합리적으로 비평할 시간이 없으며, 오로지 단신만을 낸다. 블로그는 전부 같은 유형의 이야기를 좇고, 대중매체는 블로그를 좇으며, 독자는 블로그와 대중매체를 모두 따라간다. 그래서 결국 모두가 그릇된 길로 나아간다.

유료 구독(그리고 RSS)이 버려진 이유는 구독 모델에서는 사용자가 통제권을 갖기 때문이었다. 일회성 모델에서는 경쟁이 더 극심할지는 모르지만, 발행인이 통제권을 쥔다. 구독자 대신 팔로어가 있는 게 수익에 훨씬 도움이 된다. 이 모델에서 독자는 사이트를 자주 확인해야 하고, 광고로 가득한 일련의 참신한 콘텐츠의 세례를 받는다.

몇 년 전, 블로거 앤드루 설리번이 자신의 사이트를 구독 모델로 변환했을 때, 그가 내린 상황 분석은 인상적이었다. 그에 따르면 구독은 "가장 순수하고 단순한 온라인 저널리즘 모델이다. 당신과 우리, 그리고 계량기. 그걸로 끝. 공동 소유권도, 광고 요구도, 페이지뷰에 대한 압박도 없다. 그저 당신의 독서 경험을 되도록 좋게 해주고, 우리가 유혹에 빠지지 않도록 해주기 위해 고안된 개념이다."

너무 많은 미디어 업체가 유혹에 빠져든다. 사업에 도움이 되고 재미있기 때문이다.

스스로 보고 싶은 뉴스가 되라

이 모든 것을 아는 나의 전략은 언제나 다음과 같다. 누군가가 글을 써주기를 원한다면, 그들이 글로 쓸 만한 행동을 하라. 내가 고객에게 그의 신간을 우주로 발사하라고 권한 것은 과학적 탐구를 위해서가 아니었다. 그런 행동이 너무나 특이해서 미디어가 그에 대해 쓰지 않고는 못 배길 거라 생각했기 때문이다. 루이지애나 배턴루지에 있는 무신론 교회에서 예배를 드린 또 다른 작가도 마찬가지였다. 터커 맥스의 이름을 따서 가족계획연맹 병원의 이름을 지으려고 했던 이유는, 넋 놓고 앉아서 사람들이 그의 책을 논란거리로 여겨주기만 바랄 수는 없었기 때문이다. 우리는 논란이 되는 행동을 하고 싶었다. 그리고 이 모든 홍보용 스턴트가 엄청난 주목을 받은 이유는 그 보도가 미디어 업체에 도움이 됐기 때문이다. 업체들은 그런 논란거리들을 다룸으로써 온갖 종류의 독자를 긁어모았다.

몇 년 전, 내 회사 브래스 체크는 부정직한 마케터들 때문에 짜증이 났다. 그들은 베스트셀러를 만들어낼 수 있는 것처럼 선전했지만, 실제로는 아마존닷컴의 특정 부문 베스트셀러에 오른 걸 과대 포장한 것에 지나지 않았다. '프리메이슨 분야 신간 1위'를 달성하는 건 1시간 만에 할 수 있는 쉬운 일이다. 그래서 우리는 이런 '베스트셀러'를 만들어내는 것이 얼마나 쉬운지를 실제로 보여주는 홍보용 스턴트를 했다. 우리가 '자아초월 운동' 부문에서 1위를 차지한 가짜 책을 만들어내는 데는 불과 5분의 시간과 비용 3달러가 들었다. 우리가 실제로 그것을 해냈다는 건 사실이었고, 그 뒤로 온갖 보도가 쏟아졌다. 그건 주장에 불과한 게 아니었다. 우리는 그것을 증명해 보였다. 이 홍보용 스턴트 뒤에 있는 메커니즘을 설명하는 우리의 게시물은 50만 건이 넘는 조회수를 기록했고, 뒤이은 보도는 그보다 훨씬 더 많은 조회수를 기록했다.◆ 「토론토 선Toronto Sun」의 기자는 정말 그렇게 쉬운지 확인해보려고 이 스턴트를 직접 재현했다. 그 결과 그 일이 실제로 쉬운 것으로 밝혀졌고, 그 덕에 우리는 1면에 더 많이 보도됐다.

위대한 역사학자 대니얼 부어스틴은 이러한 일들을 가짜 사건이라고 불렀다. 영화 시사회를 왜 개최할까? 그래야 유명 인사가 나타나고 미디어가 그것을 보도할 것이기 때문이다. 정치인은 왜 기자회견을 열까? 주목받기 위해서다. 가짜 사건 목록을 훑어보면, 이것이 뉴스 사업에 없어서는 안 된다는 사실이 드러난다. 보도 자료와 시상식, 레드 카펫 행사, 제품 출시, 기념식, 개점, '유출', 스캔들이 터진 뒤에 깊이 뉘우치는 유명인의 인터뷰, 섹스 테이프, 폭로, 공개 성명, 논란을 불러일으키는 광고, 워싱턴에서의 시위, 기자 시사회 등등 끝이 없다.

이런 가짜 사건은 오로지 헤드라인과 언론 보도를 만들어내는 것을 목적으로 하며, 실제로 벌어진 사건이라는 의미에서는 진짜지만, 완전히 인위적이라는 의미에서는 가짜다. 이 사건은 그 자체로 뭔가 성취하기 위한 것이 아니라, 미디어에 어떤 이야기를 주입하기 위한 것이다. 아무도 보도해주지 않는 이야기는 숲속에서 혼자 쓰러지는 나무나 마찬가지다. 가짜 사건은 미디어 조작자의 비밀 무기다.

◆ https://observer.com/2016/02/behind-the-scam-what-does-it-takes-to-be-a-bestselling-author-3-and-5-minutes/에서 글을 읽어볼 수 있다.

블로그 경제는 과거의 미디어보다 훨씬 더 가짜 사건에 의존하고 탐닉한다. 다시 말해, 가짜를 먹으며 번성한다. 가짜 뉴스는 보도를 위해 계획되고 연출되고 고안되었으므로, 일종의 뉴스 보조금이라 할 수 있다. 이것은 마치 목마른 사람에게 건네는 물 한잔처럼 블로그에 건네진다. 마감일이 촉박해지고 뉴스 제작진이 줄어드는 상황에서 가짜 뉴스는 블로거에게 안성맞춤이다. 그보다 더 중요한 건, 가짜 뉴스는 깔끔하고 명료하며, 자연적으로 일어나는 사건의 한계에 제약받지 않기 때문에, 일반적으로 진짜 사건보다 발행인의 흥미를 훨씬 더 끈다는 점이다.

뉴스거리가 될 만한 일을 하면, 즉 오늘날의 기준에서 논쟁적이거나 낯설거나 기괴하거나 웃기거나 극단적인 행동을 하면, 뉴스를 타게 될 것이다. 아주 간단하다.

9

전략 #6:
헤드라인으로
끝장을 보라

「허핑턴 포스트」에 실린 한 기사의 헤드라인은 다음과 같다.
'오바마가 러시 림보가 제안한 골프 경기를 거절하다:
러시는 "그 혼자 플레이할 수 있다(Can Play With Himself)"고 말하다'
이것은 디지털 열반(digital nirvana)이라 해도 과언이 아니다.
엄청나게 많이 검색되는 고유명사 두 개의 뒤를
추잡한 동음이의어가 따르는 헤드라인,
즉 진보와 보수가 모두 클릭하게 되는 헤드라인이기 때문이다.
이 헤드라인이 웹에서 엄청나게 많이 노출되는 동안
사이트의 독자들은 웃을 수 있다.

— 데이비드 카, 「뉴욕 타임스」

클릭에 사활을 거는(일회성 문제) 미디어는 결국 헤드라인이라는 한 단어로 요약된다. 신문팔이 소년이 외치든 검색엔진에 노출되든, 대중의 관심을 끄는 건 헤드라인이다. 일회성 세계에서는 예상 구매자를 향한 홍보가 가장 중요하다. 매일 새롭고 흥미로운 홍보를 수없이 해야 하며, 각각은 이전보다 더 시끄럽고 더 흥미진진해야 한다. 실제로는 그렇게 흥미롭지 않더라도 말이다.

내가 관여하는 지점이 여기다. 나는 뉴스를 만들어내고, 블로그는 헤드라인을 만들어낸다.

헤드라인을 작성하는 것은 쉬워 보이지만 실은 엄청나게 어려운 일이다. 편집자는 전체 기사를 몇 마디로 정리해야 한다. 몇백 또는 몇천 단어짜리 기사를 몇 단어로 바꿔야 한다. 게다가 이 과정에서 기사의 핵심 주제를 흥미로운 방식으로 표현해야만 한다.

「고커」의 편집장을 거쳐 나중에 「애틀랜틱닷컴TheAtlantic.com」의 편집자가 된 개브리엘 스나이더에 따르면, 블로그 헤드라인은 "세상에 나가서 혼자 힘으로 일어나 싸워야 하는 벌거벗은 작은 생명체"이다. 헤드라인이 이 싸움에서 이길 능력을 지니고 있는지 여부에 독자와 수익이 달려 있다.

황색신문의 시대에 「월드」와 「저널」의 1면은 매일 정면 대결을 벌여서 서로를 점점 더 극단적으로 몰아갔다. 헤드라인에 집착한 발행인 윌리엄 랜돌프 허스트는 표현을 고치고 또 고쳤으며 완벽해질 때까지 편집자에게 잔소리를 했다. 그는 헤드라인 하나하나가 다른 신문에서 독자 100명씩을 빼앗아올 수 있다고 생각했다.[1]

효과가 있었다. 작가 업턴 싱클레어는 청년 시절에 신문팔이 소년이 "호외요!"라고 외치고 허스트의 「뉴욕 이브닝 저널」이 1면 전체를 '전쟁 선포'라는 헤드라인으로 장식했던 것을 기억했다. 어렵게 번 돈으로 신문을 사서 열심히 읽었지만, 그가 발견한 것은 생각했던 것과 구입한 것 사이의 엄청난 차이뿐이었다. 그것은 사실 「전쟁(이 곧) 선포(될지도 모른다)」였다.[2]

황색신문이 이겼고, 싱클레어는 졌다. 온라인에서는 날마다 똑같은 사기가 일어난다. 각 블로그는 특정한 이야기에 관한 선두 주자가 되기 위해 경쟁할 뿐만 아니라, 독자가 열심히 읽을 가능성이 있는 다른 모든 주제와(이메일 확인, 친구와의 채팅, 영상이나 심지어 포르노 시청과도) 경쟁한다. 그렇게 고급 맥북과 무선 인터넷을 사용하는 우리는 19세기와 똑같은 가짜 헤드라인에 또다시 속고 있다.

다음은 오늘날의 헤드라인이다.◆

'벌거벗은 레이디 가가가 마약과 순결을 말하다'
'휴 헤프너: 나는 뚱 궁전의 성 노예 강간범이 아니다'
'아기가 방귀를 뀌거나 새끼 고양이와 함께 웃는 최고의 영상 9개'
'저스틴 비버가 매독에 걸렸다는 소문은 어떻게 퍼졌는가'
'주의: 비탄에 잠긴 디디가 첼시 핸들러에게
자기 몸을 노출하겠다고 제안하다'
'어린 소녀가 피자 조각으로 엄마를 때려서 목숨을 구하다'
'펭귄이 상원 의원석에 똥을 싸다'

이제 1898년과 1903년 사이에 나온 고전적인 헤드라인과 비교해보자.

괴물에게 먹이 주기

'15분 뒤 전쟁이 선포될 것이다'

**'백발 남성, 풋내기 청년, 도박꾼, 불량배, 짙은 화장을 한 여성들의 술판,
모두가 만취하고 이따금 싸움이 벌어진다. 그곳은 악덕의 카니발이었다'**

'자기 귀를 팔 수 없었던 노인이 자살하다'

'부엉이에 겁을 먹은 여성이 병원에서 사망하다'

'불도그가 마음에 들지 않는 어린 소녀를 죽이려 하다'

'고양이가 밤마다 세입자를 '소름 돋게' 하다'◆◆

마술사 리키 제이가 말했다. "사람들은 100년 전과 똑같은 것에 반응하고 속는다." 오늘날에는 헤드라인을 외치는 곳이 분주한 거리의 모퉁이가 아니라 시끄러운 뉴스 제공 웹사이트와 소셜 네트워크로 바뀌었을 뿐이다.

과거와 마찬가지로, 많은 온라인 헤드라인이 이른바 호기심 격차(curiosity gap)를 활용한다. 뭔지 잘 모르겠는가. 다음의 「패스트컴퍼니닷컴」 헤드라인이 그걸 완벽하게 풍자해줄 것이다. '업워디의 기사 제목은 역겨워서 도저히 참을 수가 없다. 결국 클릭을 하게 되는 건 그 때문이다'. 나는 내가 쓴 인기 기사에 '엘리트 운동선수들이 최고 수준으로 경기하기 위해 따르는 전략이 여기에 있다'(총 조회

◆ 내가 좋아하는 사례가 있는데, 「워싱턴 포스트」는 기상특보 기사에 실수로 다음과 같은 제목을 게재했다. 「SEO 제목을 여기에 넣을 것」('SEO'는 검색엔진 최적화를 의미한다).

◆◆ 재미있는 제목을 더 보고 싶다면, 뉴욕 시에 있는 킨스 스테이크하우스에 가보라. 그 가게의 벽은 그곳이 전성기였던 19세기 후반의 놀라운 1면 헤드라인들로 덮여 있다.

수 50만 건 이상) 또는 '우리가 모든 사람의 감정을 보호하려고 애쓰는 것을 그만둬야 하는 진짜 이유'(조회수 100만 건 이상)와 같은 제목을 붙였다. 이것이 무슨 내용을 담고 있는지 확인하려면 당신은 클릭을 해야만 한다(그리고 클릭은 일단 했다 하면 되돌릴 수 없다).

구독 모델에서 하나의 헤드라인은 그 발행물 안에 포함된 다른 기사와 경쟁했다. 1면 기사는 안쪽 지면의 기사와 경쟁하고, 어쩌면 신문을 접어버리겠다는 독자의 생각과 경쟁할지도 모르지만, 대부분의 경우 다른 신문의 1면과 정면으로 경쟁하지는 않았다. 구독 모델은 독자가 이미 선택을 했다는 것에 집중한다. 그 결과, 기자가 구독에 의해 소비되는 미디어의 헤드라인을 쓰는 일은 상대적으로 쉬웠다. 독자는 출판물에 이미 돈을 지불했으므로 십중팔구 자기 앞에 있는 내용을 읽을 것이다.

현재 온라인 미디어의 난점은 그러한 완충재가 없다는 것이다. 100년 전과 마찬가지로, 이들의 창의적인 해법은 과장과 거짓말, 대문짝만한 '독점', '특별', '전례 없는',◆ '사진'과 같은 가짜 태그다. 이것들은 이야기를 과장하고, 가장 흥미진진한 관점을 고수하며, 매춘부처럼 대중 앞에 스스로를 전시한다. 이들은 홍보 담당자와 마케터가 자기 범죄에 공모하기를 열렬히 바란다.

◆　나는 이 '전례 없는'이라는 태그를 가장 좋아한다. 이것은 항상 공교롭게도 전례 없는 것이 아닐 뿐만 아니라 웃음이 날 정도로 진부하기 때문이다.

날 골라! 날 골라!

1971년, 구독형 신문인 「뉴욕 타임스」는 큰 기삿거리를 손에 쥐었다. 정부에 환멸을 느낀 대니얼 엘스버그라는 정부 소속 전략 분석가가, 미국이 베트남과 전쟁을 벌이기 위해 대중과 세계를 체계적으로 속였음을 입증하는 수천 장의 문서를 유출한 것이다. 이것은 현재 '펜타곤 문서'로 불린다.

일회성 신문이 다음과 같은 헤드라인을 냈다면 무사할 수 있었을까? '베트남 공문서: 조사에 의하면, 폭격에 대한 합의가 고려된 건 1964년 선거 이전이다'.

이 헤드라인이 무사했던 이유는, 이걸 게재한 곳이 「뉴욕 타임스」였기 때문이다. 이들은 여전히 모든 미국인에게 중요한 뉴스를 성공적으로 전달하고 있다. 수치스럽게도 미국 정부는 이 문서가 발표되는 것을 막으려고 노력했지만, 「뉴욕 타임스」는 이 사건을 적극적으로 추적하는 내내 이성적이고 차분하고 신중했다. 펜타곤 문서는 진실성과 중요성이 충분했다.

이것을, 내가 「제저벨」을 속여서 가짜 사건에 대한 글을 쓰게 했던 헤드라인과 비교해보라. '독점: 거부된 아메리칸 어패럴의 핼러윈 의상 아이디어'.[3] 이것의 페이지뷰는 거의 10만 건에 달했다. 이 헤드라인은 과장됐을 뿐만 아니라, 앞서 말했듯이 유출됐다는 것은 가짜였다. 나는 직원을 시켜서 법적인 근거로 사용될 수 없는 추가적인 사진을 보냈다.

나는 내가 쓴 글이 온라인에서 화려한 헤드라인으로 장식되는 것을 지켜보면서, 글쓴이로서 종종 이런 부조리에서 재미를 느낀다.

'독점 인터뷰'라는 태그가 붙은 기사를 예로 들어보자. 이것은 내가 그를 인터뷰한 유일한 사람이라는 뜻인가, 아니면 이 사이트가 그 인터뷰를 실은 유일한 곳이라는 뜻인가? 클릭하지 않는 한 사실상 알 길이 없다.

구독 모델이 아닌 미디어에서 헤드라인의 목적은 기사의 내용을 보여주는 것이 아니라 기사를 파는 것이다. 즉, 무수히 많은 다른 블로그나 신문과의 싸움에 이겨서 주목받는 것이 목적이다. 고객이 클릭하거나 기사 값을 대번에 치를 정도로 마음을 사로잡아야 한다. 각각의 헤드라인은 다른 모든 헤드라인과 경쟁한다. 블로그에서는 모든 페이지가 1면이다. 황색언론의 헤드라인과 블로그의 헤드라인이 그토록 극단으로 치닫는 것은 놀라운 일이 아니다. 이것은 생사를 건 절박한 싸움이다.

그렇다면 결과는 무엇인가? 당신은 구독자가 아니다. 당신은 클릭을 되돌릴 수 없다. 그들은 이미 실시간 광고 거래에서 그것을 팔았다. 이미 그에 대한 돈을 받았다. (명심하라. 당신이 분노하거나 역겨움을 느낀 기사를, 그것이 얼마나 나쁜지 보여주기 위해 친구에게 공유하면, 당신은 사실상 그 업체를 돕는 것이다!)

칼럼니스트 겸 미디어 비평가인 월터 리프먼은 말했다. "독자는 진리의 샘이 끓어오르기를 기대하지만, 법적으로나 도덕적으로나, 자신에게 어떤 위험이나 손실, 곤란을 초래할 계약은 맺지 않는다. 독자는 마음대로 푼돈을 지불하고, 마음대로 지불을 중단하고, 마음대로 또 다른 신문으로 눈길을 돌린다." 리프먼은 많은 사람이 신문에 돈을 지불하던 시절에 (당시 신문 값은 3센트였다) 이 말을 했다. 그는 "신문 편집자는 날마다 다시 선출돼야 한다"라는 말로 글을 끝맺었다. 당시의 이런 현실도 물론 편집자나 기자의 어깨를 압박했다. 그러나 발표되는 기사 하나하나가 다시 선택받기 위해 싸우는 오늘날의 압박을 상상해보라. 단 하나의 발행물을 하루에 수백 개의 기사가 가로지른다. 요란한 인신공격과 거짓말이 난무할 수밖에 없다. 이것은 다른 어떤 것보다도 더러운 정치다.

안정된 시기의 신문 헤드라인은 대체로 내용을 분명히 밝힐 뿐만 아니라, 위트라는 전통을 지니고 있었다. 독자에겐 미묘한 농담을 이해할 시간이 있었다. 말장난과 암시가 가능했다. 지적인 언급이 가능했다. 절제된 표현이 가능했다. 지금은 사정이 조금 다르다. 흔히 하는 말대로, 구글은 웃지 않는다(또는 생각하지 않는다). 구글은 구글 뉴스를 통해 말 그대로 매달 수십억 번의 클릭을 발행인에게 보내고 구글 검색과 다른 서비스를 통해 또 다른 30억 번의 클릭을 보낸다.[4]

구글 뉴스를 통해 기사를 따라가보면 알게 될 것이다. 이 서비스는 독자가 선택할 만한 20여 개의 주요 뉴스를 내보이는 것으로 시작한다. 나는 기사를 한 개에서 다섯 개 정도는 읽을 수 있겠지만, 전부 읽지는 못할 것이다. 그래서 각각의 기사가 관심을 받기 위해 경쟁한다. 한마디로, "날 골라! 날 골라! 날 골라!"라고 노골적으로 외친다. 구글 뉴스는 소수의 미디어 업체에서 가져온 이야기를 굵은 글씨의 헤드라인으로 보여준다. 만약 주요 헤드라인이 CNN에서 나온 것이라면, 그 아래에 있는 작은 헤드라인은 '폭스 뉴스'나 「워싱턴 포스트」, 위키피디아, 「토킹 포인츠 메모」에서 나왔을 것이다. 각 업체의 헤드라인은 "날 골라! 날 골라!"라고 소리치고, 구글은 선택된 몇몇 기사 아래에 숨어 있는 빙산의 나머지 부분을 '522개의 전체 뉴스 기사'라는 말로 암시한다. 한 기사가 어떻게 다른 500개의 기사

틈에서 눈에 잘 띌 수 있을까? 가장 요란하고 가장 극단적으로 "안 돼, 날 골라! 날 골라!"라고 외쳐야 한다.

밀레니얼 세대에게 페이스북은 유일하고 가장 큰 뉴스 공급원이다. 이들은 정보를 얻기 위해 「CNN닷컴」에 가거나 저녁 뉴스를 보거나 하지 않는다. 페이스북을 필터로, 즉 뉴스를 위한 탐색 도구로 사용한다. 퓨 연구소의 2016년 보고서에 의하면, 성인의 62퍼센트가 페이스북에서 일부 뉴스를 접하고, 18퍼센트가 페이스북에서 정기적으로 뉴스를 접한다. 구글 뉴스처럼 헤드라인이 경쟁하게 만드는 것이 페이스북의 알고리듬이지만, 이 경우에 뉴스는 다른 뉴스뿐만 아니라 다른 밈, 가족사진, 개인적인 뉴스보다 더 크게 소리를 지르려고 애를 쓴다. "날 골라! 날 고르라고! 언니의 갓난아기는 무시해! 날 골라!"

「로스앤젤레스 타임스」의 거대한 정치 블로그 「탑 오브 더 티켓Top of the Ticket」(2년 만에 독자를 3300만 명이나 확보했다)을 만든 앤드루 맬컴은 헤드라인을 쓰기 전에 자신에게 구체적인 질문을 던진다. "어떻게 하면 다른 모든 기사보다 우리 기사를 돋보이게 할 수 있을까?" 편집 윤리에 대한 이런 대담한 접근법은, 선거기간에 "힐러리 클린턴은 오리를 사냥해본 적이 있다"와 "매케인은 치명적인 핵무기에 반대한다, 오바마도 마찬가지다"와 같은 오만한 헤드라인을 낳는다. 내 주장에 부합하는 사례만 든 게 아니다. 이것은 맬컴이 야심 찬 블로거에게 조언하는 자신의 저서에서 으스대기 위해 선택한 사례다.

아리아나 허핑턴은 「뉴욕 타임스」에서 이렇게 말했다.[5] "우리는 반어적인 헤드라인, 즉 영리한 헤드라인을 작성하며, 아주 진지한 이야기를 최대한 흥미롭게 만들려고 공을 들입니다. 우리는 헤드라인이 최고의 효과를 내는 집단을 만들어낸 것에 자부심을 느낍니다."

이들은 또한 헤드라인을 32포인트의 폰트로 커다랗게 작성한다. 허핑턴이 말하는 '최고'란 이야기를 잘 표현하는 헤드라인을 뜻하지 않는다. 문제는 '이 헤드라인이 정확했는가?'가 아니라 '이것이 다른 것보다 많이 클릭됐는가?'이다. 헤드라인은 분명 독자가 아니라 발행인을 위한 것이다. 예를 들어, 야후!의 홈페이지는 5분마다 4만 5000개 이상의 독특한 헤드라인과 사진의 조합을 테스트한다.[6] 이들 역시 가장 중요한 주요 기사 네 가지를 전시하는 방식에 자부심을 느끼지만, 제작하는 데 4년이 걸린 그들의 복잡한 알고리듬은 인간이 규정한 헤드라인에 대한 정의와 어긋난다.

그들을 위해 상세히 설명하기

블로거가 어떤 유형의 헤드라인에 관심을 갖고 있는지 분명히 알아두는 게 좋다. 보기 좋지 않아도 그들이 원하는 것이라면 주라. 당신에게는 사실상 선택권이 없다. 트래픽을 유도하는 헤드라인이 될 수 없다면, 그들은 당신이나 당신의 고객, 당신의 이야기에 대해 글을 쓰지 않을 것이다.

12살 아이는 부모에게서 뭔가를 얻어내기 위한 최고의 방법을 안다. 아이디어를 내놓고, 부모가 스스로 그 아이디어를 내놓았다고 생각하도록 만드는 것이다. 기본적으로 당신의 이메일이나 보도 자료 등등, 블로거에게 전하는 모든 것에 헤드라인이나 몇 가지 선택

가능한 헤드라인에 대한 암시를 적은 다음, 그들이 그걸 훔치게 하라. 홍보 담당자는 홍보를 할 때 여기서 대단한 헤드라인을 뽑아낼 수 있는지를 생각한다. '전혀 알려지지 않은 사람이 흥미롭지 않은 행동을 한다'는 이야기라면, 어떤 사이트도 그것을 물지 않을 것이다. 반면, 클릭을 유도하고 공유를 유발하는 헤드라인은 아주 분명하고 유혹적이어서 그들이 도저히 거부할 수 없다. 그들은 마음을 진정시킬 수 없을 것이다. 헤드라인을 잡은 것이 너무나 만족스러워서 그게 사실인지 아닌지 확인하는 일에는 신경 쓰지 않을 것이다.

그들의 일은 다른 무엇보다도 헤드라인을 생각하는 것이다. 미디어와 상사는 그걸 강요한다. 그래서 우리는 그들이 원하는 것을 그들에게 판다. 구매하고 나서 후회하는 건 독자뿐이다.

10

전략 #7:
선심성 페이지뷰로
공략하라

좋아요를 받지 못한 상태 업데이트 또는 리트윗되지 않은
기발한 트윗은 침묵을 맞닥뜨린 농담과 같다. 재고하고 다시 써야 한다.
그래서 우리는 온라인에서 진정한 자아가 아니라
주변의 의견을 따르도록 고안된 가면을 보여주는 거다.

— 닐 스트로스, 「월 스트리트 저널」

사업으로서의 블로깅을 위한 돌파구는 무엇이 읽히고 무엇이 안 읽히는지를 추적하는 능력에 있다. 「기즈모도」에서 「가디언」까지, 모든 규모의 사이트가 편집상의 결정을 내릴 때 페이지뷰 통계에 의존한다는 것을 숨기지 않는다.

편집자와 분석가는 무엇이 확산되고 트래픽을 끌어내는지, 무엇이 그러지 못하는지 알고 있으며, 그에 따라 직원에게 지시를 내린다. 「월 스트리트 저널」은 트래픽 데이터를 사용해서 어느 기사를 홈페이지에 얼마 동안 게시할 것인지 결정한다. 추적 결과가 저조한 기사는 삭제되고, 뜨거운 기사는 위로 올라간다. 「크리스천 사이언스 모니터Christian Science Monitor」 같은 자칭 웹 위주 신문은 구글의 물결을 타게 도와주는 이야깃거리를 찾기 위해 구글 트렌드Google Trends를 샅샅이 뒤진다. 야후!와 디맨드 미디어(현재는 리프 그룹)는 검색 데이터에 근거해 실시간으로 기사를 의뢰한다. 그 밖의 사이트들은 트위터, 테크밈, 「뉴스윕닷컴Newswhip.com」에서 유행하는 주제를 채택하고, 특정한 사건에 관한 기사 목록에 포함되기 위해 게시물을 서둘러 올린다. 심지어 아주 작은 1인 블로그도 최초의 상승 곡선을 확인하기 위해 통계 프로그램을 열심히 확인한다.

블로거는 자신의 페이지뷰 목표나 할당량을 달성하기 위해 끊임없이 글을 발표한다. 그러므로 그들의 목표에 조회수를 1건이라도 더해주는 뭔가를 줄 수 있으면, 당신은 자기 이익을 취하는 동안 그들의 이익에 기여하는 것이다. 페이지뷰 저널리즘의 시대에 이 수치를 무시하는 것은 블로거와 미디어 조작자에게 사업상의 자살행위다. 그리고 확산되는 것은 뭐든 오용의 기회를 제공한다.

나는 이렇게 생각한다. 현재 대부분의 대형 사이트에 존재하는

'가장 많이 읽히는 기사 톱 10' 또는 '가장 인기 있는 기사 톱 10' 코너는 편집자와 발행인을 위한 나침반이다. 하지만 이것은 무엇이 효과적이고 무엇이 효과적이지 않은지를 보여주는 확실하고 믿을 만한 지표가 아니다. 마케터는 나침반 안의 자침을 어지럽히는 것이 가능할 뿐만 아니라 쉽기까지 하다는 것을 알고 있으며, 나침반 소유자가 길에서 한참 벗어나는 것을 지켜본다.

대형 마케팅 대행사에 다니는 내 친구는 그가 '순위표 전략'이라고 부르는 것을 종종 게시한다. 누군가 그의 고객에 관한 글을 쓰면, 대행사는 그것이 그날 해당 사이트에서 가장 많이 읽힌 글이 되어 순위표에 오를 때까지 기사로 많은 트래픽을 유도한다(그리고 일단 거기에 오르면 추가적인 트래픽이 저절로 생긴다). 이 전략은 거의 언제나 해당 사이트와 여타 사이트들에서 더 많은 보도를 불러일으켰다. 블로거는 고객에 대한 글쓰기가 트래픽을 생성했다는 증거를 확보하고, 고객은 그것을 자신의 자존심과 사업의 승리로 여기지만, 아무도 그것의 출처를 확인할 생각은 하지 않는다.

발행인이 페이지뷰 동냥을 위해 얼마나 절박하게 굽실거리는지 알게 된 건, 고객의 책에서 발췌한 글을 잘 알려진 웹사이트에 게시했을 때였다. 글을 게시한 당일, 사이트의 편집자가 내게 이메일을 보내왔다. "안녕하십니까. 이런 부탁을 하는 건 저희도 내키지 않지만, 혹시 저희를 위해 기사를 트위터에 올리고 공유해주실 수 있을까요?"

맙소사, 나는 내 고객이 그들보다 많은 독자를 확보하고 있다는 것을 깨달았다. 그 웹사이트는 독자를 끌어들이는 데 우리가 필요했다. 다시 말해, 웹사이트 측에서 자신들의 독자를 기사의 주인공에게 보내는 것이 아니라, 기사의 주인공이 그의 독자를 자신들에게 보내주기를 원했다.

경제학자들이 즐겨 말하는 것처럼 인센티브가 중요하다. 「살롱 닷컴」이나 「뉴욕 타임스」에서 '가장 인기 있는' 또는 '이메일로 가장 많이 전송된' 기사 순위표를 만드는 것은, 기자에게 어떤 종류의 기사를 지향해야 하는지 알려주는 명료한 지시 사항이다. 만약 당신에게 충성스러운 팔로어가 많이 있다면 그건 기자에게 정말로 매력적인 판로이므로, 그는 다음과 같은 글을 당신에게 보낼 것이다. 제가 원하는 글을 써주시면, 그걸 제 독자들과 공유하겠습니다.

불온한 과학

황색신문은 판매를 위한 나름의 최종 병기를 가지고 있었다. 그들에게는 유명 인사의 슬라이드쇼 대신, 흑인 증오나 말도 안 되는 월 스트리트 음모론, 섬뜩한 강간이나 살인 관련 기사와 같은 주요 상품이 있었다. 다만 과거에는 편집자가 대중의 취향에 영합할 만한 것을 직감적으로 판단해서 결정을 내린 반면, 오늘날 이것은 과학으로 변모했다.

사이트는 전임 데이터 분석가를 고용해서 의심의 여지없이 최악인 것을 대중에게 전달되게 한다. 고커 미디어는 뉴스 편집실 한가운데에 있는 대형 화면에 통계를 게시한 최초의 업체다. 심지어 예전에는 'Gawker.com/stats'를 통해 대중이 그걸 볼 수도 있었다. 수백만 명의 방문자와 수백만 달러의 수익이 콘텐츠와 트래픽 분석을 통해 확보된다. 공교롭게도 이런 통계는 조작자가 뉴스를 포착해서 가로챌 수 있는 기회가 된다.

이것은 너무 명백하고 단순해서 사실이 아닐 수가 없다. 현재 일부 대형 블로그 업체가 콘텐츠를 제작하는 과정은 이렇다. 기자는 페이지뷰 중심 체크리스트를 활용해서 "내가 만들고 있는 것이 조금이라도 쓸모가 있는 것인가?"라는 질문을 제외한 모든 것을 생각한다. 'AOL 방식'이라는 메모에서 제대로 (그리고 당혹스럽게) 드러난 대로, AOL은 그런 조직체 중 하나다. 기자와 편집자는 AOL 플랫폼에 뭔가를 게시하려고 할 때 다음 내용을 자문해봐야 한다.

이 콘텐츠는 페이지뷰를 얼마나 만들어낼 것인가? 이 기사는 유행어를 위해 검색엔진 최적화를 하고 있는가? 어떻게 하면 더 많은 유행어를 포함하도록 수정할 수 있을까? 자체적인 팔로어를 확보해둔 기고자를 참여시킬 수 있을까? 이 콘텐츠의 경비 효율 지표는 어떨 것인가? 이 콘텐츠를 제작하는 데 얼마가 들까? 제작 기간은 얼마나 될까?[1]

이런 멍청한 질문은 여기서 그치지 않는다.

심지어 「뉴요커」의 유명 기자 수전 올린조차도, 독자이자 기자로서 가장 인기 있는 기사 목록에 강하게 끌린다고 인정했다. 올린은 말했다. "뉴스 기사의 인기에 내가 왜 연연하게 되는 거지?"

인기가 있다는 것은 그것이 좋은 기사 또는 단지 유혹적인 기사라는 것을 의미하는가? 적어도 직업적으로, 가장 인기 없는 기사를 읽는 것이 바로 지구상에서의 내 목적 아닌가? 이 목록을 무시하면 안 되나? 얼마나 많은 사람이 이 뉴스를 같이 읽고 그것에 '좋아요'를 누르는지에 개의치 않고, 심지어 그걸 모르는 채로 뉴스 속을 헤매면 안 되나?[2]

하지만 결국 이런 격렬한 죄책감은 승리할 수 없다. 분주한 사이트의 어수선함과 혼란 속에서 목록이 불쑥 나타난다. 헤드라인은 클릭하라고 소리를 지른다. 이런 기사는 다른 어떤 것보다 흥미로워 보인다. 게다가 전 세계가 면밀히 확인한 것처럼 보인다. 하지만 올린이 지적한 것처럼, 가끔 좋은 것일 수도 있겠지만, 그만한 가치가 있을까?

때때로 그것은 뜻밖의 좋은 이야기, 즉 그런 식이 아니었다면 내가 주목하지 않았을 이야기를 포함한다. 때로는 당신이 아는 이야기가 소문이 나서 모든 사람이 안다는 것처럼 뻔한 것을 확인해준다. **평온하고 일상적이지만 멋진 이야기는 절대 포함하지 않는다.**[강조는 필자]

훌륭한 통찰력은 대개 평온해 보이는 소재에 묻혀 있으며, 일상적인 것은 블로깅에 중요하지 않다. 클릭을 얻지 못하기 때문이다.

나는 프랑스 작가 니콜라 샹포르가 쓴 글을 좋아하는데, 그에 따르면 인기 있는 여론은 곧 의심의 여지없는 최악의 견해다. "대부분의 사람이 받아들이는 모든 생각, 즉 일반적으로 받아들여지는 모든 개념이 어리석은 이유는 그것이 다수에게 호소할 수 있기 때문이다." 마케터에게 이것은 행운이다. 어리석음을 만들어내기가 그 무엇보다도 쉽기 때문이다.

그들의 메트릭스, 당신의 이점

'측정되는 건 관리되는 것'이라는 말이 있다. 그래서 발행인은 무엇을 측정할까? 측정 가능한 모든 것 중에서 블로그는 가장 간단하고 비용 효율이 높은 메트릭스(metrics)를 골라서 거기에 의존한다(멋짐은 여기에 속하지 않는다). 그들의 선택은 오로지 자기 블로거와 명확하게 소통할 수 있는 것만을 측정하는 것이다. 베트남의 장교들이 성공 또는 실패의 지표로 전사자 수를 워싱턴에 보고하라는 명령을 받은 것처럼, 무엇보다 단순함에 기초한 이 분별없는 메트릭스는 블로거로 하여금 끔찍한 짓을 저지르게 한다.

블로거를 이해하려면, 위의 격언을 "단순한 측정이 중요하다"로 바꾸면 된다. 예를 들면 이런 식이다. 많은 사람이 그걸 봤나? 괜찮네. 댓글이 걷잡을 수 없이 많이 달렸나? 대단해! 「미디어 리디파인드Media Redefined」가 기사를 포착했나? 「드러지 리포트」에 실렸나? 좋아! 사실상 블로그가 시간을 들여서 찾는 것은 이게 전부이며, 이걸 그들에게 주는 건 쉽다.

나는 이 사이비 메트릭스를 늘 활용한다. 다른 블로그가 뭔가를 다루면, 경쟁자들은 서둘러 그걸 베낀다. 그 안에 트래픽이 있으리라고 생각하기 때문이다. 결과적으로, 한 사이트에서 보도되는 것은 그런 링크를 모방 블로거에게 보내는 것에 지나지 않을 수도 있다. 링크가 엉터리 메트릭스로 평가됐다는 것은 문제가 되지 않는다. 누가 알겠는가? 당신이 쓰고 싶은 기사가 인기 있거나 검색을 유도하는 주제(가급적 사이트가 이미 게시한 것에 대한 주제)와 연관됨을 보여주는 것도 같은 작용을 한다. 설령 연관성이 미약할지라도 그것은 페이지뷰 충동을 만족시키고, 블로거로 하여금 자신의 독자를 그들의 기사로 보내줄 구실을 제공한다. 당신은 그들에게 돈이 되는 일을 한 것이다.

일부 블로거는 하루에 12개의 게시물을 쏟아내야 한다는 것을 유념하라. 12가 행운의 수라서가 아니라 사이트를 위해 만만찮은 페이지뷰 목표를 달성해야 하기 때문이다. 모든 이야기가 홈런을 목적으로 하지는 않는다. 일루타, 이루타, 삼루타도 합산된다. 페이지뷰 저널리즘은 규모가 중요하다. 사이트는 수익을 내기 위해 몇 분마다 한 건씩, 여러 개의 기사를 발표해야 하는데, 당신의 기사가 거기에 속하면 안 될 이유가 어디 있겠는가?

앞서 언급한 순위표 전략에 따라서 당신 자신을 인기 있는 고정 주제로 만드는 최고의 방법은, 바로 당신의 기사가 트래픽을 끌어들인다는 점을 분명히 하는 것이다. 당신이 브랜드라면, 기사를 당신 회사 트위터와 페이스북 계정에 게시하고 그것을 당신 웹사이트에 올려라. 그러면 당신에게 유리하게 통계가 부풀려지고 차후에 더 많은 보도를 조장할 수 있다. 수천 명의 방문자를 특정한 페이지로 보내서 당신이 '트래픽을 구매'할 수 있게 해주는 서비스도 있다. 클릭 한 번에 1센트인 '스텀블어폰StumbleUpon'이나, 그보다도 더 싼 가격에 트래픽을 지공하는 '파이버닷컴Fiverr.com' 같은 곳에서, 몇백 달러는 곧 수천 건의 페이지뷰를 의미하며, 이것은 당신이 뉴스거리가 될 만하다는 환상을 미디어에 확실히 심어준다. 이런 사이트의 통계 측정 기는 가짜와 진짜 조회를 구분하지 않으며, 누구도 트래픽의 출처를 깊이 파고들 만큼 관심을 기울이지 않는다. 오로지 중요한 것은 간접적인 뇌물의 유혹이다.

그러나 주의하라. 이 괴물은 마음이 내키면 당신을 물 수도 있다. 사이트는 일단 어디에 트래픽이 있다는 것을 알면 멈추지 않으며, 그 과정에서 종종 최저 수준 신기록을 세우며 타락한다. 처음에 기업은 스포트라이트를 즐긴다. 좋은 뉴스가 다 떨어지고, 블로그가 자기 페이지에서 높은 트래픽을 기록하는 주제를 유지하기 위해 점점 더 사이비 출처에 의존하기 시작할 때까지 말이다. 긍정적인 언론으로 시작한 것이 스캔들 날조나 완전한 헛소리로 끝나버리는 일도 허다하다. 브랜던 멘델슨이 「포브스」에 쓴 것처럼, 페이지뷰의 유혹은 블로그를, 그것이 아니었다면 결코 가지 않았을 곳으로 데려간다.

몇 년 전 「매셔블」이 텍사스의 정부 청사로 헬리콥터를 몰고 돌진한 남성의 자살 유서를 게시한 뒤, 난 「매셔블」을 위한 블로깅을 그만뒀다. 발행인 피터는 내가 자살 유서 때문에 그만두겠다고 하자 이렇게 반응했다. "다른 블로그도 그렇게 하고 있습니다." 그는 웹·기술·소셜미디어 가이드가 왜 미치광이의 자살 유서를 게시하려고 하는지는 전혀 설명하지 않았다. 누가 "페이지뷰 때문에 그랬다"라고 당당히 말하고 싶겠는가?[3]

이 질문에 대한 대답은 '거의 모든 블로거'이다.

당신은 「허핑턴 포스트」가 왜 1면에 슈퍼볼 시작 시간에 대한 기사를 실었다고 생각하는가? 경기 당일에 많은 사람이 경기 시작 시간을 궁금해했고, 이 게시물은 엄청난 양의 트래픽을 산출했다. 「허핑턴 포스트」 같은 정치·뉴스 블로그에는 적절하지 않은 게시물이었겠지만, 알고리듬은 이것을 정당화했다. '세상은 둥글다'라는 기사와 시의적절한 유명 인사의 슬라이드쇼와 함께 말이다.

블로그에 이런 콘텐츠가 매력적인 이유는 그것이 만들어내는 트래픽을 측정하고 예측할 수 있기 때문이다. 낚시 미끼처럼 이런 기사의 외양을 흉내 내거나, 그것으로 생각 없는 블로거를 속이는 건 어려운 일이 아니다. 그들은 먹잇감을 찾고 있다. 그들은 어떤 키워드가 수익성이 좋은지, 어떤 주제가 링크를 얻는지, 어떤 유형의 글이 댓글을 얻는지 알며, 당신이 제시하는 사건이 미늘을 감춘 속임수는 아닌지 자문하지 않고 미끼를 물 것이다.

닉 덴턴은 최근에 페이지뷰에 대한 이런 비판이 싫다고 내게 말했다. "페이지뷰가 사악하다고 말하는 것은 칼로리가 사악하다고 말하는 것과 같다." 이 말도 어느 정도 일리는 있다. 하지만 비만이 주요 건강 문제인 세상에서, 기업이 사람들을 조종해서 점점 더 많은 칼로리를 소비하게 하는 방식이 정말 문제라는 것에 사람들 대부분이 동의하지 않나?

맥도날드가 얼마나 많은 칼로리를 고객의 식도에 밀어 넣을 수 있느냐에 근거해서 관리자를 판단했다는 사실을 안다면 놀랄 것이다. CEO가 회사의 비용을 거의 들이지 않고 빅맥에 추가로 200칼로리를 집어넣은 것을 자랑했다는 소식도 있었다. 발행인은 바로 이런 종류의 생각을 매일 한다. 이들은 다른 메트릭스가 사용되면 펄쩍 뛰면서 자기 것과 비슷하게 타락한 메트릭스를 비판한다. 이들은 자기 사업이 다른 사업만큼이나 남을 이용해먹는다는 생각을 좋아하지 않는다. 하지만 그런다고 해서 사실이 거짓이 되는 것은 아니다.

침묵은 견딜 수 없다

"게시물을 올렸지만 아무런 반응이 없다. 이건 무슨 의미지?" 페이스북에 중요한 소식을 올렸는데 아무도 좋아요를 누르지 않거나 새로운 인스타그램 사진에 아무도 댓글을 달지 않을 때 이런 질문을 해봤을 것이다. 작성한 트윗이 정말 재미있는데 왜 한 번도 리트윗되지 않는지 모르겠다고 생각한 적이 있을 것이다. 이 순진하고 하찮은 질문은 당신에게는 상처받은 감정에 관한 것에 불과하겠지만, 페이지뷰에 굶주린 발행인은 이 질문 때문에 밤잠을 설친다.

초창기 유즈넷USENET 사용자들은 창시자인 브라이언 워녹의 이름을 따서 이걸 워녹의 딜레마라고 불렀다. 이 딜레마는 메일 목록에서 시작했지만, 현재는 인터넷 게시판(왜 아무도 스레드에 반응하지 않는가?), 블로그(왜 아무도 댓글을 달지 않는가?), 그리고 웹사이트(왜 아무도 이에 대해 떠들어대지 않는가?)에 적용된다. 이 질문들에 대한 답은 '무관심'일 수도 '만족'일 수도 있으며, 발행인은 어느 쪽인지 알고 싶어 한다.

이 딜레마는 사실 오슨 스콧 카드의 1985년작 《엔더의 게임》에서 예견됐다. 피터 위긴은 온라인에서 로크라는 이름으로 선동가 페르소나를 만들어서 의도적으로 선동적인 글을 게시하고 상황을 살피기 시작한다. 여동생은 왜 그런 식으로 글을 쓰냐고 묻는다. 피터는 이렇게 답한다. "반응이 없으면, 우리의 글쓰기 방식이 어떻게 작용하는지 알 수 없어. 그리고 우리가 평범하면, 아무도 대답하지 않을 거야."

카드는 침묵을 긍정적 의미로 해석하기가 엄청나게 어렵다는 것을 알았다. 워녹의 딜레마는 다음의 몇 가지 해석을 제시한다.

1. 이 게시물은 추가적인 논평이 필요 없는, 정확하고 잘 쓰인 정보다. "그래, 그렇구나" 외에는 달리 할 말이 없다.
2. 전혀 말이 안 되고, 심지어 누구도 그것을 지적하는 데에 에너지나 전파를 낭비하고 싶어 하지 않는다.
3. 이유가 무엇이건, 아무도 이 게시물을 읽지 않았다.
4. 아무도 이 게시물을 이해하지 못했지만, 이유가 무엇이건, 아무도 해명을 요구하지 않을 것이다.
5. 이유가 무엇이건, 아무도 이 게시물에 관심이 없다.[4]

이 체크리스트는 발행인의 두통을 고쳐주는 게 아니라 더 악화시킨다. 전부 나쁘기 때문이다. 1번의 경우는 수익성이 없다. 우리가 알고 있듯이, 실용적인 것은 확산되지 않으며, 후속 논평을 만들어내지 않는 게시물은 링크 경제에서 죽은 것이다. 2번의 경우는 브랜드에 당혹감을 선사하고 손해를 끼친다. 3번이 나쁘다는 것은 명백하다. 4번은 게시물이 너무 야심 차고, 너무 학구적이고, 너무 확실해서 감히 질문조차 제기할 수 없음을 의미한다. 5번은 잘못된 주제를 택했음을 의미한다.

원인이 무엇이든, 침묵은 전부 같은 의미다. 즉 댓글도, 링크도,

트래픽도, 돈도 안 생긴다는 것이다. 그리고 발행인에게는 '수익성이 전혀 없음'이라는 꼬리표가 붙게 된다. 조나 페레티는 「버즈피드」의 블로거들에게 그들 자신의 실패를 면밀히 추적하도록 지시한다. 뉴스가 확산되지 않거나 피드백을 얻지 못하면, 그 뉴스는 변경돼야 한다. 뉴스가 확산된다면, 그 기사는 성공한 것이다. 정확하든 아니든, 품위가 있든 없든, 수준이 있든 없든 말이다.

기회는 바로 여기에 있다. 블로그는 침묵을 너무나 두려워하기 때문에, 아주 조악한 증거로써 그들이 올바른 방향으로 가고 있다는 확신을 심어줄 수 있다. 예를 들어, 당신은 차단된 IP로 당신 혹은 당신 회사에 대한 좋거나 나쁜 내용의 가짜 댓글을 달 수 있다. 뜨거운 논쟁이 벌어지고 있다는 것을 보여주기 위해서 말이다. 기자에게 가짜 이메일을 보내라. 역시 긍정적인 것과 부정적인 것 모두를 보내야 한다. 이런 희귀한 종류의 피드백은 당신이나 당신의 회사가 유의성이 높은 소재에 도움이 된다는 인상을 공고히 해주고, 블로거로 하여금 당신을 보도하게 만든다. 피터 위긴의 말처럼, 발행인은 평범하거나 무시당하는 내용이 아니라면 블로거가 무슨 말을 하건 신경 쓰지 않는다. 하지만 형편없는 콘텐츠로 인한 나쁜 종류의 침묵을 피함으로써, 사람들로 하여금 "그래, 그렇구나. 이 기사 좋네"라고 생각하게 하는 글이 자아내는 좋은 종류의 침묵까지도 피하게 된다.

「허핑턴 포스트」의 무료/유료 기사에 관한 네이트 실버의 분석에 따르면, 프로 블로거는 임시·아마추어 블로거보다 이 딜레마를 훨씬 잘 이해한다. 3일 동안 아마추어가 작성한 143개의 정치 게시물에 6084개의 댓글이 달렸다. 기사당 평균 43개의 댓글이 달린 셈이다(상당수의 게시물에 댓글이 하나도 달리지 않았음을 뜻한다). 같은 기간에, 「허핑턴 포스트」는 161개의 유료 정치 기사(다른 사이트에서 구매하거나, 전속 기자가 쓰거나, 저작권이 있는 콘텐츠)를 발행했는데, 여기에는 총 13만 3000개 이상의 댓글이 달렸다. 이것은 기사당 800개가 넘는 수효로, 무급 블로거가 달성한 것의 20배에 이른다.[5]

「허핑턴 포스트」의 페이지뷰 전략에 따르면, 반론의 여지없이 유료 기사가 더 좋다. (9만 6281개의 댓글을 얻은 이란 시위에 관한 2009년 기사처럼) 더 많은 댓글과 트래픽을 산출했기 때문이다. 시스템이 건전하다면, 정치 기사에 수천 개의 댓글이 달렸다는 것은 뭔가 잘못됐음을 나타내는 지표일 것이다. 이것은 대화가 낙태나 이민자에 관한 비생산적인 토론 정도로 전락하거나 한낱 불평으로 빠져들었음을 의미한다. 하지만 웹의 이지러진 세계에서, 이것은 글쓴이가 전문가임을 나타내는 표시다.

「허핑턴 포스트」 같은 블로그는 좋은 종류라 할지라도 침묵을 맞닥뜨린 기사에 돈을 지불하지는 않을 것이다. 그들은 절대 그것을 홍보하거나 1면에 게시하지 않을 것이다. 페이지뷰를 산출할 기회를 줄어들게 할 것이기 때문이다. 「허핑턴 포스트」는 기사를 명확하게 설명하거나 사람들에게 정보를 주고 싶어 하지 않는다. 그런 기사에 대한 반응은 단순한 만족에 그치기 때문이다. 블로그는 의도적으로 사람들을 번거롭게 해야 한다.

만약 당신이 페이지뷰를 유도하지 않거나 확실한 반응을 얻지 않을 무언가를 블로그에 보도되게 하려고 애쓴다면, 당신은 곧 호의를 구하려 드는 셈이다. 블로그는 호의를 베푸는 사업에 속하지 않는다. 비록 당신이 요구하는 바가 오로지 진실을 게재하는 것이라 해도 그렇다. 나를 믿으라, 나는 해봤다. 나는 부정확한 온라인 보도 때문에 일자리를 잃을 위험에 처한 노동자들의 공장을 블로그 측에 보여 줬다. 나는 그들에게 이 가난한 사람들을 위해 공정해지라고 간청했다. 이런 노력으로도 상황을 변화시킬 수 없다면, 다른 어떤 것도 소용이 없을 것이다.

뉴스를 이지러뜨리기

블로거가 속는 걸 즐기는 건지는 잘 모르겠다. 내가 아는 건, 그들은 속지 않기 위해 딱히 애쓰지 않는다는 것이다. 내 경험에 의하면, 그들은 개략적인 익명의 제보를 받았을 때 "당신이 정당하다는 것을 증명해보시죠"보다 "고맙습니다"라고 반응하는 경우가 훨씬 많다.

아무도 누군가를 속이지 않는다. 이건 게임이 아니다. 왜냐하면 사이트는 페이지뷰를 제공하는 한, 그들이 게시하는 게 무엇인지에 전혀 관심이 없기 때문이다. 「매셔블」과 「엔가젯」의 편집자였던 새뮤얼 액슨은 "블로거에게 트래픽, 높은 노출 빈도, 많은 광고 수익을 얻게 해주는 규칙이, 저널리스트와 언제나 블로거들을 필요로 하는 사람들을 배신한다"라고 한탄했다. 이 말은 일부만 사실이다. 그들은 윤리적인 저널리스트와 진지한 독자를 배신한다. 이 시스템은 부자가 되려는 블로거와 발행인, 뉴스에 영향을 미치려고 열심인 조작자에게는 괜찮다.

페이지뷰 저널리즘은 생산하는 데 거의 노력이 들지 않는 평범한 품종의 확실한 트래픽꾼을 꾸준히 먹이로 주면서 블로그를 부풀리고 살찌운다. 이것은 기자와 발행인을 극단으로, 오로지 충격적이고 이미 알려진 극단으로만 몰아간다. 페이지뷰 저널리즘을 실천하면, 발행인은 게시물 하단에서 '댓글 (0)'을 볼까 걱정할 필요가 전혀 없다. 마감일과 자금이 빡빡한 상황에서 수용자에 대한 이해는 언제나 유용한 길잡이다. 마케터는 이것을 아주 잘 예측할 수 있다.

공교롭게도 이 메트릭스 중심의 이해는 뉴스를 이지러뜨렸다. 이 냉소주의는 자족적이고 자멸적이다. 헨리 포드의 명언이 지적하듯이, 그가 고객이 원한다고 '말한' 것에 귀를 기울였다면, "우리는 여전히 그저 더 빠른 말과 함께하고 있었을 것이다."

페이지뷰 저널리즘은 사람들이 원하는 것처럼 보이는 것, 즉 전혀 대표적이지 않은 데이터를 바탕으로 사람들을 다루고, 다른 것이 존재할 수 있음을 잊을 때까지 똑같은 것만을 제공한다. 그래서 수용자는 최악의 상태에 이르고 거기서 더 나쁜 상태로 빠져든다. 그런 뒤에 발행인은 비판을 받게 되면, 절망한 듯이 두 손을 번쩍 치켜든다. 마치 "우리도 사람들이 더 나은 것을 원하면 좋겠습니다"라고 말하는 듯이, 마치 자기는 아무런 관련도 없다는 듯이 말이다.

그러나 그들은 관련되어 있다.

괴물에게 먹이 주기

11

전략 #8:
기술에 맞서서
기술을 사용하라

행동은 소득, 시간, 불완전한 기억력과 계산 능력, 그리고
기타 제한된 자원으로부터 제약을 받으며, 경제 영역이나
다른 곳에서 이용할 수 있는 기회에 의해서도 제한된다. (중략)
다양한 제약 조건은 다양한 상황에 따라 결정적 역할을 하지만,
무엇보다 근본적인 제약 조건은 제한된 시간이다.

— 게리 베커(노벨 경제학상 수상자)

가끔 내 고객이나 나에 대해 써놓은, 말도 안 되는 블로그 게시물을 발견하게 되는데, 나는 그것을 기분 나쁘게 받아들이며, 악의적인 것이라고 생각한다. 왜 그들이 전화기를 들고 내게 전화를 걸어서 기사의 이면에 대해 묻지 않는지 궁금하다. 나는 때때로 선정적인 기사나 형편없는 글에 대해 불평하고 편집자나 기자를 비판한다. 중요한 문제를 시시한 인용문이나 웃기지도 않는 짤막한 농담으로 축소하려는 그들의 충동을 나는 이해하기 힘들다.

이것은 비생산적인 자세다. 이는 미디어로서 블로깅의 구조와 제약, 그리고 블로그가 하는 거의 모든 것을 설명해주는 이러한 현실들을 망각한 처사다. 자유의지가 거의 없다면, 비꼼이나 비난이 거의 없어야 한다. 내가 알게 된 바에 의하면, 오직 이해만이 도움이 될 수 있다.

사람들이 온라인에서 뉴스를 보게 되는 방식이 사람들이 무엇을 보게 되는지를 결정한다. 미디어의 기술적 제약과 독자의 요구를 충족하기 위해 뉴스를 발표하는 방식이 뉴스 자체를 결정한다. 미디어가 메시지라는 것은 이 시점에서 근본적으로 진부한 표현이지만, 그렇다고 해서 마셜 매클루언이 했던 그 말이 옳다는 사실이 바뀌지는 않는다.

텔레비전을 생각해보라. 우리는 수박 겉 핥기식의 케이블 뉴스와, 그들이 중요한 정치 문제를 짜증 나는 두 논객 사이의 불필요한 갈등으로 집요하게 격하시키는 것에 질려 있다. 하지만 미디어 비평가 에릭 올터먼이 《소리와 분노: 전문가에 의한 정치 만들기》에서 설명했듯이, 여기에는 단순한 이유가 있다. 그에 따르면, TV는 시각 매체이므로 시청자에게 보이지 않는 것에 대해 생각하라고 요구하는 것은 그들로서는 자해 행위다. 만약 영상에 추상적인 생각을 넣는 것이 가능하다면, 제작자는 정치인이 발언한 촌철살인의 어록 대신 기꺼이 그것을 보여줄 것이다. 하지만 그럴 수 없기 때문에 우리에게 주어지는 건 갈등과 논객, 돌발영상이 전부다. 올터먼은 텔레비전의 가치관이 독재자처럼 작동함으로써 채널 전체에 전송되는 정보들에 대해 지배력을 행사한다는 것을 깨달았다.

블로그도 크게 다르지 않다. 미디어가 작동하는 방식은 본질적으로 블로거가 무엇을 발표할 수 있는지와 그걸 정확히 어떤 식으로 해야 하는지를 미리 결정한다. 블로거는 올터먼이 비판한 텔레비전 제작자만큼이나 논리적이다. 즉, 이것은 그들의 고유한 논리를 이해하는 것에 관한 문제다.

미디어가 블로거에게 무엇을 요구하는지 알면, 그들이 어떻게 행동할지 예측할 수 있고, 그들을 끌어들일 수 있다.

사방이 포위되다

블로그는 왜 새로운 이야기를 끊임없이 좇는가? 왜 그렇게 업데이트를 많이 하는가? 게시물은 왜 그렇게 짧은가? 그들의 발전 과정을 들여다보면 확실한 답이 나온다. 블로거에게는 선택의 여지가 없다.

스콧 로젠버그가 쓴 블로깅의 역사에 관한 책《모든 것을 말하다: 블로깅은 어떻게 시작됐는가, 무엇이 되어가고 있는가, 왜 중요한가》에 따르면, 초기 블로거는 다음과 같은 한 가지 중요한 질문에 답해야 했다. '독자는 어떻게 새로운 것을 접하는가?'

이 문제를 해결하기 위해, 프로그래머들은 먼저 '최신!'이라는 아이콘을 시도했지만, 효과가 없었다. 많은 블로그들 사이에서 그 아이콘이 의미하는 바를 구분하는 것은 어려웠다. '최신' 아이콘은 어느 사이트에서는 가장 최근에 발표된 것을 의미할 수도 있고, 다른 사이트에서는 지난달에 작성된 것일 수도 있었다. 그들이 원한 것은 전체 웹에서 동일한 콘텐츠를 체계화하는 통일된 방법이었다. 웹의 창시자 중 한 명인 팀 버너스 리는 거의 모든 사람이 따라 하게 된 절차를 만들었고, 그 절차는 바로 새로운 것이 위로 가는 방식이었다.

웹의 초창기 사이트 중 하나에서 시작된, 프로그래머들이 '스태킹(stacking)'이라고 부르는 시간 역순 방식은 사실상 블로그의 표준이 됐다. 웹은 모방과 합작을 통해 진화했기 때문에 대부분의 사이트가 선배와 동료의 형식을 그대로 차용했다. 스태킹은 암묵적인 표준으로 성장했고, 여기에는 엄청난 함축이 있었다. 콘텐츠가 시간 역순으로 쌓이는 것은 현재를 아주 분명하게 강조한다. 블로거에게 타임스탬프는 유통기한이나 마찬가지다. 콘텐츠가 짧고 즉각적이어야 한다는 엄청난 압박감도 여기에서 탄생했다.

'블로거'라는 단어가 고안되기 3년 전인 1996년, 최초의 블로거 저스틴 홀은 링크스닷넷Links.net의 독자들에게, 한 파티에서 자기가 게시물을 충분히 올리지 않고 1면에 즉시 올리지도 않는다는 이유로 비판을 받았다는 글을 전했다. "조이는 내 페이지를 좋아했었다고 말했다. 하지만 지금은 내 링크에 층이 너무 많다. 석(닷컴)Suck(.com)에서는 사람들이 즉시 빨려 들어간다. 그곳의 콘텐츠에는 층이 없다."[1]

생각해보면, 이것은 정말로 생생한 사례를 보여주는 순간이다. 홀은 최초의 블로그 게시물 중 하나에서 이미 미디어가 콘텐츠에 가

하는 압력을 넌지시 언급하고 있었다. 그의 게시물은 93개의 단어로 이루어져 있으므로 기본적으로 하이쿠였다. 그는 '층'이 너무 많은 남자가 아니었다. 하지만 석닷컴Suck.com이 3만 달러에 팔렸으니, 홀이 누구를 설득할 수 있었겠는가? 그래서 그는 매일 자기 웹사이트 상단에 '작고 새로운 것'을 올리기로 결심했다.

1996년에 있었던 이 대화의 맥락은, 2005년의 「기즈모도」와 「엔가젯」 같은 블로그가 하루에 최소한 몇 개의 게시물을 올려야 한다고 정해놓은 규칙을 거쳐서, 《블로거 신병 훈련소Bloggers Boot Camp》 같은 가이드의 저자들이 2만 개가 넘는 블로그 게시물을 발행한 경험을 통해 배운 것이 '제1규칙'은 '항상 블로깅하기'라는 것, 그리고 최고의 사이트는 '매시간은 아니더라도 매일 업데이트하는 곳'임을 미래의 블로거에게 전하는 현재까지로 곧장 이어진다.

콘텐츠는 끊임없이 유통기한이 만료되고, 블로거는 사이트를 신선하게 유지해야 하는 완수할 수 없는 과업에 직면하므로, 무에서 기삿거리가 될 만한 사건을 만들어내는 일은 일상적인 작업이 된다. 블로그의 구조는 그 공간에 존재하는 모든 사람의 관점을 왜곡한다. 블로거가 금세 아래로 밀려날 게시물에 뭐 하러 많은 시간을 쏟겠는가? 아무도 읽지 않을 것에 공을 들이느라 시간을 낭비하는 바보가 되고 싶어 하는 이는 없다. 메시지는 분명하다. 트래픽을 얻는 최고의 방법은 되도록 많이, 빨리, 간단하게 발표하는 것이다.

《블로깅에 대한 허핑턴 포스트의 완벽한 안내서》는 간단한 경험칙을 제시한다. 독자는 대략 800단어 안에 게시물이 끝나가는 기미가 보이지 않으면 읽기를 그만둘 것이다. 스크롤링을 하다보면 마치 기사가 끝나지 않을 것처럼 느껴진다. 이것은 고통스러운 일이다.

그러므로 기자는 대략 800단어 안에 주장을 입증해야 한다. 이것은 꽤나 빠듯한 분량이다. 「허핑턴 포스트」에 따르면 800단어도 너무 많다. 웹상에서 그렇게 큰 단위의 글은 위협적일 수 있기 때문이다. 그들에 따르면, 영리한 블로거는 기사를 그래픽이나 사진, 그리고 몇몇 링크로 분할할 것이다.

「기가옴Gigaom」의 발행인 옴 말릭은 과거 10년간의 블로깅을 회고하면서, 자기는 10년 동안 1만 2000개 이상의 게시물에 200만 개 남짓한 단어를 썼다고 자랑했다. 이것은 그가 하루에 3개의 게시물을 올렸고, 게시물당 분량은 평균 215단어에 불과함을 의미한다. 하지만 이것은 「고커」의 이상적인 조항에 비하면 아무것도 아니다. 닉 덴턴은 2008년에 한 소질 있는 신입 사원에게 이렇게 말했다. "분량은 100단어. 최대 200단어. 어떠한 좋은 아이디어도 그 안에 표현할 수 있습니다."[2]

이와 같은 말도 안 되게 잘못된 직관을 웹 전반과 블로그, 모든 유형의 사이트에서 볼 수 있다. 충동적인 독자들을 위해 콘텐츠를 시각적으로 매력 있고 준비된 상태로 유지해야 한다는 압력은 잘려나가는 것이 무엇인지와 상관없이 길이에 대한 끊임없는 억제제로 작용한다. 켄터키 대학교는 암 관련 블로그에 대한 연구를 진행했는데, 연구자들이 분석한 블로그 게시물의 80퍼센트가 단어 500개 미만이었다.[3] 게시물당 평균 단어 수는 335개였으며, 이는 「허핑턴 포스트」의 기사를 긴 원고로 보이게 할 만큼 짧은 것이다. 나는 닉 덴턴의 말은 신경 쓰지 않는다. 나는 암의 복잡성을 100개의 단어만으로 적절히 표현할 수 없다고 확신한다. 200개든 335개든 500개든, 이 문제에 있어서는 다 마찬가지다.

가장 숙련된 기자조차도 항암 치료의 부작용이나 어린 자녀들에게 죽음의 가능성을 전하는 방법을 단 몇 마디로 압축하기는 힘들 것이다. 하지만 그런 글들은 분명 있고, 대략 이러하다. 대다수의 게시물이 3페이지를 넘지 않고, 줄 간격은 2행 띄우고, 폰트는 12로 한다. 읽는 데 채 3분도 걸리지 않을 것이다.

최근에 「폴리티코」의 공동 창립자 짐 밴더하이는 「악시오스Axios」라는 새로운 사이트를 개설했는데, 이것은 오늘날 대다수 저널리즘이 너무 길다는 그의 믿음에 대한 반응으로 볼 수 있다. 그는 「리코드Recode」에 이렇게 말했다. "사람들은 우리가 쓰는 글을 원하지 않습니다. 너무 길거든요." 이 사람이 어떤 인터넷을 사용하는지 모르겠지만, 나는 기사가 너무 깊이 있고 연구가 잘됐다는 글을 읽었을 때 감명을 받은 적이 별로 없다. 사실, 내가 그렇게 반응한 적이 있는지도 잘 모르겠다.

물론, 이것은 블로거만의 잘못은 아니다. 사람들은 바쁘고, 컴퓨터는 정신을 산만하게 하는 것으로 가득하다. 기업가가 이런 사실에 맞게 콘텐츠를 조정하지 않을 것이라고 생각한다면 그건 오산이다. 사용자가 「제저벨」 같은 사이트에서 보내는 시간은 평균 1분 남짓이다. 기술 및 개인 효율성 블로그인 「라이프해커Lifehacker」에서는 10초도 채 머물지 않을 수 있다. 사이트가 사람들을 유혹하는 시간이 1초라는 통설도 있다. 1초. 블로그 이탈율(아무것도 클릭하지 않은 채 사이트에서 즉시 나가는 사람의 비율)은 엄청나게 높다. 분석에 의하면, 뉴스 사이트는 평균 이탈율이 50퍼센트를 훨씬 상회한다. 통계가 보여주는 것이 독자는 너무 변덕스러워서 절반이 미디어를 접하자마자 떠나버린다는 것이라면, 이런 역학이 콘텐츠 선택에 영향을 줄 것이라는 점에는 의심의 여지가 없다.

웹을 검색하는 사람들의 안구 운동을 추적한 연구도 이와 같은 변덕을 보여준다. 안구를 가장 끌어당기는 것은 헤드라인인데, 사람들은 대개 처음 몇 단어를 보고 눈길을 돌린다. 제목을 벗어난 뒤, 그들의 시선은 왼쪽 열을 따라 아래로 향하는 경향이 있고, 눈에 띄는 문장을 훑어본다. 눈에 띄는 것이 없으면 떠난다. 이 매정한 하강을 늦추는 것은 기사의 형식이다. 즉, 작고 짧은 문단(1~2개 문장이나 3~5개 문장)은 굵은 글씨로 된 서문이나 부제목처럼 읽히는 비율을 약간 더 높이는 것으로 보인다. 글머리 기호를 붙인 목록 등의 수법이, 값을 매길 수 없을 만큼 소중한 몇 초 동안 독자를 페이지에 붙잡아놓는다면, 어느 블로거가 그런 수법을 사용하지 않겠는가?

「포춘」에 따르면, 웹 사용성 분야의 권위자이자 해당 주제의 책을 12권 저술한 제이컵 닐슨은 사이트가 단순한 규칙을 따라야 한다고 조언한다. 그것은 모든 기사의 40퍼센트를 잘라내라는 것이다.[4] 하지만 절망하지 말아야 한다. 그의 계산에 따르면, 그렇게 잘라냈을 때 평균적인 기사는 그 가치의 30퍼센트만을 잃기 때문이다. 와, 고작 30퍼센트! 이것은 발행인이 날마다 검토하는 종류의 계산이다. 계산이 그들에게 유리하게 작용하는 한, 그럴 만한 가치가 있다. 독자가 손실을 떠안는다면, 뭐가 문제겠는가?

뉴욕 시의 소매 쇼핑을 다루는 블로그인 「랙트 NY Racked NY」의 한 편집자와 점심 회의를 한 적이 있다. 엄청나게 영향력 있는 블로거인 그 편집자는 모든 쇼핑을 온라인에서 한다고 말했다. 그 자리에서 아메리칸 어패럴의 옷을 입고 있었던 그녀에게, 나는 "그러니까 우리 옷을 입긴 하지만 우리 매장에는 전혀 가지 않는다는 거네요?"

라고 물었다. "저는 더 이상 쇼핑하러 다닐 시간이 없어요." 우리 매
장은 그녀의 사무실이 있는 구역에 하나, 그녀가 집에 가는 길에 두
개가 있었다. 말 그대로 그녀의 관할 구역이었다. 아무튼 그건 중요
하지 않다. 그녀가 개인 의견을 갖고 있다 한들, 그걸 200단어 게시
물 어디에 집어넣겠는가?

나는 「미디어게이저Mediagazer」의 한 편집자가 나에 대한 기사
와 관련된 사실을 그저 트위터를 통해 확인하려고 한 것을 발견했
다. 내가 함께 일한 적도 만나본 적도 없는 사람들에게 질문해서
'내 신뢰성을 확인'하려는 그녀의 우스운 시도를 지켜본 뒤, 나는 결
국 메시지를 보내기 위해 몇 년 만에 처음으로 트위터에 접속했다.
"@LyraMckee 제게 이메일을 보낼 생각은 해보셨어요? 제 주소는
ryan.holiday@gmail.com입니다."

그녀가 왜 그런 생각을 하겠는가? 나는 실제로 그녀의 질문에
답할 수 있었지만, 그녀 입장에서는 요란하게 트윗을 하는 게 내게
이메일을 보내는 것보다 쉬웠고, 그것은 그녀가 내 응답을 기다릴 필
요가 없음을 의미했다. 게다가 나는 따분한 사람이라서 그녀의 추측
퍼레이드에 찬물을 끼얹었을 것이다.

닐슨의 말대로 기사의 40퍼센트를 잘라내면, 실제로 우리가 알
게 되는 것은 결국 블로거들이 편집해놓은 것뿐이다. 조작자인 나는
그런 상황이 만족스럽다. 기사를 뽑아내거나 거짓말하기 더 쉽게 해
주기 때문이다. 블로거가 그걸 검증할까 봐 걱정할 필요는 없다. 그
들에겐 그런 일을 할 시간이 없다. 기자에겐 달성해야 하는 기본 할
당량이 있으며, 사이트에 올리지 못할 이야기를 좇는 것은 값비싼 실
수다. 그러므로 블로거가 트래픽을 낳을 것이라고 확신하는 800단

어 이하의 게시물을 고수하는 것은 당연한 일이다.

「시카고 트리뷴」의 편집자 겸 발행인이었던 잭 풀러는 신문 편집자들에게 다음과 같은 말로 일침을 놓았다. "저는 여러분의 세계에 대해 잘 모릅니다만, 제가 사는 세계는 자신을 누군가의 플랫폼에 알맞게 맞추지 않습니다."⁵ 삶이 전부 호기심을 불러일으키는 헤드라인과 깔끔한 800단어로 요약되고, 모든 흥미진진한 가십이 왼쪽 열을 따라 스스로 정리된다면, 블로거는 좋아할 것이다. 하지만 세상은 너무 엉망이고, 너무 복잡하고 미묘하며, 솔직히 말하면 너무 흥미롭지 않으므로 그건 실현 불가능하다. 노트북에 중독된 바보만이 미디어의 제약이 만들어내는 것과 현실이 전혀 일치하지 않는다는 사실을 보지 못할 것이다.

하지만 마케터로서 나는 이런 바보들을 아주 좋아한다.

등잔 밑이 어둡다

상품을 광고하려는 사람들에게서 가장 흔히 듣는 질문은 다음과 같다. 블로그를 어떻게 설득할 것인가? 아, 그건 내게 물을 필요가 없다. 블로거가 바로 알려준다. 블로거는 몇 달에 한 번씩, 자기들한테 기삿거리를 홍보하는 방법에 대해 진부한 이야기를 늘어놓는다. 그들은 홍보 전문가에게 조언을 전하면서, 블로거가 당신의 고객에 대한 글을 써주기 원한다면 블로거에게 이메일을 보내고 자존심을 세워주라고 말한다. 독자의 관점에서 보면, 이건 상당히 이상하다. 블로거는 왜 자기를 조작할 수 있는 방법을 밝히는 걸까? 결과적으로 블로그가 이런 조작을 우리에게 전가하는 것이 분명한데, 우리는 왜 빨리 도망치지 않는 걸까?

다음은 내가 좋아하는 몇몇 기사 제목이다.

「테크크런치」에 어리석은 주장을 홍보하기 위한 노하우(「테크크런치」)
블로거에게 홍보하지 않는 법, #648(「리드라이트웹」)
홍보하는 분들에게: 우리에게 '전문가'와 '기삿거리'를 보내지 마십시오.
그 대신 보내주실 것이 여기 있습니다(「비즈니스 인사이더」)
홍보 담당자를 위한 사적인 노트(「스코블라이저」)
블로거를 어떻게 홍보할 것인가(「뻔뻔한 출세주의자 되기」)
온라인 홍보에서 해야 할 것과 하지 말아야 할 것
(린지 로버트슨,「제저벨」,「뉴욕 매거진」,「허핑턴 포스트」)

이런 종류의 보도는 본질적으로, 마케팅을 이용해 블로그에 침투해서 그들을 속이는 방법에 관한 단계적인 지침을 포함하는 설명서다. 나는 예전에 이것을 볼 때는 고마워했는데, 지금은 궁금하다. 당신들은 왜 스스로에게 이런 짓을 하는가?

병 주고 약 주기

풀러의 충고는 온라인에서 폭넓은 지지를 얻지 못하고 있다. 기자는 '플랫폼이 아니라 현실에 충실해야 한다'는 조언이 특히 그렇다.

사실, 블로거는 그 반대를 믿는다. 그리고 이것은 마케터를 제외한 모든 사람에게 좋지 않은 일이다. 일단 당신이 플랫폼의 한계를 이해했다면, 당신은 그 한계를 그것에 의존하는 사람들에게 불리하게 사용할 수 있기 때문이다. 이 기술은 스스로도 작동할 수 있다.

나는 「뉴욕 타임스」 베스트셀러 목록에 5주 동안 머문 책을 쓴 작가를 홍보했었다(이것은 사람들이 한 미디어에 기꺼이 시간을 소비하리라는 것을 의미한다). 그 책의 내용을 인기 있는 여러 블로그에 게시하려고 하자, 책이 너무 길다는 점이 문제가 되었다. 그래서 우리는 엄밀함과 논거를 제거하고 가장 기초적이고 도발적인 부분만 남겼다. 책에서 가장 있기 있는 1장을 8개의 개별 게시물로 나눴다. 주목을 얻기 위해 우리는 그걸 한 입 크기의 아주 작은 조각으로 잘라서, 아기 같은 독자와 블로거에게 숟가락으로 일일이 떠먹여줬다.

블로거가 상점에 대해 글을 쓰는데 부지런히 그곳을 방문할 의사나 시간이 없다면 난감할 것이다. 그러면 내 버전의 현실을 만드는 것이 훨씬 더 쉬워진다. 나는 그들에게 이야기를 가지고 다가갈 것이다. 나는 그들이 원하는 대로 그들을 만날 것이지만, 그들의 이야기는 내가 원하는 것으로 가득할 것이다. 그들은 다른 누군가에게 문의할 시간도 그럴 생각도 없을 것이기 때문이다.

블로그는 포맷이 작동하도록 하기 위해 경제적·구조적으로 뉴스를 왜곡해야 한다. 사업으로서의 블로그는 다른 렌즈를 통해 세상을 볼 수 없다. 포맷이 문제다. 또는 당신이 그것을 어떻게 보느냐에 따라, 완벽한 기회가 될 수도 있다.

12

전략 #9:
그냥 지어내라
(다들 그렇게 한다)

고교 시절 기자로 인기를 누린 사람들은 세상을
떠들썩하게 하는 사건만을 보고 듣는 새로운 본능을 습득하며,
그로 인해 그들의 보도는 허술해질 뿐만 아니라
절망적으로 왜곡된다.

— 휴고 뮌스터버그, '기자에 대하여', 《맥클루어스》(1911년)

세상은 지루하지만, 뉴스는 흥미진진하다. 이것이 현대인의 삶의 역설이다. 저널리스트와 블로거는 마술사가 아니지만, 그들이 다루어야 하는 소재와 그들이 날마다 쏟아내는 결과물을 고려한다면, 어느 정도는 인정해줘야 한다. 똥이 설탕이 된다.

저널리스트가 내세울 수 있는 특별한 기술을 하나 꼽자면, 그것은 어떤 이야기에서든 특정한 관점을 찾아내는 능력이다. 주목받기 경쟁에서 오락거리 대신 뉴스가 선택되었다는 사실이 이 기술을 입증한다. 유명 블로거는 당연히 이 능력에 대단한 자부심을 갖고 있다. 우리 미디어 조작자는 이런 교만과 압박감을 그들에게 불리하게 사용한다. 교만하면 큰코다치기 십상이다.

주제가 따분하건 평범하건 복잡하건, 좋은 기자는 관점을 찾아내야 한다. 저널리스트의 후손인 블로거는 완전히 새로운 단계로 나아가야 한다. 이들은 관점뿐만 아니라, 클릭을 유도하는 기사 제목과 시선을 사로잡는 이미지를 찾아야 하며, 댓글과 링크를 만들어내고, 경우에 따라서는 비판을 끌어내야 한다. 그리고 이것을 편집자의 도움 없이 하루에 수십 번까지도 해야 한다. 그들은 상어가 물에서 피 냄새를 맡듯이 기사를 어떤 관점으로 써야 할지 냄새를 맡는다. 관점이 좋을수록 돈을 더 많이 벌기 때문이다. 기술과 빅 데이터도, 상황을 뒤죽박죽으로 만드는 무의미한 상관관계와 변수를 찾아냄으로써 이 과정을 악화시켰다. (나는 〈스포츠센터〉의 앵커가 진지하게, 저것은 "2009년 이후 컵스 선수가 쳐낸 홈런 중 다섯 번째로 멀리 날아간 홈런"이라고 말하는 것을 들었다. 맙소사.)

파크닷컴의 드루 커티스는 이렇게 말한다. "문제는 저널리스트가 특정한 관점이 없는 이야기에서 관점을 찾아내야 할 때 발생한다." 드루보다 몇 년 앞서서(정확히 말하자면, 1899년에)「워싱턴 포스트」는 이렇게 보도했다.

> 「뉴욕 타임스」는 시력이 비정상적으로 예리해서 가끔은 존재하지 않는 것을 볼 수 있다. 보고자 하는 불타는 욕망은 때때로 냉정한 이성을 압도하며, 그로 인해 그들이 보고 싶어 하는 것이 그들이 원하는 곳에 정확히 나타나지만, 그것은 무형의 존재라서 다른 이의 눈으로는 감지할 수 없고, 다른 이의 정신으로는 그 존재의 근거를 의심할 근거를 찾지 못한다.[1]

「뉴욕 타임스」와 그보다 한 세기 뒤의 블로그 사이의 차이점을 찾자면, 「뉴욕 타임스」는 적어도 어느 정도 가치 있는 소재를 다뤘다. 블로거는 페이스북이나 트위터 같은 곳에서 보잘것없는 뉴스 조각을 입수한 다음, 자신의 '비정상적인 예리함'을 존재하지 않는 것을 보는 데 적용한다. 미디어비스트로의 블로그 「1만 단어10,000 Words」의 한 기자는 새내기 블로거들에게 조언하면서, 크레이그리스트의 게시판에서 '사람들이 최근에 불평하고 있는 것'이 무엇인가 살펴보면 좋은 소재를 찾을 수 있다고 말했다.[2] 나는 사회학자가 아니지만, 그런 건 뉴스의 대표적인 자격이 아니라고 확신한다. 크레이그리스트에 누구든 원하는 것을 게시할 수 있다는 사실을 고려하면, 이것은 가짜 지역 뉴스를 지어내는 방법에 대한 좋은 아이디어를 제공한다. 블로거들이 존재하지 않는 것을 보기를 개의치 않는다면, 마케터는 그걸 기꺼이 돕는다. (내 회사는 한 음악가가 자기 곡을 크레이그리스트의 '스쳐 지나간 인연을 찾습니다' 코너에 유출하는 것을 도왔다.)

관점을 찾아내는 자들은 때때로 아무것도 건지지 못한다. 세상이 완벽하다면, 작가는 기삿거리를 조사하고, 그러다 헛수고를 하고, 그것을 포기할 수 있어야 한다. 하지만 온라인에서는 이런 호사를 누릴 수 없다. 베테랑 블로거 존 빅스와 찰리 화이트는 자신들의 저서 《블로거 신병 훈련소》에서 '게시물을 뽑아낼 수 없을 만큼 평범한 주제'는 없다고 말한다.

이것이 그들의 논리다. 마케터는 이것과 사랑에 빠지기 쉽다.

당신이 긴박감을 조성하면, 블로그는 무엇이든 발표할 것이다. 블로거에게, 다른 미디어 취재원보다 20분 앞서 있다는 착각을 심어주라. 당신이 무엇을, 얼마나 원하건 간에 그들은 그것에 대해 글을 쓸 것이다. 홍보 담당자들은 블로거들에게 수시로 독점 보도를 약속하곤 한다. 블로거'들'이라고 복수형을 쓴 건 실수가 아니다. 당신은 동일한 가짜 독점 기사를 다수의 블로거에게 보낼 수 있고, 그들은 열심히 그 기사를 처음으로 발표할 것이다. "우리는 웹사이트에서 아침 첫 기사로 이것을 생중계할 것입니다" 같은 임의적인 마감 시간을 덧붙이면, 가장 규모가 큰 블로그조차도 사실을 확인하지 않은 채 당신을 대신해서 대대적인 보도를 해줄 것이다.

블로거는 반드시 관점을 찾아내야 하므로, 언제나 그렇게 한다. 당신은 그들이 얼마나 열심히 그걸 찾는지 알고 있으므로, 그들이 집어 들어서 완전한 기사로 탈바꿈시킬 것이 분명한 부스러기나 조각, 주인 없는 보석을 남기는 일은 어렵지 않다. 작은 뉴스가 큰 뉴스처럼 보이게 된다. 존재하지 않는 뉴스가 부풀려져서 뉴스가 된다. 결국 그 기사는 꼭 정당한 기사처럼 보이지만, 그런 기사는 전제가 잘못되었고 말하는 바가 아무것도 없다. 이런 기사는 거짓 진술을 제공하고, 가짜 주제를 분석하며, 가짜 정보를 전한다.

나는 앞서 유명 인사에게 돈을 지불해서 모욕적인 트윗을 올리게 하는 법을 언급했다. 하지만 사실 대부분의 경우, 우리는 그러려고 노력할 뿐이다. 실제로는 가장 지저분한 계정만이 그런 제안을 받아들인다. 하지만 나는 여전히 보도를 원했고, 그래서 우리는 그들이 제안을 받아들였다면 트윗이 어땠을지 생각해서 지어냈다. 예를 들어, 만약 킴 카다시안이 글을 읽을 줄 모른다고 인정했다면 어땠을지 말이다. 이 기사를 발표한 블로그는 실제 일어난 일과 일어날 뻔한 일 또는 일어날 수도 있었던 일 사이의 경계를 흐려도 괜찮았다. 그게 사업에 더 유리했기 때문이다. 내 고객 제임스 알투처가 자기 책을 비트코인으로 팔자고 했을 때, 그리고 또 다른 고객인 음악가 영 앤 식이 음반을 이른바 다크넷에 게시했을 때도 마찬가지였다. 두 경우 모두 실제로 구매를 한 사람은 거의 없었다. 하지만 우리는 그것을 실제보다 훨씬 더 대단하게 보이게 했으므로 미디어의 보도가 뒤따랐다. 아무도 애써 조사하려고 하지 않았다. 그들이 왜 하겠는가?

다들 그렇게 하니까 지어내도 괜찮다는 내 말은 농담이 아니다. 한때 기술 분야 블로그(「테크런치」, 「팬도데일리」)에서 두드러진 목소리를 낸 인물인 M. G. 시글러는 이에 관해 직언한다. 그에 따르면, 그와 그의 경쟁자들이 쓴 글은 대부분 헛소리다. 그는 이렇게 시인했다. "나는 글에 80퍼센트 같은 꼬리표를 제멋대로 붙이고 싶지 않다. 하지만 현실은 그렇지 못하다. 100퍼센트 깨끗하고 타당한 정보보다 헛소리가 더 많다."[3]

파렴치함은 시글러의 세계에서 미덕이다. 이것은 유에서 무를 창조하는 것을 돕는다. 이는 「허핑턴 포스트」 관계자들이 '에이미 와

인하우스의 때 이른 죽음은 소규모 사업주에게 경종을 울렸다' 같은 기사를 만들어내는 데 도움을 준다. 명망 있는 미디어 업체도 마찬가지다. 약간만 부추기면 그들은 신중함을 완전히 저버린다. 예를 들어, 내가 아메리칸 어패럴 웹사이트에 도발적 광고를 게시하고 그것이 새로운 홍보의 일환인 양 했을 때, 영국의 「데일리 메일」이 그랬다. 그들의 기사 제목은 '논란이 되고 있는 아메리칸 어패럴의 "소름 끼치는" 새로운 홍보는 도를 넘었나?'였다. 도를 넘었다고 말한 건 누굴까? 기사는 '몇몇 트위터'를 인용했다.[4]

무료 홍보 감사합니다, 여러분! 불특정 트위터 사용자들은 분명히 대표적인 사례가 아니지만, 그들이 회사를 뉴스에 나오게 해줬다. 그런 신문에 전면 광고를 게재하려면 얼마가 들었을지 알 수 없다.

뭐가 됐든 더 흥미진진한 것이 더 많은 페이지뷰를 얻는다고 블로거는 말한다. 정치인 크리스틴 오도널과 함께 찍은 신나는 핼러윈 파티 사진을 소유한 남성에게서 「고커」가 특종을 샀을 때처럼 말이다. 편집자 레미 스턴에 따르면, 이 추잡한 정보원은 "타블로이드가 그들이 하지 않은 섹스를 한 것처럼 암시하지 않을지"를 걱정했다. 두구두구두구⋯ 「고커」의 기사 제목은 '나는 크리스틴 오도널과 하룻밤을 보냈다'였다.[5]

그들을 대신해 조사하라

미디어에 대한 (좌파의) 오래된 비판 중 하나는, 미디어가 기존 권력 구조에 의존해서 정보를 얻는다는 것이다. 기자는 경찰에서 나오는

괴물에게 먹이 주기

뉴스를 기다려야 하고, 정부 발표 자료에서 사실과 수치를 얻으며, 유명 인사를 비롯한 뉴스 메이커에게 정보를 의존한다. 이것은 전적으로 타당한 비판이다. 1950년에 사실이었고, 지금 이것은 그야말로 사실이다.

과거의 신문과 지역 미디어는 지역 공청회에 기자를 보낼 예산을 가지고 있었지만, 지금은 그렇지 않다. 과거에는 사건 현장에서 뉴스를 취재할 해외 지국에 돈을 댈 수 있었다. 지금은 공식 보도가 들어오기를 기다린다. 예를 들어, AP는 실제로 보도의 일부를 인도에 위탁하기 시작했고 어떤 경우에는 진짜 로봇에게 맡긴다. 백악관이 취업자 수가 대폭 증가했다고 밝혀 주가가 300포인트 상승했다는 단신 기사를 쓴 것은 사람이 아니라 컴퓨터일 수도 있다. 요점은, 현재 미디어는 자신을 대신해 조사를 해주고 일을 해주는 다른 누군가에게 전보다 훨씬 더 의존한다는 것이다.

이런 안타까운 상황을 가장 분명히 보여주는 것이 오늘날의 과학 분야 보도다. 과학 학술지는 관행과 윤리에 의해 제약을 받지만, 대학 웹사이트와 홍보 담당자는 그렇지 않다. 거의 날마다 기자에게 전달되는 보도 자료에서, 사소한 발견이 엄청나고 획기적인 발견으로 선전된다. 트래픽만을 좇는 블로거는 헤드라인을 절대 의심하지 않을 것이다. 심지어 신문을 읽지도 않을 것이다. 그들은 단지 헤드라인을 원할 뿐이다. 당신은 다음과 같은 「허핑턴 포스트」의 기사를 이길 수 있겠는가? '연구에 의하면, 수염은 똥으로 덮여 있다'.

한 용감한 저널리스트가 최근 이 관행에 맞서서 상황이 얼마나 심각한지를 보여줬다. 그는 수많은 데이터를 무작위로 그러모아 연구를 지어낸 다음, 다이어트와 초콜릿 섭취 사이의 상관관계를 찾아내고, 가짜 연구소를 만들어서, 기념비적이지만 터무니없이 비과학적인 발견을 발표했다. 초콜릿을 먹으면 체중을 줄일 수 있다! 그리고 펑! 「허핑턴 포스트」부터 「데일리 메일」까지, 모두가 이 뉴스에 환호했다.

당연히 그런 식으로는 체중을 감량할 수 없다. 연구소는 존재하지도 않았다. 이 과학은 쓰레기였다. 모든 것이 장난이었다. 그런데도 수백만 명이 이 가짜 뉴스를 접했다. 만약 저널리스트가 자신을 드러내지 않았다면, 수많은 사람이 식단에 초콜릿 바를 추가하는 행위를 정당화했을 것이다.

이런 일이 왜 일어나는지, 그리고 이것을 어떻게 모방할 수 있는지는 분명하다. 자신만의 싱크탱크를 세워라. 그걸 밀레니엄 기업가 재단이라고 부르고, 기업이 당신을 컨설턴트로 고용해야 한다고 생각하도록 만들 '연구'를 내놓아라. 기후변화가 진짜라고 생각하지 않나? 사람들이 그렇지 않다고 생각하게 만드는 데 사업상의 이해관계가 있는가? 당신이 원하는 것을 확증하는 '연구'에 자금을 댄 다음, 인터넷에 그것을 뿌려라. 우스꽝스러운 새 트렌드를 창조하고 싶은가? 그것이 더 높은 성적 충동과 연관성이 있다거나, 유명인 사이에서 대유행이라고 말해줄 전문가를 고용하라. 애통한 일이지만, 누구도 당신에게 이의를 제기하지 않을 것이다.

항상 틀려도 절대 의심하지 않는다

인터넷을 통해 퍼지는 가짜 아이디어에 대한 책임이 트롤에게만 있지는 않다. 아메리칸 어패럴에서 나는 「BNET」라는 성가신 매체를 처리해야 했는데, 이 매체의 짐 에드워즈라는 '기자'는 우리 회사의 재무 공개 내역을 샅샅이 뒤져서, 상상할 수 있는 한 가장 기상천외한 오해를 생각해냈다. 이건 우리가 자초한 일이었다. 회사와 광고를 가십 및 연예 블로그들이 군침을 흘릴 소재로 만들었으니, 페이지뷰에 굶주린 다른 블로거가 게임에 참가하려고 하는 건 당연했다. 하지만 다 알면서도 괴물에게 먹이를 주던 바로 그 순간에, 나는 에드워즈 때문에 어떤 사건이 일어날지 미처 예상하지 못했다.

이 남성은 댓글을 요청한 게 아니었다. 다만 블로그 게시물을 통해, 우리 회사가 절박한 상황에 처했을 때 직원 급여 지불을 위해 도브 차니에게서 이자율 6퍼센트로 돈을 빌린 것을 가지고, 다른 투자자들로부터 이자율 15퍼센트로 돈을 빌리지 않았다고 비판했을 뿐이다. (여러분처럼 멀쩡한 분들에게는, 6퍼센트가 15퍼센트보다 작다는 것을 굳이 설명할 필요가 없을 것이다.) 에드워즈는 이 질문을 한 번이 아니라, 여러 게시물에서 수차례 좀 더 공격적인 제목으로 제시했다(예를 들어, '아메리칸 어패럴의 CEO는 어떻게 회사의 위기를 자신의 임금 인상으로 바꿔놓았는가'하는 식으로).

다음은 그가 게시물을 올린 뒤 우리가 나눈 대화의 일부다.

나: 기억하는지 모르겠지만, 우리는 6퍼센트 이자율에 관한 당신의 주장을 논의했습니다. (중략) 당신은 2009년에 이 문제에 대해 정정 보도를 했죠.

짐 에드워즈: 기억합니다. 하지만 저는 대리인으로부터 차니의

대출 상황을 직접 인용한 것입니다. 대리인이 틀린 건가요?

나: 수학에 대한 당신의 기초적인 이해가 틀렸습니다!

그는 '아메리칸 어패럴의 CEO는 왜 사임해야 하는가?', '아메리칸 어패럴의 CEO는 마지막 단계에 직면했는가?'와 같은 대담한 추측을 했다. 그는 터무니없는 음모론을 만들어냈다. 예를 들면, 아메리칸 어패럴이 회사 내부의 부패한 거래로부터 대중의 관심을 돌리기 위해 논란이 될 만한 광고의 발표 시간을 증권거래위원회의 정규 발표 시간과 일치하도록 맞췄다고 비난했는데, 그는 자신이 폭로한, 존재하지도 않는 대출 스캔들을 증거로 제시했다. (그 광고가 새로운 것이 아니었고, 심지어 일부는 실제 광고가 아니라 내가 온라인에 유출한 가짜였다는 점은 말할 필요도 없다.) 그는 자기가 글에서 다루는 회사에 가서 실제로 누군가를 만나보기나 했을까? 이 업계에 정통할까? 추측을 입증하기 위해 믿을 만한 전문가와 접촉했을까? 아니, 당연히 아니다.

괴짜 한 명은 별문제가 아니다. 하지만 한 명의 괴짜가 자신의 왜곡된 논리 안에서 유지하는 망각과 진지한 신념은, 다른 사이트가 음흉하게 괴짜의 보도를 보도하기 위한 훌륭한 자료가 된다. 「BNET」는 CBS 인터랙티브 비즈니스 네트워크 산하에 있었기에, 에드워즈가 운영하는 블로그는 상단에 CBS 로고를 포함했다. 그는 업계에서 공식적인 지위가 있는 것처럼 보였기 때문에, 그의 질문은 전국의 패션 뉴스 웹사이트들의 소재가 됐다.

한 사이트가 허위로 개작한 내용은 또 다른 사이트가 허위로 개작하는 것의 출처가 되고, 이것은 원래 기사의 근원이 잊힐 때까지 반복된다. 찰스 호턴 쿨리의 말을 달리 표현하자면, 상상력의 산물이 곧 사회에서 받아들여지는 확고한 사실이 된다. 이것은 수평이 아니라 수직적으로 일어나는 과정이며, 매번 더 평판이 좋은 사이트로 이동하고 각 단계에서 더 진짜처럼 보이게 된다. 에드워즈의 사례에서처럼, 아메리칸 어패럴은 존재하지 않는 관점을 창조해내는 한 남성의 이상한 능력에서 비롯된 일련의 논란을 처리해야 했다. 그리고 에드워즈는 현재 「비즈니스 인사이더」의 수석 편집자다. 심지어 그는 내가 이 책을 펴낼 무렵에 책에 관한 글을 썼는데, 실제 기사가 얻을 페이지뷰의 10배를 얻어낼 목적으로, 이 책을 공격하는 10장짜리 슬라이드쇼를 만들었다.

만약 경쟁사가 그를 앞잡이로 사용했다고 생각해보자. 내가 다른 블로거들과 손을 잡고 그랬던 것처럼 말이다. 피해는 훨씬 더 심각했을 수도 있다. 나는 블로거를 '논리적으로 설득'할 수 있다고 오판한 당시 회사 변호사에게 다음과 같은 편지를 보냈다.

이런 블로그는 기본적으로 사기를 칩니다. 한 블로그가 떡밥을 최대한 높이 던지면, 첫 번째 보도가 얼마나 근거 없는 추측을 하든 다른 블로그가 그것을 가져다가 구체화합니다. 「제저벨」은 비판을 위해 짐 에드워즈의 '보도'가 필요하고, 짐 에드워즈는 자신의 분석을 정당화하기 위해 「제저벨」의 '논쟁'이 필요하며, 이 모든 것은 이런 기사를 독자에게 전하는 패션 뉴스 웹사이트에 공급됩니다. 그의 블로그에 댓글을 남긴다면 이런 순환을 차단할 수 없게 됩니다.

변호사가 고려하고 있던 소송도 마찬가지였다. 소송은 에드워즈에게 더 많은 이야깃거리를 제공할 터였다. 이 상황에서 나는, 내가 다른 고객을 위해 사용하던 교묘하고 부정확한 묘사와 호도하는 정보에 맞서서 회사를 방어해야 하는 임무를 맡았다. 이건 미친 짓이었다. 이 사례가 더욱 무서운 것은, 대중이 보는 정보에 영향력을 행사하는 나 같은 인물이 그 배후에 있지도 않았다는 사실 때문이다. 이 시스템은 스스로를 조작하고 있었으며, 나는 그 조작을 완화하기 위해 조작을 더 해야 했다.

내가 그 밖에 뭘 더 기대할 수 있었을까? 일을 시작한 초기에 나는 블로거들이 내가 홍보하려는 이야기에서 존재하지 않는 관점을 찾아내도록 부추기려고 쉼 없이 일했다. 나는 이를 위해 페이지뷰, 트래픽, 접근권, 그리고 때로는 수표를 흔듦으로써 그들이 그런 일을 할 만한 가치를 발견하게끔 만들었다. 어느 시점 이후, 그들이 그것들을 얻는 데는 내가 더 이상 필요하지 않았다. 그들은 내 고객에 대해 극단적인 글을 써서 트래픽과 링크를 얻었고, 내가 그들의 정보원이 돼주지 않으면 스스로 정보원을 지어내거나 누군가로 하여금 거짓말을 하게 했다. 다른 광고주들은 우리를 제물로 삼은 이야기에서 이익을 얻었다. 「제저벨」과 에드워즈의 상부상조는 음모 같은 게 아니었다. 그건 부분적으로는 나의 창조물이었다.

기업은 블로거가 자기 이익을 위해 흥미로운 뉴스를 쏟아낼 때에 대비해 경계를 단단히 해야 한다. 완벽하게 결백한 일을 하라. 블로거가 그 일을 맥락에서 분리하고 왜곡할 경우를 준비하는 것이다. 복잡하게 만들라. 그 일이 알아볼 수 없을 때까지 단순화될 경우를 대비하라.

괴물에게 먹이 주기

또 다른 맥락에서의 가이드도 있다. 아무것도 하지 마라. 당신은 여전히 무언가를 바꿀 수 있으니까. 뭔가를 잘못하더라도 실망하지 마라. 이해의 차원을 넘어서서 방향을 돌려버릴 수 있을 테니까. 만약 당신이 이 세계에서 조작자로 일한다면, 분노할 자격이 없을 때에 가짜 분노(이것은 진짜 분노가 된다)를 준비하고, 실제로 범죄를 저지른 이들이 아무런 소리도 내지 않고 몰래 빠져나가리란 것을 예상하라. 이것이 바로 짐 에드워즈의, '관점에 굶주린' 세계다.

오바마 백악관의 한 직원이 말했듯이, 우리는 현재 '논란 기계가 현실 기계보다 더 큰' 곳에 있다. 이 상황에 익숙해져야 한다. 이것은 트럼프를 비롯한 모든 대통령에게 해당되기 때문이다.

아메리칸 어패럴의 악명 높은 논란이 전부 다 만들어진 것이라고 해도 무방한 건 이 때문이다. 내가 지어냈건 블로거가 지어냈건 말이다. 대중은 이 과정을 전혀 볼 수 없었다. 블로거가 존재하지 않는 무언가를 보고 있다는 사실을, 오직 내부자인 나만이 알 수 있었다. 그들은 '거창한 기사'를 찾아내는 훈련을 받았기 때문에 진짜와 가짜의 차이를 거의 알지 못했다.

나 스스로도 때때로 작화증에 속아 넘어가는 것을 피하기는 힘들다. 그것이 너무 많고, 저항할 수 없을 만큼 널리 퍼져 있기 때문이다. 결국 아메리칸 어패럴의 일부 직원조차 에드워즈 같은 사람들의 지속적인 비난에 굴복해서, 그것이 사실이라고 믿기 시작했다. '보도'의 축적이 그들 자신의 개인적 경험을 능가한 것이다. 이런 알려지지 않은 익명의 피해자가 무수히 많으며, 이것은 블로거와 마케터가 이야기를 지어낼 수 있는 시스템이 초래한 2차 피해다.

군림의 결과

군림의 질서

2

블로그가
의미하는 것

뉴스... 미디어... 클릭 얻기, 밑소문 내기,
검색에진 최적화, 페이지뷰 저널리즘...

13

아이린 카먼,
〈더 데일리 쇼〉,
그리고 나:
갈 데까지 간
유독성 블로깅

가장 결정적인 것은, 이 시스템은 소셜미디어를 통해 돌아가든 텔레비전 출연을 통해 돌아가든, 초당적 협력이나 합의에는 대가를 주지 않는다는 것이다. 그것은 쉽게 리트윗할 수 있거나 촌철살인의 어록으로 사용할 수 있는 진술에만 보답을 하며, 터무니가 없으면 없을수록 좋다.

– 아이린 카먼, 「제저벨」

이 책의 전반부에서는 블로그를 조작하는 방법의 내막을 들여다봤다. 미디어, 그리고 궁극적으로 문화 자체에 영향력을 행사할 기회를 만들어내는 블로깅 미디어는 치명적 결함이 있다. 내가 이 책을 훨씬 더 젊었을 때 썼다면, 이 책은 거기에서 끝났을 것이다.

당시 나는 그 세계의 위험성을 완전히 이해하지는 못했지만, 위험이 존재한다는 것은 느끼기 시작했다. 그 안에서 내가 소유한 값싼 힘의 대가는 감춰져 있었다. 하지만 일단 드러나자 떨쳐낼 수 없었다. 나는 티셔츠와 책을 팔기 위해 내 전략들을 활용했지만, 다른 이들은 그것을 더 불온한 목적을 위해 더 전문적으로 사용한다는 것을 알게 됐다. 그들은 대선 후보에서부터 대중을 달래기 위한 오락거리까지 모든 것을 팔았고, 그 과정에서 수백만 달러를 벌었다(또는 파괴했다).

그 모든 것을 깨달은 뒤 나는 변했다. 그 길을 계속 갈 수는 없었다. 이 책의 후반부는 그 이유를 설명한다. 이것은 미디어 조작의 음험한 기술이 작동하는 방식에 대한 것이 아니라 그 결과에 대한 연구다.

블로그는 어떻게 재미와 이익을 위해 기사를 지어내는가

2010년, 나는 아메리칸 어패럴의 의류 라인 중 하나인 '메이드 인 USA'에서 환경친화적인 신상품 매니큐어를 출시하는 것을 감독했다. 아메리칸 어패럴은 일반적으로 모든 제품을 로스앤젤레스에 있는 수직통합 공장에서 생산했지만, 우리는 이 제품을 롱아일랜드의 어느 가족이 운영하는 구식 공장과 협력해 생산했다. 90세의 할머니도 여전히 현장에서 작업을 하는 곳이었다. 그런데 매니큐어가 출시되어 극찬을 받은 직후, 우리는 매장의 밝은 할로겐 조명 아래에 있던 병들 중 일부가 금이 가고 깨진 것을 발견했다.

고객에게 해를 끼칠 만한 결함은 아니었지만, 안전을 위해 매장 진열대에서 매니큐어를 치운 다음 즉시 새 상품으로 교체할 것이라고 공장에 통보했다. 우리는 주간 전화 회의에서 관련 직원과 이 계획에 대해 상세히 의논했다. 매장 관리자들에게 기밀 이메일을 보내어 교체 사실을 알리고, 적절한 폐기 지시를 전달할 때까지 병을 매장 안의 서늘하고 건조한 장소에 보관하게 했다. 우리가 가장 피하고 싶었던 것은 5만 개의 매니큐어 병을 20개국의 쓰레기통에 버리는 일이었다. 아무리 친환경 매니큐어라 해도 그럴 수는 없었다.

이 아무 문제 없는 내부 의사소통 과정을 어떻게 입수했는지 모르겠지만, 「제저벨」의 블로거 아이린 카먼은 미국 서부 시각(「제저벨」은 동부인 맨해튼에 본사가 있다)으로 오전 6시 25분에 이에 대해 질문하는 이메일을 내게 보냈다. 사실, 그녀는 질문하는 척했다. 이메일을 다음과 같은 글로 끝맺었기 때문이다.

최초의 정보를 담은 우리의 게시물이 곧 올라갈 것이지만, 업데이트를 하거나 후속 게시물을 올릴 수 있기를 간절히 기대합니다. 감사합니다.
— 아이린

내가 눈을 비비며 잠에서 깨고 나니 게시물은 이미 올라가 있었다. 그걸 보자 가슴이 철렁 내려앉는 느낌이 들었다. 솔직히 놀라웠다. 나는 블로그가 어떻게 작동하는지 알고 있었고 그에 대해 충분히 냉소적이었지만, 그럼에도 일이 심상치 않게 돌아가겠다는 느낌이 들었다.

「제저벨」의 기사 제목은 '아메리칸 어패럴의 신상품 매니큐어에는 유독 물질이 들어 있는가?'였다.

「제저벨」의 무모한 추측을 해소하자면, 답은 다음과 같다. 아니, 그렇지 않다. 명백히 아니다(이런 질문 형식의 기사 제목에는 대부분 이처럼 답할 수 있음을 기억하라). 유출된 이메일은 문제가 유리 용기에 있다는 점을 구체적으로 명시하고 있었고 매니큐어에 대해서는 일언반구도 없었다. 하지만 카먼은 이 사실에 관심이 없었다. 카먼은 문제를 공정하게 다루는 기사를 쓰는 것에도 전혀 관심이 없었다. 과연 그녀가 자신의 음흉한 질문에 대한 실질적인 답을 원했겠는가? 게시물을 이미 써놓았는데. 빌어먹을, 이미 포스팅을 했는데 말이다.

매니큐어 병에 대해 공개적으로 논할 계획이 아직 없었던 터라, 입장문을 회사 변호사에게 승인받는 데 한 시간이나 걸렸다. 그 동안 이미 수십 개의 다른 블로그가 그녀의 주장을 앵무새처럼 되풀이하고 있었다. 매니큐어에 대해 긍정적인 논평을 게시했던 블로그 중 상당수가 그녀의 허위 기사를 따랐다. 기사가 아주 흥미진진했기 때문에 그들은 사실이든 거짓이든 그걸 게시해야만 했다.

약 한 시간 만에 나는 카먼에게 이메일로 입장문을 보냈다. 나는 이로써 우리가 첫 번째 게시물에 대한 후속 기사 제안에 응한 것이라고 생각했다.

병이 깨졌다는 보고를 몇 건 받은 뒤, 저희는 내부적으로 소매점 및 시중에 퍼진 상품들 모두를 리콜하겠다는 결정을 내렸습니다.

저희는 매니큐어 생산을 위해 미국 내의 작은 제조사를 택했습니다. 이는 저희가 그들의 사업 모델을 지지하며, 그 사업을 운영하는 가족에게 깊은 애정을 느꼈기 때문입니다. 하지만 1차 생산 물량에서 손쉽게 결함이 발생하는 것이 모든 제조업이 처한 현실입니다. 저희는 지난주 내내 2차 물량 생산에 필요한 개선책을 찾기 위해 제조사와 협력했습니다. 저희가 미국에 기반을 둔 회사를 택한 또 다른 이유는 그래야만 변화를 주기가 쉽기 때문입니다. 그 결과, 저희는 지금 문제가 되는 부분을 최대한 신속하게 조사하고 있습니다. 저희는 여전히 협력 공장을 신뢰하며, 새로운 매니큐어는 2주 안에 매장에 입고될 것입니다.

저희는 1차 생산 물량에 해당하는 매니큐어 제품이나 영수증을 가지고 오는 모든 분께 새 매니큐어 2병 또는 10달러 상당의 상품권을 교환품으로 제공하고자 합니다.

다른 사항에 대해 말씀드리자면, 저희는 매장에 있던 병을 폐기하는 문제를 아주 심각하게 받아들이고 있습니다. 저희 매니큐어는 프탈산디부틸, 톨루엔, 포름알데히드를 함유하고 있지 않지만, 저희는 매장 쓰레기통에 재고품을 버리는 것을 원치 않습니다. 저희는 재고품을 적절히 처리하기 위해 내부 운송망과 유통 회사를 동원해 매니큐어를 수거하고 제거하는 작업을 준비하고 있습니다.

나는 이것이 훌륭하고 윤리적인 대응이라고 생각했다. 하지만 너무 늦었나 보다. 카먼은 입장문을 복사해서 기사 하단에 붙여 넣었고, 기사 제목은 그대로 둔 채로 끝에 '업데이트'라는 문구만 추가했다. 입장문은 그녀가 쓴 기사의 전제를 반증하는 것임에도, 카먼이 암시한 바는 자신이 대부분 옳고 그저 몇 가지 새로운 세부 사항을 추가했다는 것이었다. 하지만 그녀는 옳지 않았다. 그녀는 완전히 틀렸지만, 그건 문제가 아니었다. 왜냐하면 독자의 마음을 바꿀 기회는 지나가버렸기 때문이다. 사실은 이미 확립됐다.

설상가상으로, 카먼은 내 이메일에 답하면서 자신이 우리 회사에 대해 쓰려고 계획한 또 다른 조작된 기사에 대해 질문했다. 그녀는 재차 다음과 같은 말로 이메일을 끝맺었다.

그런데, 참고로 말하자면, 제 첫 게시물에 귀하의 대답을 포함시킬 수 있기를 원하지만, 안타깝게도 그걸 기다릴 수 없을 것 같습니다. 그러므로 귀하가 여기에 즉시 답을 주신다면 좋을 것 같습니다.

이 논란은 결국 우리가 그렇게 열심히 지원한 매니큐어 회사를 망가뜨리는 상황으로 이어졌다. 블로그가 가짜 기사를 올리려고 달려들지 않았다면, 이 문제는 조용히 처리됐을 것이다. 카먼의 게시물에 뒤이은 대중의 격렬한 반응은 화장품 회사가 감당할 수 없는 즉각적이고 대대적인 것이었다. 그들이 실수를 했다는 건 의심의 여지가 없지만, 보도된 내용과는 달랐다. 엉뚱한 대상을 겨냥한 블로거 무리의 분노가 낳은 논란과 압박에 어쩔 줄 몰랐던 작은 제조사는 주문 물량을 맞추지 못했다. 사업은 혼란에 빠졌고, 회사는 나중에 아메리칸 어패럴로부터 다양한 손실 복구를 위한 피해 보상금 500만 달러 규모의 소송을 당했다. 변호사가 말한 것처럼, 매니큐어 회사가 제조상의 실수에 대한 책임은 있지만, 만약 근본 원인인 카먼의 불필요한 공격과 성급한 판단이 아니었더라면 모든 일은 잘 풀렸을 것이다.

카먼은 미디어 조작자다. 스스로 그걸 모를 뿐이다. 그녀는 자신을 기자로 생각할지 모르지만, 그녀가 하는 일은 미디어 조작이다. 그녀와 나는 똑같이 사기를 친다. 사실을 왜곡하는 것에서부터 존재하지 않는 이야기를 지어내고 이익을 위해 사람들의 주목을 무자비하게 이용하는 것까지. 그녀는 내가 하는 일, 즉 주목을 현금화하기 위해 미디어 조작자가 하는 일을 한다. 그럼에도 저널리스트는 일반적으로 좋은 사람으로 인식된다.

조작의 패턴

〈존 스튜어트의 더 데일리 쇼〉가 여성을 싫어한다는 것을 알고 있었는가? 오랫동안 여성을 차별하고 해고했다는 것도? 공동 기획자 중 한 명이 여성이었고, 가장 잘 알려지고 가장 오랫동안 쇼에 나온 기자 중 한 명도 여성(지금은 자신의 프로그램을 진행한다)이었으며, 여성 혐오나 차별 혐의를 입증하는 어떠한 증거도 없지만, 그럼에도 누군가가 이런 선정적인 관점으로 기사를 쓰는 것은 막을 수가 없다.

그리고 2010년 6월, 「제저벨」의 그런 오만한 기사가 〈더 데일리 쇼〉를 강타했다. 아이린 카먼의 기사는 매니큐어 기사가 우리에게 그랬던 것처럼 그들에게 불의의 습격을 가했다. 사건은 카먼이 〈더 데일리 쇼〉의 여성 문제'라는 제목의 기사를 게시하면서 시작됐다.[1] 카먼은 더 이상 프로그램에 참여하지 않는 사람들의 흥미진진한 발언을 인용하면서, 이 프로그램이 여성들의 코미디 재능을 발굴하고 발전시키는 데 인색한 전력이 있다고 주장했다. 카먼 또한 스스로 유명해지기로 결심했다. 지금쯤 예상했겠지만, 이 기사는 세상을 떠들썩하게 했다. 그러나 그녀는 기사를 쓸 때, 당시 〈더 데일리 쇼〉에서 일하던 누구와도 직접 인터뷰하지 않았다. 익명의 비공식 취재원들을 활용하는 게 훨씬 더 쉬웠기 때문이다. 8년 전 그곳에서 일한 전 직원 같은 사람들 말이다.

관련 기사들은 총 50만 번 넘게 읽혔다. 〈ABC 뉴스〉, 「허핑턴 포스트」, 「월 스트리트 저널」, 「E!」, 「살롱」이 이 내용을 다루었다. 카먼의 상사이자 「고커」의 발행인 닉 덴턴은 직원들에게 보낸 메모에서, 이 기사가 돈으로는 살 수 없는 종류의 홍보를 했다고 칭찬했다. "이것은 미디어에 널리 유포됐고, 추가적으로 몇 건의 논쟁을 낳았으며, 인플루언서와 추문 폭로자라는 우리의 지위를 확인해주었습니다." 존 스튜어트는 심지어 방송에서 이 기사에 대응해야 했다. 「뉴욕 타임스」는 카먼과 웹사이트에 "투쟁을 두려워하지 않는 웹사이트"라는 빛나는 프로필을 선사했다.[2] 그렇다. 공정하게 싸울 생각이 없을 때는 투쟁하기 쉽다.

게시물이 얻는 페이지뷰에 따라 급여가 결정되는 카먼 같은 자에게 이 건은 홈런이었다. 그리고 덴턴 같은 발행인으로서는, 이 기사가 불러일으킨 소란은 그의 회사를 광고주에게 더욱 매력적으로 보이게 하고 브랜드 가치를 높여주는 일이었다.

그녀의 기사가 거짓이라는 사실은 중요하지 않았다. 이것이 조작 패턴의 일부라는 것도 중요하지 않았다.

이 기사가 발표되고 며칠 뒤, 〈더 데일리 쇼〉에서 일하는 여성들은 프로그램의 웹사이트에 공개 반박문을 게시했다.[3] 이 반박문에 따르면 작가와 프로듀서에서부터 기자와 인턴에 이르기까지 여성의 비율은 전체 직원 중 약 40퍼센트였으며, 그들이 이 프로그램에서 일한 경력을 다 합치면 100년이 넘었다. 이들은 블로거가 무슨 짓을 하고 있는지 놀랄 만큼 명료하게 이해하고 있었다. 이들은 "여기에서 일하지 않는 사람들" 앞으로 이 반박문을 발표했으며, 카먼의 기사를 두고 "〈더 데일리 쇼〉가 성차별을 한다는 결론을 미리 정해놓은, 조사를 충분히 하지 않은 블로그 게시물"이라 말했다.

내가 직접 그런 상황을 경험하지 않았다면, 나는 이 반박문을 봤을 때 진실이 이길 것이라고 기대했을 것이다. 하지만 인터넷 세계는 그렇게 돌아가지 않는다. 다음 날 「뉴욕 타임스」는 이 반응에 대한 기사를 실었다. '〈더 데일리 쇼〉의 여성들이 제작진은 성차별주의자가 아니라고 말하다.'[4]

이것이 얼마나 웃기는 일인지 생각해보자. 「제저벨」의 기사가 먼저 나왔다는 이유 때문에 〈더 데일리 쇼〉에서 일하는 여성들의 반박문은 사실을 보여주는 반박이 아니라 단지 반응으로 치부됐다. 그들의 주장이 얼마나 설득력이 있는지와 무관하게, 프로그램의 성차별에 관한 카먼의 잘못된 주장이 미국에서 가장 큰 신문에서 반복된 것이다. 그들은 이미 제기된 혐의를, 그것이 아무리 거짓된 것이라고 해도 절대 되돌릴 수 없었고, 단지 부정할 수만 있었다. 그리고 인터넷상에서 부정은 아무것도 의미하지 않는다.

이 프로그램의 여성 공동 책임 프로듀서인 카하니 쿠퍼먼은 「뉴욕 타임스」에 말했다. "아무도 저희에게 전화하지 않았고, 아무도 저희와 이야기하지 않았습니다. 저희는 여기에서 일하는 저희가 상황을 통제해야 한다고 느꼈습니다." 그녀는 일이 어떻게 돌아가는지 몰랐다. 「제저벨」이 상황을 통제하고 있었다. 카먼이 그것을 요란하게 선전했고, 다른 누구도 그것에 대한 권리가 없었다.

기사가 게재된 다음 날, 〈더 데일리 쇼〉가 기사에 대응하기 전, 카먼은 이 주제와 관련해 '〈더 데일리 쇼〉의 성차별에 대한 설득력 없는 다섯 가지 변명'이라는 제목으로 또 다른 게시물을 올려서 관련자의 비판과 회의적인 댓글을 사전에 차단했다. 이것은 그녀의 불확실한 비난을 의심하는 모든 사람을 무시하고 페이지뷰에 굶주린 그녀 버전의 현실을 확고히 하기 위한 선제공격이었다.[5]

첫 번째와 두 번째 기사의 제목에서, 우리는 그녀가 무슨 짓을 하고 있는지 알 수 있다. 첫 번째 게시물의 〈더 데일리 쇼〉의 "여성 문제"가 두 번째 게시물에서는 "성차별"이 됐다. 첫 번째 제목이 다음 제목을 구축한다. 즉, 첫 번째 글의 가정이 두 번째 글의 근거가 됐다. 그녀의 기사는 자체적으로 증명을 한 것이다.

「뉴욕 타임스」가 카먼에게 이 기사와 관련한 인터뷰 요청 및 연락을 받은 적이 없다는 〈더 데일리 쇼〉 여성들의 주장에 답변할 것을 요구하자, 그녀는 "더 이상 대답하기를 거부"했다. 반면 〈더 데일리 쇼〉가 카먼과 대화하기를 거부했을 때, 이것은 그들이 뭔가를 숨기고 있다는 증거가 되어버렸다. 이중 잣대, 바로 그것이다.

카먼은 〈더 데일리 쇼〉에서 일하는 여성 수십 명의 발언을 반영해 기사를 업데이트했을까? 그들의 응답을 정당하게 다루었을까?

아니, 당연히 아니다. 단어 40개짜리 게시물(40단어!)에서, 카먼은 '공개 반박문'이라는 태그를 달아 그들의 성명을 링크했고, 자신이 이 기사를 쓰고 있을 때 그들이 목소리를 냈더라면 좋았을 것이라고 불평했다. 카먼은 그들이 자신과 대화하려고 애썼다는 반박문의 주장을 인정하지 않았으며, 어렵고 시간이 걸리더라도 기사를 내기 전에 그들의 입장에서 이야기를 들어보는 것이 그녀의 일이라는 사실을 전혀 받아들이지 않았다.[6]

당신은 얼마나 많은 「제저벨」 독자들이 새 기사를 읽었으리라고 생각하는가? 기사가 업데이트된 것을 보기나 했을까? 혐의를 제기한 게시물은 조회수가 33만 3000건이었다. 〈더 데일리 쇼〉 여성 스태프들의 반응을 보여주는 게시물의 조회수는 그것의 3퍼센트인 1만 건에 불과했다.

카먼이 정말 〈더 데일리 쇼〉에 반복적으로 코멘트를 요청했을까? 이와 같은 주요 텔레비전 프로그램은 일주일에 수백 개의 요청을 받을 것이다. 그녀는 누구에게 연락했을까? 그들에게 응답할 시간을 줬을까? 기사 발표 몇 분 전에 피상적인 경고를 했을 가능성이 훨씬 크지 않을까? 내 경험에 비추어보면, 이 모든 질문에 대한 답은 끔찍하다. 그녀는 당연히 「뉴욕 타임스」에는 자신의 취재 방식을 설명하지 않았을 것이다. 내가 근거로 삼아야 하는 것은 카먼과 관련된 내 개인적 경험인데, 이에 따르면 그녀는 매 순간 자신에게 가장 득이 되는 행동을 한다. 나는 진실이 대박 기사에 방해가 될 때, 그녀가 진실을 어떻게 취급하는지를 봤다.

이와 같은 방식에는 뭔가 깊이 뒤틀린 점이 있다. 카먼의 비난은 〈더 데일리 쇼〉에서 일하는 여성들의 반응에 대한 게시물보다 5

배 많은 조회수를 기록했다. 후자가 전자의 대부분을 반증했는데도 말이다. 이 두 기사에 대해 블로그 기자가 보상받는 방식에는 문제가 있다(그녀는 이 주제를 가지고 세 번째, 네 번째, 다섯 번째 기사도 용케 짜냈는데, 그것들은 총 페이지뷰 50만 건 이상을 기록했다). 마지막으로, 덴턴의 사이트가 단순히 존 스튜어트 같은 문화 아이콘과 맞서는 것만으로 이득을 본다는 사실에도 문제가 있다. 그들의 보도가 나중에 신빙성을 잃는다고 해도 말이다. 그들은 이를 알고 있기 때문에 그 짓을 하는 것이다.

이것이 인터넷상에서 조작이 이루어지는 방식이다. 블로그 기자는 자기에게 이득이 될 만한 이야기, 혹은 개인적으로나 이념적으로 조장할 이유가 있고 누군가 진위 여부를 확인하러 나설 기회를 갖기 전에 사람들의 의식 속에 집어넣을 수 있는 이야기를 찾는다.

「고커」의 편집자였던 에밀리 굴드는 나중에 「슬레이트」에 '제저벨'과 같은 페미니즘 성향의 블로그는 어떻게 여성의 가장 나쁜 성향을 활용해서 페이지뷰를 만들어내는가'라는 제목의 글을 썼는데, 여기에서 그녀는 이러한 기사의 이면에 있는 동기를 설명했다.

이 사례는 페미니스트 블로그 세상이 내가 '분노 세계'라고 생각하는 시장의 힘을 활용하는 경향을 전형적으로 보여준다. 예를 들어, 「제저벨」처럼 여성을 대상으로 하는 영리 목적의 주류 블로그와, 이보다는 약하지만, 「슬레이트」의 'XX 팩터XX Factor'와 「살롱」의 '브로드시트Broadsheet'에서는 정기적으로 격렬한 비난 여론이 발생한다. 독자들은 정당한 분노를 하고 있다고 유도하는 기자들에 의해 불같이 화를 내게 되지만, 사실 이것은 페미니즘으로 교묘하게 선전되는 쩨쩨한 질투일 뿐이다. 이런 격렬한 비난 여론은 페이지뷰를 알선하는 블로그 사업에 굉장히 도움이 된다.[7]

한 걸음 더 나아가보겠다. 아이린 카먼과 같은 블로그 기자는 질투보다는 빠른 상황 판단을 수반한 이기심과 자신의 행동이 일으키는 결과를 무시하는 능력에 따라 움직인다. 우리가 본 것처럼, 이것이 카먼의 패턴이다. 그녀는 멈추지 않을 것이다.

불과 몇 달 뒤, 이전의 성공을 재현해야 했던 카먼은 제작자 겸 감독인 저드 애퍼타우에 대해 비슷한 기사를 지어낼 기회를 엿봤다. 그녀는 한 파티에서 그를 발견한 뒤 다시 한번 인기 있는 유명인에게 부인할 수 없는 혐의를 제기함으로써 〈더 데일리 쇼〉 기사를 대중의 인식 속으로 집어넣었을 때와 같은 분노를 끌어내려고 했다.

그날 저녁에 실제로 있었던 사건은 저드 애퍼타우가 친구가 주최한 파티에 참석한 것이었다. 카먼은 자기가 쓰려던 기사를 위해 그를 궁지에 몰아넣어 곤란하게 만들려고 했지만 실패했다. 그런데도 블로그 세상에서는, 다음과 같은 내용이 헤드라인을 장식한다. '저드 애퍼타우가 여성 캐릭터에 관한 자신의 전력을 변호하다'. 이것은 조회수 약 3만 5000건과 댓글 100개를 기록했다.[8]

카먼은 그를 '낚으려' 했다. 그녀를 인정해줘야겠다. 이번에는 희생양으로 만들고 싶은 사람과 실제로 이야기를 하기는 했으니까. 그녀는 스튜어트에게 했던 것과 같은 암시와 논란으로 애퍼타우를 함정에 빠뜨리려 했다. 카먼은 인터뷰를 하면서 애퍼타우의 영화에 대한 개인적인 비판을 일반적으로 받아들여지는 사실인 양 여러 차례 말했고, 자신은 단지 전달자일 뿐이라면서 '비평가'를 들먹이며 마치 자기가 하는 얘기가 아닌 것처럼 꾸몄다.

다음은 인터뷰 내용이다.

Q. 그래서 그런 비판을 받은 것이 부당하다고 생각합니까?

A. 오, 저는 분명히 부당하다고 생각합니다. 하지만 괜찮습니다.

Q. 자신에 대한 변호 내용을 좀 더 자세히 듣고 싶은데요.

A. 저는 변호하는 게 아닙니다.

Q. 그런 대화와 비판을 접하면 작업 방식을 바꾸나요?

A. 저는 제 영화를 평가하면서 수천 명의 사람과 이야기를 나누지만 그런 비판을 전혀 듣지 못했습니다. 인터넷에서 그런 이야기를 하는 사람들은 흥미로운 읽을거리를 만들어내고자 소동을 일으키려는 것 같습니다. 영화를 만들 때 수천 명의 사람이 영화에 관한 개인적인 감상을 전하는 글을 작성하지만, 제 어떤 영화에 대해서도 그런 비판이 날아온 적은 결코 없습니다.

다시 말해, 그녀의 주장에는 아무것도 없다. 하지만 어쨌든 게시물은 올라갔고, 그녀는 마찬가지로 돈을 벌었다. 2010년과 2011년에 있었던 사건의 악명으로 인해 카먼은 「살롱」의 직원이 됐고 「포브스」의 '30세 이하 대표 30인' 목록에 이름을 올렸다. 현재 그녀는 MSNBC의 고정 출연자다. 이 모든 것이 그녀에게 대단히 유리하게 작용한 것이다.♦

한편이 다른 편으로부터 배우는 방식

최근 모든 종류의 정치 집단이 이 전술을 알고 활용하기 시작했다. 우파가 어떻게 힐러리 클린턴의 건강 문제를 선거기간에 대화의 주제로 만들었는지 보라. 그들이 어떻게 그녀의 이메일과 클린턴 재단을 중요한 문제로 보이게 했는지 보라. '피자게이트', 즉 민주당과 클린턴이 워싱턴 D.C.의 피자 가게에서 운영되는 정체불명의 국제적 아동 성매매 조직과 어떤 식으로든 관련이 있다는 대안우파의 주장을 보라. 알렉스 존스(그의 팬들은 「제저벨」의 팬들보다 약간 더 광적이다) 같은 음모론자들은 편집증적인 질문을 반복하고 혐의를 제기하며 주류 미디어의 주목을 끌었다. 일부 사람들이 그 혐의들을 사실로 믿기에 충분할 만큼 말이다.

이 전략은 '우려를 이끌어내기(concern trolling)'라고 불리게 됐는데, 상대편의 윤리 의식과 공감 능력을 악용하기 위해 화나고 불쾌한 것처럼 행동하는 것을 이른다. 예를 들어, 2017년에 「뉴욕 타임스」의 한 기자는 영부인을 매춘부로 만들겠다는 래퍼 바우와우의 트윗에 "@BreitbarkNews의 분노는 개 짖는 소리를 낼 것이다"라는 농담으로 답했다.(래퍼 스눕 독이 트럼프 대통령을 조롱하자 트럼프가 스눕 독을 비난했고, 이에 래퍼 바우와우가 '트럼프, 당신 아내를 성 노예로 만들기 전에 스눕 독에 대한 비난을 그만두라'는 내용의 트윗을 게시했다. 그러자 「뉴욕 타임스」의 한 기자가 이와 같은 농담 댓글을 단 것이다. 참고로, 「브라이트바트 뉴스」는 친트럼프 성향의 매체였으며, 게시물에 개와 관련된 조크를 담곤 했다. ― 옮긴이)◆◆ 이에 대해 트롤들은 행동을 개시했는데, 그들은 기자가 성 노예에 대한 농담을 했으며 그가 '강간 문화'를 조장한다고 했다. 물론 기자는 그런 짓을 한 적이 없고, 그보다 더 중요한 건, 그 트롤들은 강간 문화라는 게 존재한다는 것조차 부인하는 부류라는 것이다. 하지만 그들은 「뉴욕 타임스」의 옴부즈맨이 회신을 보내서 기자를 질책하게 할 정도로 교묘하게 가짜 우려를 연출해냈다. 결국, 기자가 정말로 무분별한 말을 했고 사람들은 정말로 기분이 상한 것처럼 보였지만, 유감스럽게도 그것은 사실이 아니었다.

이 전략의 사악함은 다음과 같다. 이러한 전략이 실시될 때, 상대 진영에 있는 이들은 어떻게 반응해야 할까? 그들은 불공정하게 싸우는 이들과 싸우게 되는 것이다. 이미 일어난 사건에 대해 이야기하는 것은 설득력 없는 혐의에 더 많은 방송 시간을 제공할 뿐이다. 상대 진영에 있는 이들이 기분이 상하지 않았다고 주장하는 것은 변명으로 들린다. 난감하고 기막힌 종류의 가스라이팅(gaslighting, 가

◆ 이 장에서 발췌한 글이 「보잉보잉닷컴」에 실린 뒤, 아이린은 「살롱」에 '내가 저널리즘을 죽였나?'라는 제목의 답변을 게재했다. 짐작했겠지만, 이 기사는 자기 행동에 대한 온갖 합리화로 가득했고 내 핵심 비판은 비켜가는 자기중심적인 글이었다. 내 비판은, 그녀가 세간의 이목을 끄는 대상을 설득력 없는 혐의로 공격한 이유는 그것이 블로깅의 사업 모델이기 때문이라는 것이었다. 터커는 이 링크를 보고 내게 이메일을 보내서 좋은 조언을 해줬다. "그녀는 완전히 바보네요. 당신이 이겼으니 계속해요."

◆◆ 「브라이트바트 뉴스」에 대해서는 다음 장에서 더 다룬다.

해자가 대상의 심리나 상황을 조작하여, 대상이 스스로를 의심하게 만들어 정신적으로 예속화하는 행동을 일컫는 심리학 용어 — 옮긴이)이다. 이 전략은 너무나 효과적이어서, 피자게이트의 경우, 진짜 돌격소총을 든 사람이 그 피자 가게에 들어가 '수사'를 하고 총을 발사하는 일까지 발생했다.

　나는 지금 정치적인 주장을 하려는 것이 아니다. 좌파가 하건 우파가 하건 간에, 이건 쓰레기 같은 짓이다. 심지어 아이린의 의도가 좋은 것이었다고 해도, 즉 그녀가 정말로 세상을 바꾸고 싶었다고 해도, 이런 식의 분노 제조업이 우리를 어디로 끌고 왔는지 봐야 한다. 조작자가 발행인이나 블로거와 구별이 안 된다. 과거에는 진보주의자가 배후에서 미디어를 조종했지만, 우파도 그 방법을 알아낸 게 분명하다. 그러나 이 때문에 상황에 균형이 생긴 것은 아니다. 진실을 알기 더 어려워졌을 뿐이다. 우리 주변에는 조작과 조작자가 넘쳐난다. 내 말을 못 믿겠다면, 계속 읽어보라.

14

다른 이들이 있다: 조작자 명예의 전당

우리는 배후에 있는 부자들의 도구다.
우리는 꼭두각시다.
그들이 줄을 당기고 우리는 춤을 춘다.

― 존 스윈턴(저널리스트), 「뉴욕 선」(1880)

때로는 조작자만이 다른 조작자의 소행을 알아본다. 블로그의 인센티브 체계를 어떻게 활용해야 할지 연구하면서, 나는 아주 놀라운 사실을 발견했다. 나 혼자가 아니라는 것이었다. 그런데 내가 (훌륭한 책을 팔고, 미국산 의류를 파는) 좋은 일을 하는 기업을 위해 일하는 반면에, 이들은 국가적인 논쟁에 영향력과 힘을 행사했다. 이것은 정치를 바꾸고 국민의 삶을 뒤엎었다.

셜리 셰러드를 기억하는가? 이 흑인 여성이 인종차별적인 연설을 했다는 영상이 온라인에 등장한 뒤 그녀는 미국 농무부 지역 책임자 자리를 잃었다. 이 사건의 배후에는, 나 같은 사람이 물건을 팔려고 이용하는 것과 같은 전략을 사용해 후진적인 아이디어를 파는 정치 조작자가 있었다.

이 영상은 전국적인 소동을 야기했다. 몇 시간 만에 한 블로그에서 수십 개의 블로그로, 케이블 뉴스 웹사이트로, 신문으로 퍼졌고, 이 순환이 반복됐다.◆ 셰러드는 즉시 사임할 수밖에 없었다. 이 영상을 게시한 남성은, 지금은 고인이 된 앤드루 브라이트바트였다.

물론 지금 우리는 셰러드가 인종차별주의자가 아니라는 것을 안다. 사실 그녀가 한 연설의 주제는 '인종차별주의자가 되지 않는 법'이었다. 하지만 이 기사를 되풀이한 블로거와 기자는 선정적인 기

◆　진보적 언론 감시 단체인 '미디어 매터스 포 아메리카Media Matters for America'에 따르면, 「폭스뉴스닷컴」과 블로그 「게이트웨이 펀딧Gateway Pundit」이 이 기사를 처음 포착했고, 몇 분 만에 「핫 에어Hot Air」와 수십 개의 다른 블로그(대부분이 유튜브 동영상을 삽입했고 인종차별주의라는 주장을 되풀이했다)가 뒤를 이었다. 이 기사를 되풀이한 첫 번째 텔레비전 방송국은 뉴욕시에 있는 CBS 계열사였다. 다음은 「드러지 리포트」였고, 전국의 거의 모든 야간 케이블 뉴스와 다음 날 아침 뉴스의 헤드라인이 그 뒤를 따랐다. 완벽하게 미디어 사슬을 타고 올라간 셈이다.

사를 좇고 있었으므로, 브라이트바트가 제공한 제한된 자료만을 활용해 실시간으로 보도했다. 기사를 뒷받침할 새로운 증거가 없었음에도, 각 보도는 지난 보도보다 더 극단적이고 확정적인 것이 됐다.

이 사건은 현대 정치사에서 상당히 당혹스러운 순간이었으며 많은 것을 말해준다. 이 대실수는 오바마 대통령이 행정부의 성급한 판단을 비판하고 셰러드에게 개인적으로 사과하는 것으로 끝났다. 오바마는 〈굿 모닝 아메리카〉에 나와 한탄했다. "지금 우리는 유튜브나 블로그에 뭔가가 올라오면 모든 사람이 아귀다툼하는 미디어 문화에서 살고 있습니다."

브라이트바트는 사람들을 서로 싸우게 하는 데 달인이었다. 나는 블로그를 하는 마음을 이해해야 하는 순간이 올 때마다, 앤드루 브라이트바트가 컴퓨터 앞에 앉아서 이 동영상을 편집하고 게시하는 모습을 마음속에 그려본다. 그도 인종차별주의자가 아니었기 때문이다. 좌파의 오해와 달리, 그는 당파심이 강한 괴짜도 아니었다. 그는 나처럼 미디어 조작자였을 뿐이다. 어떤 면에서 나는 그가 부럽다. 나로 하여금 이 책을 쓰게 한 죄책감 없이, 그는 조작을 할 수 있었기 때문이다.

브라이트바트는 「드러지 리포트」의 첫 번째 직원이자 「허핑턴 포스트」의 창립 직원이었다. 그는 지배적인 위치에 있는 보수 블로그와 진보 블로그, 그 모두를 구축하는 것을 도왔다. 그는 단순히 공론이나 일삼는 사람이 아니었다. 그는 확산 전문가, 즉 선동가였다.

그의 관점에서 보면, 그가 게시한 셰러드 동영상이 신빙성을 잃은 것은 실패가 아니었다. 셰러드 동영상은 그와 그의 블로그를 미국에 있는 거의 모든 미디어 업체의 입에 오르내리게 해줬다. 셰러드는 부수적인 피해자일 뿐이었다. 정당 조직은 브라이트바트의 노리개였고, 그는 자기가 원하는 것(펄펄 뛰면서 그를 주목하는 것)을 그들이 하도록 만들었다. 그는 절대 이런 걸 고백하지 않았을 테니까, 내가 대신 해보겠다.

브라이트바트는 기사를 완벽하게 준비했다. 편집된 동영상을 두 부분(각각 2분 30초와 1분 6초)으로 나눔으로써 빠르게 소비되도록 했으며, 블로거가 보고 재배포하기 쉽게 했다. 편집되지 않은 동영상은 길이가 43분으로, 누군가 그의 작업에 찬물을 끼얹기 위해 영상 전체를 끝까지 볼지조차 의심스러웠다. 이 게시물의 제목은 '영상 증거: 전미유색인지위향상협회 시상식의 인종차별주의'였다. 이 게시물에서 그는 단어 1300개 대부분을 티 파티를 억압하려 하는 가상의 존재들과 싸우는 데 소모했으며, 동영상의 출처는 밝히지 않았다.

블로그, 케이블 채널, 신문은 속은 것에 대해 불평했지만, 브라이트바트는 사실 그들에게 아주 유익한 선물을 줬다. 그의 비난과 그 이후의 반전, '브라이트바트 대 셰러드 논쟁'에 대한 토론을 차례로 보도하면서, 뉴스 업체는 하나가 아니라 세 가지의 기삿거리를 얻게 되었다. 다른 주제들은 대부분 그저 몇 분 동안 지속되지만, 셰러드 논란은 거의 일주일간 지속됐다. 지금까지도 후속 기사를 낼 수 있을 정도다. 브라이트바트는 미디어가 속는 것에 신경 쓰지 않는다는 사실을 그 누구보다 잘 이해했다. 미디어는 거기서 페이지뷰, 평점, 독자를 얻기 때문이다.

2012년 초에 심장마비로 갑자기 사망한 브라이트바트는 이제 우리와 함께하지 않지만, 그건 별로 중요하지 않다. 그는 이렇게 말한 바 있다. "미디어에 먹이를 주는 것은 개를 훈련시키는 것과 같다.

개에게 앉는 법을 가르치기 위해 스테이크를 통째로 던져줄 수는 없다. 개가 배울 때까지 작은 스테이크 조각을 반복해서 줘야 한다." 브라이트바트는 짧은 시간 동안 현장에서 많은 훈련을 담당했다. 개 주인 중 한 명이 사라진 오늘날, 개는 여전히 같은 명령에 반응한다.

스승과 제자

시스템은 몇몇 말썽꾼 정도는 견딜 수 있다. 문제는 이런 말썽꾼들이 복제품을 낳는 것이다. 안타깝게도 브라이트바트가 바로 그런 사례다. 「브라이트바트 뉴스」는 브라이트바트의 사망을 용케 견뎌냈을 뿐만 아니라, 현재 그 어느 때보다 강력하다고 할 수 있다. 실제로 이 사이트의 발행인 스티브 배넌은 도널드 트럼프의 수석 전략가가 됐다. 브라이트바트의 족적은 2016년 선거를 뒤덮었으며, 진실이 보이지 않을 때까지 그 위에 얼룩을 남겼다.

스티브 배넌 외에도, 브라이트바트의 유산은 제임스 오키프와 찰스 존슨 같은 다수의 젊은 미디어 조작자 안에 살아 있다. 이 청년 오키프를 보자. 그는 초기에 브라이트바트에게서 조언과 자금을 얻었다(그리고 나중에는 자신의 법정 비용 일부를 트럼프 지지자들이 처리하게 했다). 오키프는 셰러드 관련 기사만큼이나 대박을 친, 다음과 같은 게시물들을 만들어냈다. 그는 지금은 없어진 사회운동가 단체인 ACORN에 포주로 위장하고 잠입해서 동영상을 찍었는데, 이 영상은 ACORN이 '포주'에게 세금을 피하는 방법을 조언하는 것으로 추정되는 장면을 보여준다. 또 그는 NPR이 이슬람 단체에서 나온 고

액 기부금의 출처를 기꺼이 숨길 의향이 있음을 내비치는 듯해 보이는 장면을 녹화하기도 했다. 심지어 방송국을 곤란하게 만들기 위해서 매력적인 CNN 특파원을 방송 중에 유혹하려는 괴상한 시도를 계획한 적도 있다.

브라이트바트의 영상처럼, 오키프의 작품도 맥락과 실제 사건이 뒷받침하는 것보다 훨씬 더 극단적이고 음흉하게 편집됐다. 그의 동영상이 신속하게 퍼진 이유는, 그것이 성난 공화당원들에게 적합하도록 맞춤 제작됐기 때문이다. 보수 성향의 블로그에 호소하도록 미리 짜 맞춤으로써, 그의 선정적인 기사는 쇠퇴해버린 다른 미디어의 검증과 책임의 근육을 즉각적으로 압도하고 진짜 기사가 된다. 그렇지 않을 때도, CNN 사례에서처럼 뉴스에 이름을 올리기에는 충분하다.

오키프는 브라이트바트로부터, 블로그 시장은 조사 자료나 독자적인 보도가 심각하게 부족한 곳이라는 것을 배웠다. 그걸 생산하려면 돈이 너무 많이 든다. 그래서 그런 비용을 감당하는 대신, 오키프는 블로그가 실제의 대체물로 사용할 수 있는 빈껍데기, 즉 편집된 영상과 허위 조사로 기사를 만든다. 그러고 나서 미디어가 그것을 최대한 빨리 전파하려고 기를 쓰는 것을 지켜본다. 재사용할 수 있는 인상적인 어구와 짧고 충격적인 기사만 있으면 충분하다.

그들은 박해받는 약자라는 망토를 걸치고 있으므로, 필연적으로 발생하는 대중의 반발은 오키프와 브라이트바트에게 피해가 아니라 도움을 준다. 거의 모든 오키프의 기사가 어느 정도 조작된 것으로 밝혀졌다. NPR과 ACORN 스턴트의 원본을 공개하라는 요구를 받았을 때, 주요 혐의의 대부분은 과장되고 조작된 것으로 드러났

괴물의 공격

다. 하지만 그때쯤 피해자들은 이미 실직하거나 공개적으로 낙인이 찍힌 상태였다.

예를 들어, ACORN 영상을 보면, 오키프는 우스꽝스러운 포주 모자와 모피 코트를 입고 지팡이를 들고 있지만, 실제로는 정장에 넥타이 차림을 하고 있었다. 사후에 다른 옷을 입은 장면을 삽입한 것이다. 6개월 후 이 사실이 밝혀졌을 때에는 포주 이미지가 사람들 뇌리에 깊이 새겨진 뒤였고, 이 폭로의 유일한 효과는 오키프의 이름을 뉴스에 다시 올려놓는 것이었다. 조작자라는 사실이 들통나면 조작자는 더 유명해질 뿐이다.

찰스 존슨은 또 다른 조작자다. 나는 그의 잘못을 전부 브라이트바트의 탓으로 돌릴 수가 없다. 찰스는 자신이 정치 선동가이자 트롤로 발전하는 데 내 책이 영향을 미쳤다고 몇 차례 말했기 때문이다. 미주리주 퍼거슨에서 경찰에게 살해된 10대 흑인 소년 마이클 브라운을 개인적으로 비난하겠다는 그의 결정, 그리고 오바마가 게이라는 것을 증명하겠다는 그의 집착이, 내 책과 무관하기를 바란다 (그가 인종에 강한 흥미를 보이는 것에 대해 내가 물었을 때, 그는 흑인이 백인보다 얼마나 덜 지적이고 얼마나 더 폭력적일 가능성이 큰지에 관한 여러 이론을 제시했는데, 내가 보기에 이것은 진정한 인종차별주의이며, '정치적 올바름'을 따르지 않는 언어보다 훨씬 더 심각한 것이다). 어쨌든, 찰스는 스스로에 대해, 논란이 많은 논점을 미디어에 집어넣는 만만찮은 실적을 올렸으며 많은 유력 정치인과 기자에게서 주목을 받고 있다고 주장한다. 이것이 사실이 아니라고 해도, 소동을 일으키려는 그의 시도는 검증 가능하고 실질적인 영향을 미친다. 다음은 그가 2017년에 「데일리 비스트」의 기자 기디언 레스닉과 교환한 이메일을 (요청하지도 않은) 내게 보낸 것인데, 여기서 존슨은 자기가 논란이 되는 '트럼프 문건'을 조작했다고 자백하려 한다.

발신: 찰스 존슨
날짜: 2017년, 1월 10일, 화요일, 오전 11시 50분
수신: 기디언 레스닉
제목: 자백

제 친구들이 「버즈피드」에 가짜 뉴스를 게재했습니다.

2017년, 1월 10일, 화요일, 기디언 레스닉이 보냄:

좀 더 자세히 얘기해주세요.

2017년, 1월 10일, 화요일, 찰스 존슨이 보냄:

제 친구들이 「버즈피드」를 공략한 이유는, 그들에게는 저널리즘의 진실성이 없어서 속아 넘어갈 것임을 알았기 때문입니다.
트럼프와 관련된 장난질은 다음을 참조하십시오.

https://mpcdot.com/forums/topic/8748-rick-wilsons-son-is-a-goddamn-piss-pimp/page__st__40

릭 윌슨은 대안우파를 공격했습니다. 대안우파들은 릭의 아들을 추적했

고, 포주가 되는 법을 알려주는 사이트인 '핌프피트'를 발견했습니다. 고등학생인 그의 아들은 선정적인 성애물을 게시하고 있었습니다.

비록 제가 관여하지는 않았지만, 저는 '상대 몸에 오줌을 누는 행위'를 비롯한 사람들의 창의성을 좋아합니다. 릭 윌슨이 관련됐다면 말입니다. 작년에 그의 아들이 여성의 입에 오줌을 누는 행위를 옹호하며 가학적인 변태 성행위를 요구했으니, 누군가가 윌슨에게 그것을 되돌려준 것은 완벽합니다.

이제 릭 윌슨의 경력은 끝났고, 벤 스미스는 「버즈피드」의 뉴스 부서 편집장직을 내려놓아야 합니다.

문건이 가짜였다거나 존슨이 게시했다고 의심할 이유가 없지만, 기자는 그럴지도 모른다. 누군가의 주장을 기사로 내는 것이 그들에게 이익이 되기 때문이다. 처음에 증명되지 않은 문건을 게재한 것이 이익이 됐던 것처럼 말이다.

존슨이 운영하는 'Wesearchr.com'이라는 사이트는 정보와 유출에 대해서 크라우드 펀딩 포상금을 제공한다. 그러나 이 사이트는 사실 트롤링을 위한 수단일 뿐이다. 예를 들어, 이들은 특정 정치인이 게이임을 입증하는 정보나 오바마가 자신의 베스트셀러 자서전을 대필 작가를 고용해서 썼음을 입증하는 증거를 찾기 위해 돈을 모은다. 이들은 「고커」의 발행인 닉 덴턴이 저지른 '범죄 행위'를 찾아내기 위해 5000달러 이상을 모금했고, 북베트남에 대한 선전선동을 지어내는 존 매케인의 음성 녹음을 확보하기 위해 1만 달러를 모금했다. 이런 주장들이 의심스럽고 터무니없다고 해도, 그건 중요하지 않다. 그것들을 찾기 위해 돈을 모금하고, 그럼으로써 존슨과 그의 지지자들이 자신들의 주장을 되풀이하고 그 주장에 무게를 싣는 것 자체가 조작 행위다.

그들의 게임에서 그들을 이기기

앤드루 브라이트바트는 결국 거짓이라는 것이 널리 입증된 셰러드 기사에 대한 정정 기사를 발표했다. 대단히 잘못된 주장이었고 반발이 거셌으므로 그래야만 했다. 하지만 그는 여전히 반항적이었다. 기사의 서두는 다음과 같았다.

> **정정 기사:** 셰러드 씨가 이 게시물에 포함된 첫 번째 영상에 포착된 발언을 한 것은 그녀가 연방 정부의 임명직을 맡고 있을 때이지만, 그녀의 발언은 그녀가 연방 정부의 직책을 맡기 전에 한 행동을 가리킨다.

아무리 좋게 말해도, 이건 그냥 헛소리다.

혐의를 벗고 브라이트바트를 명예훼손으로 고소하려는 셰러드의 시도는 그가 목소리를 높일 수 있는 또 다른 기회였다.◆ 브라이트바트가 발표한 보도 자료 '앤드루 브라이트바트, 피그포드 소송에 대하여: "덤벼봐"'는 반항적인 호도 행위였다. 이것은 만약 그가 내게

◆ 「고커」를 상대로 한 헐크 호건의 소송에 소송비를 지원해서 승소하게 도운 피터 틸에 경악한 진보주의자들을 위한 사고 연습: 만약 한 억만장자가 브라이트바트를 상대로 한 소송을 지원해서 승소함으로써 그들을 폐업하게 만들었다면, 당신은 화가 날까?

물어봤더라면, 내가 그에게 조언했을 바로 그 행동이었다. 사실 나는 기본적으로 똑같은 일을, 다만 좀 더 저속한 방식으로 해본 적이 있다. 내가 '터커 맥스가 시카고 트랜싯 오소리티의 결정에 응답하다: "엿 먹어"'라는 제목의 보도 자료를 낸 적이 있음을 떠올려보라.

내가 그렇게 한 이유는, 비평가들이 당신을 위해 일하게 만드는 최고의 방법은 이성을 잃을 정도로 그들을 화나게 하는 것이기 때문이다. 분노에 눈이 먼 그들은 당신의 메시지를 모든 이의 귀와 미디어에 퍼뜨린다. 브라이트바트는 자신을 싫어하는 사람들에게 덤벼보라고 함으로써 셰러드 문제를 완벽하게 회피하고, 그것이 노예제도 배상에 관한 거대한 정치적 음모인 것처럼 꾸며서 이를 확실히 성취했다. 브라이트바트는 그녀가 모든 혐의에 대해 무죄일지도 모른다는 것을 전적으로 부인함으로써 베테랑처럼 이 문제를 가지고 놀았다.

대안우파를 반대하는 사람들이 놓치고 있는 점이 바로 이것이다. 그들은 당신의 화를 돋우려 한다. 그들은 당신이 이성을 잃을 정도로 화내기를 원하며, 그것이 그들의 승리 공식이다. 대부분의 브랜드와 유명인은 광범위한 인구 집단에 호소하려 한다. 틈새를 노리는 극단적인 인물에 흥미를 느끼는 것은 작은 하위 집단뿐이다. 이것은 약점으로 보일지 모르지만, 사실 엄청난 기회다. 왜냐하면 그들은 전체 인구의 묵살, 분노, 조롱, 경멸을 신뢰의 증거로 활용하기 때문이다. 앤드루 브라이트바트나 마일로 이아노풀로스, 찰스 존슨은 사람들이 자기를 싫어하는 것에 신경 쓰지 않는다. 그들은 그걸 좋아한다. 그들의 추종자에게 그것은, 그들이 체제 전복적이고 의미 있는 일을 하고 있다는 증거다. 또 그것은 추종자들에게 이야깃거리를 제공한다. 그들의 활동 전체에 절박감과 행동 의지를 불어넣는다. 즉, 목적과 의미를 창조하는 것이다.

그들을 이기는 유일한 방법은 당신의 반응을 통제하고 그들을 난처하게 하는 것이다. 그들은 결국 난처한 상황에 처하게 돼 있다. 나는 앞서, UC 버클리에서 마일로에 반대하는 격렬한 시위가 일어났음을 언급했다. 성인인 대학생들은 펄펄 뛰며 아이처럼 행동했지만, 캐나다에 사는 한 16세 소녀는 그냥 몇 가지 조사를 했다. 그녀는 마일로가 소아성애에 관해 변명의 여지가 없는 발언을 했다는 것을 찾아내서 그것을 보수 집단에 유출했고, 마일로는 며칠 만에 책 계약이 무산되고 「브라이트바트 뉴스」에서 일자리를 잃었다. 이 역설적인 상황은 누군가에겐 더할 나위 없이 달콤했을 것이다.

만약 당신이 분노를 억누르고 셰러드에게 닥친 불운을 잠시 무시할 수 있다면, 브라이트바트와 오키프가 온라인 미디어라는 악기로 어떤 대곡을 연주할 수 있는지 알게 될 것이다. 자리에 앉아 블로그에 게시물을 올릴 때, 그들은 단순히 정치적 극단주의를 내세우는 게 아니라 무자비하게 관심을 끌어모으려 하는 것이다. 이 관심에서 명성과 이익이 나온다. 다시 말해, 관심이 베스트셀러 서적, 돈이 되는 연설과 컨설팅, 기부, 수백만 달러의 온라인 광고 수익을 위한 플랫폼인 것이다.

진실을 거스르는 그들의 절묘한 흉악 범죄는 의도적이고 계획적인 것이다. 흥분해서는 그들을 이길 수 없다. 그들의 게임에서 그들을 이겨야 한다. 빠르면 빠를수록 좋다. 우리가 기다리는 동안 매일 더 많은 부수적인 피해가 발생하기 때문이다.

15

게으른 행동주의는
행동주의가 아니다:
시간과 정신을 흡입하는
온라인 미디어에 저항하기

더 이상 거대한 거짓말은 없다. 거대한 홍밋거리가 있을 뿐이다.
골탕 먹는 건 부끄러운 일이 아니다. 이것은 사회계약의 인장이며,
이 새로운 기만의 계약에 참여한다는 표시다.

— 「와이어드」

당신은 컴퓨터 앞에 앉아서 작업을 시작한다. 5분 뒤, 당신은 말하는 아기들의 모습을 담은 다섯 번째 유튜브 영상을 보고 있다. 어떻게 된 걸까? 당신은 방금 자제력을 잃은 것일까? 아니다, 당신의 자제력과는 아무런 관련이 없다. 누군가 당신의 주목을 확실히 끌 이미지를 은밀하게 삽입해서 영상을 의도적으로 더 매력적이게 만들었을 때, 영상의 길이를 통계상 시청자가 가장 즐겨 보는 길이에 딱 맞게 조정했을 때, 당신이 클릭을 하기 전에 다음 영상이 자동 재생될 때, 당신은 별수가 없다.

영상이 인기 있는 검색어를 중심으로 제작됐다는 얘기를 들으면 놀랄 것인가? 어떤 것이 가장 많은 클릭을 얻는지 확인하기 위해 제목을 여러 번 고쳤다는 얘기에는? 당신이 보는 다음 영상(그리고 다음, 또 그다음 영상)이, 온라인 영상이 텔레비전만큼이나 당신의 인생에서 많은 시간을 차지하게 하려는 목적으로 유튜브가 추천하고 최적화한 것이라면?[1]

당신이 어떤 일도 해낼 수 없는 건 당연하다. 그들은 당신을 내버려두지 않는다.

거대 진보 블로거 맷 이글레시아스가 《정치 블로그 세상에서 성공하기》라는 책에 대한 인터뷰에서 조언했듯이, 핵심은 독자를 계속 중독시키는 것이다. "사람들이 가버리지 못하게 막는 것이 목표입니다. 잠시 틈을 주면, 그들은 그만큼 좋은 것이 또 있다는 것을 알게 돼서 떠나버릴지도 모릅니다."

우리는 한때 순진하게도 블로그가 민주주의에 도움이 될 것이라고 믿었다. TV와 달리, 웹은 수동적으로 소비되지 않았다. 블로그는 참여와 시민행동주의와 연관됐다. 블로그는 편견, 갈등, 조작, 선정주의가 만연한 저질 미디어 세계로부터 우리를 자유롭게 해줄 것처럼 보였다. 하지만 제임스 페니모어 쿠퍼가 19세기에 내다본 것처럼 "신문이 독재자를 타도하는 데 유용하다면, 그것은 신문 자신의 독재를 위해서일 것"이다.

독재는 오늘날의 미디어를 제대로 나타내기에는 부족한 표현이다. 8세와 18세 사이의 사람들은 하루에 대략 여덟 시간 동안 인터넷에 접속한다. 이것은 문자나 텔레비전을 배제한 수치다. 미국인들은 하루에 500억 분 이상을 페이스북에서 보내며, 전체 인터넷 검색 시간의 거의 4분의 1이 소셜미디어 사이트와 블로그에서 쓰인다. 블로그는 한 달에 1억 5000만 개의 영상을 사용자에게 스트리밍한다. 그래서, 결국엔 집단적인 순종과 무관심이 생겨난다. 모두가 정신이 산만한 상태에 빠진 건 의도된 일이다.[2]

웹이 우리에게 자율권을 준다는 말은 사탕발림일 뿐이다. 당신이 온라인에서 소비하는 모든 것은 당신을 거기에 의존하게 만드는 데 '최적화'돼 있다. 콘텐츠는, 미끼를 던지고 정신을 흩뜨려서 당신을 포획하도록 고안된 덫처럼, 클릭하거나 훑어보거나 찾아내도록 제작됐다. 블로그는 당신을 이용해먹기 위해, 즉 당신으로부터 시간을 훔쳐서 그것을 광고주에게 팔기 위해 존재하며, 그들은 매일 그 짓을 한다.

속임수는 어디에나 존재한다

유튜브 검색을 해보니 섹시한 여자가 나올 것처럼 보이는 영상이 있다. 링크를 클릭해보지만, 그녀는 보이지 않는다. 섬네일 속임수의 세계에 온 것을 환영한다. 이것은 유튜브 발행인이 자기 영상을 경쟁자의 영상보다 더 감질나게 만들기 위해 사용하는 일반적인 전략이다. 가장 흔한 수법은 젊은 여자, 특히 벌거벗은 것처럼 보이는 여자를 사용하는 것이지만, 새끼 고양이부터 유명인의 사진까지 무엇이든 사용 가능하다. 그로써 그 동영상에 우선권이 부여된다. 유튜브에서 가장 큰 계정 중 일부가 이런 식으로 구축됐다. 이 기술은 수천수만 건의 조회수를 유도해서 동영상이 '가장 많이 본' 목록에 올라가는 데 도움을 주며, 널리 퍼져나가고 추천을 받도록 해준다.

온라인 동영상 발행인은 유튜브의 허락을 받고 이런 행위를 한다. 원래 유튜브는 동영상 섬네일을 동영상의 중간이나 4분의 1 지점, 또는 4분의 3 지점에서 선택했다. 영리한 조작자들은 클릭을 얻기 위해 이 지점 중 하나에 섹시한 이미지를 삽입하기만 하면 그만이었다. 그런데 유튜브의 파트너 프로그램 회원, 즉 광고 수익을 통해서 유튜브에 기여한 대가로 돈을 받고 회사를 돈방석에 앉게 해주는 사람들은 어떤 이미지든 섬네일로 사용하는 것이 허용된다. 심지어 동영상에 등장하지 않는 이미지도 사용할 수 있다. 유튜브는 섬네일 이미지를 '대표적인 것'으로 하라고 요구한다. 하지만 그들이 실제로 수익성이 있는 속임수를 진지하게 거부한다면, 어째서 이런 관행을 허용하겠는가?

이것은 클릭과 주목을 얻기 위한 끝없는 싸움이기 때문이다. 모든 사람이 우위를 점하려 애쓰고 있다.

가짜 뉴스

며칠 전에 아버지와 이야기를 하는데, 아버지가 어디선가 읽은 뉴스에 대해 내게 질문했다. 그 내용은 혼란스러웠고 앞뒤가 전혀 맞지 않았다. 그래서 나는 온라인에서 그 내용을 찾아냈다. 그 이야기는 「어니언The Onion」에서 나온 것이었다. 그건 풍자였다. 하지만 페이스북에 공유된 제목만 훑어보면 진짜처럼 보였다. 사람들이 악명 높은 거짓말쟁이를 대통령으로 뽑아준 건 놀랄 일이 아니다. 사람들은 거짓말에 속는 것에 익숙하다!

물론 「어니언」만이 이런 현상을 악용하는 건 아니다. 좌파 풍자가 앤디 보로위츠는 자기가 얻는 트래픽의 상당 부분이 풍자와 실제 헤드라인을 혼동하는 사람들의 생각 없는 클릭에서 온다는 것을 알고 있다. 그리고 그의 글을 출판하는 「뉴요커」는 이런 혼동에서 이익을 얻는다.

최근 우리는 거의 노골적인 선전, 즉 사실상 가짜 뉴스를 전문으로 하는 매체들이 증가하는 것을 보고 있다. 「덴버 가디언Denver Guardian」, 「인포워즈Infowars」, 「내셔널 리포트National Report」, 「70 뉴스 70 News」, 「폴리티컬 인사이더The Political Insider」, 「엔딩 더 페드Ending the Fed」 같은 사이트다. 다음과 같은 헤드라인을 보라. '힐러리의 이메일을 유출했다고 의심받은 FBI 요원이 살인을 저지른 후 자살한 것으로 보인다', '위키리크스, 힐러리가 ISIS에 무기를 팔았다는 사실을 확증하다…', '또 다른 충격적 소식! 폭스 뉴스가 메긴 켈리의 배신을 폭로하고 힐러리를 지지한 그녀를 해고했다' 등등. 이 헤드라인들의 내용은 전부 사실이 아니며, 이것들은 기사라고 할 수도 없다.

하지만 그게 바로 핵심이다. 사람들은 사실이라고 느낀다. 페이스북이나 트위터에서 기사를 공유할 때와 같은 내적 동기로 인해 이것들을 공유하고 퍼뜨린다. 리키 밴 빈은 그의 훌륭한 TEDx 강연에서 이 점을 지적했다. 사람들은 자기가 사실이었으면 하는 것과 자기 정체성을 반영해주었으면 하는 것을 수용한다. 심지어 사이트가 평판이 좋은 경우에도 내용은 그렇지 않을 수 있다. 평판이 좋은 업체조차 가짜 뉴스로 트래픽을 얻으려는 충동을 억누를 수 없는 듯하다.

예를 들어, 나는 평소 벤 카슨(유명한 신경외과 의사 출신 정치인. 트럼프 당선 이후 주택도시개발부 장관으로 지명되었다.—옮긴이)을 좋아하지 않는다. 그러나 나는 다음과 같은 「USA 투데이」의 헤드라인을 보고 고개를 저었다. '벤 카슨이 노예들은 사실 "이민자"였다고 말하다'라니, 얼간이 아닌가? 「뉴욕 타임스」 헤드라인도 다를 바 없다. '벤 카슨이 주택도시개발부 직원들에게 노예들은 "이민자"였다고 말하다'. 「뉴욕 타임스」와 「USA 투데이」가 말했다면, 사실일 것이다. 그럼에도 기사를 확인한 이유는 내가 즉각적으로 부정적인 반응을 보였고 나에게조차 이것이 얼빠진 소리로 들렸기 때문이다. 사실, 카슨은 엘리스 섬을 통해 미국으로 들어오는 이민자에 대해 이야기한 뒤, 다음과 같이 말했다.

노예선의 밑바닥에 실려 이곳으로 와서 적은 돈을 받고 훨씬 더 오래, 훨씬 더 힘들게 일한 다른 이민자들이 있었습니다. 하지만 그들도 언젠가 아들, 딸, 손자, 손녀, 증손자, 증손녀가 이 땅에서 번영과 행복을 추구하리라는 꿈을 꾸었습니다.

이 발언을 의도적으로 맥락에서 벗어나게 왜곡하려는 사람만이, 흑인인 카슨이 노예를 자발적인 이민자라고 말했다고 생각할 것이다. 카슨은 분명히 그들이 노예선에 실려서 여기에 왔다고 말했고, 그의 정책에 동의하지 않는 사람들 대부분도 동의할 주장, 즉 아프리카계 미국인은 자녀가 가장 기본적인 꿈을 이룰 수 있게 해주려고 이민자보다 훨씬 더 힘들게 일해야 했다는 주장을 했다. 그러나 누군가가 기사로 더 많은 트래픽을 얻고자 했기 때문에 이 모든 맥락은 삭제되어버렸다.

나는 여전히 벤 카슨을 좋아하지 않는다. 하지만 '가짜' 뉴스 때문이 아니라, '진짜'인 다른 이유 때문에 싫어한다. 이 차이가 얼마나 중요한지는 아무리 강조해도 지나치지 않다. 기사가 사실처럼 느껴질수록 더 회의적인 시선으로 바라봐야 한다. 이름을 처음 들어보는 사이트라면, 기사가 정당하지 않을 가능성이 크다. 분별력을 가져야 하고, 냉소적이어야 한다. '거의 맞다'를 진실과 견해의 기준으로 삼지 말라. 정확성과 올바른 이해를 고집하라.

최고가 입찰자에게 팔기

요새 「허핑턴 포스트」, 「CNN닷컴」, 「슬레이트」 등 모든 주요 온라인 매체에 '파트너사로부터' 또는 '웹으로부터'라는 작은 섬네일과 링크가 나타난다는 것을 아는가? 만약 몰랐다면 알아두라. 이 '파트너사'들은 이들 매체의 실제 '파트너'가 아니다. 이런 링크는 사이트 편집자가 추천할 만한 가치가 있다고 생각해서 직접 고른 게 아니라는 뜻이다(누가 보험사 광고 기사를 자진해서 링크하겠는가?).

이런 링크는 광고의 일부다. 이 분야에서 가장 큰 공급자는 '타불라Taboola'와 '아웃브레인Outbrain' 같은 회사다. 핵심은, 콘텐츠에 관심을 가진 사용자를 속여서 '신용카드 빚으로 허덕이는 사람들은 깜짝 놀랄 수도 있습니다', '저는 아내와 함께 블루 에이프런 식재료 배달 서비스를 써봤는데 결과는요', '섹시한 몸매를 잃은 유명인 10명'처럼 대충 위장한 사기 광고를 클릭하게 만드는 것이다. 내가 이 글을 쓰는 동안에도 「뉴욕 타임스」는 사이트 상단에 '아일랜드 펍은 왜 미국 이민에 대한 은유인가'라는 광고를 게시하고 있는데, 이것은 기네스가 후원하는 것이다.

이런 링크 중 상당수에 비키니 사진 섬네일이나, 체중 감량 성공담, 유명인의 이름이 들어간 제목이 있는 건 우연이 아닐 것이다. 사이트는 클릭으로 돈을 벌고 사용자는 클릭을 되돌릴 수 없으니, 결국 중요한 것은 클릭을 부추기는 전략이다. 더 중요한 것은, 훌륭한 콘텐츠 발행인은 쓰레기 같은 발행인이나 사기 판매원보다 트래픽을 구입할 필요가 훨씬 덜하다는 것이다. 신용카드나 팔고 아무 생각 없는 가십이나 파는 이들에게나, 이런 것을 클릭하는 바보들이 필요한 것이다.

역겨운 느낌이 드는 건 당연하다. 「퓨전닷넷Fusion.net」이 당신에게 신경 쓴다고 생각하겠지만, 사실 그들은 자기들이 만든 독자적인 콘텐츠를 보게 하는 것보다 독자를 다른 사이트로 보내는 편이 수익성 면에서 더 낫다는 것을 계산해서 알아냈다.

물론 모든 사이트가 이런 거래를 하는 건 아니다. 「더넥스트웹닷컴TheNextWeb.com」의 공동 창립자 패트릭 드 레브에게 왜 유독 당신의 사이트에는 '파트너사로부터' 링크가 없냐고 물었을 때, 그는 이렇게 답했다. "우리가 그런 걸 하지 않는 주된 이유는 그것이 독자에게 가치가 없기 때문입니다. 괜찮은 수입원일지도 모르지만, 독자에게 분명한 가치가 있지 않는 한, 굳이 그런 걸 하고 싶지는 않습니다." 하지만 현실은, 대부분의 사이트가 그렇게 한다는 것이다.

중독과 망상의 결과

나는 거들먹거리는 미디어 비평으로 잘 알려진 제프 자비스를 어느 기술 콘퍼런스에서 본 적이 있다. 내 옆에 앉은 그는 표면상으로는 강연을 보고 듣는 척했지만, 한 번도 노트북에서 눈을 떼지 않았다. 그는 내내 키보드를 두드리며 트위터와 페이스북에 접속하고 자기 블로그에 댓글을 남겼다. 세상을 완전히 망각할 정도로 그 짓을 반복했다. 내가 남은 인생 동안 무엇을 하기로 결심하든, 그처럼 되고 싶지는 않다는 생각이 들었다. 왜냐하면 자비스가 강연의 마지막에 패널 질의응답 시간에 일어나 청중뿐만 아니라 강연자를 상대로 발언했기 때문이다. 웹의 세계에서는, 주목하지 않으면 할 말이 없어지는 이유가 뭘까?

웹 문화가 당신을 그렇게 만들기 때문이다. 심리학자들은 이것을 '마취적 역기능(narcotizing dysfunction)'이라고 부르는데, 미디어의 분주함을 진정한 지식으로 착각하고, 미디어를 소비하면서 시간을 보내는 걸 뭔가를 하고 있다고 착각하는 지경에 이르는 것을 일컫는다. 트위터와 소셜미디어의 더 시끄럽고, 더 빠르고, 더 분주한 세계가 도래하기 한참 전인 1948년, 폴 라자스펠드와 로버트 머턴은 다음과 같이 썼다.

> 호기심이 있고 정보에 밝은 시민은 자신의 고고한 호기심과 정보 상태를 자랑스러워할 수 있으며 자신이 결정과 행동을 회피한다는 것을 도외시할 수 있다. 간략히 말해서, 그는 정치적 현실 세계에 대한 2차적 접촉, 즉 자신이 읽고 듣고 생각하는 것을 간접적인 활동으로 여긴다. (중략) 그는 관심이 있고, 정보에 밝다. 그리고 무엇을 해야 하는지에 대해 온갖 생각을 한다. 하지만, 저녁을 먹고 애청하는 라디오 프로그램을 듣고 그날의 두 번째 신문을 읽고 나면, 이젠 잠자리에 들 시간이다.[3]

이것이 우리의 현재 온라인 시스템이 만들어내는 바로 그 반응, 즉 자각하지 못하고 있는 무관심이다. 당신은 거품 안에 완전히 사로잡혀 있기 때문에, 자신이 그 안에 있다는 것조차 깨닫지 못한다. 연구에 의하면, 아이들은 온라인에서 많은 시간을 보낼수록 성적이 떨어진다. 닐슨Nielsen 사의 연구에 의하면, 소셜 네트워크를 적극적으로 사용하는 사람은 오프라인에서 정치와 시사 문제에 대해 의견을 제시할 확률이 26퍼센트 더 높지만, 그들의 의견은 가장 하찮은 것으로 취급당할 뿐이다.

키르케고르는 "말은 공허함을 드러내는 침묵을 두려워한다"라고 했다. 당신은 이제 블로그와 연예 사이트가 공유, 댓글, 클릭, 참여를 그렇게 강하게 밀어붙이는 이유를 안다. 그들은 침묵을 원하지 않는다. 블로그가 30초마다 자동 새로고침을 하는 이유가 있는 것이다. 그들은 당신의 휴대폰에 새 기사를 보내고, 당신이 이메일을 받아 보기를 원한다. 하지만 아무도 당신에게 귀 기울이지 않는다. 그들은 당신을 비웃는다. 그들은 당신이 산만해지면 기뻐한다. 그들은 당신이 소셜미디어에 게시물을 올리면 행복감을 느낀다. 왜냐하면 그것은 당신이 시의회 회의에 나타나지 않으리라는 것, 당신이 투표하지 않으리라는 것을 의미하기 때문이다. 지금은 양측이 양당에 일어나고 있는 엄청난 조작을 받아들여야 할 때다(내가 말하는 양당은 정당이 아니라 사람들을 의미한다). 트위터는 당신이 가능한 한 빨리 그곳을 드나들며 가장 가치 있는 정보를 얻도록 고안된 곳이 아니다. 트위터는 당신을 논쟁과 토론의 말 많은 세계나 모두가 당신처럼 생각한다고 다독이는 반향실로 빨아들이게 돼 있다. 페이스북은 아마도 사람들이 뉴스를 접하는, 세계에서 가장 큰 정보원 중 하나일 텐데, 선거 며칠 뒤 페이스북 측은 페이스북에서 공유된 뉴스가 사용자의 행동에 큰 영향을 미쳤을 수도 있다는 것을 부인했다. 이른바 주목 격차에서부터 의견 제시, 대리 선전 활동, 중독적인 사용자 경험 기사, 자기 기사를 중심으로 보도를 왜곡하는 편집자에까지 이르는 조작 전략으로 인해, 우리는 모두 비현실의 바다에서 익사하고 있다.

사용자들이 잠시라도 멈춘다면, 그들은 실제로 무슨 일이 일어나고 있는지 볼 수 있게 된다. 그러면 이 비즈니스 모델은 무너져 내릴 것이다.

미국을 다시 위대하게 만드는 방법

내 아들은 2016년 11월 9일에 태어났다. 아내는 선거 결과에 놀라서 진통을 시작했다. 그 이전 몇 달은 내게 특히 불행한 시기였다. 내 인생이 꼬여서는 아니다. 그 반대로 내 인생은 아주 잘 풀리고 있었다. 그렇다면 내 불행의 원천은 무엇이었을까? 바로, 내가 뉴스에 사로잡혀 있었다는 것이다.

나는 뉴스를 보는 건 내 일의 일부라고 스스로에게 말했었다. 하지만 현실 속의 나는 일을 덜 하고 있었다. 아니라면, 내가 어떻게 그럴 수 있었을까? 나는 분열과 논쟁을 불러일으키는 스캔들 중심의 뉴스 고리에 사로잡혀 있었다. 트위터, 구글 뉴스, 애플 뉴스, 페이스북, 「롱리즈Longreads」와 인스타페이퍼를 통한 비객관적 논평, CNN, 이메일 대화, NPR.

내 미디어 식습관은 절제에서 중독으로 향했던 것이다. 회복실에 앉아 있는 동안, (민망하게도 나 자신이 그랬듯이) 이 선거에 대해 의심의 여지없이 잘못 알고 있던 다른 사람의 다른 기사를 읽기 위해 트위터 계정을 여는 나 자신을 발견했을 때, 수치심이 밀려왔다. 나는 대체 뭘 하고 있는 걸까? 여기, 병원에서, 내 인생에서 이렇게 중요한 순간에, 나는 뉴스를 읽으려고 하는 건가?

감히 추측하건대, 이런 감정을 적어도 속으로는 공감할 수 있는 다른 누군가가 있을 것이다. 공인된 뉴스광인 내 동료들과, 지금은 대통령인 도널드 트럼프 말이다.

이제는 우리 모두가 강박에 빠져 있음을 인정해야 한다. 모두가 전자 기기와 텔레비전 화면에만 들러붙어 있다면, 어떻게 누군가가 미국 또는 자기 자신을 다시 위대하게 만들 수 있겠는가? 당신이 읽고 보고 듣는 모든 것이 당신이 하던 일을 멈추고 소비하도록 만들기 위해 고안된 것이라면, 그리고 세상이 끝나가고 있는 것 같다는 게 그 이유라면, 어떻게 누군가가 제정신을 유지할 수 있겠는가?

트럼프 행정부가 불러일으킨 가장 어리석고 불필요한 스캔들 중 일부의 원인이 되는 것은, 그가 아침에 「폭스 앤 프렌즈」를 시청하고, 저녁에는 「해니티」에 채널을 맞추고, 음모가 들끓는 유치한 트위터 계정을 정기적으로 확인한다는 것이다.

1990년대에 정치학자들은 그들이 'CNN 효과'라고 부르는 것에 대해 말하기 시작했다. 기본 전제는, 24시간 계속되는 미디어 보도 세계가 외국과 국내 정책에 상당한 영향을 미치리라는 것이었다. 자신의 행동과 상대의 행동이 실시간으로 해부되고 분석되고 추측되는 것을 보면서, 세계의 지도자와 정치인, 장군들이 그들의 행동과 행동 방식을 훨씬 더 나쁜 쪽으로 바꿀 거라는 것이다.

그들이 이 이론을 생각해냈을 때, CNN은 주로 틈새시장을 공략하는 채널이었다. 모든 관심을 빨아들이는 시스템, 24시간 연속 방송을 뛰어넘는 시스템이 새로이 등장하리라는 것은 상상도 할 수 없는 일이었다. 오늘날 이 시스템은 수십 개의 케이블 채널뿐만 아니라 수백만 개의 블로그와 수억 개의 소셜 네트워크 계정을 포함하며, 이 모든 것은 실시간으로 작동하고 초당 수십억 개의 콘텐츠를 만들어낸다.

여기에 뒤처지지 않으려 애쓰면서 어떻게 어려운 결정을 내릴 수 있겠는가? 어떤 것이 가짜인지 어떻게 알 수 있을까? 답은 알 수 없다는 것이다. 사람들은 그저 이리저리 휩쓸리고 다른 사람들처럼 혼란에 빠질 뿐이다.

　나는 선거 다음 날을 다음과 같은 행동으로 기념했다. 나는 내 휴대폰에서 트위터를 삭제했다. 페이스북을 삭제했다. 구글 뉴스를 삭제했다. 시리에서 애플 뉴스를 제거하는 법을 알아냈다. 나는 텔레비전 야간 채널에서 CNN을 제거했다.

　나는 더 이상 속는 것에 관심이 없다. 나는 모든 무의미한 업데이트를 따라가거나 모든 충격적인 헤드라인에 속아 넘어갈 필요가 없다. 그것은 내가 더 큰 그림을 보는 것을 방해하고 있었다. 정치인과 지도자가 내가 한 것처럼 할 수만 있다면 얼마나 좋을까? 그러면 세상은 더 나은 곳이 될 것이다.

16

그냥 전달하기:
아무도 자기 말을
책임지지 않을 때

전체로 따져보면, 우리 독자들은 우리가 알 수 있는 것보다
훨씬 더 많은 것을 알며, 우리 게시물에 응답함으로써
빠른 속도로 우리 보도를 더 섬세하고 정확하게 만들어준다.

— 헨리 블로젯(「비즈니스 인사이더」의 편집자 겸 CEO)

진리는 국가보다 개인에 의해 발견됐을 가능성이 더 크다.

— 데카르트

헨리 블로젯은 기자 앤드루 소킨과의 폭로성 공개 인터뷰에서 점점 더 일반화되고 있는 사이클에 대해 이렇게 설명했다. "자, 「고커」에 어떤 이야기가 등장합니다. 그럼 블로그 세상에서 거대한 대화가 이루어지죠. 다른 모든 곳에서도요. 사방으로 뻗어나갑니다. 모든 사람이 그걸 알고 모든 사람이 그걸 클릭합니다. 그런 다음, 최종적으로 공인된 취재원이 「뉴욕 타임스」나 다른 어떤 곳에 이에 대해 말합니다. 그러면 「뉴욕 타임스」는 갑자기 '좋아, 이제 우리가 보도해도 되겠어'라고 할 겁니다."

트위터의 자기 소개란에는 '리트윗≠동의'라는 문구가 흔히 보인다. 이것은 뭔가를 공유한 자신의 행위가 그것에 동의한다거나 그 진위 여부를 안다는 것을 의미하지 않음을 나타낸다. 벤처 투자자 마크 앤드리슨은 종종 뉴스 속보와 함께 익살스러운 트윗을 남긴다. "엄청나다. 사실이라면."(사실, 뉴스는 사실이 아니라면 무의미하다.) 백악관 언론 브리핑에서, 그리고 이제 정치인에게서 우리는 이런 태도를 본다. 많은 성명들이 '대안적 사실'이라며 제시된다. '~라고 보도되고 있다'라는 말로 시작한다. 오류는 '많은 사람이 그렇게 말했다'는 말로 옹호된다. 대통령이, 오바마가 자신을 도청할 때 영국 첩보원이 도왔다는 멍청한 주장을 하는 바람에, 당신이 대신 영국 대사에게 사과해야 한다고 상상해보라(2017년 3월, 트럼프는 대선 기간 중 자신이 오바마 측에게 도청당했다고 주장했다.─옮긴이). 백악관 공무원이 나중에 기자들에게 그런 것처럼, "스파이서 대변인과 맥매스터 장군은 트럼프가 단순히 세간에 떠도는 말을 언급한 것일 뿐, 구체적인 내용에 동의한 것은 아니라고 설명했습니다"라고 말해야 한다고 상상해보라.◆ 숀 스파이서가 불쌍할 지경이다. "우리는 다른 방송국과 사람들이 보도한 내용을 그대로 읽을 뿐입니다. 우리는 그에 대해 판단하지 않습니다"라니.

우리가 사는 세상에서는 가장 민감한 정보조차도 조사 없이 전달되고, 진위 여부에 대한 최종 판단이 그것을 보도한 미디어나 그것을 퍼뜨린 개인이 아니라 독자에게 맡겨진다. 「테크크런치」의 한 편집자는 이렇게 말했다. "소셜미디어에는 편집자가 없다. 확인을 기다릴 필요가 없다. 사람들은 트윗이나 리트윗을 할 때 사실을 확인하지 않을 뿐더러, 자기가 거짓말을 퍼뜨리지는 않을까 염려하지도 않는다. (중략) 하지만 이것이 현재 저널리즘이 작동하는 방식이다. 이것은 베타 저널리즘이다."

우리가 부정확성과 오류에 빠져들고 있다는 사실에 놀랐는가? 나는 놀라지 않는다.

미디어와 정치에 관련된 거의 모든 사람이 자신의 의무를 회피하고 있으며, 바로 이 점이, 그들 자신을 부당하게 이용되도록 만들고 있다(아메리칸 어패럴과 당신의 회사를 언제든 강탈할 수 있는 미사일은, CNN의 경우에도 마찬가지다). 그러나 대부분의 소셜미디어 엘리트는 우리의 미래를 위해 이런 상황을 원한다.

◆   더 우스꽝스러운 것은, 이 '세간에 떠도는 말'이란 게 사실은 외교 정책에 대한 배경지식이 없는 폭스 뉴스 방송 출연자의 언급일 뿐이었다는 사실이다. 그는 나중에 이로 인해 잘렸다.

신뢰의 위임

기자들이 모든 곳에 동시에 있을 수는 없다. 근래까지 대부분의 미디어 업체는 모두 동일한, 스스로 부과한 편집 지침을 사용했으므로, 서로의 작업에 의존하는 것은 자연스러운 일이었다. 어떤 사실이 「시카고 트리뷴」에 실렸을 때, 「샌프란시스코 크로니클San Francisco Chronicle」에서 같은 사실을 반복하는 것이 상당히 안전한 일이었던 이유는 두 곳 모두 높은 검증 기준을 가지고 있었기 때문이다.

예전의 규칙은 다음과 같았다.

1. 업체가 정당하다면, 그곳에서 전하는 기사도 그렇다.
2. 기사가 정당하다면, 그 안의 사실도 그렇다.
3. 기사의 주제가 정당하다면, 사람들이 그에 대해 하는 말도 정당할 것이라고 가정할 수 있다.

이 규칙들은 한 저널리스트가 제공한 사실을 다른 저널리스트가 활용하는 일을 허용한다. 이 가정은 기자의 취재를 훨씬 수월하게 해준다. 기사를 처음부터 시작하지 않고, 앞선 사람들의 작업을 기반으로 쌓아 올릴 수 있기 때문이다. 이것이 바로 '신뢰의 위임(delegation of trust)'으로 알려진 과정이다.[1]

웹은 신뢰의 위임을 자체적으로 혁신했는데, 이것을 '링크 경제(link economy)'라고 한다. 이것은 기본적으로 블로그와 웹사이트 사이에서 트래픽과 정보를 교환하는 것을 가리킨다. 「로스앤젤레스 타임스」가 브래드 피트와 안젤리나 졸리가 이혼할 것이라고 보도했다고 해보자. 페레스 힐턴은 이 보도를 자기 블로그에 링크하고 자기 생각을 덧붙일 것이다. 그러면 또 다른 블로그가 페레스의 계정과 「로스앤젤레스 타임스」의 원본 출처까지 링크할 것이다. 이것은 블로그가 독자적인 보도를 할 자원이 부족했던 블로깅 초창기의 산물이다. 이들은 이야기를 전하기 위해 다른 미디어에 의존했으며, 이야기를 링크하고 논평했다. 여기에서 링크 경제라는 것이 나왔는데, 이것은 사이트가 정기적, 지속적으로 서로를 링크하게 부추긴다. 내가 지금 당신에게 링크를 보내면, 당신은 나중에 내게 링크를 보낸다. 즉, 우리는 '보도'라는 업무를 교환 중이다.

'링크 경제'라는 표현은 앞서 언급한 제프 자비스가 대중화했다. 그는 세계적인 블로거이면서 뉴욕 시립대학교 언론 대학원 교수이며, 《구글노믹스What Would Google Do?》 등의 저자이고, 새로운 미디어의 초창기에 영향력 있는 목소리를 냈다. 그러나 불행하게도, 그역시 얼간이고 그가 주장한 링크 경제라는 개념은 의심의 여지없이 과거보다 미디어의 신뢰도를 떨어뜨렸다.

링크 경제는 독자를 한 블로그에서 정신 나간 소리를 하는 다른 블로거로 향하게 하고, 검증 없이 서로의 이야기를 빌리게 하며, 다른 사이트에서 다소 복잡한 이야기를 가져다가 논평을 살짝 추가해서 자기 것으로 둔갑시키는 행위를 부추긴다. 컴퓨터공학의 용어를 빌리자면, 링크 경제는 재귀적(recursive)이다. 즉, 블로그는 새로운 콘텐츠를 만들어내기 위해서 앞선 다른 블로그를 끌어들인다. 여러 요소를 짜깁기한 동영상이 다른 동영상에 얼마나 의존하는지, 트위터 사용자가 어떻게 다른 회원의 메시지를 리트윗해서 증가시키는지 생각해보라.

하지만 미디어 사슬을 타고 올라가는 사기 수법이 명백한 것처럼, 미디어는 더 이상 보편적인 편집, 윤리 기준에 의해 통제되지 않는다. 출판물 내에서도 신문 인쇄본을 위한 입증 책임과, 블로그 게시물로 살아가는 기자들이 필요로 하는 입증 책임은 크게 다를 수 있다. 미디어 업체는 마감일이 빡빡하고 직원이 부족하기 때문에 검증과 확증, 사실 확인이라는 오래된 기준을 유지하는 게 불가능하다. 모든 블로그에 나름의 편집 정책이 있지만, 그걸 독자에게 공개하는 곳은 거의 없다. 한 사이트가 다른 사이트에서 가져온 자료는 높은 기준을 준수하며 쓰였을 가능성 만큼이나 낮은 기준으로 쓰였을 가능성도 있기에 거의 신뢰할 수 없다.

신뢰의 위임과 링크 경제가 적절히 작동하는 데 필요한 조건은 이제 더 이상 존재하지 않는다. 하지만 그 관습은 남아 있고 강력한 조합으로 섞여 있다. 그 결과는 보통 당혹스럽고 전염성이 있는 잘못된 정보다.

몇 년 전, 젊은 아일랜드 학생이 작곡가 모리스 자르가 사망한 직후 그의 위키피디아 페이지에 가짜 인용문을 게시했다. (부고에 쓰이면 좋을 법한 이 가짜 인용문의 일부는 "내가 죽으면 내 머릿속에서는 오직 나만이 들을 수 있는 마지막 왈츠가 연주될 것이다"였다.) 당시에 이 학생이 링크 경제와 신뢰의 위임의 수렴을 이해했는지는 모르겠다. 그런데 그가 조작한 인용문이 전 세계 작곡가의 부고에 등장하기 시작한 순간 상황이 바뀌었다.

어디서 시작됐는지 정확히 짚어내기는 어렵지만, 어느 시점이 되자 기자와 블로거가 인용문을 보고 그것을 기사에 사용했다. 마침내 인용문은 「가디언」에 도달했고, 여기서부터는 그걸 진짜라고 하는 편이 나을 것이다. 인용문은 기자들이 자르에 대해 말하고자 하는 바를 너무나 완벽하게 표현했고, 평판이 좋은 유명 신문 「가디언」에 실렸다. 이로써 인용문은 많은 링크의 출처가 되었다. 그렇게 인용문은 사슬을 타고 올라갔고, 올라갈수록 기원은 모호해졌으며, 반복될수록 더 진짜처럼 느껴졌다.

링크 경제가 실패하는 지점이 바로 이런 곳이다. 위키피디아 편집자는 학생의 편집을 포착하고 신속하게 삭제했을지 모르지만, 그 내용을 포함한 부고들을 자동으로 수정할 수는 없었다. 위키피디아 관리자는 다른 사람의 웹사이트에 있는 글을 편집할 수 없으므로, 「가디언」에 실린 인용문은 그곳 편집진이 발견해서 정정할 때까지 그대로 있었다. 링크 경제는 의심하거나 정정하기 위해서가 아니라 확증하고 지지하기 위해 고안됐다. 사실 이 스턴트는 그 학생이 자기 소행이라는 것을 자인한 뒤에야 발견됐다.

학생은 말했다. "만약 제가 밝히지 않았다면, 인용문은 제가 만들어낸 것이 아니라 모리스 자르가 한 말로 역사에 남았을 것이라고 100퍼센트 확신합니다. 이는 어떤 것이 미디어에서 이의 제기 없이 충분히 게재되기만 하면 사실이 된다는 것을 보여주는 또 다른 사례라고 생각합니다."[2]

링크 경제를 지지하는 자들은 이런 사례를 무시한다. 그들에 따르면 게시물은 업데이트될 수 있고, 그것이 인터넷의 장점이다. 하지만 내가 아는 한, 각각의 트랙백이나 오류 있는 글을 읽은 독자들에게 따로 알림을 보내는 기술은 없으며, 앞으로도 없을 것이다.

상원 의원 유진 매카시는 자신의 1968년 선거운동을 보도한 저널리스트들을 전화선 위의 새들에 비유한 적이 있다. 한 마리가 다른 선으로 날아가면 모두가 따라간다. 또 다른 녀석이 제자리로 돌아가면 나머지도 따라간다. 이 은유는 업데이트가 필요하다. 새들은 여전히 서로를 열심히 따라다니지만, 전화선이 항상 존재할 필요는 없다. 그들은 블로그가 모리스 자르에 대한 조작된 발언을 반복했을 때 그랬던 것처럼 환상 위에 앉아 있을 수 있고 종종 앉아 있기도 한다.

링크라는 환상

링크 경제에서 파란색 html 링크는 무게감을 더해주는 것처럼 보인다. (허위 인용문을 포함한 「가디언」 기사 링크가 그랬던 것처럼 말이다.) 만약 내가 기사에 "토머스 제퍼슨은 버지니아주에서 중죄로 간주되는 행위를 저질렀다고 자기 입으로 시인했다"라는 내용을 쓴다면, 당신은 수긍하기 전에 어떤 증거를 보고 싶어 할 것이다. 이제 내가 '중죄로 간주되는 행위'라는 표현에 링크를 추가했다고 해보자. 이 링크는 어디로는 연결될 수 있다. '중죄 행위'에 대한 사전적 정의가 적힌 페이지로 연결될 수도 있고, 버지니아주의 전체 형법 PDF 파일로 연결될 수도 있으며, 클릭하면 "야! 날 믿지 말았어야지!"라고 적힌 GIF 파일로 갈 수도 있다. 하지만 뭔가를 링크함으로써, 나는 링크 경제의 기준을 약간이나마 준수했다. 내 권위를 출처에 의지하고 링크를 걸었으며, 이제 링크의 타당성에 문제가 있음을 반증할 책임은 독자에게 있다. 블로거는 이것을 알고 남용한다.

블로그는 링크가 신뢰성을 함축한다는 원리를 오랫동안 이용해 왔다. 구글조차도 이런 인식을 활용한다. 래리 페이지와 세르게이 브린이 스탠퍼드 대학교에 다니던 학생 시절에 설립한 이 검색엔진은 논문의 인용 횟수가 영향력과 중요성을 나타내는 지표로 작용하는 학계의 표준 관행을 모방한다. 하지만 학술 논문은 동료와 편집위원회의 검토를 거치므로 불확실한 인용이 빠져나갈 구멍이 거의 없다.

온라인 링크는 제대로 된 인용처럼 보이지만 정말 제대로 된 경우는 드물다. 블로그는 얄팍한 인용을 통해 환상적인 주장을 할 수도 있다. 확산되기 쉽고 댓글들을 몰고 오는 그런 주장 말이다. 뭔가를 노골적으로 지어내는 것을 두려워하는 사람에게 "이것을 처음 말한 건 내가 아니다"라는 정당화는 아주 매력적이다. 이것은 모든 책임을 다른 사람이나 독자에게 넘기는 방법이다.

독자들은 온라인에서 콘텐츠를 소비할 때 정보를 대충 훑어보고 스쳐 지나간다. 새에 대한 은유를 다시 사용해보자면, 이들은 윌리엄 진서가 말한 "산만함의 가느다란 가장자리에 앉아 있는 참을성 없는 새"다. 구글 뉴스 사용자 중 44퍼센트만이 실제 기사를 읽기 위해 링크를 클릭한다. 즉, 아무도 링크를 클릭하지 않는다는 뜻이다. 심지어 흥미로운 링크조차도 그렇다. 혹시 클릭을 한다고 해도, 기사의 주장이 입증되는지 확인하기 위해 꼼꼼히 따져가며 엄밀하게 읽지는 않는다.

몇 년 전에 대단한 만우절 장난이 있었는데, NPR은 '왜 미국은 더 이상 읽지 않을까?'라는 헤드라인을 지어냈다. 이 기사는 독서와 비판적 사고 능력이 퇴보하는 것에 대한 불평처럼 보였기 때문에 즉시 확산됐고 페이스북에서 수천 번 공유됐다. 하지만 실제로 기사를 클릭해 들어가면, 이런 내용이 적혀 있었다.

우리는 가끔 일부 사람들이 실제로 읽지 않는 NPR 기사에 댓글을 다는 것 같다는 생각이 듭니다. 이 글을 읽고 있다면, 이 게시물의 '좋아요'는 눌러주시되, 댓글을 달지는 말아주세요. 사람들이 이 '기사'에 대해 뭐라고 하는지 한번 봅시다.

수많은 사람이 속아 넘어갔다. 그들은 링크를 클릭해서 실제 내용을 확인하지 않았던 것이다. 그들은 그냥 자기는 링크 뒤에 뭐가 있는지 안다고 가정하고, 링크는 자기가 확인하기 원하는 것은 뭐든 확인해준다고 가정한다.

독자들이 사이트의 헤드라인을 그저 몇 초 동안 볼 뿐이라면, 블로그 게시물이 주장을 입증하는지 따져볼 때는 얼마나 많은 노력을 쏟을까? 우리가 아마추어 교열 담당자와 사실 확인 담당자가 하나로 합쳐진 것처럼 공들여 읽는 게시물의 수는, 우리가 그냥 믿을 만하다고 가정하는 기사의 수에 훨씬 못 미친다. 한 사이트의 자료는 신속하게 다른 사이트에 도달한다. 스캔들을 다루는 글은 더 많은 사람을 더 빨리 끌어당긴다. 이러한 글들의 수상쩍은 본질은, 이 글들이 링크에 의해 입소문처럼 퍼져나갈 때 더욱 알아채기 어려워진다. 당신과 내가 진실처럼 보이는 거짓 주장을 지나쳐왔는지 누가 알겠는가?

뉴스 속보 핑계

저널리스트들이 오늘날 자신들의 나태함을 정당화하는 방법이 있다. 그들은 뉴스 속보에 대해, 실제로 옳고 정확한 정보를 전달해야 하는 자신들의 정상적인 의무에서 특별히 면제될 만한 가치가 있다고 주장한다. 예컨대, 총기 난사 사건이나, 빠르게 전개되는 선거 당일 밤의 상황, 예상치 못한 사건 등의 경우에는 제대로 된 보도를 할 시간이 없으므로 정보가 들어오는 대로 독자와 시청자에게 바로 전달하는 편이 낫다는 것이다. 이 수법을 설명하기 위해 그들이 사용하는 단어가 많이 있다. 반복 저널리즘, 과정 저널리즘, 베타 저널리즘 등이 그것이다. 뭐라고 부르든 이건 어리석고 위험한 짓이다.◆ 이것은 블로거에게 일단 먼저 발표하고 나중에 게시한 내용을 확인할 것을 요구한다. 발행인들은 정말로 자기 기자들이 발견에서부터 사실 확인, 집필, 편집에 이르는 뉴스 제작 과정의 모든 부분을 실시간으로 담당해야 한다고 믿는다. 누구든 2초만 생각해보면 이것이 왜 나쁜지 분명히 알 테지만, 그들은 반복 저널리즘이 뉴스를 향상시킨다는 거짓말을 믿는다.

「워싱턴 포스트」의 블로거 에릭 웸플은 이렇게 썼다. "원칙은 사건이 일어났을 때, 그리고 일어나기 전에 덮치는 것이다. 또 다른 정보원을 기다리는 것은 당신의 검색 트래픽을 훔쳐갈 사람을 위해 상을 차려주는 것이다."[3] 그래서 내가 아침에 일어날 무렵이면, 치울 수도 없을 만큼 많은 오보가 웹에 퍼져 있는 것이다. 토미 크래그스는 「데드스핀」에 있을 때 "그냥 인센티브가 그런 식으로 정렬돼 있다"라고 말하곤 했는데, 우리는 그냥 그것에 익숙해져야 했다.

◆ 예브게니 모로조프의 《인터넷 망상The Net Delusion》을 참조하라. 이 책은 블로그가 2009~2010년의 이란 시위를 성급하고 과장되게 보도한 이후, 이란에서 활동가와 소셜 미디어가 탄압당한 사건을 다룬다.

「시킹 알파」는 최근 한 기사에서 이 예를 완벽히 보여주었다. "필자는 이것을 확인할 방법이 없는데, 만약 그 신문이 정확하게 기사를 쓴 거라면 그 주식은 큰 문제에 처한 것이다." 정말? 확인할 수 없다고? 방법이 전혀 없다고? 반복 저널리즘이란, 아무리 좋게 봐줘도 「테크크런치」가 하는 정도의 일에 불과하다. 즉, 선정적인 주장을 반복해서 대중을 짜증 나게 한 다음 사실이 들어오기를 기다리는 척하는 것이다. 그들은 '페이팔이 희귀한 것으로 보이는 바이올린을 박살내다'라는 헤드라인으로 게시물을 발표하고, "현재 이 사건에 대해서는 아직 많이 알려져 있지 않으며, 필자는 이에 대해 페이팔에 연락을 취하고 있으니, 밟아버리기 전에 어떤 일이 있었는지 논의해보자"라는 글로 기사를 시작하는 것을 전혀 불합리하다고 생각하지 않는다.[4]

아르투어 쇼펜하우어는 신문을 '역사의 초침'이라고 불렀는데, 이 초침은 저질 금속으로 만들어졌고 제대로 작동하는 법이 거의 없다고도 덧붙였다. 그는 저널리스트란 강아지와 같아서 뭔가가 움직이면 짖기 시작한다고 말했다. 문제는 그들이 보통 "멸망에 대한 그림자 인형극에 지나지 않는 것"을 향해 짖어댄다는 것이다.

몇 세기 전 신문에 글을 쓰든 오늘날 블로그에 글을 쓰든, 반복 저널리즘에 따라 행동하는 기자들은 약간이라도 의심되는 곳이면 맹목적으로 가본다. 그들은 조사는 최소한으로 하며, 의심스러운 정보를 즉시 알려진 그대로 연속적으로 게시한다. 제프 자비스는 이것을 이렇게 표현했다. "온라인에서 우리는 일단 발표하고 나중에 편집한다. 신문사 사람들은 자기 기사를 완제품으로 본다. 블로거는 자기 게시물을 '학습 과정'의 일부로 본다." 전직 「고커」의 어느 '미디어 기자'는 이렇게 말했다. "「고커」는 루머를 공개적으로 발표하는 것이 일반적으로 진실에 도달하는 가장 빠른 길이라고 믿는다. (중략) 우리는 여기에서 공유할 루머의 진위나 진실성을 보증할 수 없다는 것을 인정한다. 하지만 아마 당신은 할 수 있을 것이다." 아이고야, 맙소사!

이 '학습 과정'이라는 건 인식론적 탐구가 아니다. 「테크크런치」의 창립자 마이클 애링턴은 이 전략에 대해 좀 더 노골적으로 말한다. "정확하게 하는 데는 돈이 많이 들지만, 첫 번째로 하는 데는 돈이 많이 들지 않는다."◆ 더 나아가자면, 틀리는 데도 돈이 들지 않으므로 그는 아마도 그것을 피하려 애쓰지 않을 것이다. 돈이 덜 드는 것 정도가 아니다. 틀리면 오히려 더 많은 돈을 벌게 된다. 왜냐하면 블로그가 틀린 것을 직접 수정할 때마다, 그로부터 또 다른 게시물과 더 많은 페이지뷰를 얻기 때문이다.◆◆

반복적 접근법은 유연하고 유익하다고 선전되지만, 아주 사실적으로 말하자면, 그것은 루머, 반쪽짜리 진실, 허접한 보도, 압도적인 양의 불필요한 정보, 끝없는 예측과 예상의 형태로 나타난다. 응답이 느린 공식 취재원이나 문서를 사용하는 대신 이것은 루머, 소문, 질문에 기댄다. 사건은 필터링되는 대신 실시간으로 블로그에 게

◆ 나는 2013년에 「고커」를 비롯한 많은 블로그가 애링턴의 성폭행 혐의를 제기하는 게시물을 올렸을 때 그가 이 아이러니를 제대로 인식했을 것이라고 확신한다. 참, 그는 혐의를 부인하고 고소하겠다고 위협했다.

◆◆ 다음은 NFL 직장 폐쇄에 관한 「SB 네이션SB Nation」의 게시물이다. "이 기사에 382개 이상의 업데이트가 있습니다. 최신 업데이트를 읽으십시오."

시된다. 블로그는 끊임없이 게시물을 올리며, 오류를 지적하거나 업데이트를 내보내는 일, 취재원과 접촉하는 일은 타인에게 의지한다.

반복 저널리즘은 신속함으로 정의된다. 기자가 이야기를 완전히 지어내지 않고도 기사를 얻을 수 있을 만큼 신속하다. 약간만 신경을 곤두세우면 저널리스트는 실시간으로 기사를 얻을 수 있다. 그 결과, 근거가 극히 미약함에도 인수 협상과 소송, 법률 제정, 임박한 발표, 범죄 혐의와 같은 엄청난 사건을 함축한 기사가 흔히 게시된다. 트윗이나 블로그 댓글, 이메일 제보면 이런 장난을 치기에 충분하다. 블로거는 뉴스를 날조하지는 않지만, 대박 기사를 선점하기 위해 불신, 상식, 책임감을 잠시 접어둔다. '뭔가를 게시해야 한다'는 압박감은 '일을 올바로 해야 한다'는 욕구와 본질적으로 상충된다.

반복 저널리즘을 행하는 블로그는 구글이 트위터나 옐프를 인수할 계획이라는 보도나 대통령이 암살됐다는 속보를 낼 것이다(모두 실제로 온라인에서 여러 차례 거짓으로 보도된 내용이다). 블로그는 이에 대한 사실을 조사하는 동안에 일단 기사부터 발표할 것이다. 즉, 우선 루머를 발표하고 나서 뭔가 더 있는지 확인한다. 가설을 세워보자면, 옐프에서 일하는 미디어 조작자가 유출의 배후에 있을 것이다. 인수에 대한 루머를 퍼뜨리는 것이 협상할 때 가격을 올리는 데 도움이 된다는 것을 알기 때문이다. 개인적으로 나는 대통령 사망에 대한 보도를 가장 먼저 하지는 않을 것이다. 그로부터 얻을 것이 없기 때문이다. 하지만 많은 사기꾼이 그렇게 할 것이다.

블로그가 운이 좋다면, 피상적인 반복 제보에 의지한 도박 기사가 실제 사건에 의해 나중에 증명될 것이다. 그리고 이건 진짜 음흉한 부분인데, 블로그가 운이 없다면 마치 자신들이 뉴스를 지어낸 것과는 아무런 관련이 없는 것처럼 단순히 뉴스에 대한 반응을 계속 보도할 것이다. 이것이 「비즈니스 인사이더」가 뉴욕 주지사 데이비드 패터슨이 사임할 것이라는 충격적인 오보를 냈을 때 한 일이다. 이들은 그저 기사 제목의 끝부분을 업데이트했을 뿐이다. 처음 보도의 제목은 'NYT가 월요일에 데이비드 패터슨에 관한 특종을 보도할 것이고, 주지사의 사임이 뒤따를 것이다'였고, 이후 이것은 'NYT가 월요일에 데이비드 패터슨에 관한 특종을 보도할 것이고, **주지사의 사무실은 사임을 부정했다**'로 바뀌었다[강조는 필자].**5**

이들은 몇 달 전에 비슷한 거짓말에 속았을 때 교훈을 얻었어야 했다. 한 사기꾼이 CNN의 온라인 iReport 플랫폼에 스티브 잡스가 심각한 심장마비를 일으켰다는 소식을 한 '정보원'으로부터 들었다는 게시물을 올렸다.◆ 이 게시물은 이 사용자가 처음이자 마지막으로 올린 것이었고, 새벽 4시에 게시됐다. 이건 명백히 거짓말이었다. 심지어 오로지 루머에 대한 글만 쓰는 사이트인 「맥루머스닷컴MacRumors.com」조차 이 게시물이 가짜라는 것을 알고 이에 대한 글을 쓰지 않았다. 그렇지만, 반복하는 본능을 따른 「비즈니스 인사이더」의 자매 블로그 「실리콘 앨리 인사이더Silicon Alley Insider」는 서둘러 이 이야기를 완전한 게시물로 발전시켰다. 애플의 주가가 곤두박질쳤다. 25분 뒤, 이 기사는 만신창이가 됐다. iReport는 가짜 제보를 삭제했고, 애플은 루머를 부인했다. 「비즈니스 인사이더」는 새로운 관

◆   잡스의 사망에 대한 이런 반복적이고 소모적인 루머 때문에 잡스의 가족은 3년 뒤 그의 실제 부고를 발표해야 했을 때 더욱 고통스러웠을 것이다. "사람들이 우리를 믿을까?" 또는 "성급한 보도를 너무 많이 접한 탓에 대중의 인내심이 바닥나서 그가 마땅히 받아야 하는 예우를 못 받는 건 아닐까?" 하는 걱정을 어떤 가족이든 하게 해서는 안 된다.

점에서 헤드라인을 다시 썼다. "'시민 저널리즘'이 (중략) 첫 번째 중요한 시험에서 떨어졌다."[6] 그래, 그들은 시험에서 떨어졌다. 누가 안 떨어졌는지 아는가? 애플 주식을 공매도한 사람들.

이렇게 형편없이 얼빠진 짓을 한 결과가 무엇일까? 없다. 유명한 (그리고 무모한) 가십 칼럼니스트 월터 윈첼은 자신의 특종 중 하나에 대해 이렇게 말했다. "잘못됐다고 해도, 일어날 수 있는 일이라고는 내가 또다시 바보 같은 실수를 하는 것뿐이다." 하지만 적어도 그는 이런 사실을 기꺼이 인정하기는 했다.

오늘날, 블로그는 낯 뜨거울 정도로 완전히 틀리는 상황을 피하기 위해 주장을 펼칠 때 수식어를 사용한다. "우리가 들은 바에 의하면…", "…인지 궁금하다", "아마도…", "…라는 소문이 자자하다", "항간의 풍문에 따르면…", "…라고 모 사이트가 보도하다", "…일지도 모른다", "어쩌면…", "…일 수도 있다", "…일 것이다" 등등. 이들은 사실이라는 것을 완전히 받아들이지 않은 채로 뉴스 기사를 시류에 던져버리고 자신이 시작한 과정을 공정하게 관찰하는 척한다.

잡지 「뉴욕New York」의 블로그 「데일리 인텔Daily Intel」이 전 뉴욕 주지사 데이비드 패터슨에 대해 쓴 게시물의 첫 두 문장을 보자.

뉴욕 주지사 데이비드 패터슨에 관한 충격적 스캔들을 **폭로할 것이라는** 「뉴욕 타임스」 기사를 둘러싼 **소문이 확대된** 지 몇 주 후, 「비즈니스 인사이더」는 이 기사가 내일 나올 **가능성이** 크고 주지사의 사임이 뒤따를 것이라고 **보도했다**. 폭로의 본질은 **여전히 수수께끼**이지만, **보도에 의하면** 이 기사는 패터슨과 공무원 간의 공인된 사건보다 **훨씬 더 심각하다**고 한다[강조는 필자].[7]

발뺌하기 입문 수업에 온 걸 환영한다. 거의 모든 주장이 일어날 수도 있는 일이라거나 다른 사람의 것이라는 식으로 조율된다. 거의 모든 주장이 다른 사이트로 연결되는 다른 사람의 링크에 기인한다. 그런데 그 글을 쓴 자는 실제로 무슨 생각을 하는가? 그들은 자신의 개인적 보도와 지식에 근거해서 무엇을 사실로 인정하는가? 별로 없다. 그들은 말할 수 있는 모든 것을 말하고 동시에 아무것도 말하지 않기를 원한다. 음흉한 얼버무림의 극치다. 「데일리 인텔」에게는 유리한 일이었다. 이야기가 완전히 거짓으로 드러났기 때문이다. 이 실수로부터 누군가가 교훈을 얻는 일은 없었다. 게시물은 더 많은 짐작과 추측으로 업데이트됐을 뿐이다. 하나의 실수는 더 많은 실수로 대체된다.

키케로는 오래전 "주장과 승인이 인지와 지각에 앞서 돌진하는 광경을 보는 것만큼 놀라운 일은 없다"라고 말했다(내가 그냥 지어냈을 수도 있는데, 확인해보겠는가?). 하지만 이것이 온라인이 작동하는 방식이다. 이는 의도적인 것이다. 그들의 말처럼, 이건 오류가 아니라 특징이다.

고장난 철학

"그럴지도 모른다"가 "그렇다"가 되고, "그렇다"가 "그랬다"가 된다. 내가 고객에게 하는 말이다. 즉, 첫 번째 사이트에서 당신이 뭔가를 '할지도 모른다'는 사실은, 여기저기 돌아다니고 나면 당신이 뭔가를 '하고 있다'는 사실이 된다. 그 일이 실제로 일어났건 아니건 간에,

그들은 다음에 당신의 이름을 언급할 때 그 주장에 과거 시제를 더한다. 이것은 링크 경제의 규칙하에서 공식적으로 승인되고 제대로 작동할 가능성이 아주 큰 반복이다.

이런 상황에서는 오류가 오류 위로 쌓이거나 진짜 보도가 거짓과 조작에 기반을 두기 십상이다. 즉, 분석을 뒷받침하는 근거가 약해지기 마련이다. 한 기자가 말한 것처럼, 상황이 혼합물의 혼합물이 되기가 너무나 쉬워지고 있다.

링크 경제는 블로거를 부추겨서 '다른 사람이 말하는 것'을 반복하게 만들며, 독자적인 보도를 하고 그것을 뒷받침하는 대신 링크를 걸게 만든다. 이로 인해 뉴스는 실제 일어난 사건이 아니라 누군가가 뉴스라고 말한 것이 된다. 말할 필요도 없겠지만, 이 둘은 절대 같지 않다.

나는 캐스린 슐츠의 《오류의 인문학: 실수투성이 인간에 대한 유쾌한 고찰》이라는 책을 좋아한다. 비록 이 책의 주제는 미디어의 실수가 아니지만, 슐츠는 미디어가 왜 그렇게 자주 오류를 범하는지 잘 설명한다. 그녀에 따르면, 과학자들은 자신의 발견을 입증하거나 반증하기 위해서 서로의 실험을 모사한다. 그와 반대로, 저널리스트들은 일반적으로 자기가 틀렸을 때 서로의 결론을 모사하고 그것에 기반을 둔다.

뉴스가 항상 오류투성이인 이유는 자기 비판적이지 않고 자기 지시적이기 때문이다. 실수는 고립된 사건으로 발생하지 않게 된다. 다른 뉴스를 통해 물결처럼 퍼지고, 때로는 골치 아픈 결과를 낳는다. 블로그와 미디어는 대단히 상호의존적이고 밀접히 연계되어 있기 때문에 한 곳에서 판단 착오나 형편없는 분석을 하면 그것이 많은 곳에 영향을 미친다.

과학은 본질적으로 과학자들을 서로 겨루게 만들고, 과학자들은 서로의 작업을 반증하려 한다. 이 과정은 거짓과 실수, 오류를 제거한다. 저널리즘에는 이런 문화가 없다. 기자들은 같은 주제를 놓고 서로 한 발 앞서려고 하며, 종종 기존의 기사에 새로운 최신 정보를 덧붙인다.

한편, 제프 자비스 같은 사람들은 온라인 신문과 출세 지향적인 블로그를 대상으로 "다른 기자의 작업을 재차 확인하느라" 시간을 낭비하지 말라고 분명히 조언한다. 그는 말한다. 링크의 시대에 "이것은 명백히 비효율적이고 불필요한 것"이다. "경쟁자의 기사와 대등한 것을 만들"거나 과학자처럼 그것을 확인하고 증명하느라 "현재의 귀중한 자원"을 낭비하지 말라. 그 대신, 그들이 중단한 곳과 그 기사가 당신을 데려가는 곳을 눈여겨보라. 그는 완벽주의자가 되지 말고, 링크 경제에 합류해서 신뢰를 위임하라고 말한다.

한 기자가 자신과 동료들이 트위터에 게시하지만 지지하지는 않는 리트윗을 일러두기 위해 NR(중립적 리트윗)이라는 태그를 사용하기 시작했다고 말했을 때처럼, 사람들이 상호 연결성과 상호 의존성에 대해 설교하는 것을 들었을 때, 나는 서브프라임 모기지 사태를 떠올리지 않을 수 없었다. 나는 한 은행이 서브프라임 대출을 다른 은행에 넘기고, 넘겨받은 은행들이 차례차례 그것을 포장해서 또 다른 은행에 계속해서 건네는 모습이 떠올랐다. 믿지 않는 것을 왜 리트윗하는가?! 평가 기관이 서브프라임 거래를 감시해야 했지만, 그 일에 신경을 쓰기에는 그야말로 너무 바쁘고, 너무 정신이 없고, 이해 충돌이 너무 심했던 것이 생각난다. 도미노가 무너지는 모습이 떠오른다. 우리가 왜 그 짓을 다시 하는 것인지 궁금하다. 게다가 디지털에서는 그 정도가 몇 배 더 심하다.

물론 재확인에는 돈이 많이 든다. 하지만 이것은 예상되는 비용이며, 뉴스에서 이익을 얻으려는 사람들이 선불로 지불해야 하는 비용이다. 이것은 방어책이면서 동시에 억제책이다. 예상치 못한 비용은 실패, 즉 은행의 파산이나 신뢰의 상실이나 취재원의 실수에서 나오며, 이 비용은 단지 사업 자체만이 아니라 모든 사람이 떠맡는다.

자비스를 비롯한 사람들이 자기가 이해하지 못하는 새로운 개념을 숨 가쁘게 옹호하는 것은 우습고도 위험하다. 웹 전문가들은 분산된 크라우드 소스 형태의 사실 확인과 검색이 더 정확한 이유는 더 많은 사람을 참여시키기 때문이라고 우리에게 말하려 애쓴다. 하지만 나는 데카르트의 편이며, 과학의 접근법을 더 신뢰한다. 과학에서는 모든 사람이 자신의 작업에 책임을 진다. 즉, 모든 사람이 다른 모든 사람의 작업에 이의를 제기하고, 이것은 그들에게 있어서 더욱 신중하고 정직하게 행동해야 하는 동기가 된다.

과거의 미디어 시스템도 완벽과는 거리가 멀었지만, 돈이 많이 드는 사업 모델들은 적어도 독자적인 확인을 하려고 최대한 노력했다. 이들은 위험한 상호 의존성 대신 편집 독립성을 옹호했다. 확실히 돈이 많이 들고 분명히 흥미진진하지 않았지만, 링크 경제의 사이비 과학보다는 한 단계 위에 있었다. 현재의 온라인보다는 확실히 더 나았다. 블로그는 오로지 '어떤 다른 블로그가 보도하는 것'을 보도할 뿐이며, '내가 그것을 어디에서 가져왔는지는 링크로 걸었다'는 변명을 하면서 입증되지 않은 정보를 전달한다.

단순히 뭔가가 어디에서 왔는지 아는 것, 또는 그저 이것이 다른 어딘가에서 왔다는 사실은 신뢰의 위임 문제를 해소해주지 않는다. 사실 이것이 링크 경제의 음흉한 부분이다. 어떤 것도 해결하지 않으면서 해법을 제시하는 척하는 것이다. 다른 어떤 블로그가 취재원과 이야기를 나눴으니(그들을 못 믿겠다고? 여기 링크가 있다) 이제 그들은 확인할 필요가 없다? 나는 그것으로는 충분하지 않다고 생각한다. 우리는 더 나은 것을 기대할 자격이 있다.

17

사이버 전쟁:
온라인에서
결전을 벌이기

기업은 비평가로부터 전면적이고 조직적인 공격을 받을 것을
예상해야 한다. 공격이 블로그 댓글, 페이스북 팬 페이지,
범람하는 블로그에서 동시다발적으로 급속히 퍼질 것이고,
그 결과 주류 언론의 관심을 끌게 될 것이다. 소셜미디어 위기 대응
계획을 개발하고 내부적인 재난 대비 훈련의 개발을
시작함으로써 앞일에 대비하라.

— 제러마이아 오양(알티미터 그룹), 그의 블로그 「WEB-STRATEGIST.COM」에서

명심하라. 언론은 적이다. 언론은 적이다….
칠판에 100번 써라.

— 리처드 닉슨

지난날, 기업은 대중이 자사에 대해 이야기하게 만들려고 홍보 담당자를 고용했다. 오늘날에는 홍보에 거의 관심이 없는 기업조차도 사람들이 자사에 대해 사실이 아닌 얘기를 하는 것을 막으려고 홍보 담당자를 고용한다. 한때는 말을 퍼뜨리는 일이 중요했다면, 지금은 부정확하고 해로운 말이 퍼지는 것을 막는 일이 더 중요하다.

시스템 전체가 어떤 정보든 닥치는 대로 신속하게 반복하고 선정적으로 다루도록 설계되었다면, 회사로서는 화재가 시작되기 전에 불을 끄기 위해 24시간 대기하는 누군가가 필요할 것이다. 그리고 그 누군가가 보통은 나 같은 사람이다.

나는 경력 초창기에 만 달러짜리 큰 계약을 맺었는데, 고객사의 위키피디아 페이지를 훼손하고 거짓말과 루머를 채워넣은 트롤 집단을 처리하는 일이었다. 이 '사실들'은 이 회사에 대한 어떤 가십이든 찾아내려고 열심인 주요 신문과 블로그에 등장했다. 회사는 "어떻게 하면 이걸 멈출 수 있을까요? 우리를 그냥 내버려뒀으면 좋겠습니다"라고 호소했다.◆

구글도 페이스북이 유명 홍보 대행사를 고용해서 이용자들의 프라이버시 보호에 대한 날조된 경고를 통해 그들에게 불리한 익명의 중상모략을 했을 때 이와 같은 곤경에 처했었다. 모든 종류의 블로거가 동원됐다. 그들의 생각은 큰 소란을 일으켜서 「워싱턴 포스트」, 「폴리티코」, 「USA 투데이」, 「허핑턴 포스트」 사설의 대단원을 장식하겠다는 것이었다. 내 고객처럼 구글도 이 플롯에 깜짝 놀랐다.

◆   나는 아들의 사망 이후에 내게 연락한 유명인의 가족이 이보다 훨씬 더 비통하게 울부짖는 것을 들은 적이 있다. 그들은 아들의 비극적인 사건에 대해 사실이 아닌 추측성 정보를 삽입하는 위키피디아 사용자들에 대한 정보를 얻고자 했다.

2000억 달러 규모의 회사가 "멈춰주세요. 우리를 그냥 내버려두세요"라고 말하는 것을 상상해보라. 하지만 그들은 속절없이 당했다. 구글은 논란의 후폭풍이 이는 동안 기자에게 이렇게 말했다. "우리는 더 이상 이에 대해 언급하지 않을 것입니다. 우리가 집중하는 것은 훌륭한 상품으로 사람들을 기쁘게 해주는 일입니다."

그래, 구글, 계속 거기에 집중해보시라. 하지만 그건 중요하지 않다. 일단 이 군비경쟁이 시작되면, 상황은 정상으로 돌아갈 수 없다. 경쟁은 확대된다. 기업은 온라인에 이야기를 심는 게 얼마나 쉬운지 알고 있으므로 경쟁사를 공격하기 위해 업체를 고용한다. 악평에 허를 찔린 경쟁사는 자신을 보호하기 위해 업체를 고용하고, 그런 다음 반격을 가한다. 이런 식으로 수천수만 달러의 비용이 들 수 있는 온라인 조작의 무한한 순환이 시작된다. 이것은 기업이 가장 흔히 직면하게 되는 홍보 전쟁이다.

프랑스의 거대 요거트 기업 '다논Danone'에 어떤 일이 있었는지 보자. 브라질의 영상 제작자 페르난두 모톨레제는 두 가지 가상의 영상을 가지고 다논에 접근했다.

하나는 소화력과 다른 신체 기능을 향상시키도록 고안된 다농의 요거트에 대한 재미있는 패러디였다. 다른 하나는 첫 영상의 역겨운 버전으로, 잊을 수 없을 만큼 지저분한 이미지가 나왔다. 그는 첫 번째 버전을 사람들이 볼 때마다 다논이 수수료를 지불한다면 첫 번째 영상을 공개하는 쪽으로 마음이 기울 것 같다고 말했다.

문의를 처리한 다논의 대표 레나토 피셔는 「MIT 테크놀로지 리뷰」에 "일종의 협박처럼 느꼈습니다"라고 말했다.[1] 당연하다, 협박이었으니까. 그건 바이럴 영상을 통한 공갈이었다.

이윤 추구만이 사람들로 하여금 이런 전략을 활용하게 만드는 건 아니다. 러시아 정보원의 소행으로 보이는 2016년의 DNC 해킹과 북한 소행으로 보이는 '소니 픽처스' 해킹은 이런 종류의 미디어 공갈을 통해 협박하고 영향력을 행사하려는 시도였다.

암시적인 공갈

모톨레제의 사기는 웹 전반에서 쉴 새 없이 일어나는 여러 유형의 공갈 중 하나다. 다른 것과 구별되는 유일한 특징은 뻔뻔함이다. 이것은 일반적으로 좀 더 애매한 용어로 표현된다.

마이클 애링턴이 「테크크런치」에 쓴 '우리는 왜 종종 기업을 기습하는가'라는 게시물을 보자. 이 게시물은 사이트의 새 정책에 대한 논의처럼 보이는 내용으로 시작하지만, 내가 보기에 이것은 실리콘밸리 기술 현장에 대한 은근한 협박이다. 한 스타트업 창업자가 애링턴의 사이트가 뉴스를 발표하기에 한발 앞서 자신의 이야기를 공개했다. (「테크크런치」 측으로부터 자기에 관한 이야기를 쓰고 있다는 말을 듣고, 그녀는 그 뉴스를 직접 발표했다.) 그러자 애링턴은 그녀를 본보기 삼기로 결정했다. 먼저 그는 독자들에게 창업자에 대한 지저분한 정보를 가지고 있는데 발표하기가 꺼려진다고 말했다. 이것은 그가 모든 사람에 대한 추문을 알고 있으며 개인적인 변덕에 따라 그것을 발표할지 말지를 결정한다는 사실을 바로 상기시켰다. 그런 다음 애링턴은 입장을 밝혔는데, 앞으로 「테크크런치」는 그녀에게 그녀의 스타트업에 관한 그 어떤 속보도 전하지 않게 되리라는 경고를 담고 있었다. 마치 저널리스트가 자기가 다루는 취재원과 대화하는 일이 특별 대우인 것처럼 말이다. 그는 다음과 같은 더욱 친절한 말로 글을 끝맺었다. "우리를 존중하면 존중받게 될 것입니다. 우리가 요구하는 것은 그것뿐입니다."◆ 그는 게시물을 멋지게 끝냈는지 모르지만, 내가 보기에 이 메시지는 모톨레제의 협박과 다를 바 없는 공갈이다.[2]

아프가니스탄 군 지도자들은 이 전략에 갑반ghabban이라는 이름을 붙였는데, 이는 당신이 만들어낼지도 모르는 위협으로부터 보호받기를 요구한다는 의미다. 많은 블로그가 이것을 미묘하게 활용하며, 특권 의식과 나태함을 통해 공갈을 친다. 2010년 「파이낸셜 타임스」는 한 기사에서 고급 시계 시장을 보도하는 블로그의 영향력이 커지는 현상을 대체로 긍정적으로 다뤘는데, 이 기사는 블로거가 종종 중요한 세부 사항과 제품 사양을 잘못 전하고, 게다가 오자와 문법 오류를 범하는 것에 대해 시계 제작자가 제기한 사소한 불만을 실었다. 이에 대응해, 또 다른 시계 산업 블로그인 「워치라운지TheWatchLounge」의 기자는 즉각 그 블로거를 옹호했다. "그가 더 나은 블로거가 되도록 돕기 위해 고급 시계 업계는 무엇을 하고 있는가? 그리고 이 점에 있어서, 업계는 이런 블로거들이 더 나은 기자가 되는 데 어떤 도움을 주고 있는가?"[3]

나는 아메리칸 어패럴에 대해 계속 잘못된 글을 쓰는 한 블로거

◆ 대선에 출마하기 전, 당시 상원 의원이었던 버락 오바마는 동료 정치인들에게 급성장하는 정치 블로그 세계에 대해 조언했다. "여러분이 이런 블로그를 진지하게 여긴다면, 그들도 당신을 진지하게 여길 것입니다." 뭐, 우리가 블로거들의 자존심을 지켜줘야 정당한 대우를 받을 수 있다는 사실을 받아들인다면야….

에게 제기했던 것과 같은 질문을 그에게 던지겠다. 그 블로거가 "오류를 발견하면 이메일을 보내서 알려주세요"라고 말하기에, 나는 그에게 물었다. "여보세요, 내가 왜 당신 일을 대신해야 하죠?"

얼마 전 주요 항공사의 한 비행기가 거대한 재앙이 됐을지도 모르는 상황을 운항 도중 겪었다. 엔진에 불이 난 곤란한 상황 속에서도 조종사는 가까스로 안전하게 착륙해서 400명이 넘는 승객의 목숨을 살렸다. 그러나 사건이 발생하자, 트위터 사용자들은 길길이 날뛰며 비행기가 처참하게 추락했다고 보도했다. 사실 비행기는 안전하게 착륙했을 뿐만 아니라, 조종사는 승객들이 문의를 하거나 이야기하기를 원할 경우에 대비해 자신의 개인 휴대폰 번호까지 알려주며 이전 시대의 신사처럼 행동했다. 그는 인정받아 마땅한 겸손하고 조용한 영웅주의를 보여줬다.

하지만 아무도 이 사실을 알지 못했다. 온라인상의 이야기는 완전히 달랐기 때문이다. 「하버드 비즈니스 리뷰The Harvard Business Review」는 마케팅 정보 조작에 재빨리 대응하기 못하고 걷잡을 수 없는 온라인상의 추측을 마술처럼 막아내지 못했다며 항공사를 비난했다. 그들은 이렇게 썼다. "속보를 팔로어와 우선적으로 공유하는 데 열중하는 것으로 잘 알려진 소셜미디어 사용자들이, 자신들도 모르게 **공모해서**, 조종사가 사람들의 생명을 구한 굉장한 착륙 이야기를 가린 것은 실로 안타까운 일이다."[강조는 필자]

그래, 안타깝다. 이 단어는 동네 폭력배가 "이렇게 멋진 당신 가게에 무슨 일이 생긴다면 참 안타까울 거요"라고 말한 다음 매달 보호 명목으로 상납금을 요구할 때도 사용할 수 있다. 이것은 강탈 경제다. 이 위협은 "돈을 내지 않으면"보다는 덜 명시적이지만, 그럼에도 요구인 건 분명하다. 당신은 이야기에 기름을 더 끼얹었어야 하고 전면에 나서야 한다(심지어 비행기가 추락하는 것을 막는 것처럼 더 중요한 일이 진행되고 있을 때도 그렇다). 그렇게 하지 않으면 당신의 평판은 허물어질 것이다. 이렇게 하지 않는 것은 진실이나 다른 어떤 것으로도 바로잡을 수 없는 생생한 오해의 위험을 무릅쓰는 것이다.

공포 문화

블로거들은 특별 대우를 받지 못하면 당신을 공격할 것이다. 대부분의 소셜미디어 전문가가 이 패러다임을 받아들였고, 덮어놓고 그것을 고객에게 가르친다. 블로그나 트위터, 유튜브는 언제든 기업이 돈을 들여 메워야 하는 구멍을 뚫을 수 있다. 그리고 구멍을 뚫는 사람의 의도에 따라, 그들은 더 이상 구멍을 뚫지 않는 것에 대한 대가까지 요구할 수도 있다.

러시아의 '콤프로마트(kompromat)' 전략, 즉 유명 인사의 논란이 될 만한 정보를 공개하는 전략은 실재하며, 일단 발표하고 나중에 확인하는 (혹시 한다면) 블로그 시대에 이것은 더욱 위험하다. 대중이 소셜미디어에 달려들어서 음란한 가십을 공유할 준비가 되어 있는 상황에서는 강직한 시민조차도 취약하기 마련이다. 사실, 가장 취약한 건 좋은 사람들이다. 왜냐하면 트럼프 가족으로부터 나오는 100만 번째 부정부패 사례를 듣는 것보다, 뜻밖의 지저분한 폭로를 넋 놓고 바라보는 게 더 흥미롭기 때문이다. 콤프로마트의 본질은 정보가 사실인지 아닌지는 중요하지 않다는 것, 달리 말하면 어떤 수단을 획득

했든 그것으로 상대를 위협하고 당황하게 만들 수 있는가 하는 점만이 중요하다는 것이다. 그리고 미디어는 이런 전략을 가능하게 한다. 다시 말해, 그것을 즐긴다.

정확성은 글을 쓰는 사람보다 글의 소재가 되는 사람에게 더 중요하다. 먼저 숙이고 들어가는 쪽은 누구일까? 자격이 없는 나쁜 언론에 대응하기 위해 온라인 광고에 수천 달러를 써야 하는 건 누구일까? 결국 헛소리를 잠재우고 논의를 좋은 내용으로 채우기 위해 나 같은 언론 담당자를 고용하는 건 누구일까? 무고한 사람이 다치지 않게 하려고 사실 확인 부서를 보강하고 있는 미디어는 분명 아니겠지.

오늘날에는 기업과 개인에게 평판 관리 서비스를 제공하는 회사가 수십 개는 있다. 그런 회사들은 성과에 대한 계량적 분석과 고객 피드백에 관한 전문용어로 상품을 치장하지만, 이들의 진짜 서비스는 내가 이 책에서 말하는 충격적이고, 끔찍하고, 부패한 거래를 처리하는 것이다. 그러니 당신이 직접 할 필요 없다. 이 지형을 잘 탐색하는 것은 브랜드 관리에서 대단히 중요한 부분이 됐다. 허위 논란에 기습 공격을 당하거나 오해를 불러일으키는 발언으로 부당하게 십자가형에 처해지는 상황은 공공 영역에 있는 모든 사람을 끊임없이 위협한다. 좋은 사람이건, 나쁜 사람이건, 불만이 있건, 돈을 간절히 원하건, 피고용인은 학대나 괴롭힘이라는 믿을 만한 혐의를 수단으로 활용해서 고용주를 엄청난 곤경에 처하게 할 수 있다는 것을 안다. 사람들은 「컨슈머리스트Consumerist」 같은 블로그에 들어가보면, 고객 서비스 과정에서 무시당한 일을 즉각적으로 복수할 수 있다는 것을 안다.

100만 개의 눈이 트래픽을 통한 돈을 노리고 선동할 기회를 엿보고 있다는 사실이 기업 이사회, 디자인 부서, 정치 전략 회의의 논의를 지배한다. 이것은 어떤 효과가 있을까? 그들을 적절히 냉소적으로 만드는 것 외에도, 그들로 하여금 어쩔 수 없이 다음 두 가지 방식으로 행동하게 한다. 하나는 의도적으로 도발하는 것이고, 다른 하나는 보수적으로 거짓말하는 것이다. 한마디로, 비현실적으로 행동한다는 말이다.

블로그는 기업, 정치인, 유명인을 가식적이라고 비판하지만 미디어 스턴트에 가담하는 것에 대해서는 무자비하게 조롱하고 사소한 실수조차도 탓한다. 미묘함은 약점이 된다. 결과적으로 정치인은 준비된 발언을 더욱 고수해야 한다. 기업은 자신의 본질을 훨씬 더 난해한 마케팅 언어로 숨긴다. 유명 인사는 질문에 "할 말 없습니다"라고 답할 수밖에 없다. 모두가 가짜의 위험에 노출되는 것을 경계한다.◆

현재 인디 록밴드가 온라인 언론을 되도록 피하거나 거부하는 건 흔한 일이며, 심지어 사진을 흐리게 하거나 자신들의 이름을 알려주지 않기까지하는 밴드도 있다. 왜? 그들에 앞서서 '블로그를 떠들썩하게 했던' 수많은 전도유망한 밴드가 대중의 반발 때문에 몰락한 사례에 겁을 먹었기 때문이다. 대대적인 과장 광고에는 증오의 위험이 따르고, 나는 이것이 음악을 다루는 블로그에만 국한되지 않는다

◆ 저널리스트 존 론슨은 저서 《사이코패스 테스트》에서 "진정 사악한 힘을 휘두르고" 처벌을 모면하는 현실적인 방법은 바로, 사람들을 지루하게 하는 것이라고 말한다. 이유는? 저널리스트는 별난 것에 대해 글을 쓰기 좋아하고, 따분하거나 지루한 사람에 대해 쓰는 건 싫어하기 때문이다. 지루하니까.

괴물의 공격

고 생각한다.

　오버스톡닷컴Overstock.com은 미국증권거래위원회에 제출하는 연차 보고서에서 이 예측 불가능하고 공격적인 웹 문화를 다뤄야 했다. 이것은 기업이 앞으로 채택해야 할 예방책에 대한 것으로, 블로그가 사소한 경고와 사소한 호소로 어떻게 투자자들의 재정에 영향을 줄 수 있는지 알려줬다. 오버스톡닷컴은 이를 기업의 세 가지 주요 위험 요소 중 하나로 지적하며 다음과 같이 말했다.

　소셜미디어 사용은 우리에게 악영향을 미칠 수 있다. 개인을 다양한 다른 소비자들 및 여타 이해 당사자에게 접근할 수 있게 해주는 웹로그(블로그)와 소셜미디어 웹사이트, 다른 형태의 인터넷 기반 통신을 비롯한 소셜미디어 플랫폼과 이와 유사한 장치의 사용은 현저히 증가했다. 소비자는 소매업자, 제조사, 그리고 그들의 상품과 서비스와 관련해 손쉽게 구할 수 있는 정보를 중시하며, 보통 추가적인 조사와 인증 없이, 그리고 정확성을 고려하지 않고 이런 정보에 따라 행동한다. 소셜미디어 플랫폼에서는 정보를 사실상 즉각적으로 이용할 수 있으며, 그 영향력도 마찬가지로 즉각적이다. 소셜미디어 플랫폼은 구독자와 참여자가 게시한 콘텐츠를 즉시 발표하며, 게시된 콘텐츠의 정확성을 필터링하거나 확인하는 작업을 종종 하지 않는다. 부정확한 내용을 포함한 정보를 전파할 기회는 무한하고 손쉽게 얻을 수 있는 것으로 보인다. 기업과 관련된 정보는 이런 플랫폼에 언제든 게시될 수 있다. 게시된 정보는 우리의 이익에 불리할 수 있고, 부정확할 수 있으며, 우리의 성과나 전망, 실적에 해를 끼칠 수 있다. 이 피해는 우리에게 보상이나 정정의 기회를 주지 않는 즉각적인 것일 수 있다. 이런 플랫폼은 사업 기밀을 전파하는 데, 즉 귀중한 회사 자산을 손상시켜서 우리의 사업, 전망, 재정 상태, 경영 성과에 해를 끼치는 데에도 이용될 수 있다.

기우라고? 그럴지도. 하지만 나는 가짜 블로그 게시물로 인해 수억 달러의 시가 총액이 증발하는 것을 봤다. 블로그 「엔가젯」이 새로운 아이폰과 애플 운영체제의 출시가 지연될 것으로 추정된다는 이메일을 게시했을 때, 애플의 주가는 4억 달러 넘게 떨어졌다.

아마도 당신은 대기업에 호의적이지 않을 것이다. 그렇다면 「이터 LA^{Eater LA}」◆가 익명의 독자로부터 제보를 받고, 로스앤젤레스의 인기 있는 와인 바가 보건법을 심각하게 어겼을 뿐만 아니라, 메뉴에서는 고급 요리를 광고하면서 실제로는 브랜드 없는 대체품을 내놓았다고 보도한 건 어떤가?

비누칠 및 소독, 만든 지 2주가 지난 치킨 샐러드를 폐기하는 것 같은 간단한 식품 안전 기준을 지키지 않았을 뿐 아니라, 모든 '신선' 메뉴의 90퍼센트가 수일 전에 조리돼서 냉장고 안에 있었다.

수많은 온라인 보도와 마찬가지로, 이것은 잘못된 정보로 밝혀졌다. 그것도 완전히 잘못됐다. 그래서 「이터 LA」는 식당 소유주가

◆　「이터 LA」는 현재 복스 미디어가 소유하고 있다.

기사를 반박했다는 업데이트를 추가했다. 그러나 위생 상태가 엉망이라는 주장과 제목은 그대로였다. 게시물은 여전히 사람들이 읽고 댓글 달아주기를 기다리고 있었다. 「이터 LA」는 소송 위협을 당한 뒤에 올린 두 번째 업데이트에서야 잘못을 인정하기 시작했다. 다음은 그 내용의 일부다.

> 우리는 이 제보를 식당 주인과 접촉하지 않고 게재했으며, 주인은 그 후 이 제보를 전면 부인했다. 우리는 정보원의 주장의 사실 여부를 사이트에 올리기 전에 확인하지 않은 것에 대해 식당 주인과 독자에게 사과한다. 그 결과로 나온 게시물은 우리의 기준에 부합하지 않으며, 우리는 그것을 발표하지 말았어야 한다.

이 식당이 대규모 주식회사였다고 상상해보자. 주식은 어떤 뉴스이건 간에 그에 따라 움직이고, 유명 블로그가 전하는 루머도 예외가 아니다. 그것이 업데이트되거나 정정되는지는 중요하지 않다. 블로그는, 글을 읽는 동안 의견을 형성하고 결정을 내리는 사람들이 읽는다.

나는 예전에 당시 「허핑턴 포스트」의 CEO였던 에릭 히포의 초대를 받고 식당 '스파고'에서 점심을 함께한 적이 있다. 식사를 하는 동안 사이트의 기자 중 일부가 미디어에 관한 작은 원탁회의를 위해 참석했다. 당시는 2010년이었고, 인터넷 미디어와 전국적인 규모의 미디어들은 토요타 자동차의 급발진을 유발한 액셀러레이터에 대한 보도에 광분하는 중이었다. 식사를 하는 동안 에릭은 그들에게 다음과 같이 물었다. 토요타는 어떻게 하면 이 통제 불능의 홍보 위기에 더 잘 대응할 수 있을까?

인터넷 업계 사람들로 가득한 방인 만큼, 저마다 거들먹거리며 의견을 제시했다. "투명성이 중요하다고 생각합니다", "이런 기업들은 사전 대책을 강구할 필요가 있습니다", "그들은 이런 상황을 미리 내다봤어야 합니다", "핵심은 블로거에게 접근하는 겁니다" 등등.

그것은 내가 온라인에서 매일 수천 번은 보고 들은 대화였다. 결국 내가 끼어들었다. "여러분 중에서 자기가 무슨 말을 하고 있는지 아는 사람은 한 명도 없군요. 여러분은 홍보 위기에 처해본 적 없습니다. 여러분은 그게 얼마나 빨리 통제 불능 상태에 빠지게 하는지 한 번도 본 적 없습니다. 여러분은 당신네 「허핑턴 포스트」 같은 사이트가 루머를 사실인 양 전하고 다른 블로그의 게시물을 확인하지도 않고 재탕한다는 사실을 받아들이려 하지 않습니다. 그것에 맞서 싸우는 것은 불가능합니다. 인터넷은 해법이 아니라 문제입니다."

몇 달 뒤, 나는 당시에 예상할 수 있었던 것보다 많은 것을 입증하게 됐다. 첫째로, 「허핑턴 포스트」는 홍보 위기로 타격을 받았고, 그들이 그 점심 식사 때 내놓은 기준에 의해 대응하는 데 처절하게 실패했다. 전·현직 핵심 기자 집단이 기고하고 돈을 받지 못한 것에 대해 소송을 제기했을 때, 「허핑턴 포스트」는 결코 '투명하게' 굴지 않았다. 그들은 변호사의 조언대로 입을 꾹 다물었고, 이 소송 소식을 자신들의 사이트에서 다루지 않았다. 며칠이 지나서야 아리아나 허핑턴은 「허핑턴 포스트」에 이에 대한 첫 번째 성명을 게시했다. '사전 대책'이나 '미리 내다보기'와는 거리가 멀었다. 그녀가 달리 뭘 할 수 있었겠는가? 그 소송은 아마도 엄청나게 많은 돈을 잡아먹었겠지만, 「허핑턴 포스트」는 다른 블로거들이 일말의 감정 이입도 없이 소송을 유쾌하게 해부하고 논의하는 모습을 힘없이 바라보며, 가만히 대중의 질타를 받아들여야 했다.

둘째로, 가장 중요한 것은, 토요타가 나사NASA의 전면 조사 끝에 대부분의 혐의를 벗었다는 것이다. 급발진을 야기한 것으로 추정된 컴퓨터 문제의 사례 중 상당수가 완전히 틀렸음이 입증됐으며, 대부분이 운전자의 실수로 인한 것으로 드러났다. 운전자들이 브레이크 대신 액셀러레이터를 세게 밟았던 것이다! 그러고서는 차를 탓한 것이다! 즉, 차가 말을 듣지 않았다는 이유로 토요타가 맹비난을 받은 스캔들은 근거 없는 것이었다. 신중하지 않은 건 토요타가 아니라 미디어였다. 성급하게 판단해서 고객과 진실에 대한 의무를 저버린 건 「허핑턴 포스트」 같은 사이트들이었다. 저널리스트 에드 윌리스는 토요타에 사과하는 글을 「비즈니스위크」에 썼다. "대중이 미디어를 신뢰하지 않는 모든 이유가 토요타 사태를 통해 명백히 드러났다."

하지만 이 모든 것이 실제로는 중요하지 않다. 여전히 그들에겐 오명이 남아 있기 때문이다. 심지어 이 이야기를 하면서도 나는 의도치 않게 토요타에 손실을 입히고 있다. 나는 '액셀러레이터 오작동'과 '스캔들' 같은 잊히지 않는 단어들을 반복하고 있다. 이것은 부당하게 실각한 미국 전 노동부 장관 레이 도너번이 그의 경력을 망친 허위 혐의에 대해 무죄 선고를 받았을 때 했던 것과 같은 질문을 토요타가 던지게 한다. "실추된 내 평판을 회복하려면 어느 사무실로 가야 하지?"

아니 땐 굴뚝에 연기 날까

이 게임의 진짜 비법은 무언가를 사실로 들릴 때까지 반복하는 것이다. 내가 2016년 선거기간에 주목한 것 중 하나는, 내가 트럼프에 대해 부정적인 말을 할 때마다 갑자기 팔로어가 없는 트위터 계정들로부터 트윗 공격을 받는다는 것이었다. 정말로 팔로어가 한 명도 없었다. 친구 하나 만드는 게 뭐 그리 힘들다고?

가짜 계정이니까 힘든 것이다. 영리한 미디어 조작자들은 무언가를 진짜처럼 보이게 하는 방법 중 하나가 노골적인 가스라이팅이라는 것을 깨달았다. 선거운동 담당자, CEO, 외국 정부는 저널리스트 같은 영향력 있는 이들을 공격하는 계정들을 돈 주고 만들 수 있다. 트럼프에 대해 부정적인 말을 하면, 진짜 트럼프 지지자처럼 보이는 무언가로부터 위협을 받을 것이다. 기업에 대해 글을 쓰면, 댓글란이 글을 읽지도 않고 남겨진 찬양 댓글들로 채워지는 것을 보게 된다.

러시아도 이 전략을 사용하는 것으로 잘 알려져 있다. 그들은 이걸 '역정보(dezinformatsiya)'라고 부르는데, 본질적으로 트롤링을 통한 허위 정보를 뜻한다. 미국에서는 '애스트로터핑(astroturfing)'이라고 부르는데, 가짜 계정이나 지지자를 활용해 인터넷상에서 진짜 의견처럼 보이는 것을 만들어내는 행동을 일컫는다. 또 다른 명칭은 '분탕질하는 게시물 올리기(shitposting)'로, 이는 인터넷상의 대화가 이런저런 문제에 대해 악을 쓰는 정신 나간 사람에 의해 중단되는 것을 볼 때마다 우리가 경험하는 것이다. 당신은 그들의 말을 묵살했을지 모르지만, 그럼에도 그들은 잠시 당신의 주의를 끈 것이다.

이 수법을 사용하면 의심이 많아 보이는 이들도 속일 수 있다. 워싱턴 대학교 교수 케이트 스타버드는 「시애틀 타임스The Seattle Times」에 이렇게 말했다. "두뇌는 당신에게 '야, 난 이걸 세 군데의 다른 출처에서 얻었어'라고 말합니다. 하지만 당신은 그게 전부 같은 곳에서 나왔다는 것, 그리고 그게 사람으로 가장한 봇을 통해 당신에게 도달했을지도 모른다는 건 알지 못합니다. 이걸 바이러스라고 생각해보면, 저는 여기에 어떤 백신을 써야 할지 모르겠습니다."

이 전략이 대규모로 행해졌을 때 효과가 있는 이유를 알 수 있을 것이다. 만약 당신이 기자인데 진정서에 6만 명의 서명이 있는 걸 봤다면, 거기 있는 사인들이 어디에서 왔는지 조사하려고 애쓰겠는가? 당신이 편집장인데 갑자기 같은 링크를 알려주는 15개의 이메일을 받는다면, 그걸 기자들에게 전달하지 않겠는가? 당신이 유명인인데 뭔가에 관한 트윗을 계속 받는다면, 아마도 당신은 그에 반응해서 "혹시 이것에 대해 들어본 사람 있나요?"라고 물을 것이며, 그 질문을 함으로써 가짜 정보가 퍼지는 데 도움을 주게 될 것이다.

이건 음모론이 아니다. 선거기간 중 두 후보 모두 트위터에 대규모 가짜 팔로어를 보유하고 있는 것으로 드러났다. 오큘러스 리프트Oculus Rift의 갑부 창립자 중 한 명이 반(反)힐러리 밈을 게시하는 데 전념하는 집단을 후원했다는 것도 드러났다. 이것이 들통났을 때 그는 「데일리 비스트」에 이렇게 말했다. "만만찮은 화력이 없다면 미국 엘리트와 싸울 수 없습니다. 그들은 당신보다 돈을 많이 쓸 것이며, 수단과 방법을 가리지 않고 당신을 파멸시킬 것입니다."

정보를 무기화하기

식사 자리에서 일어난 또 다른 놀라운 미디어 사건에 대해 들려주겠다. 나는 그 자리에 없었지만 「버즈피드」의 편집자 벤 스미스가 거기 있었다고 한다. 뉴욕 시에 있는 '웨이벌리 인'이라는 식당에서 우버가 주최한 자리였다. 저녁 식사 도중에 우버의 임원 에밀 마이클은 자기 회사가 불공정하고 편향된 미디어 보도를 받고 있다고 생각한다고 말했으며, 그것에 대응하기 위한 회사의 계획을 노골적으로 말했다. 이 행사의 손님 스미스는 다음 날 자신이 들은 바를 전했다.

> 저녁 식사를 하는 동안, 그는 '100만 달러'를 들어서 네 명의 야당 최고 연구원과 네 명의 저널리스트를 고용하는 계획의 윤곽을 드러냈다. 그는 이 팀이 우버가 언론에 맞서 싸우는 데 도움을 줄 수 있을 것이며, 그들은 '당신의 개인사, 당신의 가족'을 조사해서 미디어에 당한 것을 그대로 돌려줄 것이라고 말했다.

그 임원은 심지어 함정에 빠뜨리고자 하는 기자와 편집자의 이름까지 구체적으로 말했다. 이로 인해 많은 미디어 업계 종사자가 경각심을 느낀 이유는, 이 발언이 우버가 택시 업계와의 싸움에서 "사실을 무기화하려는" 계획을 세우고 있다는 내부 문건이 유출된 직후에 나왔기 때문이었다.

미디어는 타인을 공격하는 도구가 될 수 있을 뿐만 아니라, 스스로 사람들을 공격하고, 또 역으로 공격받을 수도 있다.

우리는 이런 현상을 정치에서 발견하고 있다. 음모론자나 의심할 만한 이곳저곳의 작은 사건은 겉으로 보이는 것보다 더 전폭적인 지원을 받는다. 2008년 선거에서는 한 '시민 기자'가 각각의 행사에서 자기 신분을 감추고 오바마, 그리고 선거운동을 하는 빌 클린턴 두 사람을 모두 속임으로써 공격받기 쉬운 말을 하도록 유도했다. 이 때문에서 선거는 거의 탈선할 뻔했다. 이 61세 여성이 나중에 시인한 바에 의하면, 두 인물은 "그녀가 저널리스트라는 것을 몰랐고", 그녀가 숨겨진 장치로 녹음을 하고 있다는 것도 몰랐다. 그리고 「허핑턴 포스트」가 자신의 '특종'을 제대로 보상해주지 않은 것에 화가 난 그녀는 자신과 아리아나 허핑턴 간의 사적인 이메일을 발표하면서 물러났다. 다른 사람을 제물로 삼아서 주목을 끌기 위한 마지막 일격이었다. 누구나 「허핑턴 포스트」에 글을 쓸 수 있고, 이것은 누구나 대등한 영향력을 행사할 수 있는 잠재력을 지니고 있음을 의미한다. 블로그 하나와 녹음기 하나만 있으면 그만이다.

트럼프 자신도 10년 전에 누군가 몰래 녹화한 영상이 미디어에 유출되면서 심각한 피해를 입었다. 트럼프가 이른바 트럼프 문건 때문에 얼마나 심한 타격을 입었는지 보는 것도 흥미롭다. 이 문건은 트럼프와 러시아의 거래에 관한 온갖 종류의 선정적인 혐의를 제기했으며, 고위급 소식통과 연구에 근거한다고 알려져 있다.

애초에 자금을 대서 이 보고서를 만들어낸 것은 누구일까? 이에 대한 답은 너무 재미있어서 믿기지 않을 정도다. 이 보고서에 자금을 댄 것은, 처음에는 트럼프를 공천 받지 못하게 하려는 공화당원이었고, 그다음에는 총선에서 그를 이기려는 클린턴 측 지지자들이었다. 다른 말로 하면, 이것은 당파의 자금을 받아 이루어진 상대 정치인에 대한 스캔들 조사인 것이다. 그 내용을 입증할 수 없음을 인정하면서도 이것을 게시한 곳은 어디인가? 「버즈피드」! 그렇다. 사악한 조직이 상대 정치인의 스캔들을 조사하고 그것을 무기화함으로써, 어떻게 상대를 무력화하고 공격할 수 있는지를 정확히 밝혀낸 기사를 냈던 바로 그 사이트다.

벤 스미스는 모순을 느끼지 못하는 듯, 이 보고서를 발표하기로 한 결정을 이렇게 옹호했다. "이처럼 중요한 뉴스를 억압하려는 본능은 2017년의 저널리즘에서 분명히 잘못된 것이다." 그러나 내가 한마디 하자면, 뉴스는 사실일 때만 중요하다! 미디어가 자신이 발표하는 정보를 조사해야 한다는 책임을 완전히 저버릴 때, 어느 누가 스캔들이나 공격에 대비하거나 그로부터 자신을 지킬 수 있을까?

미국, 그리고 미국의 선거에 러시아가 개입했는지 아닌지는 내가 말할 수 없다. 하지만 그들이 어떻게 그럴 수 있었는지는 꽤나 분명하다. 미디어는 자기들이 비즈니스에 개방적인 태도를 갖고 있다는 점을 인정했고, 필요하다면 심지어 가장 의심스러운 정보까지도 사용할 것이다. 「버즈피드」가 트럼프 문건을 발표하면서 보여줬듯이, 유일하게 필요한 확인 사항은 온라인에서 그 뉴스에 관한 의미 있는 수다가 이미 진행되고 있느냐는 것이다. (우리는 그것이 가짜일 가능성이 얼마나 큰지 안다.)

정보가 어떻게 무기화될 수 있는지에 대한 마지막 예를 들겠다. 사적인 경험에서 나온 것이다. 몇 년 전, 한 친구가 (성질이 고약하고 사기를 잘 치기로 유명한) 유명 연예 에이전트에게 속았다. 친구가 법정에서 이런 자를 상대로 이길 가능성은 거의 없었다. 그럴 만한 자금이 없었다. 그래서 우리는 친구가 소송을 제기하려고 한다는 서신을 변호사에게 작성하게 했고, 그런 다음 그 서신을 에이전트에게 보낸 뒤 가십 블로그에 유출했다. 친구는 실제로 소송을 제기할 필요가 없었다. 이렇게 작은 업계에서는 단순히 의도를 밝히는 서신과 후속 미디어 보도를 통해, 누군가가 다른 누군가의 어떤 프로젝트를 훔쳤다는 식의 주장을 공개하기만 해도 영향력을 행사할 수 있다.

나는 나중에 그 친구를 우연히 만나서 이 전략의 다른 결과를 알게 됐다. 그 에이전트는 친구에게 50만 달러를 지불하고 패배를 인정했다. 나는 가끔 이 사건에 대해 생각한다. 분명 그 에이전트는 내 친구를 속였다. 그렇다면 그에 대응해 사용한 이 전략을 다른 무고한 피고인에게 사용하는 것 또한 너무나 쉽지 않을까? 내 머릿속에 갑자기 떠오른 것은 이것이 정교하고 조직적인 사기라는 생각이 아니라(내 안에서 범죄 본능을 발견했다는 느낌도 없었다), 이 도구는 이해하고 사용하기가 너무 쉬워서 그렇게 하지 않기가 힘들다는 생각이었다. 사실, 너무 수월해서 친구가 내 기억을 상기시키기 전까지는 그런 일을 했었는지 기억조차 못 할 정도였다.

어떤 사람이 (누구나 어떤 빌미로든 소송을 당할 수 있고 누구나 어떤 혐의로든 기소될 수 있는) 법률과 정치 시스템과 (유명인의 명예훼손은 일반적으로 악랄한 의도나 진실에 대한 묵살을 필요로 한다고 주장하는) 미디어 보도를 통해 부당하게 희생될 수 있는 이런 상황은, 〈조 블랙의 사랑〉에서 브래드 피트가 차에 치여서 공중으로 떴다가 다른 방향으로 가는 차에 다시 치이는 섬뜩한 사고를 연상시킨다.

공감이나 악의적인 거짓말, 이야기를 심는 부도덕한 경쟁자에 겁먹지 않는 것은 중요하지 않다. 보잘것없는 사람이라면, 전혀 두려워할 것 없다. 하지만 그렇다고 해도, 글쎄, 누가 알겠는가?

18

정정이라는 헛된 믿음

우리 웹 종사자들은 이렇게 물을 것이다.
"게시물을 올리고 확인 중이라고 말하면 안 되나?"
요즘에는 이렇게 말한다.
"우리는 실수하지 않는다. 단지 업데이트할 뿐이다."

— 록산 로버츠(「워싱턴 포스트」의 '믿을 만한 소식통' 칼럼니스트)

당신은 결국 당신이 따라갈 수 있는 것보다 더 빨리 퍼지는
트윗을 쫓아가게 된다. 이건 마치 치약을 튜브에 다시
밀어넣는 것과 같다. 그 치약이 살아 있고, 튜브 안에 있는 것을
싫어하고, 브로드웨이를 꿈꾼다는 것을 제외하면 말이다.

— 톰 필립스(MSN 국제부 편집기자, 블로그 「트위터는 잘못된 것인가?」 운영자)

사회가 계속해서 이렇게 소모적인 방식으로 뉴스를
접할 수는 없다는 건 분명하지 않나? 공동체의 거대한 일부가
거짓말을 유포하기 위해 조직되고, 또 다른 거대한 일부는
거짓말을 반박하기 위해 조직되어 있다니!
차라리 100만 명을 사막으로 보내서 구멍을 파게 하고,
또 다른 100만 명을 보내서 구멍을 메우는 편이 낫겠다.

— 업턴 싱클레어, 《브래스 체크》

반복 저널리즘이 가능한 이유는 웹이 새로운 기사를 정정하고 업데이트할 수 있다는 믿음 때문이다. 반복 저널리즘의 신봉자는 빨라진 속도가 실수로 이어질 수 있다는 점을 인정하지만, 오류는 쉽게 바로잡을 수 있으므로 괜찮다고 말한다. 그들은 반복 저널리즘은 개별적으로는 약하지만 집합적으로는 강하며, 그 이유는 블로거와 독자가 각각의 기사를 개선하기 위해 반복적으로 협력하기 때문이라고 말한다.

기사의 소재가 되어봤고 그런 소재가 되는 사람들과 같이 일해본 사람으로서, 나는 이것이 헛소리라고 확신한다. 인터넷에서 정정이라는 말은 농담에 불과하다. 반복 저널리즘에 대한 모든 정당화는 거짓일 뿐만 아니라, 실제로 그것이 작동하는 방식과는 그야말로 정반대다.

블로거는 더 이상 자신들이 다른 이들보다 더 많이 틀렸다는 것을 보여주는 피드백을 찾는 데 열심이지 않다. 그리고 당연히 자기 실수를 공개적으로 인정하기를 꺼린다. 블로거는 그래야만 하기 때문이다. 실수가 클수록, 사람들이 그것을 인정할 가능성은 작아진다. 이를 두고 '인지 부조화'라고 한다. 우리는 이미 이에 대해 어느 정도 알고 있다.

내가 사실이 아님을 알고 있는 내용이 뉴스에서 사실인 것처럼 나오는 장면을 보면 정말 짜증이 난다. 유명인이 된다는 게 어떤 건지 모르겠지만(나는 그들의 느낌에 공감하기 힘들다는 걸 깨달았다), 나에 대한 거짓말이 온라인에 퍼진 적이 있기 때문에 그게 불쾌하다는 것은 안다. 언론 홍보 에이전트로서, 블로거가 범하는 많은 실수를 쉽게 덮을 수 있다는 것을 알기 때문에 더욱 화가 난다. 그들은 실수에 대해 전혀 죄책감을 느끼지 않는다.

만약 당신의 민감한 고객이 어떤 보도를 정정하기를 강력히 원한다면, 당신은 블로거에게 가서 얼간이처럼 아부할 준비를 해야 한다. 당신은 어떻게든 블로거들에게, 그 실수가 그들의 잘못이 아니라고 생각하게끔 아첨해야 한다. 아니면 개자식이 되는 방법도 있다. 때로 저항이 너무 강하고 특권 의식이 너무 확고하다면, 발행인에게 블로거의 실수를 알림으로써, 그와 서로의 얼굴을 알 만큼 우호적이었던 관계를 위태롭게 해야 할 수도 있다.

때로는 이보다도 훨씬 더 심각해져야 한다. 기사 정정과 관련하여 내가 좋아하는 이야기들 중에는 정치 블로거 맷 드러지에 대한 이야기도 있다. 맷 드러지는 빌 클린턴과 모니카 르윈스키의 성 추문 기사를 터뜨려서 블로깅 역사의 성인이 된 자다. 하지만 그가 그보다 앞서 터뜨린 대형 정치 스캔들을 기억하는 이는 별로 없다. 드러지는 익명의 정보원을 근거로, 저명한 저널리스트이자 클린턴의 고문인 시드니 블루먼솔이 배우자를 학대한 전력이 있다는 충격적인 혐의를 제기했고, 아니나 다를까 백악관이 이를 은폐했다고 주장했다.

그러나 이것은 전부 사실이 아니었다. 블루먼솔이 아내를 때렸다는 증거도 백악관이 이를 은폐했다는 증거도 없는 것으로 밝혀졌다. 이 이야기는 익명의 공화당 정보원이 블루먼솔에게 정치적 보복을 하기 위해 드러지에게 정보를 흘린 것이 명백해진 뒤 금세 허물어져 내렸다. 드러지는 결국 「워싱턴 포스트」에 잘못을 인정해야 했다. "누군가 저를 이용해서 그를 함정에 빠뜨리려 했습니다. (중략) 제가 속은 것 같습니다."

그러나 이 기사를 정정하며 드러지는 "나는 1997년 8월 11일

「드러지 리포트」에 게시한 시드니 블루먼솔에 관한 정보를 철회한다"라고만 썼다. 그는 3000만 달러 명예훼손 소송을 당했음에도, 자신의 부주의함으로 인해 고통받은 사람들에게 사과하기를 거부했다. 4년 뒤, 마침내 시련이 끝났을 때도 드러지는 여전히 반복 저널리즘을 옹호했다. "내가 종사하는 미디어의 장점은 신속하게 수정할 수 있다는 것이다."[1]

저런 자에게 어울리는 단어는 하나뿐이다. 잡놈.

결국 가장 중요한 점은 이것이다. 정정한다고 해서 뭐가 달라질까? 원본 기사는 언제나 정정 사실보다 빨리 퍼진다. 설령 그렇지 않다고 해도, 정정하려 애쓴다는 바로 그 사실 자체가 부정확한 정보가 이미 기선을 제압했음을 보여준다. 이런 속담이 있다. "거짓은 대지를 가로지르지만, 진실은 흙길로 돌아가야 한다." 사실이다. 선정적인 실수가 있는 그대로의 정확하고 실망스러운 사실보다 유리하다. 생계를 위해 정확해야 하는 것이 직업인 사람들(기자들)이 그 점을 예측하고 행동한다면 좋을 것이다. (틀리는 게 그들의 직업이 아니라면.)

생계를 위해 틀리는 사람들을 바로잡기

나는 〈프라이스 이즈 라이트The Price Is Right〉라는 TV 쇼에 500달러짜리 아메리칸 어패럴 상품권을 경품으로 제공한 적이 있다. 우리는 그 일이 재미있을 것이라고 생각했다. 남들한테 그 쇼를 본다고 얘기하기는 좀 부끄럽지만, 사실은 재미있는 최장수 TV 프로그램이기 때문이었다. (솔직히, 나는 팬으로서 신이 났었다.) 해당 에피소드는 9월에 방송됐고, 직원 중 한 명이 회사의 유튜브 계정에 그걸 즉시 게시했다. 모든 사람이 좋아했지만 한편으로는 아이러니를 느꼈다. 멋지고 세련된 브랜드가, 나이 든 사람들만 좋아하는 프로그램이라는 형편없는 조건을 감수했기 때문이다. 모든 사람이 그렇게 느꼈다. 인기있는 광고 블로그 「브랜드 채널Brand Channel」만 빼고. 이 블로그는 '아메리칸 어패럴이 이미지 개선을 위해 드루 캐리를 이용하다'라는 제목의 아이러니하지 않은 기사를 게재했다.[2] 이들은 "미국을 대표하는 TV 명사인 드루 캐리를 내세워 미국의 전통적인 게임 쇼인 〈프라이스 이즈 라이트〉를 흉내 내어 찍은" 신학기 광고 영상이 가지는 이점에 대해 논의했다.

어디서부터 이것을 정정해야 할까? 이 얼간이는 〈프라이스 이즈 라이트〉의 진행자가 누구인지 찾아보지도 않았고, 우리에게 이메일을 보내서 우리가 왜 프로그램에 등장했는지 확인하는 것보다 이 모든 것이 정교한 장난이라고 가정하는 게 더 쉽다고 생각했다. 홍보 담당자로서, 내가 뭘 해야 할까? 만약 내가 이 얼간이에게 드루 캐리가 실제로 〈프라이스 이즈 라이트〉의 진행자이고 그가 시청한 동영상은 광고가 아니라 실제 TV 쇼 방영분의 일부였다는 것을 전달할 방법을 알았다고 해도, 여전히 그가 모든 것을 철회하도록 설득해야 했을 것이다. 왜냐하면 단순한 기사 업데이트로는 그것이 얼마나 잘못된 것인지 바로잡을 수 없었을 것이기 때문이다. 나는 더 이상 어리석게 기적을 바라지 않았으므로, 다른 블로그가 그 주장을 반복했음에도 그것을 정정하려는 시도조차 하지 않았다. 나는 그냥 가만히 앉아서 사람들이 어리석은 주장을 사실로 믿는 모습을 지켜봤고, 그 블로거는 그것이 실제로 자기에게 유리하게 작용한다고 오해했다.

하지만 내가 정정하려고 애를 썼다고 해도, 별 차이는 없었을 것이다. 정정 보도를 게시하는 데는 보통 몇 시간이나 며칠, 때로는 몇 주가 걸리는데, 블로거들이 의도적으로 늑장을 부리기 때문이다. 게시물은 게시되고 링크된 직후에 대부분의 트래픽을 얻는다. 정정 보도나 업데이트가 게시될 즈음에는 보는 사람이 별로 없다. 나는 「고커」와 「제저벨」에 사실과 다른 내용을 지적하는 이메일을 몇 차례 보냈지만 답을 받지 못했다. (같은 기기를 이용해) 이메일을 다시 보내면 이런 답장이 돌아오고는 했다. "오, 저는 당신의 이메일을 받은 적이 없습니다." 그러시겠지. 내가 보내는 익명 제보는 잘만 도착하는 것 같던데. 발송 중에 이상이 생겼다고 그들이 주장하는 건, 늘 서명이 된 정정 이메일뿐이다.

내 경험은 드문 일이 아니다. 내 친구 중 한 명은 자기 직업에 진정한 열정을 갖고 자동차 블로그를 운영하고 있는데, 그는 거짓으로 드러난 루머를 게시한, 어느 유명하지 않은 자동차 사이트에 이메일을 보낸 적이 있다.

친구: 더 이상 사실이 아니라는 것을 사람들이 아는데, 왜 헤드라인을 내리지 않는 건가요?

블로거: 진짜 웃기는 분이네요.

블로거는 보통 업데이트 내용을 맨 아래에 붙인다. 왜냐하면 그들도 우리 모두와 마찬가지로 허세를 부리기 때문이다. 그들은 자기 실수를 모든 사람이 듣도록 크게 외치지도 않고, 독자들이 첫 번째로 보게 하지도 않는다. 아니면 블로거는 당신의 이메일을 게시물 하단에 붙여 넣어서 그들이 틀렸다는 것이 당신의 의견인 것처럼 보이게 할 것이다. 물론 그것은 단순한 의견이 아니다. 그냥 의견이라면, 억지로 그것을 게시하지도 않을 것이다. 하지만 그들은 그것이 양면적인 문제인 것처럼 표현함으로써 기사를 계속 유지할 것이다. 그들이 가장 꺼리는 일은, 게시물을 다시 쓰거나 삭제해서 거기에 들인 몇 분 동안의 작업을 버리는 것이다. '신문처럼 거짓말한다'는 말은 19세기 중반에 신뢰할 수 없는 사람들을 가리킬 때 사용한 일반적인 표현이었다. 링컨은 친구에게 신문의 신뢰성에 대해 이렇게 농담했다. "그들은 거짓말하고 또 거짓말하지." '신문'을 '블로그'로 바꾸면, 150년 전과 마찬가지로 지금도 정확한 표현이 된다.

틀리기

사실과 관련된 오류는 오류의 한 가지 유형일 뿐이다. 그것도 아마 가장 덜 중요한 유형의 오류라고 봐야 할 것이다. 기사는 사실로 구성되고, 새로운 기사를 만들어내는 건 이런 사실의 결합이다. 정정은 기사에서 이런 요소 중 일부를 제거하는 작업이지만, 그럼에도 기사와 요지는 남는다. 억지로 오류를 인정하는 기자들조차도, 이의가 제기된 사실이 있으면 그것에 의거한 전제를 재검토해야 한다는 논리를 받아들이는 경우는 극히 드물다. 우리에게 필요한 것은 '업데이트'가 아니다. 다시 쓰기가 필요한 것이다.

입이 떡 벌어지게 하는 루머를 통해 트래픽을 얻을 뿐만 아니라, 다음 날 자기들이 만들어낸 동일한 루머를 격추시키며 또다시 트래픽을 얻는 이 시대는 진정한 저널리스트의 황금기다. 나는 메건 매카시(「고커」, '테크밈', 「CNET」)가 사우스 바이 사우스웨스트(미국 텍사스주 오스틴에서 매년 봄 개최되는 영화·인터렉티브 미디어·음악 페스티벌 및 콘퍼런스 행사 — 옮긴이)의 패널에게 유명인의 사망에 대한 가짜 보도와 같은 거짓 기사가 온라인에서 어떻게 퍼지는지에 대해 이야기하는 것을 들었다. 질의응답 시간에 나는 일어나서 물었다. "이것도 좋은데요, 그런데 이분법적이지 않은 실수들은 어떤가요? 그러니까, 어떤 사람이 실제로 죽었는지 아닌지보다 좀 더 복잡한 것이요. 미묘한 거짓말이나 약간의 잘못된 묘사는요? 이런 것들을 정정하려면 어떻게 해야 할까요?" 그녀는 웃으며 말했다. "인터넷에 뉘앙스란 게 존재할 수 있다는 생각이 마음에 드네요."

복잡한 것을 바로잡기는 너무 힘들다. 그러니 뭐 하러 굳이 신경을 쓰겠는가?

오류의 심리학

단순히 블로거와 발행인의 고질적인 오만함을 타개하는 문제라면, 반복 저널리즘을 고치고 말고 하는 건 딱히 중요한 문제가 아닐 것이다. 보다 중요한 문제는, 이러한 반복적 학습이 독자에게도 전혀 도움이 되지 않는다는 사실이다.

위키피디아가 반복되는 과정을 잘 보여주는 좋은 사례다. 이라크 전쟁에 대한 페이지는 2010년까지 1만 2000번 이상 편집되었는데, 이것은 12권의 책과 7000장의 인쇄물을 채우기에 충분한 양이다(누군가가 어떤 예술 프로젝트를 위해 실제로 계산한 결과다). 분명히 인상적이다. 하지만 1만 2000번의 변화가 대체로 일관적이고 정확한 방향을 향하고 있다 하더라도, 지난 5년 동안 위키피디아에서 이 항목을 살펴본 대부분의 사람이 확인한 내용은 그 최종 결과물이 아니다. 그들 중 대부분은 이것을 최종 생산물로 소비하지 않았다. 이것은 작성되는 중에 단편적으로 읽히고 믿어졌다. 수천 개의 다른 위키피디아 페이지가 그곳으로 연결된다. 수천 개가 넘는 블로그가 이것을 참고 문헌으로 사용했다. 수천수만 명의 사람이 이 링크를 읽고 그에 따라 의견을 형성했다. 이런 관점에서 볼 때, 각각의 정정된 오류, 즉 각각의 변화나 추가는 승리가 아니라 실패다. 왜냐하면 그 위키피디아 문서는 한동안 정확하고 완벽한 것으로 잘못 제시됐기 때문이다. 그 문서가 끊임없이 변하는 상태에 있었다고 해도 그렇다. 생각해보라. 당신은 수정된 사항이 있는지 확인하기 위해 위키피디아 페이지를 거슬러 올라가는 습관이 있는가?

인터넷은 콘텐츠를 반복적으로 작성하는 것을 가능하게 해주는 반면, 독자는 그것을 반복적으로 읽거나 소비하지 않는다는 것이 현실이다. 사람들은 자기가 보는 것을 한 번만 보고, 즉 과정의 스냅사진을 보고, 그로부터 나름의 결론을 끌어낸다.

반복 저널리즘이 실패하는 이유는 뉴스라는 지식의 형태가, 심리학자들이 '직접 지각되는 현재(specious present, 사람이 '현재'라고 인식하는 시간적 길이를 일컫는 말―옮긴이)'라고 부르는 것에 존재하기 때문이다. 사회학자 로버트 E. 파크가 말했다. "뉴스는 '뉴스에 관심이 있는' 사람에게 닿을 때까지만 뉴스다. 일단 발표되고 그 중요성이 인정되면, 뉴스는 역사가 된다." 저널리즘이 결코 진정으로 반복적일 수 없는 이유는 읽히자마자 사실이, 특히 불충분하거나 부정확한 사실이 되기 때문이다.

반복 저널리즘의 옹호자들은 독자가 판단을 유보하고, 업데이트를 거슬러 올라가 확인하고, 자신의 사실 확인에 책임을 질 것을 요구한다. 그럼으로써 뉴스의 '직접 지각되는 현재'의 유효기간을 연장하려고 한다.◆ 블로거는 뉴스가 오랫동안 상세히 논의되는 동안 독자가 신뢰를 유예하기를 요구한다. 하지만 학생이 시험을 보면서 마지막 문제에 도달할 때까지 시간이 늦춰졌으면 하고 바라는 것처럼, 이것은 불가능한 일이다.

증거가 완전해질 때까지 해석하고 추측하는 본능을 억누르는 것은 형사나 의사가 수년 동안 훈련해서 발달시키는 기술이다. 우리 같은 보통 사람은 그런 걸 잘 못한다. 사실, 우리는 정반대에 열중한다. 한 심리학자의 말에 따르면, 인간의 마음은 "먼저 믿고, 그다음에 평가한다". 나는 그 말에 "먼저 정신이 산만해지지 않는 한"이라고 덧붙이고 싶다. 유명인에 대한 가십과 스포츠 뉴스를 읽으면서, 어떻게 사람들이 자신의 생물학적 본성을 초월하리라고 기대할 수 있겠는가?

과학 연구에 따르면, 우리는 회의적인 태도를 유지하는 데 서투를 뿐만 아니라, 믿음이 잘못됐다는 것이 증명됐을 때 그것을 바로잡는 데도 서투르다. 미시간 대학교에서 행해진 '정정이 실패할 때(When Corrections Fail)'라는 이름의 연구에서, 정치학자 브렌던 니핸

◆　　이런 읽기 스타일은 많은 페이지뷰를 생성하므로 블로그에는 이익이 된다.

과 제이슨 리플러는 이를 나타내기 위해 '역화 현상(backfire effect)'
이라는 표현을 만들었다.³ 참가자의 절반은 가짜 뉴스 기사를 본 뒤,
우리가 블로그 게시물 하단에서 보는 것과 같은, 핵심 주장의 신빙성
을 없애는 정정 보도를 제공받았다. 그런 다음 모든 참가자들은 기사
의 주장에 대한 자신의 믿음을 평가했다.

정정 보도를 본 사람들이 보지 않은 사람들보다 최초의 주장을
믿을 가능성이 더 컸다. 그리고 동료들보다 더 확고하게 믿었다. 즉,
정정 보도는 오류를 바로잡지 않을 뿐만 아니라, 역효과를 내서 오해
를 더 악화시킨다.

정정 보도가 본래의 주장을 독자의 마음속에 재주입하고 정신
작용을 통해 그것이 다시 작동하도록 한 것이다. 의도와 달리, 정정
은 사람들이 낡은 생각을 버리도록 유도하는 것이 아니라, 이미 반박
된 사실을 정신이 더 단단히 부여잡게 하는 것으로 보인다.

이런 면에서, 나는 항상 「월 스트리트 저널」 정정란의 명칭이
'정정과 증보(Corrections & Amplifications)'라는 것이 아이러니하다
고 생각했다.◆ 수정이 실제로는 증폭(amplifications)이라는 것을 그들
이 안다면 좋을 텐데. 하지만 진지하게 말해서, 신문이 최초의 주장
중 하나를 '증보'해야 하는 경우가 실제로 그렇게 많을 수는 없는 것
아닌가? 그들은 무엇을 할 것인가? 첫 번째 논쟁에서 충분히 오만하
고 가식적이지 않았다고 말하는 업데이트를 발행할 것인가?

블로거는 정정을 모든 상처를 치료해주는 마법의 묘약처럼 과

◆　이와 반대로, 뉴스 통신사 「로이터」는 업데이트와 새로운 사실을 기사의 맨 위에 올려
　　놓고, 종종 기사를 재작성해서 옛것을 대체한다.

시한다. 하지만 현실은 다르다. 주장은 흥미롭지만 정정은 그렇지 않다. 비난이 며칠 뒤 또는 몇 달 뒤 오류를 조용히 인정하는 것보다 빨리 퍼질 가능성이 훨씬 더 크다. 업턴 싱클레어는 물을 은유로 사용했다. 즉 선정적인 것은 터놓은 수로를 통해 빠르게 흐르는 반면, 정정과 같은 세부 사항은 수문이 닫힌 댐의 콘크리트 벽에 부딪힌다.

정신이 일단 뭔가에 대한 그럴듯한 설명을 받아들이고 나면 그것은 나중에 인식하는 모든 정보를 위한 틀이 된다. 우리는 무의식적으로 나중에 받아들이는 모든 지식을 그 틀에 들어맞게 왜곡하는 성향이 있다. 그게 실제로 맞든 아니든 말이다. 심리학자들은 이것을 '인지적 경직성'이라고 부른다. 최초로 전제를 구축한 사실은 사라지지만, 결론은 남는다. 즉, 의견에 대한 전반적인 태도가 그것을 확립했던 붕괴된 기초 위를 떠다닌다.

정보 과부하, 분주함, 속도, 감정, 이 모든 것이 이 현상을 악화시킨다. 믿음을 업데이트하거나 열린 사고를 유지하는 것을 훨씬 힘들게 만든다. 루머를 듣고 반복하고 거기에 댓글을 달고 반응하면, 즉 블로그가 유발하는 모든 행동을 하면, 마침내 진정한 진실이 제시되거나 오류가 정정됐을 때 독자는 그것을 받아들이기 훨씬 더 힘들어진다.

또 다른 연구에서, 연구원들은 완전히 허구여서 믿을 수 없는 뉴스 헤드라인에 노출되는 것의 영향을 조사했다. 그러자 반복 저널리즘의 지지자들이 원하는 것처럼 객관적인 회의주의가 생기는 게 아니라, 독자가 믿을 수 없는 헤드라인과 기사에 많이 노출될수록 그들의 나침반은 더욱 심하게 틀어져서 진짜가 가짜처럼 보이고 가짜는 진짜처럼 보이는 지경에 빠졌다. 헤드라인이 극단적일수록, 독자는 그것을 처리하는 데 더 오랜 시간을 들이고, 그것을 믿게 될 가능성은 더 커진다. 믿을 수 없는 주장이 더 자주 보일수록, 그들이 그걸 믿을 가능성이 더 커진다.[4]

위키피디아가 더 높은 품질의 페이지로 끊임없이 나아간다는 이론에서처럼, 반복적인 모델이 결국에는 이야기를 올바르게 만들 수 있다는 것은 사실이다. 수백 또는 수천 개 블로그의 분산된 노력이, 하나의 헌신적인 뉴스 편집실이 만들어낼 수 있는 것보다 우수한 최종 결과물을 모을 수 있다. 그들이 그렇게 한다면, 나는 기꺼이 그들을 축하해줄 것이다. 그들이 고음 확성기를 틀고 색종이를 뿌리며 퍼레이드를 벌인다고 해도 나는 신경 쓰지 않는다. 하지만 그게 다 끝났을 때 아무것도 달라지지 않는다는 것을 내가 상기시켜줘야 할 것이다. 도움을 받은 사람보다 호도된 사람이 더 많다.

반복 저널리즘의 끊임없고 즉각적인 세계는 인간의 뇌가 작동하는 방식과 상반된다. 연구에 따르면, 뇌는 읽기와 듣기를 현저하게 다른 방식으로 경험한다. 다시 말해, 읽기와 듣기는 정확히 같은 내용으로도 각각 뇌의 다른 반구를 활성화시킨다. 우리는 문서화된 것을 지나치게 신뢰한다. 이런 신뢰는, 문서화에는 돈이 많이 든다는 수 세기 동안의 믿음에 기인한다. 누군가 사실이 아닌 것을 종이에 적기 위해 자원을 낭비하지는 않으리라고 가정하는 것이 안전했다는 뜻이다. 문서화된 단어와 그것의 사용은 수천 년 된 권위와 신빙성과의 깊은 연관성을 상기시킨다.

반복 저널리즘은 기업과 사람들을 대단히 곤란한 입장에 처하게 한다. 공개적인 반박은 아무리 거듭해도 옳지 않은 원래의 기사를 입증해줄 뿐인 반면, 침묵을 지키며 기사를 그대로 내버려두면 뉴스는 실제로는 반복적이지 않게 된다. 이 역설을 인정하면, 이 수익성 높은 관행의 전제가 손상될 것이다. 반복 저널리즘의 정당화에 정정이 필요하다는 현실을 아이러니하다고 해야 할지 슬프다고 해야 할지 모르겠다. 제프 자비스가 그의 블로그에 이런 게시물을 올리면 좋을 것 같다. "이런, 오류를 정정하기가 우리 생각보다 훨씬 더 어렵다는 것, 그리고 그런 시도가 상황을 악화시킬 뿐이라는 것이 밝혀졌다. 나는 우리가 이 터무니없는 모험적 사업을 모든 사람에게 그렇게 심하게 강요하지 말았어야 한다고 생각한다."

설마.

반복 저널리즘 이면의 철학은, 내가 언급한 수많은 나쁜 기사와 같다. 결론을 뒷받침하는 사실은 철저히 검토해보면 허물어지지만, 잘못된 결론의 오만함은 남는다.

19

21세기 격하 의식: 조롱, 수치, 처벌 장치로서의 블로그

그들을 위해 누군가를 화형에 처하는 것은
사람들의 추측을 상당히 진지하게 받아들이는 것이다.

— 미셸 드 몽테뉴

우리는 타인을 놀림감으로 만들고 그들의 결함을 보며
자축하는 것 외에는 모든 것에 싫증을 느끼고 있다.

— 윌리엄 해즐릿, 《혐오의 즐거움에 대하여》(1826)

사회학자 제럴드 크로머는 공개 처형의 감소가 대중적인 신문의 증가와 거의 정확히 맞물린다는 것에 주목했다. 오스카 와일드가 이를 가장 잘 표현했다. "예전에는 사람들에게 고문대가 있었다. 지금은 언론이 있다."

그들이 다음에는 무엇이 나타날지 알았더라면 좋았을 텐데. 온라인 폭력 집단, 조직적인 소셜미디어 인신공격, 비판, 사이버 왕따, 디도스 공격, 인터넷 붕괴, 익명의 제보자, 블로그 전쟁, 트롤, 댓글 재판.

내가 보기에 온라인 미디어의 사이클은 진실을 밝히기 위함이 아니라 일종의 문화적 카타르시스를 성취하기 위한 과정이라는 것이 명백하다. 나는 와일드와 크로머를 통해 블로그가 공개 처벌 집행이라는 숨겨진 기능을 수행한다는 것을 이해했다. 세일럼 마녀 재판을 생각해보라. 그것은 법적인 절차가 아니라 의식이었다. 그런 관점에서 보면, 300년 전의 사건이 갑자기 아주 현실적이고 현대적인 것으로 느껴진다. 우리가 추측과 선정주의로써 행하는 가해를, 그들은 날조된 증거와 교수대로써 행했다. 우리는 좀 더 문명화된 방식으로 누군가를 난도질할 따름이다.

디지털 폭도들에 대한 내 경험은 독특하다. 나는 이런 폭도의 공격을 막아주기를 바라는 예민한 백만장자와 억만장자로부터 다급한 전화를 받는다. 가끔 그들은 내가 이런 폭도를 조심스럽게 그들의 적으로 향하게 해주기를 원하기도 한다. 나는 내가 이 두 가지를 다 했다고 말하는 게 겁나지 않는다. 나는 거울 속의 나 자신을 당당히 보면서, 내가 보호한 사람들은 내가 그런 노력을 기울일 만한 사람들이었다고 말할 수 있다. 내가 겨냥한 사람들도 그렇고. 하지만 나는 이 힘을 사용하는 걸 좋아하지 않는다. 일단 시작하면 멈출 수 없기 때문이다.

터커의 영화를 홍보하는 동안 우리를 추적한 블로거들에게 물어보면 알 수 있을 것이다. 나중에 블로그 「미디어엘리트MediaElites」가 그들이 본 것 중에서 "가장 야비한 인신공격 중 하나"라고 말했던, 내가 게시한 광고의 일부는 다음과 같다. "터커 맥스 사실 #47: 가정 폭력은 재미없다. 「고커」의 편집자 리처드 블레이클리가 가정 폭력으로 체포되지 않는다면."◆ 「뉴욕 포스트」는 내 이메일 계정이 해킹된 뒤 적에게 맞서는 내 조직적 활동의 낌새를 알아챈 적이 있다. 그들은 간담이 서늘해져서 일요일 판에 그에 관한 전면 기사를 게재했다. '차니[사실은, 내]가 기괴한 사이버 전쟁을 벌이다'라는 헤드라인의 이 기사는, 내가 우리 표적을 곤란하게 하기 위해 선수를 쳐둔 언론과 함께 사냥 기념물처럼 내 벽에 걸려 있다. 흥미로운 점은, 내가 관심을 미디어를 향해 되돌리면, '야비한 인신공격'이지만, 미디어가 다른 사람들에게 그렇게 하면 '저널리즘'이라고 불린다는 것이다.

격하 의식

이런 의식화된 파괴 행위를 일컬어, 인류학자들은 '격하 의식'이라고

◆ 블레이클리는 당시 부부 싸움으로 체포됐고, 그의 동료들이 이 기사를 보도했다. 나는 사람들이 알기를 원했다. 그는 나중에 유죄를 인정했지만, 그 결과 고초를 좀 겪었을 뿐이다.

부른다. 이것의 목적은 대중이 구성원 중 한 명을 지목해서 맹비난하는 것이다. 그 사람의 지위를 낮추거나 그를 집단에서 쫓아내려는 것이다. 그 사람에게서 존엄성을 박탈함으로써 그에게 집단적으로 화풀이하려는 것이다. 이것은 오랜 생물학적 기원이 있는 '우리 대 너'의 시나리오다. 최종적으로 망신을 당한 사람의 지위는 '우리 편이 아니다'로 굳어진다. 그 사람에 관한 모든 것이 허물어지고 다시 쓰인다.

윌리엄 해즐릿의 고전적인 에세이 《혐오의 즐거움에 대하여》에 따르면, 이런 의식의 이면에 있는 불타는 열정은 "우리에게 불화, 시기, 대혼란, 경악, 악행, 야만적인 시대와 사람들의 복수를 상기시킨다". 당신은 블로그를 이런 위험한 본능으로 유도할 수 있다. 그들은 사냥의 흥분과 위험 없이 신속하게 죽이는 것을 좋아한다. 그는 이렇게 말했다. 이런 증오의 고통으로 몸부림치면서 "야수는 우리 안에서 지배력을 되찾는다".

그러면 어떤 일이 벌어질까?

저스틴 사코에게 물어보라. 그녀는 트위터에서 에이즈와 관련된 몰지각한 농담을 했다가 그것이 화제가 돼서 실직했다. 뉴스 진행자 브라이언 윌리엄스에게 물어보라. 그는 모든 일반인들이 전부 다 행하는 방식으로 기사를 과장했다가, 수십 년간 쌓아 올린 자신의 명성이 증발하는 광경을 목격해야만 했다. 모니카 르윈스키에게 물어보라. 그녀는 20년 전에 한 기혼 남성과 합의하에 섹스를 했다가 아직도 그 대가를 치르고 있다. 작가이자 연설가인 조나 레러에게 물어보라. 그는 인용문을 지어내고, 자신이 작성한 예전 자료를 온라인 기사에서 재활용하다가 들켜서 저널리스트들이 즐겨 두드리는 샌드

백이 됐다.◆

　내가 조나를 떠올린 이유는 그에게 공감하기 때문이다. 우리는 한 번도 만난 적 없지만 에디터이자 연설 에이전트라는 점에서 같다. 나는 그가 전에 샀다고 하는, 로럴 캐니언에 있는 225만 달러짜리 유서 깊은 집을 살 형편은 분명히 안 된다. 하지만 그보다는 미약하나마, 내가 젊은 작가로서 가진 경력과 내 책을 통해 근처에 있는 아파트 정도는 살 수 있을지도 모른다.

　그에 관한 이야기가 처음 알려졌을 때, 나는 그를 싫어했다. 오히려 그를 공격하는 사람들을 응원했다. 인과응보라고 생각했다. 내가 악명 높은 표절자이자 거짓말쟁이라고 하는 그에 대해 올바른 관점을 갖게 된 것은, 지난 10년간의 온라인 문화에 대한 최고의 책인 존 론슨의 걸작《그래서 당신은 공개적으로 망신당했다》덕분이다.

　그의 관점은 이런 것이다. 신의 은총이 없었다면 나도 저렇게 됐을 것이다. 신의 은총이 없었다면 누구라도 저렇게 됐을 것이다.

　이 책의 어느 주목할 만한 구절에서 론슨은 이렇게 말한다.

　우리 모두는 내심 우리가 두려워하는 뭔가가 알려지면 우리의 평판이 심각하게 손상될 것이라고 생각한다. "나는 저렇지 않아서 다행이야." "내가 아니라서 다행이야." (중략) 우리의 비밀은 아마도 끔찍한 것이 전혀 아닐 것이다. 설령 노출된다고 해도 아무도 대수롭게 여기지 않을 것이다. 하지만 그런 위험을 감수

◆　그런데 이 책 속의 많은 구절도 내가 온라인에 쓴 글을 고쳐 쓴 것이다. 나는 이것을 부끄럽게 생각하지 않는다. 그건 내 글이다. 나는 그걸 내 마음대로 할 수 있다. 조나도 그럴 수 있다.

할 수 없다. 그래서 우리는 그것을 계속 숨긴다.

당신이 수치스럽게 여기는 것은 무엇인가? 그걸 소리 내지 않고 입 모양으로만 자신에게 속삭일 수 있나? 아니면 그것조차도 운명을 시험하는 것처럼 보이는가? 누군가 그것을 알아낸다면 어떤 일이 일어날지 상상해보라. 그들이 그것으로 당신에게 무엇을 할 수 있을지 상상해보라. 개인적으로 나는 내 작업과 내 행동이 정정당당하다고 생각한다. 나는 내 비밀번호와 계정이 안전하다고 믿는다. 하지만 나는 거기에 내 인생을 걸지 않을 것이다. 당신은 어떻게 할 것인가?

그러나 이것은 점점 더 일상생활의 도박에 필수적인 판돈이 되어가고 있다. 우리의 온라인 문화는 다른 사람은 인간이 아니라는 양구는 이런 증오와 분노에 의해 나아가고 지배된다.

저스틴 사코는 멍청한 농담을 한다. 많은 유명인들이 사적인 누드 사진을 찍고 해킹당한다. 브라이언 윌리엄스는 이야기를 꾸며낸다. 에이미 파스칼은 이메일에서 막말을 한다. 조나 레러는 자기 표절을 한다.

우리 중 상당수가 똑같은 짓을 하고도 빠져나갔다거나 실은 훨씬 더 어두운 비밀을 깔고 앉아 있다는 사실은 생각하지 않는다. 어쨌든, 페이지뷰를 얻을 수 있다. 덤으로 소셜미디어상의 공유를 그러모을 수 있다. 고통을 승화시킬 수 있다. 맞지? 블로거님들아?

이 사람들이나 우리의 분노를 불러일으킨 다른 사람들이 아무런 잘못도 하지 않았다는 게 아니다. 대체로 그들은 잘못된 행동을 했다. 사실 공개적으로 망신을 당한 거의 모든 사람이 혐오스러운 행동을 했다. 하지만 수치스러운 일을 했다고 해서 꼭 수치심을 느껴야 하는 건 아니다. 우리가 형사처벌에서 공개적으로 망신 주는 행위를 없앤 이유는 잔인하기 때문이다. 우리는 재판을 통하지 않고 사람들에게 그런 짓을 해서는 안 된다. 링컨은 인터넷이 생기기 오래전에 살았지만, 오늘날에 들어도 반향을 불러일으키기에 충분한 경고를 초기 연설에서 남겼다. "폭도의 법에 의해 바로잡히는 불만 사항은 없습니다."◆ 특히 누군가가 어렸을 때 한 바보 같은 말이나 행동은 말이다!

내가 여기에서 하는 말의 대부분을 모니카 르윈스키가 TED 강연 '수치의 대가(The Price of Shame)'에서 훨씬 더 웅변적이고 설득력 있게 말했다. 하지만 처음에 나는 그것을 보지도 않았다. 내가 왜 보겠는가? 나는 르윈스키를 웃기는 사람이라고 생각했다. 심지어 내 친구들이 그것을 페이스북에서 널리 공유하는 것을 보고 그걸 봐야겠다고 생각한 이유는, 기사를 써서 그 영상과 TED를 비웃을 수 있을지 모른다고 생각했기 때문이다. 사실, 그녀의 강연은 아주 유익했고 얻는 바가 있었으며 중요했다. 나는 그것을 덮어놓고 무시했던 것에 대해 쥐구멍이라도 찾아 숨고 싶었다.

그녀가 강연에서 말한 것처럼, 그녀의 스캔들은 인터넷을 통해 증폭되고 확산된 최초의 사례였다. 이것은 인간의 본성과 디지털 도구가 결합했을 때 군중에게 어떤 영향을 미치는지를 최초로 일별할 수 있었던 사건이다. 그것은 보기 좋은 광경이 아니었고 분명히 끔찍

◆ 친애하는 비평가들에게: 이 책에서 오래되거나 삭제된 구절을 나중에 저에게 불리하게 사용하려고 한다면, 이 문장을 기억해주십시오.

한 경험이었다. 그 결과를 가장 고통스럽게 느낀 사람은 잘못과 과실에 대한 책임이 가장 적고 비용을 가장 감당하기 힘든 사람이었다. 그녀가 적절히 요약한 것처럼, 이 스캔들이 뿌린 씨앗이 자라나, 오늘날 우리는 "공개적으로 망신 주기가 상품이고 수치가 산업인" 세상에 살고 있다.

이것은 우리가 레러에서부터 사코, 에이미 파스칼, 이름이 절대 대중에 공개되지 않았어야 하는 수많은 사람들에게 강요해온 혹독한 시련이다. 실제로 어떤 잘못을 저질렀건, 우리는 그들을 인간으로 대우해야 한다. 우리는 의도적으로, 자신은 결함이 있는 인간이 아닌 척하고 있다.

이것은 상황을 해결하는 방법이 아니다. 이것은 세상을 개선하는 방법이 아니다.

이것은 순간적으로 기분을 좋게 해줄 뿐이다. 그리고 선택받은 소수의 미디어와 기술 분야 사업가를 부유하게 만들고 그들의 졸개들을 우쭐하게 만들 뿐이다.

이것이 우리가 행하는 공개적으로 망신 주기의 수치스러운 현실이다.

생각이 다르다고? 그냥 비웃어라

「뉴요커」의 비평가 데이비드 덴비는 저서 《악평: 비열하고, 인신공격적이고, 우리의 대화를 망치고 있는 것》에서 '악평'을 적절히 정의하는 데 거의 성공할 뻔했다. 완전히 성공하지는 못했지만, 다음 인용문은 쓸모가 있을 것이다. "악평은 끔찍하고, 음흉하고, 뒤통수를 치고, 성가신 모욕으로 누군가로부터 매력을 앗아가고, 침착함을 없애며, 효율성을 소멸시킨다. 이것은 일반적으로 공유된 편견이나 혐오를 가리킨다."

내 테스트는 좀 더 간단하다. 댓글에 답하려고 시도하다가 할 말이 전혀 없음을 깨닫는다면, 악평을 다루고 있는 것이다.◆ 그런 발언은 아무런 의미가 없지만 그래도 상처를 주며, 그런 말을 하는 사람은 자기가 한 말이 다시 비판받는 것에 신경 쓰지 않는다. 내가 당신을 얼간이라고 부른다고 해보자. 당신은 어떻게 하면 상황을 더 악화시키지 않고 자신을 방어할 수 있을까? 그럴 수는 없다.

악평은 규범을 강요하고 당신이 좋아하지 않는 생각을 묵살하는 데 놀라울 만큼 효과적인 무기다. 어떤 사람이 더 이상 진지하게 받아들여지지 않을 때까지 마냥 그 사람을 비웃어라. 이것이 오늘날의 미디어 정신이다.

악평 피해자의 첫 번째 본능은 이성에 호소하는 것, 즉 군중에게 말하는 것이다. "여러분, 그건 사실이 아닙니다! 그들이 지어내고 있다고요!" 또는 기자에게 연락을 해서 개인적으로 질문을 함으로써 기자의 인간성에 호소한다. "당신은 제게 왜 이런 짓을 하는 건가요?" 나는 내 고객이 이런 행동을 하는 걸 막으려고 노력한다. 나는 그들에게 이렇게 말한다. "상처받았다는 것은 알지만 당신이 할 수 있는 건 아무것도 없습니다. 이건 주짓수와 같아요. 당신이 방어에

◆   나는 괴테가 몇백 년 전에 남긴 표현도 좋아한다. "최근 독일인은 언론의 자유를, 공개적으로 서로를 경멸하는 자유쯤으로 여기고 있다."

들 겁니다."

악평이 블로거에게 유익하고 편리한 이유는, 그들이 반대편에 있는 사람에게 신경 쓰기 않기 때문이다. 악평은, 할 말은 없지만 생계를 위해 말을 해야 하는 블로거에게는 완벽한 장치다. 악평은 웹의 바퀴를 부드럽게 굴러가게 해주는 윤활유다. 문제를 공정하게 논의하려면 시간과 인식 능력이 필요하지만 블로거에게는 그런 것이 없다. 블로거가 악평을 선택하는 이유는 클릭을 유도하고, 돈이 적게 들고, 빠르기 때문이다.

블로거는 악평을 형용사로 감추기를 좋아한다. 즉, 한 사람을 그저 몇 개의 단어로 쓰러뜨리기를 좋아한다. 터무니없는 조롱에서 이것을 볼 수 있다. 오바마는 '최고의 타협가'다. 아무개는 성도착자다. 제니퍼 러브 휴잇(Hewitt)은 체중이 늘면 제니퍼 러브 츄잇(Chewitt)이 된다. 아무개는 강간범이다. 아무개는 단순하거나, 멍청이, 깡패, 또는 누군가가 나에 대해 말했던 것처럼 '때려주고 싶은 얼굴'을 가지고 있다. 이게 다 무슨 뜻인가? 블로거는 왜 이런 말을 하는가? 이런 말은 감정을 상하게 하는 게 아니라 가슴을 찌른다. 모욕감을 주는 게 아니라 어리둥절하게 한다. 사람들을 웃게 만드는 게 아니라 히죽거리게 또는 낄낄거리게 한다. 힘들이지 않고 무력화해 버린다.

악명 높은 할리우드 블로거 니키 핀키가 블로그 「데드라인 할리우드Deadline Hollywood」에서 매년 할리우드 시상식을 생방송으로 악평하는 것을 보면, 악평과 그 문제가 어떻게 구현되는지 볼 수 있다. 아카데미 시상식에 대한 핀키의 생방송 악평은 노래와 춤이 너무 많이 나와서 시상식이 '재미없다(gay)'는 비판으로 채워진다. 참 웃기지 않나? 무척이나 예리한 비판이다. "역사상 가장 재미없는 오스카 시상식"이라는 말을 연발한 뒤, 핑키는 코미디언 제리 루이스가 "동성애를 비방"했다면서 그에게 공로상을 수여한 아카데미의 선택을 비난했다. 그녀가 동성애 비방이라고 한 것은 제리 루이스가 근위축증 환자를 위해 6000만 달러 이상을 모금한 텔레비전 모금 방송에서 한 농담이었다. 그녀는 "공로상 같은 소리 하고 있네"라고 했다. 아무렴, 그렇고 말고, 니키.

「데드스핀」의 기사 '마이크 펜스는 식당에서 어떤 일이 일어난다고 생각하는가?'도 마찬가지이다. 이 기사는 자기 아내 외에는 절대 다른 여자와 단 둘이 식사하지 않겠다는 부통령의 결심을 조롱한다. 나는 펜스가 이성과 식사하는 것을 거부한다는 얘기를 들었을 때 이상하다고 생각했고(내 말은, 누가 신경이나 쓰겠냐는 것이다), 이 헤드라인이 꽤 재미있다고 생각했다. 그러고 나서 기사를 읽었는데, 기사에는 다음과 같은 놀라운 시인이 포함되어 있었다. "전면적인 폭로: 나 스스로도 내가 우습다고 생각한다. 나는 아내와 결혼한 지 9년이 됐고, 그 9년 동안 어머니와 여자 형제를 제외한 어떤 다른 여성과도 일대일로 식사를 한 적이 없다." 그러니까 기자는 고작 이것을 분명히 하기 위해 부통령을 조롱하는 것과 같은 죄를 저지른 것이다!

이것은 가장 순수한 형태의 악평으로, 어이없고 독선적인 헛소리로 가득하다. 핑키는 재미없는 농담을 해놓고는 어찌된 일인지 자신이 위선자가 아닐 뿐만 아니라 루이스보다 우월하다고 생각하는 것 같다. 루이스는 실제로 부지런히 사람들을 도왔는데 말이다. 「데드스핀」 기사에서 기자는, 자신은 펜스와는 다른 이유로 그렇게 행동한다고 주장한다. 그가 아내를 제외한 다른 여성과 단 둘이 식사를 한 적이 없는 이유는, 자신이 '반사회적인 은둔자'이기 때문이라는 것이다. 하지만 그게 전부다. 그 이유가 실제로는 더 이상한 것일지라도, 그가 다른 누군가를 비웃는 것을 막지는 못할 것이다. 블로거가 악평을 사랑하는 이유는 그것이 한심한 위선에 의해 약화되지 않기 때문이다.◆ 악평은 그처럼 마력이 있다.

사람들에게 얼간이(douchebag)라는 꼬리표가 얼마나 자주 달리는지 생각해보라.

매일매일의 얼간이들: 존 메이어(「페레스힐턴닷컴PerezHilton.com」)
한편… 매케인이 악명 높은 얼간이 인구 통계를 단속하다(「허핑턴 포스트」)
MGMT는 얼간이인가? 그게 중요한가?(「허핑턴 포스트」)
메이저리그 사무총재 버드 셀리그는 야구를 망치는 얼간이다(「SB 네이션」)
인터넷 얼간이 올디스가 논란에 답하다(「벤처비트」)

얼간이 등의 꼬리표를 붙이는 것은 사회가 혐오하기로 결정했지만 왜인지는 정의할 수 없다며 낙인찍는 것이다. 이것은 아무 일도 하지 않고 아무런 이유도 제시하지 않은 채로 누군가를 완전히 무시하는 방식이다. 요컨대, "당신은 바보야. 모두가 그렇게 생각해"라고 말하는 것이다. 이것은 궁극적인 모욕이다. 진지하게 대접받을 자격을 박탈하기 때문이다.

◆　이것은 월터 윈첼의 말과 비슷하다. "민주주의는 모든 사람이 다른 모든 사람의 엉덩이를 걷어찰 수 있는 것이다. 하지만 내 엉덩이는 차면 안 된다."

결투가 좋은 것이었다고 말하는 것은 아니지만, 적어도 과거에는 명예가 실추되거나 존엄성이 훼손됐을 때 유효한 해결책이 되어주었다. 오늘날에는 어떻게 해야 하는가? 그냥 받아들여야 한다. 사람들이 수백만 명의 사람 앞에서 당신을 비방하고 조롱하게 내버려둘 수밖에 없다!

만화 〈딜버트〉의 창작자이자 언제나 논란을 불러일으키고 종종 조롱당하는 인물인 스콧 애덤스는 인터뷰에서 이렇게 말했다. "아이디어는 사회의 연료입니다. 저는 많은 유전을 시추하는데, 대부분이 말라 있습니다. 하지만 때로는 솟구치고, 때로는 불이 붙죠." 우리는 성인으로서 스스로를 다스릴 수 있어야 한다. 가끔 들리는 어리석은 발언을 용서하고 잊어버릴 수 있어야 한다. 모든 사람이 웃음거가 되어버려서는 안 된다. 그렇지 않으면 곧 도널드 트럼프 같은 유형의 사람만이 남게 될 것이다.◆

왜냐고? 당신도 알겠지만, 악평이나 조롱에 개의치 않는 건 누구겠는가? 누가 그걸 좋아하는가? 답은 명백하다. 잃을 것이 없는 사람들이다. 관심에 굶주린 리얼리티 스타처럼 화제의 대상이 돼야 하는 사람들. 〈저지 쇼어Jersey Shore〉의 출연자나 DJ 칼리드Khaled, "캐시미 아웃사이드"를 유행어로 만든 소녀(TV 쇼에 출연해 거칠고 우스꽝스러운 말투로 일약 스타덤에 오른 미국의 10대 청소년. "Catch me outside"를

◆ 사실 나는 논란을 사랑하는 웹사이트가 스콧 애덤스와 같은 사람을 끊임없이 못살게 굴고 소외시킨 것이, 그가 트럼프 지지자가 된 원인이라고 주장하고 싶다. 나는 인종차별주의나 성차별주의 및 다른 여러 혐의로 비난받은 많은 사람이 (사실은 그저 멍청하거나 지적으로 게으를 뿐이지만) 자신의 그런 측면을 결국 받아들이게 된 것은 그렇게 낙인이 찍혀왔기 때문이라고 생각한다.

"Cash me outside"로 어눌하게 발음했는데, 이게 유행이 되었다. ─ 옮긴이)

에게 상처를 줄 수 있는 말 따위는 없다. 그들은 대중이 자신에 대해 이야기하고, 자신을 모욕하고, 자신을 놀리거나 밈으로 만들어주기를 원한다. 그들은 명성을 잃을 일이 없으며, 오로지 악명을 얻을 뿐이다.

그래서 악평 아래서 성장하는 사람들은 우리가 없어지기를 바라는 바로 그 사람들이다. 우리가 문화에 공헌하는 사람으로 가장 소중하게 생각하는 사람들은 방구석에 숨어서 눈에 띄거나 상처받지 않기를 바라고 있을 것이다. 그 사이에 있는 모든 것은 존재하지 않는 편이 낫다. 허위와 어리석음을 비판하려고 한다는 악평이 실은 그것들을 부추긴다. 사실 나는 트럼프가 우리의 새로운 미디어 세상에서 성공한 부분적인 이유가, 항생제에 면역된 벌레처럼 악평과 비판을 초월했기 때문이라고 말하는 데 논쟁의 여지가 없다고 생각한다. 트럼프의 성공은 그의 미디어 조작 기술보다는 그의 완전한 뻔뻔함 때문인지도 모른다. 그러니 다음에 당신이 태평하게 누군가를 웃기는 사람으로 무시할 때 이에 대해 생각해보기 바란다. 어쩌면 효과가 있을지도 모른다. 하지만 누구에게 효과가 없을지, 그리고 대안은 없을지를 생각해보라.

스캔들 히스테리의 대가

몇 년 전, 나는 우디 앨런이 도브 차니를 고소한 수백만 달러 규모의 소송에 관여했다. 도브와 아메리칸 어패럴은 성희롱 소송을 당한 뒤,

우디 앨런이 하시디즘 유대인 차림을 한 풍자적 이미지에 '최고의 랍비'라는 뜻의 이디시어 문구를 적은 대형 광고판 두 개를 뉴욕 시와 로스앤젤레스에 게시했다. 앨런은 자신의 초상을 부당하게 사용했다는 이유로 회사에 1000만 달러 규모의 소송을 제기했다.

이 사건에 대해 들어본 기억이 있을 것이다. 하지만 몇 주 동안 게시된 그 광고가 여기에서 논의하는 미디어 주도의 히스테리적인 파괴 행위에 반대하는 성명을 의도한 것이라는 사실은 몰랐을 것이다. 그것은 몇 년 전 개인적인 스캔들이 퍼졌을 당시 앨런이 견뎌냈던 공개 십자가형을 언급하려고 고안된 것이다. 아이러니하게도, 이 광고가 완전히 묻혀버린 이유는 블로그와 신문들이 광고의 의도를 논의할 수 없을 정도로 소송 당사자인 유명 연예인의 드라마에 지나치게 집중했기 때문이다.

이에 대응해서, 나는 도브가 긴 성명서를 쓰는 것을 도왔고, 이는 결국 「가디언」에 사설로 실렸다. 성명서의 일부는 다음과 같다.

내 의도는 사람들에게 미디어와 소송으로 인한 스캔들 너머를 봐달라고, 진정한 가치와 사회에 대한 공헌을 고려해보라고 요구하는 것이었다.

나는 우디 앨런의 친구였던 하버드대 교수이자 유명한 인권 변호사 앨런 더쇼비츠의 논평이 이 특별한 현상에 적용된다고 생각한다. "음, 기억을 떠올려보자면, 우리에게는 여러 대통령이 있었다. (중략) 제퍼슨, 루스벨트, 케네디, 클린턴, 이들은 훌륭한 대통령이었다. (중략) 우리는 공인의 사생활에 집착함으로써 공직에 입후보할 수 있는 최고의 사람 중 일부를 잃을 위험을 감수하고 있다고 생각한다."

사람들의 사생활과 사회적 부정행위를 점점 더 강박적으로 면밀히 조사하는 행동은 우디 앨런을 포함한 수많은 예술가, 과학자, 연예인, 사업가, 운동선수, 정치인의 훌륭한 작업에 비극의 그림자를 드리운다는 것에 나는 동의한다.[1]

도브가 천사는 아니었지만, 나는 적어도 그가 미디어에 보도됐을 때 더 나은 대접을 받을 자격이 있었다고 생각한다. 그에 대한 소송은 복잡했고, 지적인 보도를 하는 곳은 거의 없었다. 다시 말해, 법률 문서에 있는 선정적인 주장을 넘어서는 보도는 거의 없었다(청구가 취하되거나 철회됐을 때는 후속 기사가 많지 않았던 것으로 기억한다).◆

어쨌든, 블로그는 이런 격하 의식을 대표한다. 블로그는 '격분한 대중'을 대신해 비난을 퍼붓는다. 우리는 천사로 살아가지 않으면서도 이렇게 묻는다. "어찌 감히 네가 우리 앞에서 자신을 인간이라고 할 수 있느냐? 네가 부끄러움을 느끼지 않는다면, 우리가 부끄러움을 느끼도록 해줄 것이다. 아니, 우리가 그럴 필요도 없이 너는 부끄러움을 느끼게 될 것이다." 구경꾼은 파괴와 고통을 즐긴다. 블로그는 어떤 구실이라도 찾아내기 위해 표적을 추적한다. 이것이 말이 되는 이유는, 애초에 그들이 똑같이 하찮은 구실로 피해자의 유명세를 만들어내는 데 일정한 역할을 했기 때문이다.

◆ 더 이상한 것은, 현재 도브가 새로운 회사로 재기하게 되자, 한때 그를 비난했던 미디어 업체들이 이전에 그에게 제기했던 수많은 끔찍한 혐의를 대부분 무시한 채 과장된 찬사를 늘어놓는 기사를 발표하고 있다는 것이다. 과거의 혐의에 대한 언급은 새로운 클릭을 만들어낼 이야기의 탄생을 방해할 것이기 때문이다.

예전에는 미디어와 대중의 관심이라는 특권을 얻으려면 먼저 국가적인 영웅이 돼야 했다. 대통령이나 백만장자나 예술가가 돼야 했다. 요즘 우리는 사람들을 치켜세우기 시작하자마자 그들을 비방한다. 우리는 '관종'들에게도, 바이럴 영상 스타가 된 사람들에게도, 우리가 좋아하는 새로운 기업에도, 심지어 흥미롭거나 특이하거나 멍청한 행동을 해서 뉴스에 깜짝 등장한 임의의 시민에게도 이런 짓을 한다. 처음에는 찬양하고, 그다음엔 입장을 바꿔서 비방하고, 마지막으로 무자비하게 제거한다. 그러니 머저리와 나르시시스트만이 공공의 영역에 진입하는 건 당연한 일이다.

뭔가의 일부가 되면, 즉 파괴하고 질책하는 일원이 되면, 기분이 좋다. 나는 미디어가 이런 역할을 원한다는 건 놀라운 일이 아니라고 생각한다. 끊임없고 인위적이고 연출적인 온라인 뉴스의 추적 과정이 현세대의 기자들에게 어떻게 느껴질지 생각해보자. 그들은 학비가 비싼 대학원을 다녔고 뉴욕 시나 샌프란시스코, 워싱턴 D.C.에 산다. 20만 달러라는 경이로운 연봉을 받으며 기자로 일하는 게 그들에게는 신화가 아니지만, 그 기회는 눈앞에서 그들을 유혹하다가 사라져버렸다. 그들의 삶은 전혀 신화 같지 않다. 그들은 매일 감당할 수 없는 양의 글을 쓰고 영상을 찍고 발표해야 하며, 운이 따라야만 보너스나 건강보험을 보상으로 받게 될 것이다. 그러나 그들이 다루는 사람들은 보통 부유하고 성공한 이들이고, 심지어 멍청하고 무능한 리얼리티 쇼의 스타일 때도 있다. 이것은 누군가를 억울하고 화나게 만들기에 충분하다. 그리고 실제로 그들은 화가 나 있다. 잡지 「뉴욕」의 말처럼, 그들은 "창의적인 하층 계급의 분노"로 인해 이를 갈고 있다.

철학자 알랭 드 보통이 지적한 바에 의하면, 그리스비극은 당시 인기 있는 오락이었음에도 목적을 지니고 있었다. 가십을 다루고 때로는 외설스러우며 종종 폭력적이었지만, 그리스비극은 청중에게 불운한 상황이 얼마나 쉽게 닥칠 수 있는지 생각해보게 하고, 타인의 결함에 대해 관대하라고 가르쳤다. 사람들은 비극을 통해 배울 수 있었다. 하지만 그에 따르면 21세기의 뉴스는 "변태와 괴짜, 실패자와 패배자의 어휘로 스펙트럼의 한쪽 끝에 놓여" 있고, "그리스비극은 다른 쪽 끝에 놓여" 있다.

우리가 블로그에서 보는 것들에는 정보를 알려주려는 의도가 담겨 있지 않다. 그것들은 그냥 멍하니 바라보게 할 뿐이다. 그게 블로그의 진정한 기능이다. 그들이 누군가를 비하하는 것은 단지 독자들이 느끼는 일상의 불안을 망각하게 하는 구경거리를 제공하기 위한 것이다. 타인에게 상처를 줌으로써 우리의 기분을 나아지게 하기 위한 것이다. 우리가 읽는 기사에 나오는 사람들은 괴짜인 반면 우리는 정상이라는 점을 강조하기 위한 것이다.

블로그에서 우리가 아무것도 얻지 못하고 아무것도 배우지 못한다면, 블로그를 디지털 유혈 스포츠라는 말 외에 달리 표현할 방법은 없다고 본다.

20

비현실의 세계에
오신 것을 환영합니다

돌팔이와 허풍쟁이, 맹목적 애국주의자, 테러리스트는
대중이 독립적인 정보 접근권을 빼앗긴 곳에서만 번창할 수 있다.
하지만 모든 뉴스가 간접적으로 나오는 곳에서,
즉 모든 증거가 불확실한 곳에서, 사람들은 더는 진실에 반응하지 않고
그저 의견에만 반응한다. 그들이 행동하는 환경은 현실 자체가 아니라
보도와 루머, 추측으로 이루어진 사이비 환경이다.
사상에 대한 언급 전체가 사실이 아니라 누군가의 주장이 된다.

— 월터 리프먼, 《자유와 뉴스》

나는 이 책에서, 컴퓨터 앞에만 앉아 있는 블로거들이 어떻게 어림짐 작하고 서두르고 과장하고 왜곡하고 호도하는지, 그리고 나 같은 사람들이 어떻게 이런 충동을 부추기는지 보여주고 있다.

블로거는 자신의 사업 환경과 부정직한 취재원, 비인간적인 마감 시한, 할당된 페이지뷰, 부정확한 정보, 탐욕스러운 발행인, 열악한 교육, 대중의 요구 등등의 참담한 상황에 의해 사방에서 공격받는다. 「허핑턴 포스트」이건 작은 블로그이건 간에, 이런 상황 자체가 일을 잘하라는 독려 수단이 된다. 개별적으로 보면 결과물은 명백하다. 그것은 바로 저질 이야기, 불완전한 이야기, 잘못된 이야기, 중요하지 않은 이야기이다.

이런 결점들의 많은 부분이 내게는 기회였다. 나는 이를 통해 고객을 언론에 내보내고, 내가 가치 있다고 생각하는 아이디어를 제시할 수 있었다. 하지만 이런 과정이 모여서 무엇이 되는지, 즉 날이면 날마다 쓰이고 업로드되는 이 수많은 게시물의 누적 효과가 무엇인지 생각해보기 시작했을 때, 내 자부심은 공포로 바뀌었다. 내가 하는 행동을 모든 사람이 하면 어떻게 될까? 그런 세상은 어떤 모습일까? 좋은 질문이었다. 나는 답이 두려워지기 시작했다.

수백만 개의 블로그가 주목을 받기 위해 다른 수백만 개의 블로그와 경쟁한 결과는 무엇일까? 각각의 블로그는 점점 줄어드는 주의 집중 시간을 나눠 가지려 한다. 레딧이나 트위터를 활용해서 CNN의 보도를 탈 수 있다는 것을 사람들이 알게 되면 어떤 일이 생길까? 인센티브 시스템이 미디어 시스템의 모든 부분으로 퍼져나가면 어떻게 될까? '진실'이 독자나 기자에게 더 이상 중요하지 않게 되면 어떤 일이 생길까?

이것의 결과는 비현실이다. 가짜와 진짜 사이의 지옥이다. 여기서는 각각이 다른 것에 기반을 두고 구분될 수 없다. 지배적인 문화 미디어, 즉 다른 미디어에 먹이를 주는 미디어가 나 같은 사람들에 의해 너무나 쉽게 오염될 때 바로 이런 일이 일어난다.

사안 자체의 중요성이 아니라 독자의 클릭에 따라 뉴스거리가 결정될 때, 보도의 사이클이 너무 빨라서 뉴스가 언제나 불완전할 수밖에 없을 때, 진위가 의심스러운 스캔들이 정치인을 사임하도록 압박하고 입후보를 무산시키거나 상장 기업의 시가 총액을 몇백만 달러나 떨어뜨릴 때, 뉴스가 '그 뉴스가 어떻게 밝혀졌는지'에 관한 기사로 번번히 스스로를 다룰 때, 이런 일상을 유일하게 표현할 수 있는 단어가 '비현실'이다. 대니얼 부어스틴이 1962년 작 《이미지와 환상》에서 말한 대로, 이것은 "우리와 인생의 사실 사이에 있는 (중략) 덤불이다".

천천히 찾아오는 섬뜩함

먼저 기본 원리에서 시작하자. 예기치 않은 일만이 뉴스가 된다. 이 통찰은 신문을 연구한 최초의 사회학자 로버트 E. 파크로부터 나왔다. 그는 "뉴스란 결국 찰스 A. 대너가 말한 것처럼, '사람들로 하여금 말을 하게 만드는 무언가'이다"라고 말했다. 닉 덴턴은 거의 100년 뒤 자기 기자들에게 같은 말을 했다. "저널리즘이 하는 일은 놀라움을 제공하는 것이다."◆ 뉴스는 반복되는 일상에서 벗어날 때만 뉴스다.

하지만 일어나는 사건이 대부분 예상되는 것일 때에는 어떻게 될까? 일의 대부분은 일상에서 벗어나지 않는다. 이야기할 만한 가치가 없다. 하지만 뉴스는 반드시 존재해야 한다. 그래서 삶에서 평범한 부분은 그 평범함 때문에 뉴스에서 생략된다. 새롭거나 뜻밖인 일에 대한 끊임없는 탐구가 뉴스를 왜곡한다는 뜻이 아니다. 그런 견해는 부당한 것이다. 왜냐하면 블로그가 하는 거의 모든 일이 뉴스를 왜곡하기 때문이다. 블로깅 사업의 핵심인 이 기본적인 요구 하나가 본질적으로 뉴스 제작자를 현실과 어긋나게 만든다. 이로 인해 우리는 그들의 요구에 부응하는 형태의 현실만을 보게 된다.

뉴스라고 하는 것은 최근에 발생한 모든 사건에 대한 요약이 아니다. 최근에 발생한 가장 중요한 사건에 대한 요약도 아니다. 뉴스는 온라인에 실리건 지면에 실리건 간에 미디어의 필터를 성공적으로 통과한 내용일 뿐이다. 뉴스는 우리 주변에서 일어나고 있는 일에 대한 우리의 이해에 영향을 미치므로, 이 필터는 새로이 구성된 현실을 창조한다.

깔때기를 상상해보라. 맨 위에는 실제로 일어나는 모든 것이 있고, 그다음에는 미디어가 알게 되는 모든 것, 그다음에는 뉴스거리가 된다고 여겨지는 모든 것, 그다음에는 언론이 최종적으로 발표하기로 결정하는 것, 그리고 마지막엔 확산되어 대중이 보는 것이 있다.

이것이 바로 뉴스 깔대기다.

◆　신문의 역할에 대해 '정보를 알려주는 것이 아니라 사람들을 놀라게 하는 것'이라고 말한 베넷도 기억하라.

실제로 일어나는 모든 것

미디어가 알게 되는 모든 것

뉴스거리가 되는 모든 것

뉴스로 발표되는 모든 것

확산되는 모든 것

다시 말하자면, 본질적으로 미디어는 대중이 보는 것을 체계적으로 제한하기 위한 메커니즘이다.

그런데 우리는 뉴스가 우리에게 정보를 전해준다고 생각한다! 과학기술 전문가들은 인터넷을 '경험 기술(experience technology)'이라고 부른다. 많이 사용할수록, 사용자는 그것을 더 신뢰하게 된다. 더 오래 참여할수록, 사용자는 그것을 더 편안하게 느끼고 그것이 만들어내는 세상을 더 믿게 된다.

우리는 블로그에 푹 빠져 있기 때문에, 거기에서 얻는 정보를 점점 더 신뢰하고 있다. 나는 학교 교육을 받으며 이런 사례를 아주 분명하게 경험했다. '인터넷 출처'는 학교 연구에서 엄격히 금지됐었지만 곧 일반적인 현상으로 받아들여졌고, 과제물에 위키피디아의 글을 인용하는 것도 받아들여지지 않다가 '정말 일반적인 배경 정보에 한해서는 괜찮다'고 바뀌었다. 인터넷 문화는 이 신뢰를 가지고 한 가지 일을 해냈다. 그것은 이를 완전히 남용하는 것이다.

가짜를 받아들이기

2011년 4월, 「비즈니스 인사이더」의 편집자 헨리 블로젯은 홍보 업계에 한 가지 조언을 했다. 그는 새로운 서비스에 대한 보도 자료들에 파묻혀 질식사할 판이었다. 그것에 대해 글을 쓰는 것은 말할 것도 없고 그것을 전부 읽을 수조차 없었다. 그래서 그는 해법을 제시했다. 홍보 전문가들이 자기 고객의 상품에 대해 직접 글을 쓰면 블로그 측에서는 그것을 편집만 해서 게시하는 것이었다. 그는 이렇게 결론 내렸다. "요컨대, 우리에게 이야깃감이 담긴 이메일을 보내는 것을 중단하고 **그냥 「비즈니스 인사이더」에 직접 기고하시라는 것입니다.** 여러분은 자신과 고객을 위해 훨씬 더 많은 글을 쓰게 될 것이고, 헛된 작업을 많이 덜게 될 것입니다"[강조는 필자].[1] 그의 게시물은 1만 번 이상 조회됐고, 내가 추측할 수 있는 건, 그걸 본 관계자는 한 명도 빠짐없이 온통 바지를 적셨으리라는 것뿐이다.

블로젯은 자기 사이트를 위해 트래픽을 만들어내려고 지나치게 열성적으로 선전하는 과정에서 잘못된 정보를 제공하는 것에는 신경 쓰지 않았다. 그는 페이지뷰만 얻을 수 있다면, 누가 그것을 읽느냐 하는 문제에는 신경 쓰지 않았다. 그는 홍보 및 마케팅 전문가와 나 같은 사람들이 각자의 고객에 대해 글을 쓰는 것을 기꺼이 허락했으며, 그것을 진짜 뉴스와 논평인 것처럼 꾸며서 자기 독자에게 전했다.

블로젯은 이런 동향을 선도하긴 했지만, 이를 행한 유일한 사람은 아니다. 오늘날에는 거의 모든 주요 미디어 업체가 자기 잇속을 챙길 뿐인 기고자에게 플랫폼을 개방하고 있다. 이해 충돌이나 기본적인 사실 관련 오류를 막아줄 보호 장치가 사라진 상태에서, 우리가 미디어에서 발견하는 대부분의 정보는 편향되거나 조작되어 있다. 더 심각한 것은, 모든 주요 텔레비전 채널이 선거운동의 대리자들, 즉 특정 정치인과 한통속인 이들에게 방송 시간을 허용해도 된다고 생각하는 것 같다는 점이다. 일종의 균형 유지의 수단으로써 말이다. 실시간으로 정보 조작이 행해지는 모습을 보는 것, 즉 객관적인 뉴스를 전하는 통로여야 하는 방송이 선거운동원 행세를 하며 후보자를 대신해 우리 면전에서 거짓말을 늘어놓는 모습을 보는 것은 비현실적이고 무서운 일이다. 그들이 이것을 허용하는 부분적인 이유는 무엇일까? 편향적인 사이트들에서 나오는 분노에 찬 반응들은 트래픽을 얻고 브랜드를 알리는 데 도움이 된다. CNN이 스코티 넬 휴즈가 멍청한 소리를 하게 내버려두는 건, 그런 멍청한 소리가 많은 주목을 끌기 때문이다. 리얼리티 쇼에서 남성과 여성이 스스로를 곤경에 빠지게 내버려두는 것과 같은 이유에서다. 하지만 적어도 리얼리티 쇼가 뉴스라고 생각하는 사람은 아무도 없다. 우리는 그것이 쓰레기라는 것을 안다.

가짜에서 진짜로

이 과정은 단순하다. 가짜 사건을 지어내고, 미디어 사슬을 타고 올라가게 해서, 진짜 반응과 행동을 끌어내면, 현실 자체가 바뀐다. 나는 이 일이 어떤 결과를 가져오는지 알고 있지만, 이 글을 쓰는 지금도, 내 마음 한구석이 이 갈망을 온라인 토론에 메시지를 주입할 기회로 여기는 것을 막지는 못한다. 사람들이 이런 불합리한 시스템을 이용하는 것을 자제하리라고 기대할 수는 없다. 수백만 달러가 달려 있는데, 그런 일은 있을 수 없다. 최종 방어선, 즉 미디어라고 알려져 있는 제4계급이 돈벌이에 얽혀 있을 때도 안 된다.

여기서 우리는 오늘날 우리 세계를 정의하는 특징을 알게 된다. 그것은 진짜와 가짜, 실제로 일어난 것과 연출된 것, 그리고 마지막으로 중요한 것과 하찮은 것 사이의 흐릿한 경계다.◆ 내 생각에 블로그와 블로깅 문화가 이런 분열의 원인이라는 것에는 의심의 여지가 없다. 블로거가 '정확성'보다 '최초'가 낫다고 공공연히 선언하는 일이 가능할 때, 의도적으로 편집된 (가짜) 영상이 미국 대통령에게 도달해서 대통령이 몇 시간 안에 무언가 조치를 취해야만 할 때, 주요 도시에 대한 인식이 온라인 슬라이드쇼에서 어떤 사진이 가장 잘 확산되는지에 의해 형성될 때, 나 같은 사람이 실제로는 존재하지 않는 광고를 가지고 사람들의 분노를 일으키는 것이 가능할 때, 비현실은 현실과 구분할 수 없는 것이 된다.

개빈 드 베커는 《두려움 없는》에서 "뉴스 미디어는 거대한 정신, 즉 자신을 쉬지 못하게 하고 우리도 쉬지 못하게 하는, 거대하고 불안하고 지나치게 흥분한 정신이다"라고 말했다. 이것이 문제다. 가짜 뉴스가 단순히 사람들을 속일 뿐이고, 정보의 과잉이 해를 끼치지 않고 그저 사람들을 산만하게 할 뿐이라면, 별거 아니다. 그런데 비현실과 가짜 사건의 문제는 단순히 비현실이라는 데에 있는 것이

◆ 실제로 「테크크런치」에는 '애플과 연관된 루머에 대한 루머가 반박 루머에 대한 루머로 이어지다'라는 헤드라인이 실린 적 있다.

아니다. 그것이 비현실에 그치지 않는다는 게 진짜 문제다. 비현실 자체는 진짜와 가짜 사이에 있는 일종의 지옥에 존재할지 모르지만, 그것이 소비되고 작용하는 영역은 분명 현실이다. 허위 사건들은 보도되는 동안 세탁 과정을 거쳐 진짜 물건을 사기 위한 깨끗한 지폐가 되어 대중에게 전달된다. 언론의 불안은 세계의 불안이 되고, 이것은 권력자가 우리를 통제하고 지배할 수 있게 해주는 약점이 된다.

뉴스는 가짜일지 모르지만, 우리가 그것을 기반으로 하여 내리는 결정은 그렇지 않다. 월터 리프먼이 말한 것처럼, 뉴스는 일종의 사이비 환경을 야기하지만 그 환경에 대한 우리의 반응은 사이비가 아니라 실제 행동이다. 1922년, 리프먼은 정부 관료나 은행가, 경영자, 예술가, 일반인, 그리고 심지어 다른 기자들까지도 포함하는 "사람들이 사이비 환경의 자극에 의해 움직이는 전 세계적인 장관에 대해" 경고했다.

그런 세계가 바로 지금 우리가 살아가는 세상이다. 2002년에 부통령 딕 체니가 주목을 갈구하는 「뉴욕 타임스」의 기자에게 허위 정보를 유출한 뒤, 미국이 이라크를 침공하도록 설득하는 것을 돕는 「미트 더 프레스」에 자신의 정보 유출을 언급하는 현실이 바로 그런 세상이다.[2] 체니는 "오늘 아침 「뉴욕 타임스」에 실린 기사가 하나 있는데, 저는 「뉴욕 타임스」를 탓하고 싶습니다"라고 말하며 자신을 언급했고, 자신이 언론에 심어둔 것을, 사실이 아닌 정보가 이제 '대중적'으로 받아들여졌음을 입증하는 증거로 사용했다. 그는 자신의 가짜 사건을 사용해서 가짜 뉴스를 만들어냈다. 트럼프는 자신의 디스토피아 편집증과 부정적 성향을 미디어가 충분히 반복하게 했고, 그로 인해 사람들은 실제로 상황이 심각하다고 믿기 시작했으며, 그

덕에 트럼프가 대통령이 됐다. 이것이 우리가 사는 세상이다. 사람들은 객관적인 현실을 온라인과 TV에서 들은 이야기로 대체한다.

나는 공짜로 홍보를 하기 위해 비현실을 활용했다. 체니는 대중을 전쟁으로 유도하기 위해 미디어 조작을 활용했다. 트럼프는 주변 국가와의 긴장을 유발하고 전 인종과 지역을 비방하기 위해 이를 활용했다. 그리고 아무도 그것을 막을 수 없었다. 그들이 사실이 이미 입증된 것처럼 행동할 때쯤, 미디어의 수다에 의해 가짜가 진짜가 됐고, 진짜 전쟁이 벌어졌다. 가짜 환경에서 실제 행동이 나온 것이다.

친구여, 비현실에 온 것을 환영한다. 여기는 정말 무시무시하다.

21

블로그를 읽는 법:
모든 거짓말의
설명에 대한 업데이트

진실은 도마뱀과 같습니다. 녀석은 새로운 꼬리가
눈 깜빡할 새에 자라난다는 것을 잘 알기에,
당신 손가락에 꼬리를 남겨놓은 채 달아납니다.

— 이반 투르게네프가 레프 톨스토이에게

"제보자에 따르면"으로 시작하는 글을 본다면, 그 제보자는 블로거를 속여서 자기가 원하는 글을 쓰게 하는 나 같은 사람이라고 생각하라.

"보도를 접했다"는 글귀를 본다면, 그 '보도'는 트위터상의 임의의 언급에서부터 인터넷 게시판의 글까지 어떤 것이든 의미할 수 있으며, 그보다 더 하찮은 무언가일 수도 있다고 생각하라.

'유출'이나 '공식 문서'는 사실, 단지 누군가 블로거에게 이메일을 보냈음을 의미하며, 그 문서는 거의 공식적이지 않고, 아마도 원하는 정보를 대중에 공개하기 위한 목적으로 위조되거나 날조되었을 것임을 의미한다.

'속보'나 "이야기가 전해지는 대로 더 자세한 소식을 전해드리겠습니다"라는 말은, 당신이 읽고 있는 것이 너무 빨리 공개됐음을 의미한다. 그들은 상황을 예의 주시하지 않고, 확인하려고 노력하지도 않으며, 기사의 중요성 때문에 신중함을 저버리는 것이 불가피한 일인지에 대해 내부적으로 논의하지도 않는다. 이런 관행이 초기에 압박을 가할 것이기 때문에, 기초적인 사실이 확인되기 전에 발표하고, 그것이 사람들에게 문제를 야기하지 않을지 신경 쓰지 않는다.

기사에서 보이는 '업데이트'란, 실제로는 아무도 새로운 사실을 고려해서 기사를 고쳐 쓸 생각을 하지 않는다는 뜻이다. 그들은 기사의 맨 아래에 헛소리를 복사해서 붙여 넣을 뿐이다.

"취재원에 따르면"은, 실제로는 취재원을 조사하지 않았고, 취재원을 뒷받침하는 증거가 거의 없지만, 그래도 사람들의 주목을 끌기 위해 필사적임을 의미한다.

누군가 자신을 '베스트셀러 작가'로 부르다면, 그것은 아마도 자비를 들여 출판한 책이 아마존의 작은 분야에서 5분 동안 1위를 차지했음을 의미할 것이다. '1위 팟캐스트'와 '상을 받은 웹사이트'도 전부 마찬가지다.

기사에 '독점'이라는 꼬리표가 붙어 있다면, 그것은 블로거와 취재원이 유리한 보도를 포함하기로 합의를 봤음을 의미한다. 대부분의 경우 취재원은 이 기삿거리를 여러 사이트에 동시에 제공했으리라는 것, 혹은 사이트는 덜 알려진 다른 사이트에서 기삿거리를 훔쳤을 뿐이란 것을 알아야 한다.

"보도 자료에 따르면"이라고 되어 있다면, 그것은 실제로는 기업이 돈을 지불하고 통신사를 통해 공식적으로 발표한 보도 자료가 아닐 것이다. 그들은 이메일을 통해서 다수의 블로그와 저널리스트에게 스팸 메일을 보냈을 뿐이다.

"보도에 따르면"은, 다른 미디어 업체에서 나온 보도를 요약한 그 기자가 가장 기초적인 독해력만을 가지고 있고, 작업에는 시간을 거의 들이지 않았지만, 사건을 단순화하고 과장하기 위한 동기는 충분했음을 뜻한다.

괴물의 공격

"논평을 듣고자 아무개 씨에게 연락을 드립니다"는 문구는, 그 블로거가 게시 버튼을 누르기로 예정된 새벽 4시로부터 불과 2분 전에 이메일을 보냈으며, 실제로는 기사를 작성하고 마음의 문을 닫은 지가 한참 지났고, 기사가 당신에게 뉴스로 전달되기 전에 진실을 파악하려는 노력을 전혀 하지 않았음을 의미한다.

인용문이나 "이러저러하게 말했다"는 문구는, 블로거가 그 사람과 실제로는 이야기하지 않고 아마도 다른 어딘가에서 인용문을 그냥 훔쳤으리라는 것을 의미한다. 그리고 링크 경제의 규칙에 따라, 그들은 게시물 어딘가에 원본에 대한 작은 링크가 존재하는 한 그 기사를 자기 것이라고 주장할 수 있다.

"이것의 의미는 무엇이다" 또는 "이것은 어떤 결과를 낳을 것이다"를 비롯한 모든 종류의 해석이나 분석은, 블로거가 의견을 밝히고 있는 분야에 대한 훈련이나 전문성이 전무함을 의미한다. 그들에겐 배울 시간이나 동기가 없다. 해석이 터무니없이 빗나가도 개의치 않는다. 자신은 어떤 영향도 받지 않기 때문이다.

친구가 대화 중에 "○○○를 읽었는데 말이야"라고 한다면, 그 친구는 아마도 블로그에서 뭔가를 대충 훑어봤을 뿐이라고 여기면 된다. 이것이 오늘날의 슬픈 현실이다.

버려진 껍데기에 의존하기

정보를 찾고, 창작하고, 소비하는 과정은 웹의 출현 및 블로깅의 성장과 함께 근본적으로 변화했다. 하지만 뉴스를 구성하는 것에 대한 기준이 달라졌고, 정보를 취재하는 활기가 달라졌으며, 뉴스가 전달하는 이야기의 논조가 달라졌고, 뉴스 수명 또한 달라졌다. 그러나 우리가 뉴스를 표현하기 위해 사용하는 말들과 독자가 거기에 두는 중요성에는 변함이 없다.

맥락도 기준도 없는 세상에서 과거에 특별한 의미를 가졌던 말들은, 과거만큼은 아닐지라도 그 힘을 유지한다. 키르케고르의 말을 빌려 표현하자면, 블로그는 모든 것을 그대로 두었지만 교활하게도 그 안에 있는 의미를 없애버렸다.

'전개', '독점', '출처'와 같은 단어가 가진 의미와 함축은 우리가 오랫동안 간직해온 가정과 일치하지 않는다. 블로거는 이런 '핵심 단어'를 (위키피디아의 애매모호한 단어처럼) 자신의 얄팍한 이야기에 지위를 부여하기 위해 이용한다. 그들은 우드워드와 번스타인(워터게이트 사건을 특종 보도한 것으로 유명한 두 기자─옮긴이)의 언어를 사용하지만, 그것을 허스트('허스트 커뮤니케이션즈'의 창업주로, 보통 '미국의 신문왕'으로 알려져 있다. 황색언론을 탄생시킨 인물이기도 하다.─옮긴이)조차도 역겨움을 느낄 미디어 세상에 적용한다. 그들은 조지 W. S. 트로가 '버려진 껍데기'라고 부른 것을 우리에게 전한다.

이것이 왜 문제인가? 우리는 읽은 것을 믿도록 교육받았다. 아니 땐 굴뚝에는 연기가 나지 않고, 누군가 시간을 들여서 글을 쓰고 발표한다면 그는 사람들이 자기 말을 믿는다고 생각한다는 것이다.

이런 믿음은 더 이상 사실이 아니지만, 대중은 자신을 보호해주는 것이 아니라 조작의 표적이 되게 하는 엄지손가락의 법칙으로 무장한 채로 진군한다.

나는 이런 순진함을 이용해왔다. 그리고 나보다 더한 자들이 있다. 나도 다른 사람들과 다르지 않다. 나도 블로거와 발행인, 정치인, 마케터에게 끊임없이 속는다. 심지어 나 자신이 만들어낸 괴물에게도 속는다.

권위가 없는 시대

그렇기에 허구가 현실로 통한다. 모두가 뭔가를 팔고 속이지만, 우리는 그것을 거의 알지 못한다. 우리의 감정은 우리가 중요하다고 배운 자극으로 가장한 것, 즉 고의적이지 않거나 고의적인 와전에 의해 촉발된다. 우리가 어떤 이야기를 읽고 그것이 중요하다고 생각하는 이유는, 뉴스는 사실이고 보도 원칙이 준수된다고 믿기 때문이다. 하지만 현실은 그렇지 않다.

예술적이고 심오한 것으로 받아들여지기 바라는 독립 영화 포스터를 떠올려보라. 아마도 '최고의 영화', '비평가의 선택', '공식 선정작' 같은 문구와 함께, 상을 받았음을 나타내는 월계관 아이콘이 들어가 있을 것이다. 원래 이런 표지는 소수의 중요한 영화제를 상징했다. 그런데 언젠가부터 모든 도시, 심지어 도시 안의 특정한 지역조차도 자신만의 영화제를 개최하는 것이 중요해졌다. 또한 '수상작'과 수십 또는 수백 개의 '선정작' 사이에는 현저한 차이가 있다. 이

월계관이 함축하고자 하는 바와 현실 사이에는 엄청난 차이가 있다. 현실적으로 이는 관객이 부족한 상황과 연관되어 있는 것이다.

월계관의 환상은 웹에 대한 은유다. 이 은유는 인용처럼 보이지만 사실은 인용이 아닌 링크 경제에서부터, 미끼를 던져서 우리의 클릭을 유도하는 헤드라인에 이르기까지 그 모든 것을 뒷받침한다. 이것이 미디어 사슬을 타고 올라가기가 작동하는 이유이며, 당신이 내일 HARO를 통해서 언론에 이름을 올릴 수 있는 이유다.

이들은 승인의 흔적이나 신뢰의 신호를 만들려 한다. 블로그는 게시물을 작성하기 위한 시간과 재원, 지원이 부족하지만, 일회성 문제 때문에 수천 개의 다른 사이트에 소문을 내야 한다. 블로거는 "이건 다른 것과 다르다"라고 말하는 뭔가를 절실히 필요로 한다. 사실과 다를지라도 말이다. 그래서 그들은 차별화되는 요소를 만들어내고 옛것을 오용한다.

트로는 말했다. "권위가 없는 시대에는, 이것이 권위다."

우리는 맥락과 권위를 절실히 필요로 하지만, 옛 표지를 파괴한 뒤 믿을 만한 새로운 표지를 창조하지 않은 탓에 어떤 맥락과 권위도 찾을 수 없는 미디어 세상에 살고 있다. 그 결과, 옛 용어의 겉껍질에 불과한 용어로 새로운 것을 말한다. 회의주의만으로는 이것을 절대 막을 수 없다. 출발점이 되기에도 부족할 것이다.

오늘날 사람들은 "중요한 뉴스라면 알게 되겠지"라고 흔히 말한다. 이 믿음 자체가 버려진 껍데기에 의존한다. 이는 중요한 뉴스는 소음을 뚫고 나타날 것이고 하찮은 것은 사라질 것이라는 가정에 의지하는 말이다. 이보다 더 잘못된 생각은 없을 것이다. 내가 미디어 조작을 하면서 발견한 것처럼, 우리가 온라인에서 알게 되는 정보, 즉 확산되는 정보는 최악의 정보다. 이 정보들은 가치나 중요성, 정확성이 아니라 그 반대, 즉 속임수와 선정성, 양극성을 통해 소음을 뚫고 부상한다.

나는 돈을 많이 벌었고, 뉴스를 만들어내는 소문들을 가지고 놀며 즐거운 시간을 보냈다. 나는 뉴스와 사람들의 독서 습관 이면에 있는 나태함을 활용했다. 하지만 버려진 껍데기를 남용하자 거기에서 또 다른 껍데기가 나왔다.

우리의 지식과 이해가 바로 최종적인 빈껍데기다. 우리가 안다고 생각하는 것이 아무것도 아닌 것으로, 아니 그보다도 못한 오해와 윤색에 근거한 것으로 드러난다. 우리의 사실은 사실이 아니라 사실을 가장한 의견이다. 우리의 의견은 의견이 아니라 의견처럼 느껴지는 감정이다. 우리의 정보는 정보가 아니라 급조된 상징일 뿐이다.

내가 이로부터 개인적으로 얼마나 많은 이득을 얻었든, 이것은 절대 좋은 것이 아니다.

결론

그래서…
여기에서 어디로?

로버트 펜 워런의 소설 《모두가 왕의 부하들》에 나오는, 재능과 영향력 있는 화자는 자신의 이야기에 대해 이렇게 말한다.

> 이것은 이 세상을 살아간 한 남성의 이야기이다. 그에게 이 세상은 오랫동안 한 방식으로 보였지만, 그 후에 그는 전혀 다른 방식으로 세상을 보게 되었다. 이 변화는 갑자기 일어나지 않았다. 많은 일이 일어났고, 이 남성은 자신이 언제 그에 대한 책임이 있고 언제 그렇지 않은지 알지 못했다.

어떤 면에서 이것은 내 이야기이기도 하다. 나는 세상을 한 방식으로 보다가 또 다른 방식으로 보게 되었으며, 그로 인해 이 책을 쓰게 됐고, 몇 년 뒤에는 약간 다른 방식으로 다시 세상을 보게 됐다. 내 책임은 어디에서 시작해서 어디에서 끝나는가? 이는 답할 수 없지만 물어야만 하는 질문이다.

이 책을 마무리하던 때가 기억난다. 나는 책을 최대한 빨리 내야 한다고 생각했다. 책을 쓰는 데 1년쯤 걸렸는데 너무 오래 걸린 건 아닌지, 책을 빨리 내지 않아서 때를 놓쳐버리는 것은 아닌지 걱정이 됐다. 호기를 놓치고 나면, 아무도 내 말을 듣지 않을 테니까.

지금 이 책을 다시 들여다보면 오히려 내가 생각보다 빨랐던 것처럼 보이니 이상하다. 당시에도 상황이 나빴지만 그 이후에 훨씬 더 나빠졌다. 사람들이 정말로 귀를 기울이려면 상황이 훨씬 더 나빠져야 했다. 오늘날에도 충분히 귀를 기울이지 않을 수도 있겠지만, 그래도 사람들은 상황이 얼마나 심각한지 이해할 준비가 되어 있다. 그들은 현재 시스템의 결과를 직접 봤다. 그들은 마침내, 뭔가 단단히 잘못됐다는 확신을 갖는 방향으로 향하고 있다.

몇 년 전에 그걸 알았다면 좋았을 텐데. 예를 들어, 내가 곧 제시할 인용문은 현 상황에 아주 잘 들어맞지만, 사실은 2011년 초반의 것이다.

> 가짜 뉴스. 나는 폭스 뉴스 정도가 아니라 모든 신문과 모든 뉴스 웹사이트를 막아버리는 가짜 뉴스를 말하는 것이다. 새로운 계획은 아무 소용도 없을 것이다. 새로운 정책은 전혀 새롭지 않다. (중략) 상품은 혁명적이지 않다. 그리고 저널리스트들은 이런 공식 성명과 기업의 보도 자료가 실제로 뉴스를 구성하는 척한다. (중략) 일주일 내내, 가짜 뉴스가 제조되고, 과대 선전되고, 그대로 반복되고, 철회된다. 주식 관련 정보 같은 것을 알려면 「이코노미스트」 같은 주간지를 기다리는 편이 제일 나을 것이다.[1]

더 아이러니한 것은, 이 말을 한 사람이 내가 이 책의 상당 분량을 할애해 비판한 고커 미디어의 창립자 닉 덴턴이라는 것이다.

잡지 「애틀랜틱」과의 인터뷰에서 덴턴은 자신이 「고커」 내부에서 "가짜 뉴스에 대항하는 성전"을 벌이고 있다고 주장했다. 이후 몇 년 동안, 이건 꽤 흔한 일이 됐다. 즉, 저널리스트가 가짜 뉴스에 대해 불평하는 것 말이다. 이것은 킴 카다시안이 리얼리티 TV 쇼가 가짜라고 불평하는 것이나 마찬가지다. 미디어 성전에 의문이 있다는 건 아니다. 내가 이 책에서 보여준 것처럼, 오직 한 가지 전쟁이 있는데, 그건 바로 당신과의 전쟁, 당신에 대항하는 전쟁이다. 나는 그들에 대항하고, 당신에 대항한다. 우리는 대리인으로서 당신의 관심을 끌기 위해 수많은 전투를 벌이고, 그것을 얻기 위해서라면 어떤 일도 마다하지 않을 것이다. 그러나 덴턴이 말하고 내가 쓴 것처럼, 또 다른 전쟁, 즉 「고커」 같은 미디어의 행동에 법적 책임을 지게 하려는 비밀 전쟁이 진행되고 있었다는 것을 아는 사람은 거의 없었다.

25년도 더 전에, 닐 포스트먼은 《죽도록 즐기기》에서 당시 우리 문화의 주요 의사소통 방식이었던 텔레비전이, 그것이 표현하기로 되어 있는 바로 우리 문화 자체를 결정하게 됐다고 주장했다. 그는 텔레비전이 세상을 연출하는 특정한 방식이 세상 자체가 어떻게 연출돼야 하는지에 대한 모델이 됐다고 말했다.

오락이 텔레비전에 동력을 공급했고, 그래서 전쟁에서부터 정치와 예술에 이르기까지, 텔레비전이 손대는 모든 것이 오락이 될 수밖에 없었다. TV는 자신의 필요를 충족하기 위해 가짜 세상을 창조해야 했고, 우리 시청자는 TV에서 그 가짜 세상을 보고 모방했으며, 그것이 우리가 살아가는 새로운 현실이 됐다. 포스트먼은 이 지배적인 미디어가 문화 자체를 결정한다는 것을 이해했다.

하지만 텔레비전은 더 이상 문화의 주요 무대가 아니다. 인터넷, 블로그, 유튜브, 트위터가 주요 무대다. 그리고 그것들의 요구가, 과거에 텔레비전이 그랬던 것처럼 우리의 문화를 통제한다. 인터넷은 트래픽이라는 신을 섬긴다는 것만이 다를 뿐이다. 인터넷은 클릭에 살고 클릭에 죽는다. 광고 수익과 영향력을 유도하는 것이 바로 그것이기 때문이다. 인터넷의 핵심 질문은 '이게 재미있을까?'가 아니라, '이게 관심을 끌까? 이게 확산될까?'이다.

당신은 뉴스가 온라인에서 확산되는 현상의 이면에 있는 경제

논리를 봤다. 그건 보기 좋은 그림은 아니다(보기 좋다면, 카드 뉴스가 되겠지). 그것은 세상을 오락거리로 만드는 게 아니라 갈등과 논란, 헛소리로 격하시킨다. 블로그는 몇 개의 페이지뷰를 더 얻으려고 세상을 분열시킨다. 글을 읽게 하려고 당신과 세상이 맞서도록 만든다. 그들은 잘못된 정보로 이루어진 웹을 너무나 완벽하게 만들어내기 때문에 시스템 공급자조차도 사실과 허구, 현실과 루머를 구분할 수 없다. 나 같은 조작자가 생계를 유지할 수 있게 해주는 것이 바로 이것이다.

나는 우연히 내 기분을 대변하는 글귀를 발견했다. "사람은 비방이 모든 것을 결정하는 장소와 시간에서 가장 무력감을 느낀다."◆

도움말과 희망

2012년에는 이에 대해 뭔가 하려는 사람이 아무도 없는 듯해 보였다. 나는 당시 의도적으로 해결책이라고 할 만한 것을 제시하지 않은 채로 이 책을 끝냈다. 그런 게 없다고 생각했기 때문이다. 당시의 나는 분명 백만장자 피터 틸만큼 창의적이거나 똑똑하지는 않았다. 그는 당시 「고커」에 대한 법정 공방을 조용히 후원하고 있었다. 2007년 이 사이트는 그의 의사와는 반대로 그가 게이라는 것을 밝혔고, 그는 「고커」의 운영 철학에 의해 피해를 본 다른 많은 사람과 이야기를 나눈 뒤 「고커」를 업계에서 퇴출하기로 결정했다. 이 비밀 전쟁

◆   배로스 던햄의 말.

은 2016년에 1억 달러 이상의 배상 판결로 끝났는데, 이로 인해 고커 미디어는 파산했고 결국 「고커」는 문을 닫았다(자매 사이트는 매각됐다). 그들의 죄가 뭐냐고? 그들은 불법으로 녹화된 헐크 호건의 섹스 영상을 게시했다. 그것을 삭제하고, 합의를 보고, 사과할 기회가 여러 번 있었음에도, 거부했다. 이것이 그들이 몰락한 원인이었다.

「고커」의 편집자가 언젠가 내 고객에게 자신의 부당한 보도를 '프로레슬링'이라는 말로 정당화했었는데, 그 사이트가 그들을 용서하지 않은 '프로레슬링 선수'에 의해 망했다는 건 놀라운 일이다.

저널리스트와 미국 헌법 수정 조항 제1조의 지지자는 이 판결을 매도하며, 엄격한 규제가 의욕 상실을 불러올 것이라고 주장했다. 거참, 우리는 정말 더럽게 운이 좋아야 할 것이다. 저널리스트는 표시가 없는 봉투에 담겨 사무실에 도착하는 섹스 테이프를 발표하기 전에 신중히 생각해야 한다. 저널리스트는 기사를 게재하기 전에 실제로 취재를 해야 한다(호건이 그 테이프는 자신의 동의 없이 녹화된 것이라고 여러 번 말했다는 사실을 「고커」는 분명히 알았을 것이다). 대중은 사람들이 개인 침실에서 하는 일을 낱낱이 알 권리가 없다. 문명사회에는 어떤 '선'이라는 것이 있다.

우리는 과거에 이를 믿었다. 우리가 언제나 폭력적인 미디어 시스템의 지배에 굴복한 건 아니다. 우리나, 우리의 법에 의해서가 아니라, 미디어를 통제하는 사람들이 스스로 책임을 지던 때도 있었다.

다른 나라의 법은 명예훼손이 입증되면 발행인에게 '명시적인 철회'를 요구한다. 블로그 맨 아래에 있는 군색한 업데이트는 더는 그곳이나 다른 어느 곳에도 실릴 수 없다. 영국 역사의 여러 시점에서, 식민지 신문사는 간행물 발행업에 진출하려면 보증금을 내야 했다. 이것은 명예훼손 소송이 있을 경우에 지급을 보증하고 언론에 의한 책임을 확실하게 하기 위한 것이었다. 이는 발생 가능성이 있는 손해를 배상할 자산이 거의 없는 발행업자에 대한 상환청구권을 대중(그리고 정부)에게 주었다. 1890년, 훗날 대법관이 되는 루이스 브랜다이스는 「하버드 로 리뷰Harvard Low Review」에 '사생활에 대한 권리'라는 기사를 게재해서, 사진이 등장하고 국내 및 국제 신문이 확산됨에 따라 일반 시민을 위한 법적 보호를 더 강화해야 할 필요가 생겼다고 주장했다. 기술로 인해 거짓말이 평판을 훼손하는 속도가 진실이 평판을 바로잡을 수 있는 속도보다 더 빨라진 것은 본질적으로 공평하지 않다. 이런 유형의 보호에 대한 전례가 있다. 우리가 이것을 다시 한번 절실히 필요로 한다는 것을 블로그가 보여준다. 우리는 그것을 그냥 잊고 지냈다.

우리는 「고커」 판결 이후 미디어가 위축됐다는 것을 안다. 발행인들은 아마도 행동에는 결과가 따른다는 것, 즉 언론의 자유가 곧 책임에 대한 자유는 아니라는 것을 배웠을 것이다. 공격적인 보도와 신중하지 못하고 사람을 괴롭히는 보도 사이에는 차이가 있다는 점도 배웠을 것이다. 이 소송이 조금이라도 미디어 시스템의 인센티브 체계를 변화시킬 수 있고, 개인이 상황에 영향을 줄 수 있다는 것을 증명해주기 바란다.

다른 해결책들

이 모든 것에 쉬운 해결책이 있으면 좋겠다. 그렇다면 나를 비판하는 사람들과 "글쎄, 그래서 우리가 어떻게 해야 한다는 거죠?" 또는 "좋아요, 똑똑한 양반, 그걸 바로잡을 방법을 알려줘 보시지"라고 징징거리는 방어적인 블로거들에게 답하는 데 도움이 될 것이다. 글쎄, 나는 답을 모른다. 내 과제는, 뭔가가 아주 단단히 잘못됐다는 것을 증명하고 그 안에서 내가 한 역할에 대해 털어놓는 것이었다. 우리 모두가 괴물에게 먹이를 주고 있다는 것을 증명하는 것 말이다. 이에 대해 정확히 무엇을 할 것인가는 내 뒤를 이을 사람들의 과제다.

만약 내가 그 안에서 밝은 부분이나 새싹을 봤다면 그것을 지적했을 것이다. 해결책이 있다면 당신에게 전해주고 싶다. 하지만 지금, 나는 아무것도 모르겠다. 사실, 나는 '해결책'이라는 단어를 사용하는 데 전적으로 반대한다. 해결책을 찾는다고 말하는 것은, 이 문제가 존재할 필요가 있다고 함축하고 확증하는 것이다. 이것은 블로그의 뿌리에 있는 잘못된 가정, 심각하게 잘못된 가정을 당연시한다.

예를 들어, 페이지뷰를 미친 듯이 좇는 현상을 보라. 이것은 블로그가 생성하는 트래픽이 뭔가 가치가 있다고 가정하지만, 사실은 그렇지 않다. 사이트는 광고 게재 공간의 극히 일부만을 판매하고, 나머지는 사실상 공짜로 제공하면서도, 다른 무엇보다 트래픽을 늘리려고 한다. 내가 이 책 초판본의 결론 부분을 쓰던 무렵에, 추가적인 페이지뷰를 생성하기 위한 방법으로 사이트가 자동으로 '새로고침'을 하는 경향이 있었다. 최신 경향은 '무한 스크롤'이라고 불리는 것인데, 이것도 같은 효과를 낸다. 공짜 페이지뷰 말이다! 이 건수에 돈을 지불한 광고주는 도둑질당한 것이고, 그에 대한 요금을 청구한 블로거는 사기꾼이나 다름없다.

한편, 신뢰와 충성도에 근거하여 핵심 독자를 쌓아온 소규모 사이트는 게시 몇 달 전에 광고 게재 공간을 다 판다. 이들이 가진 광고 게재 공간은 적지만, 그것을 더 높은 가격에 팔 수 있고, 사업 수익성과 지속성이라는 측면에서 보면 더 낫다. 블로그가 몇천 건의 페이지 뷰를 위해 아귀다툼을 하고, 그것을 위해 독자를 조종하는 이유는 잘못된 분석에 따라 잘못된 수익 흐름에 가치를 두기 때문이다. 그들은 근시안적인 단기 인센티브를 따른다.

하지만 인센티브는 변할 수 있다. 「뉴욕 타임스」가 아돌프 사이먼 옥스의 감독 아래 일회성 모델에서 구독 모델로 전환한 것처럼 말이다. 「뉴욕 타임스」는 양질의 발행물로 살아남기 위해 자신의 수익 모델을 재정립하고 있다. 그들이 최근 논란이 되는 유료화 서비스(독자들은 처음 한 달은 무료 기사를 20개, 그다음 달에는 10개를 볼 수 있고, 그 이상을 보려면 돈을 내야 한다)를 도입한 것은 인센티브에 대한 훌륭한 교훈이다. 경제학자 타일러 코언에 따르면, "새로운 NYT 인센티브는 매달 20개 이상의 필독 기사를 게재한다"는 것을 의미한다.[2] 「월 스트리트 저널」과 다른 발행물 또한 더 강한 유료화 서비스를 시행하고 있는데, 결과는 어떨까? 구독이 증가하고 있다. 대부분의 발행인이 고수하고 믿는 현재의 모델이 이런 필독 기사가 아니라 오로지 필수 클릭만을 생산할 것을 요구한다는 사실은 얼마나 불합리한가? 최근 「뉴욕 타임스」는 광고보다 구독으로 수익을 더 많이 올린다고 다시 한번 발표했다. 주머니가 넉넉한 한 기부자는 최근 학생들에게 100만 달러 상당의 「뉴욕 타임스」 구독료를 보조해주기로 했다. 전부 아주 좋은 뉴스다. 이러한 일이 되풀이될 것인지, 또는 되풀이될 수 있는지는 또 다른 문제다. 당신은 온라인에서 만들어지는 대부분의 헛소리에 돈을 지불할 것인가? 난 그러지 않을 것이다.

　　　　　　　　　　　　　　　　괴물의 공격

「비즈니스위크」의 기자 에드 윌리스는 "저널리스트의 첫 번째 과제는 '이것인 사실인가'를 묻는 것이다"라고 말한다. 블로거는 이 역할을 받아들이지 않는다. 우리에게 진실을 전달하는 대신 이들은 오직 한 가지에만, 즉 발행인에게 페이지뷰를 전달하는 데만 집중한다. 나는 진실을 밝히는 데 돈이 많이 들 수 있다는 것, 또는 반복적인 뉴스가 더 빠르다는 것, 페이지뷰 게임을 즐기지 않기는 힘들다는 것에는 신경 쓰지 않는다. 그게 싫다면 다른 일을 알아봐야 한다. 그들 직업의 진짜 목적은 독자가 최고의 이익을 얻도록 돕는 것이고, 다른 짓을 하는 건 자신들의 장기적 이익에도 도움이 되지 않기 때문이다. 광고주가 당신에게 돈을 지불하는 건 독자에게 다가가기 위해서이므로, 독자를 속이는 건 좋은 생각이 아니다.

독자도 똑같이, 소모적인 나름의 가정을 고수하고 있다. 신뢰 위임과 책임 전가로 이루어진 현재 시스템이 존재하는 이유는 블로그가 회피한 책임을 독자가 암묵적으로 받아들였기 때문이다. 우리는 우리 자신이 실제로는 한낱 톱니바퀴에 불과할 때, 잡동사니와 쓰레기를 자세히 살피고, 가끔 있는 보석을 찾아내고, 그들을 대신해 사실 확인을 해주고, 그들의 실수를 바로잡고, 투고자를 자처하는 것이 우리의 의무라고 착각해왔다. 우리는 다음과 같은 비판적인 질문을 전혀 하지 않았다. 우리가 모든 일을 해야 한다면, 우리는 무엇 때문에 당신네에게 돈을 지불하는 것인가?

똑똑한 사람들은 글을 읽을 때, 이렇게 단순한 질문을 스스로에게 던진다. 나는 이 정보로 무엇을 할 계획인가? 대부분의 독자는 이것을 고려하는 척도 하지 않는다. 나는 그 이유가 그들이 답을 두려워하기 때문이라고 생각한다. 답은, 그것으로 우리가 할 수 있는 게 없다는 것이다. 블로그가 생산하는 것의 대부분이 주의를 산만하게 할 뿐, 우리 삶에 실질적인 목적을 주지 않는다. 독자가 양보다 질을 요구하기 시작하면 인터넷 콘텐츠의 경제가 변화할 것이다. 조작과 마케팅은 즉시 더 어려운 일이 될 것이다. 온라인상에서 보내는 시간을 줄이겠다는 내 결정은 내 삶을 더 낫게 만들었지만, 이기적인 것이 아니다. 이것은 내 지갑으로 투표를 하는 것이다. 더 많은 사람이 그렇게 한다면, 영향력을 발휘할 것이다.

나는 마케터가, 특히 선두 주자인 나 자신이 이 문제의 일부라는 것도 부정하지 않겠다. 누구도 내 일을 나한테 강요하지 않았다. 나는 나쁜 놈이었고, 내가 지금 비판하는 많은 시스템의 허점을 만들어냈다. 나와 내 고객은 내가 여기에서 고백하는 조작으로 엄청난 이득을 얻었다. 수백만 권의 책을 팔았고, 유명인을 만들어냈으며, 브랜드를 만들거나 활력을 되찾게 했다. 하지만 우리는 이런 이득에 대해 품위와 존중, 신뢰와 같은 화폐로 엄청난 대가를 치렀다. 나는 이런 손실이 비용만큼의 가치가 없으리라 생각한다. 마케터는 이것을 이해해야 한다. 아메리칸 어패럴은 더 이상 사업을 하지 않는다. 내가 이 책에서 말한 전략은 악명을 떨치는 데는 좋았지만 장기적으로 보면 결국 거의 중요하지 않았다.

명심하라! 특히 이 책을 읽는 젊은이들, 즉 내게 와서 이 책 때문에 마케팅 업계에 진출하게 됐다고 말하는 유형의 사람들 말이다. 나는 어깨가 으쓱해지지만 한편으로는 겁이 난다. 이 말을 꼭 해주고 싶다. 내가 좇던 관심을 좇고, 내가 사용하던 전략을 사용한다면, 역풍을 맞을 것이다. 진지하게 생각해보라.

새로운 인식

우리는 이 많은 것을 야기한 잘못된 믿음에서 벗어나야 한다. 홍보와 이익, 지식은 쉽게 얻을 수 없다. 그럴 수 있다는 망상이, 바로 괴물의 배를 불린 가장 큰 요인이다. 이 망상 때문에 우리가 수많은 적신호를 그냥 지나침으로써 시스템이 제대로 작동하지 않게 됐다.

당신은 즉각적으로 뉴스를 잘 써낼 수 없다. 뉴스의 많은 부분을 생략하지 않고서 140자로 줄일 수 있는 방법은 없다. 당신이 뉴스를 조작할 수 있다면, 뉴스가 당신에게 불리한 방식으로도 조작될 수 있다는 것을 알아야 한다. 뉴스를 공짜로 얻을 수는 없다. 비용을 가릴 수 있을 뿐이다. 우리가 하나의 문화로서 이 교훈을 배울 수 있다면, 힘든 일을 사랑하는 법을 배울 수 있다면, 많은 문제와 부수적인 피해를 줄일 수 있을 것이다. 반드시 명심하라. 쉬운 방법은 없다.

버드 셜버그의 고전적인 소설 《더 세게 넘어질수록》에 나오는 미디어 조작자에 대한 묘사를 빌리자면, 미디어나 마케팅 업계에 종사하든 아니면 그저 소셜미디어 계정에서 기사를 공유하든 간에, 우리 중 상당수는 "우리가 손대지 않고서 쓰레기를 처리할 수 있다는 망상"에 빠져 있다.

현재의 시스템은 이런 잘못된 가정 없이는 존립할 수 없다. 내 공헌은 이것을 드러낸 것이었다. 일단 그 모든 모순과 이기심이 알려지면, 그것은 무너져 내리기 시작하기 때문이다. 알려진 것이 부지불식간에 우리를 곤란하게 만들 수는 없다. 어떤 것을 해결하는 것이 가능해지려면, 먼저 암시적인 것을 명시적인 것으로 만들어야 한다.

단순하게 보일지도 모르겠다. 하지만 나는 이 책에서 피드백 고리나 군비경쟁의 은유를 반복적으로 사용했다. 즉, 기업이 나 같은 온라인 암살자를 고용하고 경쟁사도 그렇게 한다는 것, 블로그가 과장된 이야기로 독자를 속인다는 것, 그들의 다음 게시물은 회의적인 독자를 더 대담하게 속여야 한다는 것을 말했다. 이 순환에서 발을 빼는 것, 즉 괴물에게 먹이를 주지 않기로 선택하는 것은, 내가 요구하는 힘들기만 하고 보상은 못 받는 호의가 아니다. 이것은 나머지 사슬에 거대하고 즉각적인 영향을 미친다.

새로운 발견에는 언제나 새로운 문제가 따른다. 이는 역사상의 모든 미디어와 모든 의사소통 방식에 적용된다. 예를 들어, 라틴어에 띄어쓰기가 도입된 지는 1000년밖에 되지 않았는데, 이는 그들이 읽을 수 없을 만큼 많은 분량의 책과 스크롤이 퍼진 결과였다. 블로그는 자신만의 문제를 만들어냈다. 우리 역시 끊임없이 흐려지는 정보에 빠져들고 있다. 누군가 일어나서 왕이 옷을 입지 않았다고 말해야 한다. (옛날 사람들이 라틴어를 보고 '단어 사이를 띄우지 않으니까, 빌어먹을, 말이 안 되잖아'라고 했던 것처럼 말이다.) 문제를 확인하고 새로운 이상을 분명히 표현하고 나서야 창의적인 해결책을 찾아낼 수 있기 때문이다.

이 책의 일부는 내가 만들어내고 사용한 수법과 사기에 맞불을 놓는다. 이것들은 나와, 내가 신경 쓰는 사람들을 끊임없이 위협하는 위험 요소가 됐다. 어떤 면에서는 그 자체로 문화가 됐다. 나는 이 수법이 어떻게 작동하는지를 폭로해서 그것을 쓸모없게 만들고 싶을 뿐만 아니라, 나 자신도 그 짓에서 손을 떼고 싶다. 다른 모든 사람도 손을 떼게 하고 싶다. 부디 이 불길한 잔해 더미를 치우는 것이 새 출발을 더 쉽게 만들기를 바란다.

물론, 여러분 중 일부는 이 부분을 무시하고 이 책을 설명서로 활용할지도 모른다는 것을 나는 안다. 맘대로 하라. 나처럼 그 선택을 후회하게 될 것이다. 하지만 한편으로 재미있을 것이고, 부자가 될 수도 있다.

내가 이 책을 통해 화나게 한 사람들, 즉 상처를 주거나 표적으로 삼거나 비판하거나 조롱한 사람들에게는 미안하다는 말을 전한다. 날 믿어라, 그 말을 전할 때 나는 거짓말하고 있는 거니까. 당신은 더 나은 것을 누릴 자격이 있다. 그리고 당신이 그만두고 떠나버리는 순간, 괴물은 시들기 시작할 것이고, 당신은 다시 행복해질 것이다.

이 책을 선을 위해 사용할 것인가, 악을 위해 사용할 것인가? 내 조언 전체에 귀 기울일 것인가, 그저 듣고 싶은 것만 들을 것인가? 결정은 여러분의 몫이다.

감사의 말

멘토들에게. 내가 이런 교훈을 얻은 것은 당신들의 지원과 끈기 덕이다. 당신들은 내게 기술과 직업을 가르쳐줬고, 그것 때문에 내가 타락하거나 자만하지 않도록 내게 겸손함과 책임감을 불어넣었다. 나를 지금의 나로 만들어주고, 내가 무엇을 해야 하는지 그리고 나중에는 무엇을 하지 말아야 하는지 보여줘서 고맙다.

내 출판 에이전트인 스티븐 핸슬먼에게 감사한다. 나는 의뢰받은 바 없는 이 책의 원고에 대해 10월 9일에 그에게 전화로 알렸고, 11월 15일에 내가 감당할 수 있는 것 이상의 제안을 받았다. 배후에서 지칠 줄 모르고 작업해준 줄리아에게 감사한다. 우리를 안내하고 길을 닦아준 팀 페리스에게 더더욱 감사한다(우리가 오랫동안 만나고 있어서 정말 기쁘다).

포트폴리오의 탁월한 편집자 니키 파파도풀로스와 에이드리언 잭하임에게 감사한다.

놀라운 표지와 그래픽 디자인을 담당한 에린 타일러에게 감사한다. (대학 재학 중 떠났던 우리의 세인트루이스행 저널리즘 여행에서 사진을 찍어준 에리히 첸에게도.)

내 직원들에게도 감사한다. 그들은 종종 이 책에 상세히 소개된 일탈 행위에 참여해야 했다. 여러분이 알든 몰랐든 나는 여러분에게 어둠의 기술을 연마하게끔 했다. 그 힘을 책임감 있게 사용하라.

내 사이트에 이메일을 보내고 시사하는 바가 있는 질문을 던져준 모든 분에게 감사한다. 내가 여기에서 기술한 많은 생각은 그들에게 대답하려고 노력하는 과정에서 발전해나갔다. 이 책의 초고를 읽고 훌륭한 조언을 해준 모든 분들, 닐스 파커, 데릭 크라인들러, 닐 스트라우스, 앤드루 맥밀런, 에이미 홀리데이, 셉 캄바, 제프 월드먼, 이언 클로디어스, 벤 바틀리, 드루 커티스, 밀트 데헤레라, 흐리스토 바실레프, 마이클 엘스버그에게 감사한다. 초고를 읽지는 않았지만 이 주제에 대한 내 수많은 설교를 견뎌준 다른 모든 지인에게 감사한다.

새미, 내 규칙은, 광기는 집에 붙들어둔다는 거야. 그래도 당신은 이 미치광이 곁에 있어주고, 나를 지지하고 사랑해줬어. 나는 당신이 없었다면 이것을, 아니 아무것도 할 수 없었을 거야. 고마워. 안녕, 하노(그리고 버킷, 비스킷, 워터멜론, 버디, 슈거, 버거).

책을 위해 건배.

미디어 조작자들과의 인터뷰

나는 서두에서 미디어 조작자는 나 혼자가 아니라고 말했다. 절대 아니다. 심지어 나는 내가 특별히 예외적이었다고 생각하지도 않는다. 여기 실은 인터뷰는 그에 대한 증거를 제공할 것이다. 지난 몇 년 동안 진행된 이 인터뷰는 정치적·사업적 조작을 한 자들이 정보원으로서 직접 제공한 것이다. 나는 이메일로 그들에게 질문을 보냈고 그들은 답했다. 편집도 편향도 없다. 그들에 대한 솔직하고 때로는 충격적인 진실일 뿐이다.

이 우익 '트롤'은 어떻게
한 달에 1억 명에게
영향을 미치는가

마이크 세르노비치, 「뉴욕 옵서버」(2016. 10)◆

먼저 나는 마이크 세르노비치와는 생각이 다르다는 것부터 밝혀야 겠다. 단순히 정치적 올바름에 대한 그의 견해를 거부하기 위해서가 아니라, 그게 사실이기 때문에 하는 말이다. 정치적으로 우리는 의견 이 일치하지 않는다. 우리는 트위터에서 몇 차례 이야기한 적이 있는 데, 나는 이 인터뷰를 위해 그에게 연락했을 때, 내가 그를 차단한 사 실을 잊고 있었다는 것을 알게 됐다. 하지만 이 칼럼을 위해 그를 인 터뷰하기로 결정한 것은 마이크와 생각이 다르다는 것과 아무런 관 련이 없고 호기심과 훨씬 더 많은 관련이 있다.

전직 변호사이자 자기계발서를 자비로 출판하는 작가가 어떻게 한 달에 무려 1억 건에 달하는 노출 건수를 기록하는 트위터 청중을

◆ http://observer.com/2016/10/exclusive-interview-how-this-right-wing-troll-
reaches-100m-people-a-month/

구축할 수 있을까? 어떤 정당과도 직접적인 연계가 없는 사람이 어떻게 공화당 대통령 후보와 녹색당 후보가 사용하는 해시태그를 만들까? 「뉴요커」는 왜 그의 프로필을 작성하기로 했으며, 왜 헤드라인에서 그를 '트럼프를 위한 트롤'이라고 했을까? 그는 실제로 트롤인가? 아니면 단지 다른 '전문가'보다 미디어를 더 잘 파악해서 그것을 자신의 의제를 위해 사용하는 것인가?

나는 이런 질문에 대해 추측을 하거나 멀리서 판단하기보다는 그냥 물어보는 편을 선호한다. 그러면 안 될 이유가 있나? 견해가 다르거나 불쾌하거나 역겨운 누군가와 교류한다고 해서 감염이 되는 건 아니다. 사실 보통은 뭔가를 배우게 된다. 구체적으로 말하자면, 무엇이 그들을 움직이게 하는지와 그들이 일하는 방식을 알게 된다 (후자가 가장 중요하다).

그럼 이제 악명 높은 마이크 세르노비치와의 인터뷰를 보여주겠다. 그의 우파적 영상, 트윗, 블로그 게시물, 책은 그를 새로운 유형의 미디어 인사로 만들어줬다. 그는 공식적인 케이블 뉴스 선거운동 대리인이 아니고 전문가도 아니지만, 단순한 트롤 이상이다. 그에게는 진짜 청중이 있다. 그가 만들어내는 것은 실제로 영향을 미칠 수 있다. 항상 직접적이진 않지만, 미디어 시스템을 통해 필터링되면, 그의 생산물은 뉴스의 출처를 전혀 알지 못하거나 뉴스가 퍼지는 방법에 대해 전혀 모르는 사람들에게 도달한다. 이런 유형의 사람은 그 혼자만이 아니다. 스펙트럼의 사방팔방에 마이크와 같은 사람들이 있다. 그들은 우리가 읽는 것의 형태를 정하고, 우리가 벌이는 정치 토론의 담론 범위를 설정하고, 소동을 일으키고, 웃는다(그리고 이익을 얻는다). 우리가 그것에 기겁하는 동안에 말이다. 그가 행동하는 방식과 이유를 우리가 연구해야 하는 건 그 때문이다.

[질문] 당신이 누구인지와 스스로 자신을 어떻게 생각하는지 말해달라. 작가인가? 정치 공작자? 선동가? 활동가? 전문가? 트롤? 마케터? 지금 말한 것 전부? 미디어 인사와 유명인으로서 당신의 독특한 지위는 어떻게 얻었나?

[답변] 내 정체성은 작가에 바탕을 둔다. 나는 글을 쓰지 않을 수 없다. 그건 충동이다. 나는 날마다 내 머릿속에 있는 것에 대해 글을 쓰고, 그게 이야기를 복잡하게 만든다.

《고릴라 사고방식》을 읽는 사람들은 내가 쓰는 정치적 글이나 신랄한 트윗을 믿을 수 없을 것이다. 내가 생각을 공유하는 작가라는 것을 제외하면 나에 대한 통일된 브랜드는 없다. 때로 내 생각은 사람들을 돕기 위해 고안되고, 어떤 때는 정치 시스템을 바꾸기 위해 고결한 싸움을 필요로 하는 사람들에게 도전하기 위해 고안된다.

1990년대 후반, 나는 장거리 여행을 하기 전 잠깐 반스앤노블 서점에 들른 일이 있다. 당시 나는 실존적이고 불안한 방식으로 '우울'해고 '방황'하고 있었다. 나는 오디오북 진열대에서 데일 카네기가 쓴 《카네기 행복론》을 발견했다. 그 책이 내 삶을 바꿔놓았다. 나는 혼자 생각했다. '나는 누군가의 삶을 변화시킬 책을 쓰고 싶다.'

《고릴라 사고방식》을 읽은 많은 사람이 내 트위터를 정말 많이 찾는다. 내 팟캐스트도 마찬가지인데, 그것은 영감을 주고 출세 지향적이며 긍정적이다.

당신의 이야기 또는 다른 사람의 이야기는 무엇인가? 당신은 친구를 돕지만 한편으로 다른 사람을 시기할 것이다. 분함, 희망, 공포, 분노, 세상을 바꾸고자 하는 열망이 있을 것이다.

우리 중 누구도 선하거나 악하지 않으며, 이것이 우리를 불만스럽게 한다. 우리는 다른 사람이 하얀 모자를 쓴 올바른 사람이거나 검은 모자를 쓴 악당이기를 원하기 때문이다. 내 모자는 회색이다.

나와 나를 비판하는 사람들 간의 유일한 차이는, 나는 내가 누구인지에 대해 세상에 거짓말하지 않는다는 점이다. 사람들은 복잡하고 종종 위선적으로 보인다. 당신 마음의 다양성을 받아들이라.

[질문] 미디어에 대한 중대한 비판은 미디어가 권력을 가진 엘리트에 의해 통제된다는 것, 즉 민영화되었거나 가짜라는 것이다. 어떤 조직이나 업체와도 직접적으로 연계되지 않은 당신 같은 개인이 대체 어떻게 영향력을 행사하는 것인가? 당신에게 동의하건 안 하건 간에, 사람들은 당신이 어떻게 거대한 플랫폼을 만들어내고 매달 수억 명의 사람들에게 영향을 미치는지 알고 싶어 한다.

[답변] 피터 틸이 그의 필독서 《제로 투 원》에서 여기에 적용되는 첫 번째 원칙을 제시했다. "영구적 가치를 창출하고 포착하고 싶다면, 차별화되지 않는 상품을 파는 사업은 하지 말라."

당신은 마케팅 및 발행업에 종사한다. 기자들에게 뭐라고 하는가? 차별화를 통해서 자신만의 가치를 찾아내라고 말한다. 눈에 띄려면 어떻게 해야 하나? 달라야 한다.

대부분의 미디어가 마찬가지다. 「워싱턴 포스트」를 읽는다면 「뉴욕 타임스」는 읽을 필요가 없다. 「버즈피드」를 읽는다면 「복스」나 「고커」나 「바이스」는 필요가 없다. 싸구려 짝퉁 음식을 제공받는 거나 마찬가지니까. 주류 미디어의 90퍼센트가 사라진다고 해도, 아무도 알아차리지 못할 것이다. 방문할 사이트가 줄어들겠지만, 여전히 같은 이야기를 읽을 수 있기 때문이다. 한 이야기를 한 번만 읽게 될 것이다. 100명의 '기자'가 100번 반복한 것 대신에 말이다.

개별 기자는 눈에 띄지 않는다. 그들은 '일류' 발행물들처럼 기사 서두에 자기 이름 적는 곳을 갖고 있지만, 기자 때문에 웹사이트를 방문하는 사람은 없다. 오늘날 대부분의 기자는 상품이다. 그들은 대체 가능하다. 같은 생각을 하고 같은 글을 쓰는 24세 영문학 전공자는 넘쳐난다.

미국에서 가장 독창적인 사상가 중 한 명은 나발 라비칸이다. 그는 이렇게 말했다. "인터넷은 사실의 유통을 상품화했다. '뉴스' 미디어의 반응은 여론과 오락에 전면적으로 집중하는 것이었다."

그의 경고는 거의 정확하다.

논평은 상품이다. 모두가 같은 대본을 따르기 때문이다. 좌파와 우파는 각자 자신의 대본을 가지고 있다. 나는 나 자신의 대본을 따른다.

사람들이 내 트위터에 오거나 내 블로그를 읽을 때, 그들은 지배적인 서술에 대한 직접적인 도전을 보게 된다. 나는 현재 '안티 미디어'를 거의 독점하고 있다.

만약 내가 사라지면, 사람들은 알아챌 것이다. 팀 페리스나, 당신, 스콧 애덤스, 제임스 알투처가 집필을 중단하면 알아챌 것처럼 말이다.

「비즈니스 인사이더」나 「데일리 비스트」에 글을 쓰는 하찮은 이가 글쓰기를 중단한다면 누가 알아챌까? 친구라면 하루나 이틀 정도는 신경 써줄지도 모르겠다.

[질문] 나는 예전에 하나의 이야기가 어떻게 미디어 사슬을 타고 올라가는지에 관한 글을 썼다. 이야기는 트위터나 레딧, 하찮은 블로그에서 시작돼서 점점 더 큰 미디어로 나아가고 결국에는 전국적인 담론이나 널리 알려진 사실이 된다. 당신이 시작한 이야기나 해시태그가 이런 궤도를 따른 적이 있나? 예를 들어줄 수 있는가? 그걸 의식적으로 고려하거나 시도하는가?

[답변] 내가 트위터에서 하는 것은 당신의 획기적인 저작 《나는 미디어 조작자다》의 최신판이라고 할 수 있다. 당신은 페이지뷰에 목을 매는 블로거에게 이야기를 먹이로 주면서 뉴스가 순환하는 과정을 만들어냈다. 당신의 방법은 나와 다르지만 원리는 같다.

뉴스가 순환한다는 것은 무엇이고 우리는 그것을 어떻게 통제하는가? 나는 매일 이 질문에 집착하는데, 한 가지 알게 된 교훈은, 유행하는 해시태그는 그 자체로 뉴스 가치가 있다는 것이다.

나는 이 교훈을 부정직한 좌파로부터 얻었다. 트위터에 다섯 명이 '백인 남성 가부장제'에 반대하는 해시태그를 게시하면, 「버즈피드」는 '오늘 인터넷은 사악한 백인 남성 때문에 완전히 폭발했다'라는 글을 올린다.

이 '뉴스'에 인용된 트윗을 보면, 종종 상위 트윗이 100개의 리트윗을 얻는 것을 보게 될 텐데, 이 정도는 내게 일상적인 양이다.

아무튼 그래서 나는 뉴스를 만들어내려면 트위터에서 전 세계적으로 유행할 해시태그를 만들어야 한다는 것을 깨달았다. 나와 내 독자와 구경꾼은 몇 가지를 만들어냈다. 질 스타인과 도널드 트럼프 둘 다 우리가 시작한 해시태그를 게시했다. 여기에는 '#힐러리는어디에(#WheresHillary)'도 있다 .

여기 몇몇 예가 더 있다.

http://www.dangerandplay.com/2016/03/28/the-future-of-news-social-media-and-the-new-news-cycle/

[질문] 당신은 "갈등이 주목이다" 그리고 "주목이 영향력이다"라고 말하는데, 이게 무슨 뜻인가? 그것은 어떤 미디어 전략인가? 감정을 강하게 자극할 가능성이 큰 아이디어를 찾는다는 것인가? 당신이 말한 내용은 중요한 걸까? 그것들을 믿는 게 도움이 될까? 신중한 접근법 대신 전투적인 접근법을 취해야 한다는 것인가? 온전한 주목이 어떻게 행동과 영향으로 이어지는가?

[답변] 데이나 화이트의 말을 빌려서 설명하겠다. "당신이 길을 가다 길모퉁이 네 곳을 지나는데, 한 곳에서는 야구를 하고, 다른 곳에서는 농구를 하고, 또 다른 곳에서는 스트리트 하키를 하고, 네 번째 모퉁이에서는 싸움이 벌어지고 있다. 사람들이 어디로 가겠는가? 전부 싸움이 벌어지는 곳으로 간다."

우리는 모두 드라마를 사랑한다. 이것은 인간의 본성이다. 스포츠, 정치, 리얼리티 쇼. 이것은 전부 인간의 동일한 욕구를 충족시킨다. 당신은 내가 드라마와 구경거리에 관한 법칙을 다루는 책을 쓰는 데 도움을 줬다. 나는 갈등을 이용해서 눈을 뗄 수 없는 구경거리를 만들어낸다.

현재의 미디어를 괜찮게 보는 사람의 비율은 6퍼센트 정도고, 저널리스트들은 몇 건의 논란에 휩싸인 상태다. 나는 대기업인 「뉴욕 타임스」를 비판하는 대신, 기자의 이름을 들먹인다. 몇몇은 이것을 두고 약자를 괴롭힌다고 하지만 웃기는 소리다. 「뉴욕 타임스」의 거대한 플랫폼과 함께

하는 사람이 어떻게 무력한 피해자가 될 수 있나? 진짜 피해자는 저스틴 사코처럼 미디어가 지어내는 거짓말의 소재가 된 사람들이다.

[질문] 나는 분명 '논란 일으키기'가 과소평가된 전략이라고 본다. 대부분의 사람은 논란을 두려워한다. 브랜드는 불만이 제기되는 것을 원치 않고, 공인은 대중의 반발이나 복잡한 문제를 두려워한다. 그래서 논란을 밀어붙일 수 있는 사람들은 보통 아주 신속하게 큰 이익을 얻는다. 트럼프가 확실한 사례다. 선거기간 중 대부분, 그는 충격을 받으면 더 강해졌다. 논란이 그를 더 강하게 만든 셈이다. 그런데 궁금한 게, 당신은 이 전략에 한계가 있다고 생각하나? 당신 자신의 접근법에 어떤 취약성이 존재해서, 어느 순간에 그것이 당신을 강하게 만드는 것을 멈춤으로써 갑자기 상황이 반전될까 걱정하지는 않는가(트럼프 테이프의 사례에서처럼 말이다)? 당신이 후회하는 일, 혹은 다시는 하지 않을 일이 있는가?

[답변] 나는 명예에 관한 불문율을 개발했다. 나는 '민간인'이나 무명인은 쫓지 않는다.

당신은 전사(戰士)다. 큰 플랫폼을 가지고 있고, 생계를 위해 글을 쓰며, 이 업계에 종사한다. 당신은 나를 '멍청이'라거나 뭐 그 비슷한 말로 부르기도 했었다. 그건 정당한 이유가 없는 공격이었다. 아무튼 나는 그게 재미있다고 생각했고, 우리는 엎치락뒤치락했다. 나는 당신이 나를 '괴롭힌다'고는 느끼지 않았다. 사실이 그랬기 때문이다.

아무튼 나는 보잘것없는 사람을 두고는 글을 쓰지 않으려 한다. 최근 사례는 켄 본이다. 미디어는 포르노를 보는 그의 습관에 대해 보도함으로써 불쌍한 이 남자를 욕보였다. 대체 왜? 그들에겐 체면이 없는 건가?

내가 흥미롭게 생각하는 점은 유명인들과 대형 플랫폼을 가진 사람들에게 '지나치게 못되게' 군다는 이유로 사람들이 나를 비난한다는 것이다. 그런데 바로 그들이 켄 본과 저스틴 사코와 같은 사람들을 공격하기 위해 자신의 플랫폼을 사용한다.

미디어는 불량배로 가득하다. 나와 엮여 문제가 있는 사람은 자신의 트위터 기록을 살펴봐야 한다. 저스틴 사코를 혐오하는 패거리에 가담하지 않았나? 트윗을 통해 누군가가 해고되게 하려고 시도하지 않았나? 켄 본의 포르노 습관에 대한 기사를 링크하지 않았나? 그렇다면, 나에 대해서 입 다물고 있어야 할 것이다. (아니라면, 물론 나를 비판할 자유가 있다. 하지만 거만하지 않은 태도로 하는 게 좋을 것이다. 나와 함께 전장에 있으니까 말이다.)

[나는 질문의 두 번째 부분에 대해 마이크에게 다시 물었고, 이것은 그의 추가적인 대답이다. ―「뉴욕 옵서버」 편집자]

'취약성'은 흥미롭고 심층적인 개념이다. 가볍게 답하자면, 나는 《고릴라 사고방식》과 《MAGA 사고방식》을 쓴, 공격받을수록 강해지는 저자이고, 따라서 모든 부정적인 관심은 새로운 독자로 전환될 수 있다. 이런 생각은 더 깊은 문제를 무시한다.

공개 망신이 인류의 역사에서 쭉 사용된 이유는 효과가 있기 때문이다. 남들의 공격을 비웃을 수 있게 되기까지 오랜 시간이 걸렸다. 솔직히 말하자면 인터넷 전체가 당신에 대해 거짓말을 하면 기분이 꽤 더러울 것이다. 대부분의 사람이 이런 공격에 취약하고, 그것을 긍정적으로 재구성하는 법을 배우려면 시간이 걸린다. (남을 헐뜯는 이들에게는, 그들에게 관심을 갖지만 아무런 언급을 하지 않는 10명의 사람이 있다. 우리가 고객으로서 좋은 경험을 할 때 긍정적인 편지는 절대 쓰지 않는 것처럼 말이다. 사람들은 대체로 불평하기 위해서 목소리를 높이는 경향이 있다.)

변호사로서 나는 명예훼손 소송에 대해 걱정한다. 그러나 나는 캘리포니아에 살고 있고, 이곳은 SLAPP(Strategic Lawsuit Against Public Participation, 법적 분쟁에 따른 돈과 시간 부담을 이용해 언론이나 시민의 비판을 막으려는 소송 행위를 일컫는 말 — 옮긴이) 행위를 막는 강력한 제도를 갖추고 있다. 우리에게는 언론의 자유를 보호하기 위한 전국적인 반SLAPP법이 필요하며, 나는 반SLAPP법이 없는 주에서는 살지 않을 것이다.

내 기사는 소송의 위험 때문에 사실 확인을 거치며, (추후 사실로 밝혀진) 몇몇 기삿거리는 내가 사실 확인을 할 수 없었기 때문에 남들에게 넘겨주기도 했다.

나 역시 사회적으로 취약하다. 내 트윗을 '좋아하는' 사람들에 대한 기사가 있다. 미디어는 나를 사회적으로 고립시키려고 이런 기사를 쓴다. 대부분의 '존경할 만한' 사람들은 나와 공개적으로 어울리기를 꺼린다. 내 친구가 되었다가, 누군가를 괴롭히는 것을 좋아하는 미디어에 의해 만들어진 온라인 혐오 패거리에 시달리고 싶지 않기 때문이다.

지금 당장은 내 평판과 독자와의 관계가 주요 관심사다. 워런 버핏이 말했다. "명성을 쌓는 데는 20년이 걸리고 잃는 데는 5분이 걸린다. 이에 대해 생각한다면, 일을 다른 식으로 하게 될 것이다." 나는 거짓말을 퍼뜨리지 않는다. 사람들은 내 글에 '동의'하지 않겠지만, 이건 진심이다. 그리고 힐러리 클린턴의 건강에 관해 말하자면, 그건 일반적인 표적이었다.

소셜미디어와 크라우드 펀딩, 자비 출판이 작가가 독자에게 직접 다가가게 해주기에, '미디어 엘리트'가 나를 어떻게 생각하는지는 중요하지 않다. 나는 그들을 싫어하고, 그들은 나를 싫어한다. 게다가 미디어 보도는 책을 팔아주지 않는다. 블로그, 트위터, 유튜브, 팟캐스트는 책을 팔아준다. 나는 내 독자에게 책임이 있다.

그 사람들은 거짓말하는 미디어가 나를 공격함에도 불구하고, 또는 공격하기 때문에 나를 사랑한다. 나를 없애는 최고의 방법은 나에게 거짓 기삿거리를 보내는 것이다. 나에 대한 음모론에도 불구하고, 나는 속지 않기 위해 사람들이 보내는 것이 사실인지 확인한다.

또한, 내 프로필이 늘어남에 따라, 사람들은 내 전략이 바뀌는 것을 보게 된다. 내가 약간의 공감을 표해주는 것이 누군가에게는 많은 도움이 되기도 한다. 내 영향력이 미치는 범위 덕에 나는 누군가를 몇 분 혹은 그보다 오랫동안 인터넷상에서 유명하게 만들 수 있다. 누군가 나를 찾아내는 경우가 아니라면(이 경우에 나는 그들이 관심을 원한다고 가정한다) 나는 관심을 원하지 않을 것 같은 사람들은 피한다.

내가 온라인에서 못되게 보일 수도 있지만, 나는 미디어 업계에서 일하는 사람들에게 못되게 구는 것이다. 생계를 위해 다른 사람들에게 못되게 구는 사람들에게 말이다. 그들은 그냥 자신을 '저널리스트'라고 부르고 모든 비평가를 '트롤'로 치부한다. 저널리즘이 트롤링이다, 끝.

다른 사람을 주목하는 사람은 그 자신도 주목받는 것이 마땅하다. 나는 '저널리즘에 대한 저널리즘'을 계속할 것이고 2017년에 계획한 노선을 따라 흥미진진한 모험을 할 것이다.

[질문] 당신은 트위터를 좋아하고, 페이스북과 페리스코프 같은 곳에서 하는 라이브 방송을 좋아한다. 내 생각에, 대부분의 과학기술 전문가들은 트위터를 결함이 있거나 침체된 플랫폼으로 보기 시작한 것 같다. 그

리고 그들은 실시간 방송이 막 뜨고는 있지만 아직 성공하지는 못했다고 생각하는 것 같다. 동의하는가, 동의하지 않는가? 이런 플랫폼에 대해 어떻게 생각하는가?

[답변] 실시간 동영상은 저널리즘의 미래다. 머지않아 우리는 고프로가 달린 드론으로 '리얼리티 저널리즘'을 하게 될 것이다. 공화당과 민주당 모두 드론을 금지했다. 그렇지 않았더라면 나는 그걸 했을 것이다.
마크 앤드리슨은 '너무 이른' 것은 '너무 늦은' 것만큼 나쁘다고 말했다. 실시간 미디어는 시기상조다. 트위터가 손해를 보는 건 이 때문이다.
트위터는 사업상의 초점이 부족하다. 트위터는 소셜미디어 플랫폼이 아니다. 일부는 라디오 전화 토론 프로그램, 일부는 실시간 뉴스 보도, 일부는 정치 논평이다. 트위터는 이런 사업상의 초점을 염두에 두고 시스템을 간소화할 필요가 있다.

[질문] 당신의 미디어 식단은 어떤가? 비유해서 말하자면, 스스로 소시지를 만들기 시작하면서 먹어야 할 것과 먹지 말아야 할 것에 대해 배운 바가 있는가?

[답변] 진보 미디어가 하는 일의 대부분은 노골적인 거짓말이다. 우리는 저널리스트가 편향된 세상을 떠나, 저널리스트가 이야기를 날조하는 세상으로 왔다. 사브리나 어들리와 「롤링 스톤」이 그랬던 것처럼 말이다.
양측에서 나오는 독립적인 목소리가 내 관심을 끈다. 사실에 대해 거짓말을 하지 않는다면, 당신의 관점이 내 기분을 상하게 하지는 않을 것이다. 여기는 미국이다. 사람들의 의견이 일치하지 않는 건 별일 아니다.

공화당과 민주당에 대한 경험은 역겨운 것이었다. 우리는 모두 맷 이글레시아스와 로스 도우댓 같은 트위터 전문가가 미국인들의 생각에 관해 강의하는 것을 봤다. 이들은 트위터를 떠나지 않는다.

남을 '지하실에 거주하는 트롤'이라고 비난하는 자들이 동네를 떠나서 트럼프나 클린턴의 집회에 참석하지 않는다는 사실이 정말 우습다. 이들은 민주당의 수많은 대규모 시위 현장 어디에서도 보이지 않았다.

나는 진보주의자 마이클 트레이시를 대단히 존경한다. 그는 모든 사람에 관한 진실을 (그가 본 대로) 말한다. 그는 기득권층을 위한 끄나풀이 아니다.

「게이트웨이 펀딧」의 짐 호프트는 웹 전체에서 뉴스를 수집하는 능력이 탁월하다. 스테펀 몰리뇌는 훌륭한 논평 프로그램을 진행하면서 지배적인 이야기와 모순되는 견해를 제시한다.

전통적인 미디어는 「브라이트바트」를 비판한다. 그런데 나는 공화당과 민주당 집회에 참석해봤는데, 「브라이트바트」는 현장에 보도기자를 두고 있었다. 「뉴욕 타임스」와 여타 '정당한' 발행물의 기자들은? 그들은 미디어 텐트 안에서 핫초코를 마시고 서로에게 아첨하고 있었다.

내가 글렌 그린월드를 존경한다는 것을 알면 많은 사람이 놀랄지도 모르겠다. 그는 나를 거부하거나 혐오할 가능성이 크겠지만 말이다.

진짜 저널리즘이 부족하다. '보수적인 미디어'가 하는 것의 대부분은 처널리즘(churnalism, 언론이 비슷한 뉴스를 대량 생산하는 현상을 비꼬는 말 — 옮긴이), 즉 '진보 미디어'가 쓴 것에 대해 지껄이는 것이다.

초콜릿과 체중 감량에 대해 수백만 명을 속인 저널리스트를 만나다

존 보해넌, 「뉴욕 옵서버」(2015. 6)◆

한 남성이 잘못된 연구 결과로 전체 미디어 기득권층과 수백만 명을 의도적으로 속여서, 건강에 해로운 것이 사실은 좋다고 생각하게 만들었다. 더 심각한 것은, 그들이 현재 그게 건강의 비결이라고 생각한다는 것이다. 나쁜 사람 아닌가?

하지만 이것이 사실은 사이비 과학이 만연한 한심한 현실을, 그리고 그것이 문화를 통해 얼마나 쉽게 전파되는지를 보여주기 위한 시도였다면? 만약 이 남성이 백도어를 드러낸 해커였다면, 우리는 그의 전문성과 영리함에 경이로워했을 것이다. 그가 내부 고발자였다면, 그의 용기에 감탄했을 것이다.

어떤 사람들은 존 보해넌의 이야기에 마음의 갈등을 겪을지도

◆ http://observer.com/2015/06/behind-the-scenes-with-the-journalist-who-fooled-millions-about-chocolate/

모르겠다. 그는 수백만 명에게 초콜릿이 건강에 좋다고 믿게 만드는 걸 도왔다는 사실을 최근 밝혔다. 그는 가짜 기관을 만들고, 초콜릿이 체중 감량과 연관됨을 보여주는 연구를 조작하고, 그것을 무료 공개 학술지에 게재하고, 가짜 보도 자료를 발행하고, 몇몇 주요 미디어 업체에 뉴스가 나올 때까지 미디어 사슬을 타고 올라가게 한 뒤, 마침내 그는 이 스턴트의 비밀 작업을 드러냈다(「i09」에 실린 그의 기사는 83만 5000번 이상 읽혔다).

나는 존이 영웅이라고 생각한다. 나는 그가 한 일이 세상을 더 낫게 (혹은 적어도 더 의식 있게) 만들었다고 생각한다. 부끄러워해야 할 사람은 직장에서 자다가 걸린 사람들뿐이다. 알다시피, 이런 유형의 조작으로부터 우리를 보호해야 하는 저널리스트들을 말하는 것이다. 이들은 조작된 연구 결과를 걸러내야 한다. 이들은 '원수에게 반짝이를 보내세요' 스턴트가 노골적인 야바위라는 것을 알아차려야 한다. 사리사욕을 추구하는 정보원이 주는 정보를 언제 채택하고 언제 배제할지 알아야 한다. 찰스 존슨과 같은 누군가가 정치적 대화를 이용하고 있다는 것을 알아야 한다.

그러나 「데일리 메일」 같은 업체는 이런 일에서 교훈을 얻기는커녕 치부를 가리기에 급급하다. 이들은 속았다는 걸 부인한다. 설사 속은 게 아니라 하더라도, 그들이 자신들 및 대부분 언론들의 비즈니스 모델이 얼마나 불필요하게 이런 위험에 노출되어 있는지를 알지 못한단 사실에는 변함이 없다. 왜냐면 신경 쓰지 않기 때문이다. 그들은 더 나아지거나 진실을 알기를 원치 않는다. 진실은 사업에 좋지 않을 테니까.

존이 최근 「워싱턴 포스트」에 말했듯이 여러 곳에 책임이 있지만, 누구보다 비난받아 마땅한 집단이 있다. "기자입니다. 기자와, 궁극적으로 편집자죠. (중략) 보건학 관련해서 글을 쓰는 이들은 자기가 쓰는 글을 과학처럼 다루어야 하고, 그건 편집자들부터 그래야 되는 거죠. 진정한 과학 전문 지식을 갖춘 정보원과 대화해야 합니다."

건강 영역에서뿐만 아니라 모든 곳에서 기자들이 신경 쓰기를 중단했다는 건 분명하다. 그러나 몇몇 독자는 신경을 쓸 것이다. 나는 그들을 위해 존에게 연락해서, 그의 멋진 스턴트가 얼마나 효과가 있었는지 그리고 사람들이 무엇을 더 알아야 하는지에 대한 정보를 얻어냈다.

[질문] 어떻게 수많은 사람과 미디어 업계를 용케 속였는지, 그것도 말 그대로 말도 안 되는 것으로 속였는지에 대해 말해 달라.

[답변] 글쎄, 초콜릿이 체중 감량에 도움이 될 수 있다는 것이 정말 말도 안 되는 것처럼 보이나? 당신이 날마다 읽을 수 있는 식습관 관련 헤드라인들과 비교해보면, 그건 상당히 정상적인 주장처럼 보인다. 그리고 바로 그게 문제다. 어찌 된 일인지 우리 모두는 영양학이 중요하지 않다고 결론 내렸다.

[질문] 어디에서 영감을 얻었는지 말해줄 수 있나? 정말 해낼 수 있을 것이라고 생각했나? 신났나? 겁이 났나? 죄책감을 느꼈나? 어떤 과정을 거쳤는지에 대해 듣고 싶다.

[답변] 12월에 독일 텔레비전 기자 페터 오네켄으로부터 갑자기 전화를 받았다. 모든 게 그의 재치 있는 아이디어였다. 초콜릿과 체중 감량에 대한, 정말 나쁘지만 진짜 같은 과학적 연구를 한 다음 그것을 중심으로 미디어 운동을 벌이자는 것이었다. 나는 내 저널리스트 동료 중 누군가가 미끼를 물리라는 것에 회의적이었다. 하지만 물은 것 같다.

[질문] 이 이야기를 다른 곳보다 더 많이 퍼뜨린 것으로 보이는 업체나 채널이 있나?

[답변] 「데일리 메일」에 크게 감사해야 한다. 그들은 발뺌하려고까지 했다. 그들의 홍보 담당 직원 중 한 명이 나와 NPR에 그들이 사실은 미끼를 물지 않았다는 것을 넌지시 드러내는 이메일을 보냈는데, 우리가 이 모든 사실을 알릴 때 실수로 다른 기사의 스크린숏을 사용했기 때문이었다. (믿을지 모르겠지만, 그것은 초콜릿 섭취에서 얻는 기적적인 건강상의 이익에 관한 기사였다.) 그들은 분명히 우리가 조용히 스크린숏을 삭제해서 그들이 궁지에서 벗어나게 해주길 바라고 있었다. 내가 알기로, 그들은 기사에 대해 철회, 정정, 해명을 하지 않았다. 여기에 그 기사가 있다. http://www.dailymail.co.uk/femail/article-3018945/New-study-reveals-eating-chocolate-doesn-t-affect-Body-Mass-Index-help-LOSE-weight.html

[질문] 일부 사람들은 당신의 행동이 부당하거나 해로울 가능성이 있다고 말할지 모른다(이것은 내 스턴트로 인해 내가 받은 비판이다). 그런 말을 들어본 적이 있나? 나는 당신이 이 시스템에 있는 명백한 결함을 지적함

으로써 모든 사람에게 호의를 베풀었다고 믿고 있고, 이와 관련하여 변화를 만들어야 하는 것은 책임 있는 기자들의 몫이라고 생각한다. 어떻게 생각하나?

[답변] 이런 종류의 일이 윤리적 딜레마를 제기한다는 것은 사실이다. 우리는 이익과 피해의 가능성을 비교해서 검토해야 한다. 이 경우에는 사람들에게 초콜릿 바를 먹게 만들 위험성 및 일부 나쁜 저널리스트를 곤란하게 만들 가능성과, 구체적인 통계 수치를 이해하지 못할 때 과학적 연구가 어떻게 오해될 수 있는지를 보여주는 일의 장점 및 식습관과 관련된 주장에 대해 회의적인 태도를 보일 것을 알렸다는 장점이 대입되었다고 본다. 결정은 독자에게 맡기겠다.

[질문] 그것을 염두에 둔다면, 해결책은 무엇이라고 생각하는가? 우리는 무엇을 바꿔야 하는가?

[답변] 다음에 체중 감량을 위한 다이어트 조언법을 제공하는 것처럼 보이는 기사를 읽을 때, 화를 내며 편집자에게 글을 보내야 한다. 우리는 사람들이 살이 찌는 이유보다 별이 이따금 폭발하는 이유를 더 잘 이해한다. 체중 감량과 관련된 문제는 아주 어려운 과학적 문제이지, '라이프 스타일' 섹션에서 다룰 문제가 아니다.

[질문] 내 생각에 당신은 상대적으로 해롭지 않은 방식으로 이 작업을 했고 진실을 털어놓았다. 같은 전략이나 조작이 더 악질적으로 사용될 수 있다고 생각하나? 그런 일이 일어나고 있을까?

[답변] 나는 다이어트와 영양, 건강에 관련된 모든 미디어가 썩었다고 생각한다. 전적으로 쓰레기를 파는 기업이 주도하는, 나쁜 과학과 더 나쁜 저널리즘의 세계. 아, 당신은 주류 미디어에 대해 말한 건가?

[질문] 이제 당신이 진실을 털어놓고 이야기의 이면에 있는 허위 사실을 폭로했는데, 당신이 발표한 내용이 사라질 것이라고 생각하는가 아니면 일종의 좀비처럼 계속 진행될 것이라고 생각하는가? 당신이 바란 정정 기사를 본 적 있나?

[답변] 제대로 된 정정 기사는 딱 하나밖에는 못 봤다.

'디지털 다스 베이더' 찰스 C. 존슨이 정치와 미디어 조작에 대해 말하다

찰스 C. 존슨, 「뉴욕 옵서버」(2015. 5)◆

찰스 존슨을 처음 알게 된 게 언제인지는 잘 모르겠다. 그가 나를 겨냥했던 몇몇 트윗을 통해서였는지도 모른다. 「뉴욕 타임스」, 「폴리티코」, 「고커」 등에 실린, 논쟁의 여지가 있는 그에 대한 여러 소개 글 중 하나를 통해서였을 수도 있다. 앨 샤프턴의 TV 프로그램에서 광고주를 철수시키는 사람에게는 500달러 포상금을 주겠다는 그의 트윗에 태그됐던 일은 구체적으로 기억난다.

그것은 내가 지난 몇 년 동안 내 삶에서 배제하려고 노력했던 종류의 정치적 불화였기에, 나는 대부분 그것을 무시했다. 그것은 찰스가 보수 진영에서 걷잡을 수 없는 인기를 누리게 해준 스턴트이기도 했다. 그는 공격적이고, 이단적이다. 어떤 버튼을 눌러야 하는지

◆ http://observer.com/2015/05/exclusive-digital-darth-vader-charles-johnson-on-manipulating-politics-and-media/

안다. 전통적인 미디어의 붕괴와 함께, 그는 미디어가 이야기를 만들도록 유도하는 방법을 그 누구보다 더 잘 알고 있다. 이런 면에서 그는 앤드루 브라이트바트와 제임스 오키프의 유산을 제대로 계승한 자라고 볼 수 있다.

어떤 사람들에게 이런 타이틀은 영광이다. 다른 사람들은 그것을 신세 망치는 모욕으로 여긴다. 어떤 이들에게 찰스는 시스템을 남용하는 유독한 트롤이다. 다른 이들에게 그는 독불장군이자 진실을 말하는 사람이다.

나는 그를 두 가지 방식으로 다 볼 수 있다. 복잡하지만 이유가 있다. 찰스는 내 책 《나는 미디어 조작자다》를 자신이 가장 중요한 영향을 받은 책 중 하나로 꼽는다. 다시 말하자면, 나는 그의 행동을 부정하고 싶지만, 그가 나를 부분적으로 반영한다는 사실을 인정할 수밖에 없다. 작가가 이런 입장에 처하는 건 드문 일이다. 자기 책이 사용되지 않았으면 하는 방식으로 사용되는 것을 보는 일 말이다. 사실, 이 사례에서 나는 내가 하지 말라고 경고한 바로 그 방식으로 책이 사용되는 것을 보고 있다. 동시에, 찰스 C. 존슨이 일반적인 홍보 전문가나 블로거, 전문가, 전략가가 하지 않는 어떤 것을 하고 있다고 주장하기는 힘들다. 정도의 차이만이 있을 뿐이다.

찰스가 지난주에 내 책에 대해 트윗을 했을 때, 나는 행동하기로 결심했다. 그에게 이메일을 보내서 이야기하면 안 될 이유가 있나? 우리에게는 분명히 몇 가지 공통점이 있는데, 연락해서 안 될 게 뭔가? 이미 미디어를 조작하는 좌익 활동가와 #게이머게이트의 배후에 있는 사람들과 이야기한 적도 있는데, 똑같이 논란을 불러일으키는 누군가로부터 배우지 말라는 법은 없지 않나? 우리는 결국 지난주에 전화로 30분 동안 대화하면서 공개적으로 용인되는 담론들의 범위에 대한 문제에서부터 중부 캘리포니아 소도시에 대한 이야기까지 모든 것에 대해 논의했다. 유쾌하고, 도발적이고, 도전적이었다. 나는 여러모로 감명을 받고 통화를 마쳤다. 나는 뒤이어 이메일을 통해 아래의 질문을 던졌다. 그가 표명한 의견 중 일부에 나는 전혀 동의하지 않지만, 또 어떤 답변은 완벽했다고 생각한다. 하지만 그게 찰스 같은 인물의 본성이다. 영리하지만, 그걸 사용하는 방식에 있어서 명백히 실망감을 준다.

찰스의 솔직하고 도덕관념이 없는 전략이 미디어 시스템을 대중에게 훨씬 더 많이 드러내는 데 도움이 되길 바란다. 우리는 뉴스가 실제로 어떻게 만들어지는지 알아야만, 그것을 소비하려는 우리의 욕구를 측정할 수 있다.

[질문] 우리는 만난 적도, 실제로 얘기해본 적도 없지만, 나는 당신에 대해 상당히 강한 의견을 갖고 있다는 생각이 들었다. 그런데 내 의견을 깊이 파고들면, 나는 그런 생각들이 거의 전적으로 내가 신뢰하지 않거나 별로 존중하지 않는 출처에서 나온다는 것을 인정해야 한다. 이런 일이 당신과 소통하는 사람들에게서 상당히 흔하다고 생각하나?

[답변] 내가 그날그날 소통하는 사람들의 유형을 알면 놀랄 것이다. 나는 수십 명의 저널리스트, 다수의 백만장자, 법 집행관, 수천 명의 일상적인 연구자들과 친하다. 나는 이런 방식이 좋다. 셰익스피어 작품에서 바보는 진실을 말하는 것이 허용된 사람이다. 좋은 사람들이 내가 옳다

는 것을 알아주는 한, 내가 놀림감이 되고 조롱당해도 상관하지 않는다. 나는 대부분의 미디어가 실질적인 힘을 갖고 있다고, 그리고 그것이 전부 붕괴하는 건 시간문제일 뿐이라고 믿지 않는다.

2014년에 각양각색의 발행물들과 블로그들은 연합해서 나를 악마로 묘사했다. 특히 내가 「롤링 스톤」 스캔들과 그 배후에서 거짓말을 한 여성인 재키[성은 삭제했다. ―「뉴욕 옵서버」 편집자]에 대해 폭로한 뒤에 말이다. 여기에는 「버즈피드」, 「고커」, 「제저벨」, 「데드스핀」 등이 포함되며, 이들은 나에 대한 이야기를 그냥 지어냈다. 일반적인 경우라면 이런 부정적인 관심은 나를 성가시게 했겠지만, 나는 이 모든 사이트를 전혀 존중하지 않으므로 무슨 일이 벌어지고 있는지 이해했다. 그들은 경쟁자를 발견했기 때문에 부정적으로 반응한 것이다. 앤디 워홀은 자기를 비판하는 글을 읽지는 않지만, 그것을 인치 단위로 측정한다고 말했다. 나도 마찬가지다.

나에 대한 수많은 반감은 실제가 아니라, 내가 뭔가 잘못 안다고 헛되이 확신하기 위해 기자들이 사용하는 사회적 신호라고 생각한다.

[질문] 당신이 하는 일을 뭐라고 하면 좋을까? 당신의 생계 수단은 무엇인가? 그것은 어떻게 작동하는가? 우리의 현재 미디어 문화에서 당신에게 적합한 자리는 어디인가?

[답변] 나는 연구를 하고 사실 정보망을 구축하고 있다. 나는 두 개의 회사를 소유하고 있는데, 하나는 뉴스 회사이고 다른 하나는 연구 회사다. 두 회사는 동반 상승효과를 낸다. 나는 고객, 연설, 기부자, 트래픽 등 100여 개의 다른 출처로부터 돈을 번다. 내가 트위터를 즐겨 사용하는

이유는 그곳이 자칭 전문가들이, 이를테면 미디어나 정치 계급이 여론을 만들어내는 곳이기 때문이다. 제시 제임스가 은행을 턴 이유는 거기에 돈이 있기 때문이다. 내가 트위터를 엉망으로 만드는 이유는 그곳에 망가져야 할 사람들이 있기 때문이다. 그렇게 함으로써 나는 유명인 문화, 너드 문화와 심각한 연구를 결합한다. 그것은 본질적으로 문화 공간에 있는 모든 것에 적용된 #게이머게이트다. 나는 전 세계 사람들이 이야기를 바꾸고 궁극적으로 세상을 바꾸기 위해 나와 함께 일하게 만드는 것을 진심으로 즐긴다.

[질문] (내가 존경했던) 데이비드 카는 당신에 관한 칼럼에서, 당신의 저널리즘 스타일이 "우리가 겪고 있는, 썩어 문드러지고 축소 보도되는 뉴스 시대에 대한 모든 것을 말해준다"라고 썼다. 나는 우리가 썩어 문드러진 미디어 시대를 산다는 것에는 동의하지만, 우리가 "축소 보도되는" 시대에 있는 것은 결코 아니라고 생각한다. 미디어가 지나치게 많다는 주장과 어느 순간 이것이 끊임없이 먹이를 필요로 하는 거대한 괴물이 됐다는 주장에 대해 어떻게 생각하는가?

[답변] 나는 데이비드와 네 시간가량 이야기하면서, 내가 하는 일과 그것이 중요한 이유, 그것이 우리가 소중히 여기는 저널리스트 모델과 부합하는 이유를 아주 정중하게 설명했다. 그는 내가 사실은 명석할지도 모른다는 것을 칼럼에 쓸 수 없었기 때문에 나를 비방했다. 그는 계속해서 내가 〈고스트버스터즈 2〉에 나오는 유령 같다고 우겼고, 그다음에는 내가 어린애 같다고 말했다. 나는 약간 슬펐다. 나는 그 일에 대한 글을 쓰기도 했다.

나는 「뉴욕 타임스」와 우리의 미디어에 대한 아주 흥미로운 사실을 보여주는 것이 있다고 생각한다. 레이 에르난데스와 니컬러스 웨이드와 같은 훌륭한 기자들은 마땅히 받아야 하는 미디어의 관심을 얻지 못하고 결국 「뉴욕 타임스」를 떠나는 반면, 기술적인 전문 지식이라고는 전혀 없는 카와 같은 회복 중인 마약 중독자들이 인터넷의 대변자로 명사 대우를 받는다. 이건 아주 이상하다. 나는 '지나치게 많은' 정보 같은 것은 없다고 생각하며, 훨씬 더 많은 정보를 구할 수 없다는 사실이 실망스럽다. 나는 인간의 두뇌가 결국엔 아주 많은 것을 감당할 수 있을 것이라고 생각한다.

[질문] 당신이 발표한 것 중에서 후회하는 것이 있나? 나는 반복 저널리즘이 진짜 문제라고 주장해왔는데, 이런 보도 양식에서는 일어나는 모든 일이 실시간으로 생중계된다. 하지만 당신은 분명히 자신의 트위터 피드를 일종의 '의식의 흐름' 보도 스타일로 운용한다. 당신은 때로는 무언가 제대로 이해하지만, 또 때로는 그렇지 않은 것 같다.

[답변] 나는 재키[성은 삭제했다.─원서 편집자]의 사진을 한 시간 동안 잘못 게재한 것을 후회한다. 그것 외에는, 내가 발표한 어떤 것도 후회하지 않는다. 거대 미디어 기업보다 내게 더 높은 기준을 적용하는 것 같은데, 그건 좀 이상하다. 나는 그들이 가진 자원의 100만 분의 1 정도만 가지고 있기 때문이다. 그래도 나는 금전적인 이득을 얻고 있고 그들은 그렇지 않으므로 그건 별로 중요하지 않을 것이다.

나는 내가 잘못 이해했다는 게 뭔지 모르겠다. 상원 의원 메넨데즈와의 일이 그랬던 것처럼, 몇 년 뒤에 내가 옳았음이 밝혀질 것이다. 때로는 북한에 의해 해킹당하지 않은 소니나, 거짓말로 우리를 전쟁에 빠뜨리기 위해 자신의 자격을 만들어내는 시리아 분석가 엘리자베스 오베기와의 일이 그랬듯이, 실시간으로 내가 옳다는 것이 입증될 것이다. 물론 요즘 미디어에서는 자신이 옳다는 것이 별로 중요하지 않다. 사람들에게 자신이 옳다고 설득할 수 있는 게 중요하다. 이것이 우리 시대의 매력적인 특징이다. 사람들이 귀를 기울이게 하려면 먼저 유명인이 돼야 한다. 나는 그렇지 않으면 좋겠다고 생각하지만, 그게 현실이다.

[질문] 저널리즘에서 가장 신뢰할 수 없는 사람은 누구인가?

[답변] 「바이스」의 셰인 스미스는 전시 특파원이라는 거짓말을 한 상습적인 거짓말쟁이다. 그의 회사가 10억 달러 이상의 가치가 있다는 생각은 우습다. (나는 「데일리 콜러」에 이에 대한 글을 썼다.) 앤더슨 쿠퍼가 간발의 차로 2위다. 쿠퍼에 대해 파고들수록, 그가 과거에 지어낸 것들에 대해 더 많이 알게 될 것이다.

[질문] 우리의 현재 시스템에서 가장 쉽게 활용할 수 있는 허점은 무엇인가?

[답변] 뉴스 편집실 안에만 있어서는 절대로 대중이나 개인 네트워크만큼 많은 정보를 알 수 없다. 그러니 직업상의 오만함이 불가피한데, 거기에는 몇천 명의 인력이 게재하기에 적합한 모든 뉴스를 알 수 있다는 가정이 포함된다. 나는 좀 의심스럽다. 속보에는 거대한 편향이 존재한다. 다른 모든 사람이 당신의 선례를 따르는 동안 새로운 뉴스를 터뜨릴 수

있다면, 당신은 미래를 통제할 수 있다. 사람들은 우익과 좌익 집단에 싫증이 나 있다.

[질문] 완전히 거짓된 이야기를 미디어를 통해서 전달하고 싶다면, 당신은 어떻게 하겠는가? 누군가를 쓰러뜨리고 싶다면, 어떻게 하겠는가? 당신은 언제 그런 일이 일어나는지, 언제 다른 사람이 그런 짓을 하는지 알 수 있는가?

[답변] 음, 「롤링 스톤」과 NBC 뉴스는 가짜 뉴스 전문 집단이고, 나는 두 곳 모두를 폭로하는 데 관여했다. 내게는 오직 한 가지 규칙만 있는데, 그것은 가짜는 절대 다루지 않는다는 것이다. 나는 방심하고 있는 순간에 시작한다. 사람들에게는 대부분 '작동하지' 않는 순간이 있는데, 그들은 이때 진정한 자아를 드러낸다. 일반적으로 이때 그들은 결정을 내리지 못하고 망설인다. 나는 헤드라인 뒤에 '누가' 있는지에 집중한다. 재정 상태와 배우자, 공인된 기록들을 살펴본 다음, 전화를 걸기 시작한다. 나는 사람들이 실제로 어떤지를 알려고 노력한다. 공식적인 프로필과 사적인 자아 사이에는 종종 거대한 단절이 있다. 내 작업의 많은 부분이 여기에서 힘을 얻는다.

일반적으로 트위터에서 미디어들은 무리를 지어 작업한다. 그들은 서로의 작업을 홍보하고 서로 경력을 발전시켜주는 친구가 된다. 나는 이 집단들의 활동을 주시하기 위해 트위터를 사용하며, 이 관계를 세심히 파악한다. 나는 다양한 정보원을 두고 있으며 정보를 얻기 위해 사람들에게 대가를 지불한다. 그 형태는 더 많은 정보나 근사한 저녁 식사, 또는 현금일 수도 있다. 당신은 보통 누군가를 향한 공격이 한꺼번에 일어나는 것을 볼 것이다. 원점을 찾아낼 수 있다면, 전체 관계 네트워크의 지도를 만들 수 있다.

[질문] 당신 사이트로 들어가는 트래픽은 상대적으로 적다. 트위터 팔로어 수가 상당하지만, 다른 뉴스 인사나 블로거에 비하면 별거 아니다. 그렇지만 당신은 특정한 뉴스에 한해서는 엄청난 영향력을 행사하는 것 같다. 때로는 당신의 헤드라인을 모방하지 않으려는 미디어 업체를 통해서도 그렇게 한다. 이것은 미디어 사슬을 타고 오르기인가? 이것은 어떻게 작동하는가?

[답변] 나는 단순한 트래픽이 아니라 지출된 1달러당 트래픽을 측정한다. 이렇게 비교해볼 때, 나는 사실 아주 잘하고 있다. 나는 트래픽이 영향력에서 가장 중요하다고 생각해본 적이 없다. 사람들이 트래픽 수치에 대해 거짓말한다는 것을 모두가 안다. 트래픽 수치는 광고주의 관심을 끌기 위해 고안된 것이지만, 그 수치와 별개로 돈을 버는 방법이 있다. 내 트위터는 가장 많은 사람들이 보지만 팔로어는 가장 적은 계정이라는 말을 듣는다. 이것은 계정의 인기도를 결정하는 숨겨진 변수 중 하나다.

나는 '개방형 프로토콜'이 뭔지도 모르는 비판자들보다 트위터의 작동 방식을 훨씬 더 잘 이해한다. 미디어 사슬을 타고 올라가는 것은 중요하지만, 더 중요한 것은 당신을 비판하는 사람들의 마음을 통제하는 것, 즉 그들의 머릿속에서 사는 것이다. 나는 반복적으로 그것을 하는 방법을 알아냈다고 생각하며, 이것은 실제로 아주 수익성이 좋은 속임수다. 나는 모발 관련 상품을 팔기 위해서 사람들이 클릭할 광고를 만드는 작업에 내 뇌세포를 쓸 생각이 없다. 그건 내가 비교 우위에 있는 분야가 아니다. 내게는 또 다른 수익원이 있기 때문에 광고에는 별로 신경 쓰지 않는다.

[질문] 솔직히 말하자면, 나는 당신이 열렬히 집착하는 것 중 일부를 이해하지 못하겠다. 오바마가 게이라고 한들 그게 어떻다는 건가? 당신과 무슨 상관이 있나? 마이클 브라운의 인스타그램 계정에 어떤 사진이 있는지가 뭐가 중요한가? 외부인의 시선으로 보면, 당신은 종종 인종과 젠더 등의 문제를 분열을 일으키는 수단으로 보고 거기에 초점을 맞추는 것 같다. 어떻게 생각하나?

[답변] 나는 금기에 관심이 있다. 오바마는 재임 기간에 자신의 과거에 대한 조사를 금기 사항으로 만드는 데 성공했다. 나는 많은 사람이 흑인 대통령이라는 참신함에 매료된 것이 그걸 가능하게 하지 않았을까 생각한다. 본질적으로, 미디어는 진취적인 저널리스트들에게 독점권을 부여했다. 하지만 시간이 지나면서 그 독점이 무너지기 시작했다. 나는 그가 공직에 있지 않을 때 더 많은 것을 발표할 것이다. 그는 대중에게 자행된 가장 매력적인 사기 중 하나다. 당신이 그의 정치를 어떻게 느끼건 간에, 그에 관해 알려지지 않은 것 그리고 알려져야 할 것이 많이 있다. 참고로 나는 그를 좋아하지 않는다.

오바마가 옥시덴털 대학교에 갔을 때 처음으로 한 일은 캠퍼스의 게이 클럽에 가입하는 것이었다. 1979년의 일이다. 옥시덴털에서 그의 멘토는 대단히 유명한 게이 남성인 래리 골딘이었다. 그는 게이 남성과 뉴욕에서 살았다. 그가 연애했다고 알려진 단 두 명의 여성 중 누구도 오바마와 섹스를 했다고 말하지 않는다. 그는 아내를 어떻게 만났는지에 대해 몇 가지 모순적인 이야기를 했다. 그의 첫 번째 책은 신빙성이 떨어지는 부분이 많다. 나는 이런 오바마의 과거에 매료됐다. 나는 그가 남자와 자든 말든 상관하지 않지만, 2015년에 우리가 흑인 게이 대통령을 가질 수 없다는 것은 흥미롭다고 생각한다. 왜 안 되는가? 나는 과거에 우리에게 다른 게이 대통령이 있었을지 모른다고 생각한다. 하지만 오바마를 건드리는 게 금기시되는 것으로 보이는 이유는, 미셸 오바마가 한때 그와의 이혼을 시도했다는 것을 알면서도, 우리는 그의 가정생활에 대한 이야기를 믿기를 원하기 때문이다.

내가 마이클 브라운의 인스타그램과 트위터 피드를 발표한 이유는, 그것이 그가 온화한 거인이라는 미디어의 이야기와 직접적으로 모순되기 때문이다. 그는 전혀 그런 사람이 아니다. 나는 그런 이야기를 상당히 신속하게 종식하는 데 도움을 줬다. 나는 관습적인 자료들은 잘 믿지 않는다. 내가 비교 우위에 있는 분야가 아니기 때문이다. 대부분의 미디어 업계 종사자들이, 남들과 같은 일을 하면서 왜 자신이 돈을 그렇게 적게 받는지 궁금해한다. 답은, 그들이 '자신을 잉여로 만들었기 때문'이다.

인종 문제가 미국에서 가장 금기시되는 이유는, 우리가 기반을 두고 있는 체제가 우리는 모두 선천적으로 평등하고 누구나 아메리칸드림을 이룰 수 있다는 생각 위에 서 있기 때문이다. 그러나 우리는 흑인이 평균적으로 여전히 다른 인종 집단보다 가난한 것을 본다. 어느 시점부터 나는 문화적 차이를 이유로 드는 주장을 진지하게 받아들이지 않게 됐다. 예를 들어, 왜 아시아계 미국인과 유대인이 지속적으로 백인보다 돈을 많이 벌까? 나는 인종 집단 간의 IQ 차이와 우리가 유전적으로 서로 얼마나 많이 다른지에 대해 더 많이 알게 됐다. 나는 MAO-A 유전자라는 것이 폭력성에 미치는 영향에 대해 알게 됐다. 우리 사회가 더욱 정보에 기초한 곳이 되고, 점점 더 사람들이 자신의 IQ에 따라 이득을 얻게 되면서, 이런 불평등은 감소하는 게 아니라 증가할 것이라는 게 내 견해다. 이런 발전은 시간이 지나면서 우리의 정치와 사회에 온갖 종류의 흥미로운 영향을 미칠 것이다.

사람들은 실제로 특정한 금기를 어길 때 카타르시스를 느낀다. 나는 이런 금기를 타파한 진실을 그들에게 전달하려 한다. 그들이 계속해서 돌아오는 건 그 때문이 아닐까 싶다. 또한 그들은 스스로 퍼즐을 풀고 진실을 탐구하고 찾아내기를 좋아한다.

[질문] 같은 맥락에서, 금기시되는 것이 있나? 금기시돼야 하는 것이 있나? 나는 "당신은 어디에 선을 긋는가?"라는 질문을 받는 걸 싫어한다. 그 선은 보통 사적이며, 일반적으로 경우에 따라 다르기 때문이다. 당신도 이것으로 고심하나?

[답변] 나는 분명히 한계를 정해둔다. 하지만 지금은 그것을 논의할 준비가 되어 있지 않다. 그걸로 고심하지만 당신이 생각하는 것만큼 자주는 아니다.

[질문] 당신은 자폐증이 있다는 것을 내게 숨기지 않았다. 그것이 당신의 행동에 얼마나 영향을 미치는가?

[답변] 답하기 힘든 질문인 것 같다. 나는 내가 IQ가 높지만 공감 능력이 떨어진다고 늘 말해왔지만, 그것이 내 작업이나 내게 어떤 영향을 미치

는지는 말하기 힘들다.

[질문] 내가 《나는 미디어 조작자다》를 쓴 이유는 정치적·문화적 담론이 흘러가는 방향성이 싫었기 때문이다. 나는 기본적으로 그 흐름의 일부가 되고 싶지 않았다. 당신은 내 책을 읽고 내가 본 것을 본 것 같지만, 그것을 사랑하는 것 같다. 당신은 이 세상을 물 만난 고기처럼 받아들인다, 맞나?

[답변] 그렇다, 나는 그 책이 21세기를 살아가기 위한 설명서라고 생각한다. 나는 더 이상 사람들이 설득된다고 믿지 않는다. 그 대신, 금기를 사용하고 활용해서, 그렇지 않았으면 묻혀버렸을 문제를 조명하는 일이 가능하다고 믿는다. 정당한 이유로 행한다면 전혀 문제될 게 없다고 생각한다.

[질문] 사람들이 당신이나 당신이 하는 일에 대해 더 알았으면 하는 게 있나?

[답변] 특정 집단에서는 나를 진정으로 이해하거나 경멸하기보다는 사회적 지위와 관련하여 판단하는 것 같다. 내가 얼마나 신중한지를, 그리고 내가 이것을 체스 경기 같은 것으로 여긴다는 것을 그 사람들이 알아주길 바란다.

[질문] 마지막으로, 당신은 도대체 왜 나와 이야기하고 있나? 내가 왜 당신과 이야기하고 있는지는 안다. 안 될 거 없으니까. 사람들이, 특히 온

라인에서 읽은 내용에 대해 의견을 달리하는 사람들이 연락해서 대화를 나누지 말아야 할 이유는 없는 것 같다.

[답변] 나는 내게 다가와서 선의를 보여주는 사람들을 친절하게 대하는 경향이 있다. 나는 사람들을 만나 이야기하고 새로운 것을 배우는 걸 좋아한다.

이 좌익 활동가는
메시지를 전하기 위해
어떻게 미디어를 조작했는가

피터 영, 「뉴욕 옵서버」(2015. 2)◆

내가 피터 영에 대해 처음 들은 것은, 「데일리 닷The Daily Dot」의 한 기자가 내게 2013년의 채식주의자 스턴트에 어떤 식으로든 관여한 바가 있냐고 물어왔을 때였다. 그 스턴트는 채식주의자였다가 채식을 포기하고 다시 고기를 먹는 사람들 수십여 명의 신상을 공개하는 내용이었는데, 며칠간 미디어를 뒤덮는가 싶더니 놀라운 레프트 훅을 날렸다. 기사에 대한 모든 트래픽과 링크들이 도축장의 끔찍한 모습을 담은 영상으로 연결된 것이다. 수많은 사람들이 미디어들이 가리려 하는 그 끔찍한 장면에 노출되었다.

나는 채식주의자가 아니고 이 캠페인과 무관하지만, 그 재기와 솜씨 그리고 우리 시대의 중요한 사실을 드러냈다는 점에 존경을 표

◆　http://observer.com/2015/02/exclusive-how-this-left-wing-activist-manipulates-the-media-to-spread-his-message/

한다. 오늘날의 미디어 시스템은 벌거벗은 임금님과 같다. 피터 영은 최근에 '원수에게 반짝이를 보내는' 스턴트로 10만 달러를 번 매튜 카펜터와 다르다. 두 사람 모두 미디어가 어떻게 작동하는지를 직관적으로 이해하고 자기 이익을 꾀하기 위해 그것을 반복적으로 이용했다. 그들은 아주 다른 이유로 인해 그런 행동을 했지만, 나는 그들이 둘 다 내 책《나는 미디어 조작자다》를 읽었고 내 책이 그들의 행동에 영향을 미쳤다는 것을 알게 됐다.

내가 영을 인터뷰하기로 한 건 그가 최근에 또 다른 미디어 조작 캠페인을 벌였기 때문인데, 이번에는 TSA(미국 교통안전청) 감시 목록의 문제를 드러내고 폭로하기 위해서였다(자신이 그 목록에 있기 때문에 그는 이 시스템에 아주 익숙하다). 순전히 관심을 끌기 위한 목적으로 만든 그의 블로그를 8시간도 채 되지 않아서「보잉 보잉」,「테크더트Techdirt」,「포브스」와 같은 매체가 포착했다. 이제 그는 자신의 이념을 전개하기 위해 무엇을 하는지, 그리고 그것이 인터넷에 의해 주도되는 오늘날의 문화 환경에서 어떻게 작동하는지를 정확히 설명할 준비가 됐다. 그는 아래의 대답과 자기 사이트에 올라와 있는 글의 내용이 100퍼센트 사실이라고 내게 장담했다. 그를 믿을지 말지는 독자의 판단에 맡기겠다.

[질문] 정말 TSA의 감시 목록에 올라 있나? 어쩌다 그렇게 됐나?

[답변] 1998년, 나는 모피 동물 사육장에서 여우와 밍크를 풀어준 일 때문에 동물 기업 테러법으로 기소됐다. 사육장 여섯 곳에서 울타리를 자

르고 우리를 연 것이 전부였다. 최대 82년형까지 받을 수 있다는 중압감으로 인해 나는 7년 동안 도망자 신세로 지냈으며, 몇 개의 가명을 사용하며 살았고, 2005년에 스타벅스에서 체포됐다. 나는 2년 동안 교도소에서 복역했다.

'테러리스트'라는 꼬리표 때문에, 그 후 몇 년 동안 FBI가 집을 급습하는 일을 두 번 겪었고, 몇 건의 동물 해방 운동을 일으킨 용의자로 지목됐으며, 창고를 치우던 중 1년간 방전된 상태로 두었던 노트북이 완전히 충전되어 있는 것을 발견했고, 당국에 의해 쓰레기를 도난당했으며, 나를 모압(Moab, 유타주에 있는 소도시. 암석 지대의 자연 경관으로 유명하다. ― 옮긴이) 여행에 데리고 간 여성이 FBI에 근무한다는 것을 알게 됐다.

이 모든 일들 중, TSA의 관심은 가장 덜 거슬리는 편이다.

[질문] 미디어에서 보도된 내용과 당신이 블로그에 게시한 내용 중 다른 게 있나? 우리를 위해 설명해줄 만한 자료가 있나?

[답변] 블로그 「제트세팅 테러리스트Jetsetting Terrorist」를 운영하는 내 정체가 「포브스」의 보도로 들통나기 전에, 나는 내가 저지른 범죄를 칭할 때 '내 활동과 연관된 재산 관련 범죄'라는 표현을 썼다. 동물은 법률상 재산으로 간주되기 때문에 이것은 정확한 표현이었다(피터 영은 위에서 언급한 블로그를 익명으로 운영했는데, 그 블로그에 자신이 TSA 감시 목록에 올라 있다는 이유로 비행기를 탈 때마다 겪어야 하는 복잡한 절차에 대한 유머러스한 글을 쓰면서 유명해졌다. 그는 자기 정체가 드러나기 전까지 자기가 감시 목록에 오른 이유에 대해서 명확히 밝히지 않았다. ― 옮긴이). 나머지에 대해 말하자면, 몇 년 동안 미디어와 여타 다른 곳에서 보도된 모든 잘못된 정보

에 대해 얘기하는 것은 불가능할 것이다. 하지만 불평할 수는 없다. 어쨌든 그 정보들의 절반 정도는 내가 심어둔 것일 테니까. [영이 처음 연락 당시 내게 말한 것에 의하면, 그는 블로그를 만들고 게시물을 올린 다음 그것이 더 오래되고 더 자연스럽게 보이도록 실제보다 앞선 날짜를 적었다. 이 기사가 발표되기 전까지, 어떤 미디어 업체도 그의 블로그의 의도와 타당성을 의심하지 않았다.─「뉴욕 옵서버」편집자]

[질문] 어떻게, 그리고 왜 그 블로그를 미디어에 띄워야겠다고 결심했는지 말해줄 수 있나? 무엇을, 어떻게 한 건가? 얼마나 많은 트래픽을 얻고 주목을 받았나?

[답변] 그 블로그는 2주 내에 주류 미디어에서 다루도록 하겠다는 뚜렷한 목표를 가지고 시작됐다. 기획을 하는 데 여덟 시간이 걸렸다. 구체적인 최종 목표는 〈알렉스 존스 쇼〉에 나가는 것이었다. 문화적으로 비주류로 여겨지지만, 그는 대부분의 웹사이트와 TV 프로그램보다 더 큰 플랫폼을 가지고 있는 것이다. 그리고 그는 TSA를 싫어한다(미리 말해두자면, 알렉스는 아직 내게 전화하지 않았다).
당신의 책을 보고 세운 내 계획은 다음과 같았다.

- 익명의 가짜 이메일 계정을 만든다.
- 트위터 팔로어가 많은 사람(좌파 및 자유주의 성향의 유명인과 공인)을 찾아서, 그들의 개인 이메일 주소를 알아낸다.
- 그들에게 이메일로 사이트에 대한 링크를 보내며, 이 사이트가 얼마나 대단한지, 아직 그에 대한 트윗을 올리지 않아서 내가 얼마나 '놀

랐는지'에 대해 두 줄쯤 쓴다. 아주 간단하다.

- 뭔가 큰 것에 도달할 때까지 미디어 사슬을 타고 올라가게 한다.
- 익명이라는 점을 활용해서 알렉스 존스가 내 신원을 밝히는 독점 인 터뷰를 하게끔 한다.

왜 트위터인가 하면, 신뢰성에 비해 시장에 침투하기가 용이하기 때문이다. 내 말의 뜻은 다음과 같다.

블로그 게시물을 쓰는 데에는 시간이 든다. 블로거는 자기가 게시물을 올릴 곳을 세심하게 고른다. 활동적인 블로거는 하루에 게시물을 한두 개 올릴 것이다. 트윗은 복사, 붙여 넣기로 끝이다. 활동적인 트위터 사용자는 하루에 20개 이상의 게시물을 올릴 것이다. 그런데 더 큰 논평을 받기 위한 것이 목적이라면 그 둘은 똑같다. 즉, 하나의 트윗은 더 커다란 규모로 다루어질 때 사회적인 증거물로써 필요한 고유한 URL을 가지고 있다. 이를테면, 존 쿠삭이 링크를 트윗하도록 유인하는 것이 수준 낮은 자유주의 블로그에서 보도되는 것보다 노력이 적게 들고 수익을 더 많이 낸다는 것이다.

뭘 많이 할 필요도 없었다. 운영한 지 몇 시간 만에, 나는 (익명으로) 숀 보너에게 링크를 보냈다. 숀과 나는 어떤 회의에서 대화를 나눈 뒤 만난 적이 있었다. 나는 그의 이메일 뉴스레터의 팬이었고 그에게는 상당한 수의 트위터 팔로어가 있었다. 그보다 더 중요한 건, 그가 예전에 「보잉 보잉」의 기고자였다는 것이었다.

입소문의 주요한 원동력으로써, 「보잉 보잉」은 중요한 표적이었다. 현 기고자를 거치는 것은 정문을 급습하는 것과 같고, 전 기고자를 거치는 것은 뒷문으로 몰래 들어가는 것과 같다. 숀은 내가 보낸 링크를 몇 분 만에 트윗했고, 나는 익명의 가짜 계정으로 그 트윗의 링크를 「보잉 보잉」의 코리 닥터로에게 보냈다. 몇 시간 뒤, 그것은 「보잉 보잉」에 게시됐다.

그로부터 나는 10개의 가짜 계정을 더 만들었고 다음 이메일로 인터넷을 융단폭격했다.

> 이 내용이 지금 「보잉 보잉」의 첫 페이지에 있긴 한데 그 사람들은 그냥 복사, 붙여 넣기 한 거 같아요. 저는 ○○가 이것을 제대로 다루는 것을 보고 싶습니다.

> 자신이 테러리스트 감시 목록에 올라 있다는 백인 힙스터가 비행기를 탈 때 벌어지는 일들이랑 TSA 직원들을 만날 때 벌어지는 일들에 대해서 웃긴 글을 쓰는데요. 너무 좋아요.

> 저자는 익명이긴 한데요, 시도해볼 가치가 있는 것 같습니다.

나는 이것을 정확히 103명의 저널리스트에게 보냈다. 나는 메일 내용을 구체적인 목표 대상의 관심을 끌기 위해 살짝 수정하기도 했다. 내 접근법은 무차별적인 것이 아니었다. 이메일의 대부분을 이전에 TSA나 다른 시민적 자유의 문제를 다룬 적이 있는 저널리스트에게 보냈다. 제대로만 하면, 이것은 저널리스트에게 자신의 가치를 높이는 일이다. 공평한 교환인 것이다.

그 즉시, 「포브스」가 인터뷰를 위해 내게 연락해왔다. 후속 이메일에서 기자는 내 휴대폰 번호를 역추적해서 내 진짜 정체를 알아냈다고 말했다. 그 블로그를 운영한 사람이 바로 나라는 기사가 다음 주에 보도되었다. 이 기사는 TSA에 대해, 그리고 시민들을 광범위하게 '테러리스트'로 분류하는 더 큰 문제에 대해 사람들의 이목을 집중시켰다.

사이트와 콘텐츠를 만드는 데 3일이 걸렸다. 그리고 이것들은 널리 퍼지기 위해 체계적으로 공들여 만들어졌다.

구성 요소는 다음과 같다.

익명성: 신비감은 강력하다.

최초: TSA에 대한 그렇게 많은 논의에도 불구하고, 누구도 TSA 테러리스트 감시 목록에 대한 경험을 공개한 적이 없다.

기막힌 콘텐츠: 여기에는 지름길이란 게 없다. 나는 작가로서의 경험이 있고, 서둘러 쓰기는 했지만 글의 영향력을 최대화하는 데 공을 들였다. 특색 없고 조잡한 TSA 이야기 모음집 정도로는 아무짝에도 쓸모가 없는 것이다.

논란에 편승하기: TSA에 대한 논란은 공개 토론의 단골 주제였다. 점점 진부해져가는 주제에 대한 새로운 관점이 암암리에 요구됐다.

견고한 핵심 카피: "나는 유죄 판결을 받은 테러리스트다. 나는 여행을 많이 한다. 그리고 TSA는 나를 홀로 내버려두지 않는다. 이 글은 요주의 인물로 점찍힌 사람이 쓴 여행 일기다." 나는 이 문구를 정교하게 만드는 데 많은 시간을 들였다.

힙스터로 알려지기: 원래 'about me' 메뉴에는 "제트족 힙스터가 어떻게 제트족 힙스터 테러리스트가 됐나"라고 쓰여 있었다. 미묘하긴 하지만, 나 자신을 '힙스터'로 묘사한 것이 십중팔구 이 블로그가 확산되게 만든 결정적인 요인일 것이다. '테러리스트', '제트족', '힙스터'를 한자리

에 모아놓았으니 확산되지 않을 리가 없다. 그런 링크는 클릭하게 된다. (그런데 이것이 내가 신원이 밝혀졌을 때 바꾼 유일한 부분이다. 나 자신을 '힙스터'라고 부르는 것은 정확하지 않다. 누구도 그런 단어로 자신을 가리키지 않을 것이다.)

강력한 서사: 같은 이야기를 말하는 1000가지 방법이 있다. 나는 시대를 초월한 문학적 서사, 언더독 효과, 영웅으로 불리기를 꺼리는 영웅상, (미묘한) 복수 테마를 활용함으로써 미디어에 포착될 가능성을 극대화하는 데 공을 들였다.

표적을 특정하기: 원래 계획은 '힙스터 테러리스트'로 꾸미는 것, 즉 유죄 판결을 받은 익명의 남자가 '테러리스트'라는 꼬리표를 붙이고 사는 삶의 부작용을 100퍼센트 사실 그대로 적는다는 것이었다. 여자 친구의 부모님을 만나서 나누는 어색한 저녁 식사 대화에 대한 얘기에서부터, 내 이름을 자주 구글링하는(아주 우스운 결과가 나온다) 스타벅스 매장의 바리스타 얘기까지 말이다. 이것은 블로그와 내가 곧 집필할 책을 위한 훌륭한 콘셉트였지만, 시의적절하게 편승할 거리가 없었다. TSA를 표적으로 삼은 것은 확실히 적절한 전략이었다.

나는 미디어에 제보하기 위해 다음과 같은 이메일도 보냈다.

힙스터 제트족 테러리스트
클로버.호프에게

클로버.

이 기사가 지난 주말 「보잉 보잉」의 첫 페이지에 있었지만, 그들은 우유부단하게 복사, 붙여 넣기 작업을 했을 뿐입니다. 「제저벨」이 이 문제를 제대로 다루면 좋겠습니다. 그가 지금 인터넷에서 엄청난 주목을 받고 있지만, 그가 별명이 붙은 거만한 얼간이라는 것은 누구도 강조하지 않고 있습니다.

백인 힙스터가 TSA(여성 포함)를 욕하는 글을 쓰는 이유는, 그가 '테러리스트 감시 목록'에 올라 있기 때문입니다.

[질문] 이전에 당신은 사람들이 도축장과 공장식 축산 문제에 관심을 갖게 하기 위해 스턴트를 벌여서 미디어를 조작했다. 메시지를 전달하기 위해 뉴스 제작 과정을 속이거나 회피하는 일이 정당하다고 생각하는 이유는 무엇인가? 당신은 다른 활동가들도 당신처럼 해야 한다고 생각하나?

[답변] '신념을 버린 채식주의자들의 목록' 전략은 다음과 같이 이루어졌다.

- 사람들이 과거 채식주의자였던 이들의 이름과 사진, 그리고 그들이 채식을 시작했다가 관둔 이야기를 익명으로 제출할 수 있는 사이트를 개설한다.
- (유명인에서부터 트래픽이 높은 블로그의 소유주에 이르기까지) 플랫폼을 소유한 전 채식주의자 100명의 목록을 미리 작성한다.
- 100명 모두에게 사이트에 있는 자신의 항목에 대한 링크를 보내어, 블로그 게시물이나 트위터에서 이 일에 대해 언급하게 한다.

- 그와 동시에, 채식주의자들이 이용하는 블로그들에 이 사건에 대한 소문을 낸다.
- 점점 더 커다란 블로그에 이르도록 이 일을 반복한다. 엄청나게 많은 트래픽을 산출하는 거대한 사이트에 실릴 때까지.
- 이제 방문자가 사이트에 접속하면서 도축장 영상을 보게 할 수 있다.

'신념을 버린 채식주의자들의 목록'은 인터넷이 갈망하는 것이었다. 즉, 공격적이고, 도발적이고, 파렴치하고, 의견을 내놓지 않기가 불가능한 것이었다. 처음부터 목표는 「고커」였다. 우리는 「고커」에 실리면 성공이라고 여겼다. (우리는 이것을 개인적으로 받아들여서 보도해줄 「고커」 내의 전 채식주의자 기자를 찾는 데 상당한 시간을 들였지만, 소득이 없었다. 아무튼 「고커」는 이 이야기를 3주가 지나기 전에 게재했다.)

우리 계획은 그럭저럭 잘 풀렸다. 소문을 내서 두 달 안에 주류 미디어에 진입하는 게 계획이었다. 2주가 채 안 돼서 폭스 뉴스 같은 일류 미디어에 도달했다. 트래픽이 폭발적으로 증가했을 때, 우리는 준비가 돼 있지 않았다. 트래픽이 너무 빠르고 급격히 늘어나서 서버가 마비됐다. 플러그인을 활용하여 홈페이지 접속 전에 영상을 보게 하려는 계획은 도중에 중단했고, 서버가 마비된 상태에서 유일하게 남아 있는 선택지는 URL을 다른 곳으로 돌리는 것뿐이었다. 우리는 수많은 사람을 '당신의 고기를 만나보세요Meet Your Meat'라는 제목의 동영상을 자동 재생하는 제3의 사이트로 보냈다.

결과는 어마어마했다. 적어도 20만 명의 사람이 미끼를 물어서 도축장의 모습을 들여다봤다. '신념을 버린 채식주의자들의 목록' 사건은 그것이 성취한 결과에 의해 정당성을 입증했다고 본다.

비영리 단체에서 일하는 내 친구들은 승합차를 타고 1년 내내 대학교 캠퍼스를 다니면서 사람들에게 2분짜리 도축장 영상을 보라고 권유한다. 일진이 좋은 날에는 200명 정도를 만날 수 있다. 이것은 중요하고 고귀한 일이다. 하지만 이 사건이 3일 동안 1000배 이상의 사람에게 같은 영상을 보여줬다는 점을 생각해보자. 방문자 중 오직 10퍼센트만이 영상을 본다고 해도, 그건 내가 투자한 시간에 비하면 엄청난 보상이라고 할 수 있다.

메시지 전달을 위해 활동가들은 지렛대(leverage) 개념과 각 활동의 영향력을 기하급수적으로 늘리는 방법을 잘 알아두어야 한다. 전에도 같은 말을 한 적이 있는데, 대부분의 채식주의자가 「폭스뉴스닷컴」이 수많은 자기 독자들을 생생한 도축장 동영상으로 보내는 일은 절대 없을 것이라고 생각했다. 이 스턴트 사건 전에는 말이다. 이 방법이 왜 정당화되는지에 관해 말하자면, 블로거와 저널리스트 간의 경계가 흐릿해지고 있기는 하지만, 그래도 나는 이들에게 별개의 윤리적 기준이 적용되어야 한다고 생각한다.

블로거가 인터넷에서 목소리를 높여 무언가에 대해 불쾌함을 표현하는 것은 "날 봐, 난 멋져"라고 말하는 새로운 방식일 뿐이다. 12살짜리 애가 자전거 바큇살에 트럼프 카드를 달아서 요란스러운 소리를 내는 것과 같다. 나는 채식주의자들 사이에서 특히 더 인기 있는 블로거를 많이 만나봤다. 대부분은 멋진 사람이었다. 그런데 극적인 것을 좋아하는 몇몇은 분명 불편함과 괴로움을 연출하고 있었다. 마치 지금이 고등학교 시절에 연애를 못 한 것에 대한 복수의 시간인 것처럼 말이다. (공정하게 말하자면, 이것은 인터넷의 거대한 일부에 대한 나의 해석이며, 채식주의자만 그렇다는 건 아니다.) 내 스턴트가 트래픽을 확보하기 위해 찾는 사람들이 바로 이런 사람들이다. 만약 당신이 극적인 무언가를 지어내고 그런 것을 퍼뜨리는 일로 인터넷상에서 명성을 쌓아왔다면 당신은 괜찮은 사냥감이다.

더 큰 온라인 미디어들은 좀 더 복잡하다. 이 사례에서 얼마나 단순했든 말이다. 그들이 '전 채식주의자 목록'을 '뉴스'로 고려한 거라면, 그들은 저널리즘의 모든 진실성을 박탈하고 자신을 무방비 상태로 남겨둔 것이다. 그들은 이윤을 남기는 사업을 하고, 내게는 메시지가 있었다. 양쪽 다 트래픽 경제를 다루고 있다. 이 사례에서, 나는 우연히 그들의 게임에서 그들을 이겼을 뿐이다.

[질문] 당신은 캠페인을 진행하며 미디어와 미디어의 내면에 대해 무엇을 배웠는가?

[답변] 당신이 말하는 저널리스트와 홍보를 추구하는 자들 사이에 존재하는 무언의 음모는 아주 현실적이다. 당신이, 사실이건 거짓이건 도발적인 이야깃거리를 가지고 있으면, 그들은 시간을 낸다. 트래픽을 산출할 가능성과 약간 그럴듯한 변명거리가 있으면, 인기를 얻는다. 나는 《나는 미디어 조작자다》와 당신의 크리에이티브 라이브 강의에서 엄청난 통찰력을 얻었다. 나는 강의를 들은 다음 날 '제트족 테러리스트'를 작업하게 됐다. 저널리스트와 미디어를 해킹하려는 자들 사이에 이해관계가 있다는 당신의 주장은 아주 강력하고, 사실로 입증됐다.

또한 당신 계획의 많은 부분(예를 들어, 미디어의 관심을 끌어내기 위해 논란을 만들어내기)이 활동가의 영역에서 실행될 때 추진력을 얻는다는 것도 배웠다.

내가 여기서 조심해야 하는 이유는 내가 일반적으로 어느 편인지 명백하기 때문이지만, 사회운동에 끌리는 작은 집단들이 있는 이유는… 그냥 그들에게 감정적인 의제가 있기 때문이라고 해두자. 당신의 말을 인용하자면, 그들은 드라마 경제를 폭로하는, '분노로 이득을 보는 자'들이다. 그리고 나는 내가 인정하는 것보다 훨씬 더 많이 그들을 부추기는 숨겨진 손이다. 이에 대한 최고의 사례는 (나와는 무관하다)《깡패 키친》이라는 제목의 채식주의 요리 책과 관련된 최근의 논란이었다. 당신이《나는 미디어 조작자다》의 개정 증보판을 낸다면, 이 사례도 그 안에 넣어야 한다. 이것은 원래 익명의 채식주의 블로그였는데, 채식주의 요리법을 만화에서나 나올 법한 '깡패'들의 언어로 작성했다. 재미있는 이 블로그는 인기를 얻었고 (익명의) 저자들은 책을 내기로 계약했다.

책을 출간하기 몇 주 전, 저자들은 자신의 신원을 밝혔다. 놀랍게도, 그들은 로스앤젤레스 출신의 매력적인 백인 두 사람이었다. 며칠 만에, 몇몇 작은 아나키스트 블로그가 분노에 차서 '문화 도용'과 '디지털 흑인 분장'을 운운하며 저자들을 떠들썩하게 비난했고 불매운동을 벌였다. 그들은 책 사인회에서 시위를 할 것이라고 발표했고 결국 실행에 옮겼다. 이 일은 들불처럼 미디어 사슬을 타고 올라갔고, 책이 출간되기 직전에 「바이스」에 도달했다. 4개월 전의 일이다. 그 이후 책은 아마존에서 채식주의 요리 책 베스트셀러가 됐다.

나는 이 논란이 실제인지 조작된 것인지 모른다. 하지만 후자라면, 그것은 실패할 수 없는 레시피를 따른 것이다.

- 좌파들과 정치적으로 급진적인 블로거(매력적이고, 백인이고, 스포츠를 좋아하는 채식주의자)의 입맛을 돋우는 목표를 정하라.

- 그들에게 인터넷 스캔들의 3대 범주 중 하나에 해당하는 행위를 할 당하라(이 경우에는 인종차별주의).
- 가짜 스캔들로 블로그 세상이 흥분할 거리를 살포하라.

만약 내가 이것을 연출한 꼭두각시 조종자라면, 나는 사람들 중 0.02퍼센트만이 《깡패 키친》의 저자들이 백인이라는 것에 불쾌해하리라는 것을 알 것이다. 하지만 또 다른 60퍼센트는 멋있어 보이려고 분노한 척할 것이다. 그리고 다른 모든 사람은 자신에게 인종차별주의자라는 꼬리표가 붙을 것이 두려워서 조용히 고개를 끄덕이며 동의할 것이다. 저자들은 무엇에 신경 쓰겠는가? 그들은 수십 만 달러짜리 공짜 홍보를 얻는 셈이다. 아나키스트들은 그 주의 드라마를 얻는다. 누이 좋고 매부 좋고. 아닌가.

[질문] 우리가 당신을 왜 믿어야 하는가? 이건 나 자신이 많이 받는 질문이기도 한데, 그에 대한 내 답은 '내가 왜 거짓말을 해야 하는가? 그것들을 비밀로 두는 것이 바로 거짓말이다'이다. 하지만 난 당신 생각을 듣고 싶다. 분명히 어떤 사람들은 당신이 이런 전략으로 활동의 대의 명분을 훼손시킨다고 말할 것이다.

[답변] 내 답은, '그게 나한테 무슨 이득이 된다는 것인가?'이다. 나는 고객도 없고(도축장의 소는 내게 돈을 주지 않는다), 명예를 얻지도 않는다(우리가 논의한 두 사례 모두에서 나는 발각됐고, 내 정체가 발각되지 않은 스턴트에 대해 이야기한다면 인터뷰가 더 길어질 것이다). 만약 동물이 착취되고 있다는 것(또는 TSA가 정치에 근거해서 사람들을 표적으로 삼는다는 것)을 부정

하는 사람이 있다면, 부디 증거를 제시해주길 바란다.

하지만 메시지 전달 장치를 공격하고 그것이 메시지 자체를 훼손한다고 말하는 것은 주장할 것이 없는 사람이 하는 일이다. 신뢰도가 전부다. 특히 사람들이 듣고 싶어 하지 않는 메시지를 전달할 때는 더하다. 예술가와는 다르다. 난 예술가의 지위가 부럽다. 당신이 예술가라면, 당신의 명성을 해칠 수 있는 것은 사실상 없다.

대부분의 미디어가 좋은 미디어지만 거기에 특정한 가치를 옹호하는 이들이 개입할 때면 훨씬 더 미묘해진다. 무슨 수를 써서라도 사실을 존중해야 한다. '신념을 버린 채식주의자들의 목록'은 그 목록을 만든 의도는 속였지만 사실만큼은 속이지 않았다. 그것은 (링크를 다른 곳으로 돌리기 전까지) 정확히 전 채식주의자들의 정보를 모은 것이라고 알려졌었다. 「제트세팅 테러리스트」는 TSA에 의해 괴롭힘당하는 유죄 판결을 받은 테러리스트에 관한 이야기, 바로 그대로였다. 나는 속임수가 아니라, 트로이의 목마를 사용했다.

[질문] 향후 계획은?

[답변] 거의 모든 걸 인정하지 않을 것이다.

여성 공모자가 설득력 있는 인터뷰를 했음에도 불구하고 서열 2위의 여성 잡지에 '어떻게 급진적 채식주의자와의 하룻밤이 나를 동물권 활동가로 바꿔놓았는가' 같은 기사를 실을 가능성은 점점 낮아지는 것 같다. 그런 기사가 나온다면, 그건 전부 우리가 한 일이다. 천박하긴 하지만, '섹스 고백'은 그런 출판물에 핵심 메시지를 실을 유일한 방법이다. 보다 하찮은 영역에서, 그룹 '비스티 보이즈'의 〈License To III〉을 아마추어 같아 보이게 할 만한 익명의 힙합 프로젝트가 있다. 그리고 활동가로서의 영역에 대해 말하자면, 내 손 안의 패를 보이기에는 판돈이 너무 크다. 하지만 나는 필요한 모든 수단을 동원해서 우리와 동물의 관계를 생각해보게 하는 작업을 계속할 것이다.

어떻게 이 남성은
'원수에게 반짝이를 보내세요'
스턴트로 미디어를 속였는가

매튜 카펜터, 「뉴욕 옵서버」(2015. 1)◆

지난주, 웹은 논란을 불러일으킨 'ShipYourEnemiesGlitter.com'이라는 새로운 스타트업에 분노하면서도 매력을 느꼈다. 이것의 전제는 기발하면서도 제정신이 아닌 것으로, 9.99달러면 전 세계에 있는 친구나 원수에게 무해한 반짝이 폭탄을 보낼 수 있다. 「타임닷컴」이 이것을 다루었고, 「패스트 컴퍼니」, 「텔레그래프Telegraph」, 「허핑턴 포스트」, 「테크크런치」도 마찬가지였다(주목: 「옵서버」는 의심스러워 보인다는 이유로 게재를 거절했다). 수십만 달러 상당의 주문과 100만 건이 넘는 페이지뷰를 기록한 뒤, 창업자는 사용자들에게 신청을 중단해달라고 요구하고 모든 것을 경매에 내놓았는데, 여기에서 8만 5000달러의 순이익을 올렸다.

◆ http://observer.com/2015/01/exclusive-how-this-man-got-the-media-to-fall-for-shipyourenemiesglitter-stunt/

그런데 이게 다 뭐였을까? 나는 주말에 창업자인 매튜 카펜터로부터 예상치 못한 이메일을 받았다. 그는 내 책《나는 미디어 조작자다》와 내가 「베타비트Beta-beat」에 올린 미디어 사슬에 대한 칼럼을 읽은 것으로 밝혀졌다. 자신의 마케팅 기술을 시험할 겸 재미있는 놀이도 할 겸 미디어가 실제로 어떻게 작동하는지 확인해보려는 그의 색다른 실험은 부분적으로 내 글에서 영감을 받은 것이었다. 우연찮게도 그는 아주 명백한 것을 우리 모두에게 드러냈다. 즉, 이상하고 웃긴 것에 대한 수요가 실제로 얼마나 엄청나게 많은지와, 요즘의 온라인 미디어가 얼마나 막 나가고 모방적인지를 말이다. 사실, 그는 많은 기자에게 자신이 무엇을 하고 있는지 정확히 말했지만 그들은 그 내용을 발표하지 않았는데, 그로 인해 자기들의 기사가 엉망이 되거나 좋지 않게 보일까 두려웠기 때문이다.

미디어에 있는 거의 모든 사람을 속인 미디어 스턴트에 관한 「옵서버」의 두 번째 대형 독점 기사에서 나는 매튜에게 무슨 일이 있었는지, 무엇을 보고 무엇을 배웠는지, 이 스턴트가 어떻게 탄생하게 됐는지에 대해 몇 가지 질문을 할 수 있었다. 나는 이 답이 독자들에게 오늘날 뉴스가 어떻게 작동하는지에 대한 통찰력을 전해주기를 바라지만, 그보다 더 바라는 것은 점점 더 게을러지는 기자들을 혼내주는 것이다. 그리고 모두가 매튜의 공을 알아주기를 바란다. 이 모든 것이 처음부터 끝까지 대단히 성공적이었기 때문이다.

[질문] 동기가 무엇인가? 해낼 수 있다고 생각한 이유는?

[답변] 나는 웹사이트를 꽤 많이 운영하고 있는데, 이 사이트들은 정기적인 소득원이 되면서도 그것을 운영하는 데에는 따로 할 일이 거의 없다. 내 새해 결심은, 내 마케팅과 개발 기술을 개선하는 동안 나를 바쁘게 해줄 더 많은 부수적인 프로젝트를 진행하는 것이었다. 나는 8개월 전에 당신의 책을 읽었으며, 이 웹사이트로 성공을 거두기 전에 몇 가지 다른 아이디어를 실험했다.

[질문] 그 말은 미디어 사슬을 타고 올라가게 했다는 것처럼 들린다. 하나의 이야기가 주요 이야기가 될 때까지 한 미디어 업체에서 다른 곳으로 가게 하는 것 말이다. 어느 업체/플랫폼을 처음 목표로 했고, 거기에서부터 어떻게 진행했나? 어디가 가장 큰 효과/트래픽을 냈는가?

[답변] 최근에 나는 미디어(특히 여기 호주에서)가 출처를 확인하는 일에 극도로 게을러졌다는 것을 발견했다. 미디어의 90퍼센트가 특정 웹사이트에서 기삿거리를 얻었고, 나는 처음부터 그곳들을 목표로 했다. 나는 '레딧'과 '프로덕트헌트' 같은 웹사이트에서 이야기가 폭발하면 성공한다는 것을 알았다. 미디어는 이 성공이 프로덕트헌트의 당일 상품 중에서 '좋아요'를 가장 많이 받은 덕으로 봤지만, 트래픽이라는 측면에서 봤을 때 프로덕트헌트에서 들어온 유입자의 수는 21위 정도였다.

[질문] 당신에게 곤란한 질문을 하거나 이 이야기에 실체가 있는지 확인하려 한 업체가 있었나? 무턱대고 기사를 올리고 다른 곳에 올라온 내용을 재생산하는 데 있어서 어디가 최악이었나?

[답변] 내 생각에 가장 노력을 많이 기울인 업체는 「패스트 컴퍼니」였다. 그들은 웹사이트에 대해 가장 자세히 썼고 가장 적절한 질문을 했다. 몇몇 업체는 질문할 생각은 하지도 않고 이미 발표된 기사를 참고했으며, 내가 그들의 답에 응답하기를 기다리지 않고 그냥 실시간으로 중계했다. 보고 있나? '뉴스 코프'(미국의 언론·출판 기업. 호주에 '뉴스 코프 오스트레일리아News Corp Australia'라는 자회사를 두고 있다. — 옮긴이)?

[질문] 기자 몇 명이 당신의 검색엔진 최적화 이력을 알아냈다. 사실상 거의 모든 미디어 업체에 링크가 걸리고 언급되는 것이 검색엔진 순위에 어떤 영향을 미친다고 생각하는가?

[답변] ShipYourEnemiesGlitter.com의 경우를 예로 들면, 이 사이트의 새로운 소유주는 자신이 순위에 올리고자 하는 검색어를 마음대로 올릴 수 있게 된다. 전체 사이트에 온 트래픽을 내 주요 웹사이트로 리디렉트하지 말까 생각도 했지만, 그것은 10만 달러를 날리는 짓이었을 것이다. 하하. 나는 내 다른 웹사이트들을 거론하며 그것들의 링크 품질을 높이려고 했지만, 언급되지도 링크되지도 않았다.

[질문] 당신은 분명히 처음부터 미디어에 꽤나 냉소적이었고, 이전에도 미디어를 탐구했었다. 이번 경험을 한 뒤에 어떤 생각이 들었나? 미디어의 주목을 끄는 상품을 출시하려는 사람들에게 뭐라고 조언하겠는가?

[답변] 이야기에 대한 사실 확인과 검증 작업이 거의 이루어지지 않는다는 생각이 더욱 강화됐다. 예를 들어, 많은 미디어 업체가 나를 지역 대

학의 학생이라고 보도했지만 그건 사실이 아니며, 나는 그들이 왜 그런 결론에 도달했는지 모르겠다. 이를 통해 나는 일부 저널리스트들이 어떻게 기사에서 조작을 행하는지도 알게 됐다. 또 다른 예도 있다. 웹사이트 방문자 수가 수백만 명에 달한다는 사실에 대한 증거를 요구한 사람이 있었다. 나는 가장 정확한 트래픽 추적 소프트웨어인 구글 애널리틱스의 스크린숏을 제공했지만 그들은 그것을 받아들이기를 거부했고, 내가 수치에 대한 객관적인 정보를 제공하지 못했다고 기사를 썼다.

[질문] 마지막으로, 향후 계획은?

[답변] 반짝이 때문에 내 집은 지저분해졌을지언정, 이 프로젝트를 통해 나는 똑똑하고 창의적인 사람을 많이 만나는 성과를 얻었다. 그들과 함께 진취적이고 멋진 일을 하고 싶다.

'우주 최고 인터넷 페이지' 소유주, 매독스를 만나다

매독스, 「뉴욕 옵서버」(2015. 6)◆

매독스는 내 기억 속 첫 번째 블로그 기자다. 만약 당신이 첫 번째 블로깅 호황 기간에 성인이 되었다면, 아마도 나와 비슷한 경험을 했을 것이다. 그의 글과 스타일은 한 세대의 기자와 유머 작가, 웹 사업가에게 영향력을 행사했다. 1997년에 블로깅을 시작한 이래, 수억 명의 방문자가 그 사이트에 들어갔고, 그는 웹에서 가장 고전적인 밈의 일부를 개발했으며, 1톤 가까이 되는 티셔츠를 팔았다. 무엇보단 그는 온라인 사업 모델이라는 측면에서 항상 앞서 있었고, '극단적인' 마케팅과 신종 플루를 둘러싼 광기에 대한 글을 통해 '헛소리(bullshit)' 유행을 불러일으켰다.

　몇 년 동안 단발성으로 글을 올리던 매독스는 곧 대규모 작업으

◆　http://observer.com/2015/06/exclusive-interview-maddox-talks-buzzfeed-podcasts-and-media-manipulation/

로 돌아왔다. 가장 최근에는 엄청나게 인기 있는 팟캐스트와 유튜브 채널을 구축했고, 로빈 윌리엄스의 죽음에 대한 모욕적인 이야기와 콘텐츠를 훔치는 「버즈피드」의 끔찍한 습관, 가짜로 분노하는 미디어의 경향을 거론하며 미디어를 비판했다.

친구들이 매독스의 스티커를 자기 차에 붙이고 다니고 우리 모두가 채팅을 통해 그의 글에 대해 떠들어대던 10대 시절, 10년 뒤 내가 그를 인터뷰하게 된다거나 그가 가끔 내 글을 링크할 것이라는 말을 들었다면, 나는 아마 그 말을 믿지 않았을 것이다. 하지만 여기 오늘 이렇게, 우리가 대화하고 있다. 새로운 미디어의 내부에서 일하는 사람들의 영향력 있고 통찰력 있는 목소리를 듣는 이 인터뷰를 계속하기 위해, 나는 매독스에게 연락해서 미디어 조작, 그가 가장 싫어하는 웹사이트, 분노 포르노에 대한 생각을 물었다.

[질문] 당신은 가장 처음부터 강력하게 「버즈피드」를 비판한 사람 중 하나다. 짜증 나는 리스티클(listicle, 'list'와 'article'의 합성어로 '○○○할 때 주의할 점 5가지'와 같은 형태의, 목록 형태를 띤 기사를 일컫는 말―옮긴이)과 트롤링뿐만 아니라 나 같은 창작자들로부터 훔친 콘텐츠까지 비판했다. 몇 년이 지나고 몇백만 달러의 자금을 모은 지금은 그들을 어떻게 생각하는가?

[답변] 그들은 더 나빠졌다. 방금 전까지 나는 개인적으로 아는 「버즈피드」 직원들이 쓴 불만 사항을 읽고 있었는데, 그들은 영상을 제작하고 연출하고 집필한 공로를 인정받지 못한다고 불평하고 있다. 내가 「버즈

피드」에 관한 최초의 글을 쓴 이후, 내 친구들 중 여럿이 「버즈피드」로 스앤젤레스 사무실에 일자리를 얻었고, 그들은 거기서 영상 콘텐츠를 많이 제작했다. 「버즈피드」는 다른 웹사이트의 자료를 가로챌 뿐만 아니라, 정당하게 콘텐츠를 만든 자기 직원의 공로조자 인정하지 않는다. 내 친구 중 상당수가 작은 웹 프로젝트에서 쌓은 평판을 바탕으로 경력을 쌓았기 때문에 이런 공로는 하찮은 것이 아니다. 「버즈피드」가 콘텐츠를 발표할 때, 창작자는 사실상 「버즈피드」라는 기업이다. 한 친구가 아주 적절히 지적한 것처럼, 「어니언」은 개별 기자의 공을 인정하지 않을지언정 엄연한 풍자 뉴스 단체인 반면, 「버즈피드」는 그렇지 않다. 「어니언」의 존재 이유는 편집 관점이 확고한 풍자인 반면에, 「버즈피드」의 존재 이유는 광고 수익을 창출하고 당신을 속여서 콘텐츠를 클릭하게 하는 것이다. 하나는 자기 목소리를 내는 데 필요해서 그렇게 하고, 다른 하나는 무지나 탐욕, 악의 때문에 그렇게 한다.

[질문] 지난해에 당신이 찍은 유명한 스크린숏이 있는데, 배우 로빈 윌리엄스가 사망한 뒤 ABC가 천박하게도 그의 집을 영상으로 내보내는 장면이었다. 궁극적으로 당신은 CEO를 겨냥했고, 그들은 사과하고 방송을 중단해야 했다. 만약 당신이 아무 말 하지 않았다면, 다른 누군가가 신경 썼을 것이라고 생각하나? 물론, 많은 다른 업체가 나중에 당신의 특종을 훔쳐갔다. 내 생각에 당신은 기득권층 전체를 높이 평가하지 않을 것 같다.

[답변] 내가 ABC의 실시간 헬리콥터 영상과 그의 가족이 애도 기간을 평화롭게 보내게 해달라고 요청한 내용을 같은 페이지에 나란히 게시하

지 않았더라도, 다른 누군가가 같은 문제점을 인식했을 가능성이 있다고 생각한다. 심지어 ABC 뉴스가 그랬을 수도 있다. 하지만 후자의 경우에는, 이런 문제를 상부로 올라가지 못하게 막는 엄청난 압력이 있다. 우선, 상사는 자존심을 가지고 있고 상사에게도 상사가 있으므로, 이런 실수를 지적하는 건 상사를 당혹스럽게 해서 궁극적으로 당신이 직업을 잃게 하거나 아니면 적어도 승진을 어렵게 만들 것이다. 이런 위험을 감수하겠는가? 아니, 못 본 척하는 편이 나을 것이다. 당신에게는 지불해야 할 청구서와 먹여 살려야 할 식구가 있다. 왜 평지풍파를 일으키겠는가? 저 얼간이 매독스가 하게 두지.

[질문] 당신과 나는 유명인의 누드 사진 유출 및 스파이더맨/우먼 표지에 대한 위선적인 보도들에 대해 이야기를 나눴다. 이 사람들이 실제로 신경을 쓴다고 생각하나? 아니면 흥분한 척하는 것, 즉 화를 내고 다른 사람을 화나게 하는 것이 트래픽을 신속히 얻는 방법이라고 생각하는 걸까?

[답변] 이런 연극을 하는 데는 세 가지 이유가 있는데, 이것들이 결합하면, 하찮은 이유로도 격분하는 〈출동! 지구특공대〉(1990년대에 한미 합작으로 만들어져 방영된, 환경 보호를 주제로 한 애니메이션 — 옮긴이) 슈퍼히어로가 탄생한다. 첫 번째 이유는 정의로운 분노가 쾌감을 주기 때문이다. 우리는 공산주의나 파시즘처럼 모든 문제의 근원으로 지목할 만한 '거대 악'이 없는 상대적으로 평화로운 시대에 산다. 믿음은 더 이상 멋지지 않으므로 그들은 종교적이지 않은 대의명분을 필요로 하며, 그래서 증오하고 비난할 적을 찾아내는 것이 필요하다고 느끼게 된다. 두 번째 이

유는 돈이다. 웹사이트로 클릭을 유도하는 건 아주 수익성이 좋다. 분노는 큰 사업이다. 세 번째, 내가 냉소적이긴 해도 이 사람들 중 일부가 실제로 관심을 보일 가능성을 완전히 배제할 수는 없다. 하지만 그들이 선의로 행한 멍청한 짓은 대개 근시안적이어서, 득보다는 실이 크다.

[질문] 왜 미디어는 스캔들을 전부 '○○○게이트'라고 하는 걸까? 그 대신 뭐라고 하면 좋을까?

[답변] '게이트'는 저널리스트들이 "이것은 스캔들이다"의 약칭으로 사용하는 성의 없는 의사소통 방법이다. 그냥 스캔들이라고 부르는 게 나을 것 같다. '#게이머스캔들'이라고 하면 느낌이 좀 다르긴 하지만 말이다. 기자로서 나는, 몇몇 게으른 저널리스트가 이 접미사를 이용해 만든 단어로 헤드라인을 뽑아내고, 또 그런 자신을 똑똑하다고 생각하는 모습을 보는 것이 괴롭고 짜증 난다. 문제의 폭, 범위, 맥락과 무관하게, 당면한 스캔들을 기술하는 데 표현할 단어를 누가 만들어내는지 바닥치기 경쟁을 하는 셈이다. 예를 들어, 이 접미사는 빌 클린턴이 140명을 사면한 것을 둘러싼 논란인 '사면게이트'와 저스틴 팀버레이크가 슈퍼볼 하프타임 쇼에서 자넷 잭슨의 가슴을 노출한 '젖꼭지게이트'에 꼬리표를 달기 위해 사용됐다. 후자의 '의상 불량'이 더 짜증 나기는 했지만.

[질문] 당신의 미디어 식단에 대해 말해 달라. 당신은 무엇을 읽는가? 누구를 신뢰하는가? 사람들은 누구를 멀리해야 할까? 당신이 보기에 최악의 미디어 업체는 어디인가?

[답변] 내가 좋아하는 뉴스 포털은 구글 뉴스다. 인기 있는 주제에 대해서 여러 다른 뉴스 업체의 헤드라인을 보여주기 때문에, 어떤 단체가 이야기를 지어내려 하는지 한눈에 볼 수 있다. 예를 들어, 공화당이 주도한 벵가지 스캔들(줄여서 벵가지게이트)에 관한 보도가 발표됐을 때, 폭스 뉴스와 같은 우익 웹사이트는 헤드라인을 '공화당 의원들과 벵가지에서의 생존자들이 하원의 보고에 격분하다'라고 뽑은 반면, 좌익 성향의 뉴스 업체들은 '틀렸음이 입증됐다'라는 표현을 사용하며 조사 결과에 기세를 드높였다. 나는 '진실은 보통 중간 어딘가에 있다'는 접근법을 취하려 하며, 우익과 좌익 성향의 뉴스 웹사이트들을 모두 읽으려 노력한다. 그렇지만 시간이 없을 때는 BBC 또는 NPR을 읽는다. 뉴스는 일반적으로 건조하고 지루할수록 더 좋다. 뉴스에서 이윤이라는 동기를 제거하면, 그것이 기업적인 것이든 분노에 근거한 것이든 간에, 더 나은 뉴스를 얻게 된다.

[질문] 사이트에 광고를 싣지 않는다는 초창기 당신의 입장(광고가 '무엇'을 '어떻게' 쓰느냐를 달라지게 할 것이기 때문에 싣지 않는다)은 내게 큰 영향을 미쳤다. 그것은 나 자신의 글뿐만 아니라, 사업 모델이 미디어에 미칠 수 있는 미묘하지만 중요한 왜곡 효과를 보는 데에도 도움이 됐다(이에 대해서는 내 책에서 많이 다뤘다). 분명 역사는 당신의 견해를, 즉 인터넷 문화가 이렇게 끔찍한 이유는 대부분 CPM 광고 때문이라는 견해를 입증했다. 광고를 싣지 않는 그 정책은 당신에게 어땠는가? 분명 돈이 많이 들었을 텐데, 자신의 선택에 만족하나? 여러모로 광고를 통해 수익을 보완하는 현재 당신의 동영상에 대해서는 어떻게 생각하나?

[답변] 유튜브나 팟캐스트처럼 광고를 통해 자금을 조달하는 미디어를 활용하겠다는 선택은 나를 무겁게 짓눌렀다. 나는 기업의 이익과 그에 따른 자기 검열에서 벗어나, 자유롭게 나 자신을 표현하는 통로를 갖기 위해 블로그만큼은 광고 없이 유지하겠다는 약속을 지킴으로써 내 결정을 합리화하고 있다.

광고로 운영되는 미디어에 발을 들인 뒤, 나는 내가 원하는 것을 더 많이 말할 수 있는 자유를 누리게 된 것에 감사한다. 광고가 붙는 미디어에서 누군가 내게 돈을 지불할 때 나는 무엇을 말하고 무엇을 말할 수 없는지에 대해 끊임없이 걱정한다. 그러나 내 웹사이트에는 사람들로 하여금 내 사이트를 클릭하게 해야 할 금전적인 동기가 없으므로 나는 기자로서 정직할 수 있다. 내가 사람들의 클릭을 얻기 위해 리스티클 형식의 글을 쓸 필요가 없는 이유는 트래픽을 통해 돈을 벌지 않기 때문이다. 사실, 내 웹사이트에 많은 트래픽이 들어올수록 독자들을 위해 내 주머니에서 나가는 돈이 더 많아진다. 성공이 내게 벌을 주는 것이다.

광고 없는 모델은 내게 또 다른 방식으로 유익하다. 내가 뭔가를 칭찬한다면, 사람들은 내가 광고를 하지 않는다는 것과, 내가 믿지 않는 것을 칭찬할 이유가 없다는 것을 알기 때문에 나를 신뢰한다. 이것은 말 그대로 돈으로 살 수 없는 아주 강력한 형태의 신뢰다. 나는 내 결정에 만족한다. 이것은 가끔 나를 경제적으로 곤란하게 하는 금욕주의의 한 형태이지만, 이 희생은 내가 하는 일에 대한 더 훌륭한 평가로 이어진다.

[질문] 팟캐스트를 미디어로서 어떻게 생각하나? 팟캐스트는 현재 인기를 끌고 있고, 당신이 거기에 앞장섰다고 볼 수 있다. 내 기억으로 당신은 약 10년 전에 시리우스 방송국과 함께 라디오 프로그램을 시도했었

다. 어떻게 돼가고 있다고 생각하나? 이것이 당신에게 어떤 기회를 제공할까?

[답변] 이름의 어원이 애플과 관련되어 있기는 하지만, 팟캐스트는 탁월한 미디어이며 라디오 토론 프로그램의 새로운 집이다. 내가 처음 토론 프로그램을 듣기 시작한 건 12세 때인데, 훌륭한 라디오 토론 프로그램이 모두 종말을 맞는 모습을 보며 마음이 아팠다. 최후의 위대한 AM과 FM 라디오 방송국이 무너졌을 때, 배턴은 애덤 캐롤라와 함께 팟캐스트로 넘어갔다. 그는 새로운 미디어로 넘어가는 데 성공한 최초의 인물 중한 명이다. 내가 시리우스와 함께한 작업은 재미있었지만, 사공이 너무많아서 오래가지 못했다.

팟캐스트를 시작하는 비용은 아주 미미한 수준이지만, 미디어가 포화되기 시작하면서 성공의 길은 더 험난해졌다. 이건 대체로 좋은 일인데, 왜냐하면 성공하는 팟캐스트는 일반적으로 제대로 된 사람들, 즉 아무도 들어주지 않을 때도 그 일을 사랑하기에 끈질기게 예술을 창조하는 유형의 사람들이 만드는 최고의 것이기 때문이다. 이것은 방송을 민주화했으며, 광고라는 유령으로부터 자유로운 방식으로 그것을 해냈다. 적어도 초기에는 그랬다. 미래는 밝다.

[질문] 이건 미디어에 관한 질문이 아니긴 한데, 나는 지난해에 우리가 어울렸을 때 당신이 자전거를 탄다는 것을 알고 정말 놀랐다. 나는 당신이 자전거 타는 걸 본 적이 없었다. 우리가 당신에 대해 모르는 게 또 뭐가 있을까?

[답변] 나는 사실 붉은 고기(스테이크)를 많이 먹지 않는다. 물론 한국식 또는 미국식 바비큐를 적어도 한 달에 한 번은 먹으려고 하지만 말이다. 나는 내 자전거를 절대 포기하지 않을 거다. 길이 막힐 때 시내를 가장 빨리 돌아다니게 해주는 보장된 교통수단이니까. 나는 여전히 당신의 에피소드를, 새로운 청취자에게 '최고'라고 추천한다. 당신은 상위 10위 목록에 올라가는 유일한 문제적 게스트다. 우리는 여전히 당신을 언급한다. 다시 출연해주겠나? 이 인터뷰에 감사한다. 재미있었다. 이 말을 먼저 하고 싶었지만 낯간지러운 소리로 들릴 것 같았다. 하지만 나는 당신의 글을 정말 높이 평가하며, 통찰력 있고 잘 쓴 글이라고 생각한다. 우리는 다방면으로 생각이 비슷하다. 내가 이렇게 평가하는 작가는 거의 없다.

주석

머리말

1 Smedley D. Butler, War Is a Racket. New York: Round Table Press, 1935.

2 "Editors' Note: July 19", New York Times, July 19, 2012, http://www.nytimes.com/2012/07/19/pageoneplus/corrections-july-19.html?_r=0.

1. 블로그가 뉴스를 만든다

1 Jeremy W. Peters, "Political Blogs Are Ready to Flood Campaign Trail", New York Times, January 29, 2011, http://www.nytimes.com/2011/01/30/business/media/30blogs.html.

2. 미디어 사슬을 타고 올라가기: 손쉽게 '무'를 '유'로 바꿔놓는 3단계

1 Lindsey Robertson, "The Do's and Don'ts of Online Publicity, for Some Reason", 최종 수정 2010년 1월 12일, http://lindsayrobertson.tumblr.com/post/330892541/the-dos-and-donts-of-online-publicity-for-some.

2 "National Survey Finds Majority of Journalists Now Depend on Social Media for Story Research", January 20, 2010, http://us.cision.com/news_room/press_releases/2010/2010-1-20_gwu_survey.asp.

3 같은 게시물.

4 NPR staff, "The Music Man Behind 'Entourage' Shares His Secret", 최종수정

2011년 11월 20일, http://www.npr.org/2011/11/20/142558220/the-music-man-behind-entourage-shares-his-secret.

5 Tina Dupoy, "Tucker Max: America's Douche", 최종 수정 2009년 9월 24일, http://www.mediabistro.com/fishbowlny/tucker-max-americas-douche_b117873. Dakota Smith, "LA Not Particularly Welcoming to Tucker Max", 최종 수정 2009년 9월 24일, http://la.curbed.com/archives/2009/09/la_not_particularly_welcoming_to_tucker_max.php.

6 Mackenzie Schmidt, "16 Angry Women Attempt to Protest the World's Biggest Douche. Or, the Anti-Tucker Max Story, 'I Hope They Serve Subpoenas in Hell'", 최종 수정 2009년 10월 1일, http://blogs.villagevoice.com/runninscared/2009/10/16_angry_women.php.

7 Dan Shanoff, "Brett Favre on 'Dancing with the Stars?' No. Not Even a Rumor", 최종 수정 2011년 2월 11일, http://www.quickish.com/articles/brett-favre-on-dancing-with-the-stars-no-not-even-a-rumor.
Barry Petchesky, "From Bleacher Report to ProFootballTalk: A Brett Favre Non-Rumor Goes National", 최종 수정 2011년 2월 11일, http://deadspin.com/5757958/from-bleacher-report-to-profootballtalk-a-brett-favre-non+rumor-goes-national.

8 Steve Myers, "Florida Quran Burning, Afghanistan Violence Raise Questions About the Power of Media Blackouts", 최종 수정 2011년 4월 7일, http://www.poynter.org/latest-news/making-sense-of-news/126878/florida-quran-burning-afghanistan-violence-raise-questions-about-the-power-of-media-blackouts
Jeff Bercovici, "When Journalism 2.0 Kills", 최종 수정 2011년 4월 7일, http://www.forbes.com/sites/jeffbercovici/2011/04/07/when-journalism-2-0-kills.

3. 블로그 사기: 발행인이 온라인으로 돈을 버는 방법

1 TMZ Staff, "TMZ Falls for JFK Photo Hoax", 최종 수정 2009년 12월 28일, http://www.thesmokinggun.com/documents/celebrity/tmz-falls-jfk-photo-hoax.

2 Forest Kamer, "Gawker's March Editorial Review Memo: Essentially 'Stop Writing Shitty Headlines.' Also 'MOAR SEX CRIMES PLZKTHX'", 최종 수정 2010년 4월 7일, http://blogs.villagevoice.com/runninscared/2010/04/gawkers_march_e.php.

4. 전략 #1: 뇌물의 기술

1 Ben Parr, "What Do the Big Tech Blogs Such as Techcrunch or Mashable Look For When They Hire Writers?", 최종 수정 2010년 12월 28일, http://www.quora.com/What-do-the-big-tech-blogs-such-as-TechCrunch-or-Mashable-look-for-when-they-hire-writers.

2 Darren Rowse, "Weblogs Inc. Pays $4 per Post to Bloggers", 최종 수정 2005년 8월 27일, http://www.problogger.net/archives/2005/08/27/weblogs-inc-pays-4-per-post-to-bloggers.

3 David Kaplan, "Updated: Seeking Alpha on Track to Pay Its Bloggers $1.2 Million This Year", 최종 수정 2011년 7월 5일, http://paidcontent.org/article/419-seeking-alpha-on-track-to-pay-its-bloggers-1.2-million-this-year.
Joe Pompeo, "The Awl to Start Paying Its Writers in January", 최종 수정 2010년 12월 14일, http://news.yahoo.com/blogs/cutline/awl-start-paying-writers-january-20101214-111403-891.html.

4 Henry Blodget, "More Than You Ever Wanted to Know About the Economics of the Online News Business—A TWEETIFESTO", 최종 수정 2010년 3월 27일, http://www.businessinsider.com/henry-blodget-more-than-you-ever-wanted-to-know-about-the-economics-of-the-online-news-business-a-tweetifesto-2010-3.

5 Jenni Maier, "Tucker Max Proves You Can Pay Celebrities to Tweet Whatever You Want", 최종 수정 2012년 2월 9일, www.crushable.com/2012/02/09/entertainment/tucker-max-pay-celebrities-to-tweet-213.

6 Nate Silver, "The Economics of Blogging and the Huffington Post", 최종 수

정 2011년 2월 12일, http://fivethirtyeight.blogs.nytimes.com/2011/02/12/the-economics-of-blogging-and-the-huffington-post.

7 Victoria Barret, "Is Pure Journalism Unaffordable?", 최종 수정 2011년 2월 17일, http://www.forbes.com/sites/victoriabarret/2011/02/17/is-pure-journalism-unaffordable.
Blodget, "More Than You Ever Wanted to Know".

5. 전략 #2: 듣고 싶어 하는 말을 해주라

1 "A Study of the News Ecosystem of One American City", 최종 수정 2010년 1월 11일, http://www.journalism.org/analysis_report/how_news_happens.

2 Taylor Buley, "Tech's Would-Be Takeover Con Artist", 최종 수정 2010년 10월 27일, http://www.forbes.com:80/2009/10/27/fraud-stockbrocker-google-technology-internet-takeover.html.

3 Sam Biddle, "Malfunctioning Cake Ruins Party and Spews Liquor All Over Oil Tycoons (Updated: Fake)", 최종 업데이트 2012년 6월 7일, http://gizmodo.com/5916538/malfunctioning-cake-ruins-party-and-spews-liquor-all-over-rich-people.

4 Adrian Chen, "Viral Video of Shell Oil Party Disaster Is Fake, Unfortunately", 최종 업데이트 2012년 6월 7일, http://gawker.com/5916661/hilarious-video-of-shell-oil-party-disaster-is-fake-unfortunately#13590606485532&{"type":"iframeUpdated","height":292}.

6. 전략 #3: 확산되는 것을 주라

1 Nicole Hardesty, "Haunting Images of Detroit's Decline (PHOTOS)", 최종 수정 2011년 3월 23일, http://www.huffingtonpost.com/2011/03/23/detroitdecline_n_813696.html.

Stephen McGee, "Detroit's Iconic Ruins", http://www.nytimes.com/slideshow/2010/03/06/us/0306_STATION_7.html.

Andrew Moore, "Slide Show: Detroit, City of Ruins", 최종 수정 2010년 4월 8일, http://www.nybooks.com/blogs/nyrblog/2010/apr/08/slide-show-detroit-city-of-ruins.

The Observer, "Detroit in Ruins", 최종 수정 2011년 1월 1일, http://www.guardian.co.uk/artanddesign/gallery/2011/jan/02/photography-detroit#.

Bruce Gilden, "Detroit: The Troubled City", 최종 수정, 2009년 5월 6일, http://blog.magnumphotos.com/2009/05/detroit_the_troubled_city.html.

2 Noreen Malone, "The Case Against Economic Disaster Porn", 최종 수정, 2011년 1월 22일, http://www.tnr.com/article/metro-policy/81954/Detroit-economic-disaster-porn.

3 Adrianne Jeffries, "Interview with Jonah Peretti, on BuzzFeed's Move into News", 최종 수정 2012년 1월 18일, http://www.betabeat.com/2012/01/18/interview-with-jonah-peretti-on-buzzfeeds-move-into-news.

4 Jonah Berger and Katherine L. Milkman, "What Makes Content Viral?" 2011, Wharton School. http://www.scribd.com/doc/67402512/SSRN-id1528077.

5 Annie Lang, "Negative Video as Structure: Emotion, Attention, Capacity and Memory", Journal of Broadcasting & Electronic Arts (Fall 1996): 460.

7. 전략 #4: 독자를 속이는 것을 도우라

1 Venkatesh Rao, "The Greasy, Fix-It 'Web of Intent' Vision", 최종 수정 2010년 8월 17일, http://www.ribbonfarm.com/2010/08/17/the-greasy-fix-it-web-of-intent-vision/.

9. 전략 #6: 헤드라인으로 끝장을 보라

1 Kenneth Whyte, The Uncrowned King: The Sensational Rise of William Randolph Hearst. Berkeley, CA.: Counterpoint, 2009.

2 Upton Sinclair, The Brass Check: A Study of American Journalism. Champaign, IL: University of Illinois Press, 1919.

3 Jenna Sauers, "American Apparel's Rejected Halloween Costume Ideas", 최종 수정, 2010년 10월 18일, http://Jezebel.com/5666842/exclusive-american-apparels-rejected-halloween-costume-idea.

4 Eric Schmidt, "How Google Can Help Newspapers", Wall Street Journal, December 1, 2009, http://online.wsj.com/article/SB1000142405274870410710457 4569570797550520.html.

5 David Carr, "Taylor Momsen Did Not Write This Headline", New York Times, May 16, 2010.

6 E. B. Boyd, "Brains and Bots Deep Inside Yahoo's CORE Grab a Billion Clicks", Fast Company, August 1, 2011, http://www.fastcompany.com/1770673/how-yahoo-got-to-a-billion-clicks.

10. 전략 #7: 선심성 페이지뷰로 공략하라

1 "Leaked: AOL's Master Plan", Business Insider, http://www.businessinsider.com/the-aol-way#-17.

2 http://www.newyorker.com/online/blogs/susanorlean/2.html.

3 Brandon Mendelson, "Mashable Continues to Cash In on Death", 최종 수정 2011년 9월 6일, http://ph.news.yahoo.com/mashable-continues-cash-death-173201323.html.

4 Bryan C. Warnock, "Re: RFCs: Two Proposals for Change", 최종 수정 2000년 8월 7일, http://www.nntp.perl.org/group/perl.bootstrap/2000/08/msg1127.html.

5 Nate Silver, "The Economics of Blogging and the Huffington Post", 최종 수정 2011년 2월 12일, http://fivethirtyeight.blogs.nytimes.com/2011/02/12/the-economics-of-blogging-and-the-huffington-post.

11. 전략 #8: 기술에 맞서서 기술을 사용하라

1 Justin Hall, 최종 수정 1996년 1월 10일, http://links.net/daze/96/01/10.

2 "The Gawker Job Interview", 최종 수정, 2008년 1월 12일, http://www.nytimes.com/2008/01/12/fashion/13gweb.html.

3 S. Kim, "Content Analysis of Cancer Blog Posts", Journal of the Medical Library Association (October 2009) 97: 260–66.

4 Jakob Nielsen, "Long vs. Short Articles as Content Strategy", 최종 수정, 2007년 11월 12일, http://www.useit.com/alertbox/content-strategy.html.

5 Jack Fuller, "Public Inauthenticity: A Crisis of Falling Expectations", May 12, 1999, http://newsombudsmen.org/fuller.html.

12. 전략 #9: 그냥 지어내라(다들 그렇게 한다)

1 "Seeing Non-existent Things", Washington Post, June 18, 1899, 이 기사는 ProQuest Historical Newspapers를 통해 2011년 7월 30일에 확인하였다.

2 Meranda Watling, "Where to Find Original, Local Story Ideas Online", 최종 수정 2011년 5월 31일, http://www.mediabistro.com/10000words/where-to-find-original-local-story-ideas-online_b4352.

3 M. G. Siegler, "Content Everywhere, but Not a Drop to Drink", February 12, 2012, http://parislemon.com/post/17527312140/content-everywhere-but-not-a-drop-to-drink.

4 Maysa Rawi, "Has American Apparel Gone Too Far with 'Creepy' Controversial New Campaign?" 최종 수정 2011년 1월 11일, http://www.dailymail.co.uk/fe-mail/article-1346138/Has-American-Apparel-gone-far-creepy-controversial-new-campaign.html.

5 Nate Freeman, "Gawker Editor Remy Stern Talks Approach to O'Donnell Story", 최종 수정 2010년 10월 28일, http://www.observer.com/2010/media/gawker-editor-remy-stern-approach-odonnell-story?utm_medium=partial-text&utm_campaign=media.

13. 아이린 카먼, 〈더 데일리 쇼〉, 그리고 나: 갈 데까지 간 유독성 블로깅

1 Irin Carmon, "The Daily Show's Woman Problem", last modified June 23, 2010, http://Jezebel.com/5570545.

2 Jennifer Mascia, "A Web Site That's Not Afraid to Pick a Fight", New York Times, July 11, 2010, http://www.nytimes.com/2010/07/12/business/media/12Jezebel.html.

3 "Women of The Daily Show Speak", http://www.thedailyshow.com/message.

4 Dave Itzkoff, "'The Daily Show' Women Say the Staff Isn't Sexist", New York Times, July 6, 2010, http://www.nytimes.com/2010/07/07/arts/television/07daily.html.

5 Irin Carmon, "5 Unconvincing Excuses for Daily Show Sexism", 최종 수정 2010년 6월 24일, http://Jezebel.com/5571826/5-unconvincing-excuses-for-daily-show-sexism.

6 Irin Carmon, "Female Employees of The Daily Show Speak Out", http://Jezebel.com/5580512/female-employees-of-the-daily-show-speak-out.

7 Emily Gould, "Outrage World", 최종 수정 2010년 7월 6일, http://www.slate.com/articles/double_x/doublex/2010/07/outrage_world.html.

8 Irin Carmon, "Judd Apatow Defends His Record on Female Characters", 최종 수정 2010년 11월 10일, http://Jezebel.com/5686517/judd-apatow-defends-his-record-on-female-characters.

15. 게으른 행동주의는 행동주의가 아니다: 시간과 정신을 흡입하는 온라인 미디어에 저항하기

1 Peter Kafka, "YouTube Steps Closer to Your TV with 'Leanback'", 최종 수정 2010년 7월 7일, http://allthingsd.com/20100707/youtube-steps-closer-to-your-tv-with-leanback.

2 Tamar Lewin, "If Your Kids Are Awake, They're Probably Online", New York Times, January 20, 2010, http://www.nytimes.com/2010/01/20/education/20wired.html.
"Social Media Report: Q3 2011", http://blog.nielsen.com/nielsenwire/social/.

3 Paul Lazarsfeld and Robert Merton, "Mass Communication, Popular Taste, and Organized Social Action", The Communication of Ideas (1948).

16. 그냥 전달하기: 아무도 자기 말을 책임지지 않을 때

1 Mark Schneider, "Delegating Trust: An Argument for an 'Ingredients Label' for News Products", October 2005, http://journalismethics.info/online_journalism_ethics/index.htm.

2 Shawn Pogatchnik, "Student Hoaxes World's Media on Wikipedia", 최종 업데이

트, 2009년 5월 12일, http://www.msnbc.msn.com/id/30699302/ns/technology_and_science-tech_and_gadgets/t/student-hoaxes-worlds-media-wikipedia/#.Tz7D1iOHeYc.

3 Erik Wemple, "Joe Paterno Dies on Sunday, Not Saturday", 최종 수정 2012년 1월 22일, www.washingtonpost.com/blogs/erik-wemple/post/joe-paterno-dies-on-sunday-not-saturday/2012/01/22/gIQATznwIQ_blog.html.

4 David Sternman, "American Apparel: In Deep Trouble", 최종 수정 2012년 1월 12일, http://seekingalpha.com/article/319135-american-apparel-in-deep-trouble.
John Biggs, "Paypal Shreds Ostensibly Rare Violin Because It Cares", 최종 수정 2012년 1월 4일, http://techcrunch.com/2012/01/04/paypal-shreds-ostensibly-rare-violin-because-it-cares.

5 Joe Weisenthal, "NYT's Big David Paterson Bombshell Will Break Monday, Governor's Resignation to Follow", 최종 수정 2010년 2월 7일, www.businessinsider.com/source-nyts-david-paterson-bombshell-to-break-tomorrow-governors-resignation-to-follow-2010-2.
Joe Weisenthal, "SOURCE: The NYT's Big David Paterson Bombshell Will Break Soon, Governor's Office Denies Resignation in Works", 최종 수정 2010년 2월 7일, www.businessinsider.com/source-nyts-david-paterson-bombshell-to-break-tomorrow-governors-resignation-to-follow-2010-2.

6 Henry Blodget, "Apple Denies Steve Jobs Heart Attack Report: 'It Is Not True'", 최종 수정 2008년 10월 3일, http://www.businessinsider.com/2008/10/apple-s-steve-jobs-rushed-to-er-after-heart-attack-says-cnn-citizen-journalist.

7 Josh Duboff, "Paterson Reportedly to Resign Monday Following Times Story", 최종 수정 2010년 2월 7일, http://nymag.com/daily/intel/2010/02/paterson_reportedly_to_resign.html.

17. 사이버 전쟁: 온라인에서 결전을 벌이기

1 Antonio Regalado, "Guerrilla Webfare", MIT Technology Review (2010), http://www.technologyreview.com/business/26281.

2 Michael Arrington, "Why We Often Blindside Companies", 최종 수정 2011년 6월 20일, http://techcrunch.com/2011/06/20/why-we-often-blindside-companies.

3 Tom Mulraney, "An Open Letter to the Luxury Watch Industry—Help Us, Help You", 최종 수정 2010년 11월 13일, http://thewatchlounge.com/an-open-letter-to-the-luxury-watch-industry-%E2%80%93-help-us-help-you.

18. 정정이라는 헛된 믿음

1 Howard Kurtz, "Clinton Aide Settles Libel Suit Against Matt Drudge—at a Cost", Washington Post, May 2, 2001, www.washingtonpost.com/archive/lifestyle/2001/05/02/clinton-aide-settles-libel-suit-against-matt-drudge-at-a-cost/2c79eeaa-4eff-4994-979a-ac310352de5b/?utm_term=.761463b8bc20.

2 Shirley Brady, "American Apparel Taps Drew Carey for Image Turnaround", 최종 수정 2010년 9월 6일, http://www.brandchannel.com/home/post/2010/09/06/American-Apparel-Drew-Carey.aspx.

3 Brendan Nyhan and Jason Reifler, "When Corrections Fail: The Persistence of Political Misperceptions." Political Behavior 32: 303–30.

4 Jeffrey A. Gibbons, Angela F. Lukowski, and W. Richard Walker, "Exposure Increases the Believability of Unbelievable News Headlines via Elaborate Cognitive Processing", Media Psychology 7 (2005): 273–300.

19. 21세기 격하 의식: 조롱, 수치, 처벌 장치로서의 블로그

1 Dov Charney, "Statement from Dov Charney, Founder and CEO of American Apparel", The Guardian, May 18, 2009, http://www.guardian.co.uk/film/2009/may/18/american-apparel-woody-allen.

20. 비현실의 세계에 오신 것을 환영합니다

1 Henry Blodget, "DEAR PR FOLKS: Please Stop Sending Us 'Experts' and 'Story Ideas'—Here's What to Send Us Instead", 최종 수정 2011년 4월 15일, http://www.businessinsider.com/pr-advice-2011-4.

2 "Conservative Media Silent on Prior Publication of Leaks Favorable to White House", 최종 수정 2006년 6월 30일, www.mediamatters.org/research/2006/06/30/conservative-media-silent-on-prior-publication/136091.

결론. 그래서… 여기에서 어디로?

1 John Hudson, "Nick Denton: What I Read", 최종 수정 2011년 2월 6일, http://www.theatlanticwire.com/entertainment/2011/02/nick-denton-what-i-read/17870.

2 Tyler Cowen, "What's the New Incentive of The New York Times", 최종 수정 2011년 3월 18일, http://marginalrevolution.com/marginalrevolution/2011/03/whats-the-new-incentive-of-the-new-york-times.html.

참고 문헌

Alterman, Eric. Sound and Fury: The Making of the Washington Punditocracy. New York: Cornell University Press, 2000.

Baker, Jesse. "Gawker Wants to Offer More Than Snark, Gossip", January 3, 2011, http://www.npr.org/2011/01/03/132613645/Gawker-Wants-To-Offer-More-Than-Snark-Vicious-Gossip.

Blodget, Henry. "Post Hate Mail About Our Link to Steve Jobs Heart Attack Report Here", Business Insider, October 4, 2008.

Brown, Scott, and Steven Leckart. "Wired's Guide to Hoaxes: How to Give—and Take—a Joke", Wired, September 2009.

Butler, Smedley D. War Is a Racket. New York: Roundtable Press, 1935. (한국어판 제목 《전쟁은 사기다》)

Campbell, W. Joseph. Yellow Journalism: Puncturing the Myths, Defining the Legacies. Westport, CT: Westport Praeger, 2001.

____. Getting It Wrong: Ten of the Greatest Misreported Stories in American Journalism. Berkeley: University of California Press, 2010.

Carmon, Irin. "What Went Wrong with Sarah Palin?", Jezebel, May 10, 2011.

Carr, David. "Taylor Momsen Did Not Write This Headline", New York Times, May 16, 2010.

Chomsky, Noam, and Edward S. Herman. Manufacturing Consent: The Political Economy of the Mass Media. New York: Pantheon, 1988. (한국어판 제목 《여론조작》)

Crouthamel, James L. Bennett's New York Herald and the Rise of the Popular Press. Syracuse, NY: Syracuse University Press, 1989.
Curtis, Drew. It's Not News, It's Fark: How Mass Media Tries to Pass off Crap as News. New York: Gotham, 2007.

Del Signore, John. "Choire Sicha, Ex-Gawker Editor", Gothamist, December 5, 2007.
Denby, David. Snark. New York: Simon & Schuster, 2009.

Epstein, Edward Jay. News from Nowhere: Television and the News. New York: Random House, 1973.

____. Between Fact and Fiction: The Problem of Journalism. New York: Vintage, 1975.

Farhi, Paul. "Traffic Problems", American Journalism Review, September 2010.

Fishman, Mark. Manufacturing the News. Austin, TX: University of Texas Press, 1980.

Gawker Media. The Gawker Guide to Conquering All Media. New York: Atria Books, 2007.

Goldstein, Tom. The News at Any Cost: How Journalists Compromise Their Ethics to Shape the News. New York: Simon & Schuster, 1985.

Greene, Robert. The 48 Laws of Power. New York: Viking, 1998. (한국어판 제목《권력의 법칙》)

Haas, Tanni. Making It in the Political Blogosphere: The World's Top Political Bloggers Share the Secrets to Success. Cambridge, UK: Lutterworth Press, 2011.

Huffington, Arianna. The Huffington Post Guide to Blogging. New York: Simon & Schuster, 2008.

Kierkegaard, Søren. The Present Age. New York: Harper Perennial, 1962. (한국어판 제목《현대의 비판》)

Lanier, Jaron. You Are Not a Gadget: A Manifesto. New York: Alfred A. Knopf, 2010. (한국어판 제목《디지털 휴머니즘》)

Lippmann, Walter. Public Opinion. New York: Free Press, 1965. (한국어판 제목《여론》)

Lizza, Ryan. "Don't Look Back", The New Yorker, January 24, 2011.

McCarthy, Ryan. "Business Insider, Over-Aggregation, and the Mad Grab for Traffic", Reuters, September 22, 2011.

Morozov, Evgeny. The Net Delusion: The Dark Side of Internet Freedom. New York: PublicAffairs, 2011.

Mulkern, Anne C., and Alex Kaplun. "Fake Reporters Part of Climate Pranksters' 'Theater'", www.enews.net, October 20, 2009.

Munsterberg, Hugo. "The Case of the Reporter", McClure's, Volume 28: November 1910–April 1911.

Orlin, Jon. "If It's on the internet, It Must Be True", TechCrunch, August 14, 2010.

Owyang, Jeremiah. "Crisis Planning: Prepare Your Company for Social Media Attacks", March 22, 2010, http://www.web-strategist.com/blog/2010/03/22/prepare-your-company-now-for-social-attacks.

Pariser, Eli. The Filter Bubble: What the Internet Is Hiding from You. New York: The Penguin Press, 2011.

(한국어판 제목 《생각 조종자들》)

Postman, Neil. Amusing Ourselves to Death: Public Discourse in the Age of Show Business. New York: Viking, 1985. (한국어판 제목 《죽도록 즐기기》)

____. Technopoly: The Surrender of Culture to Technology. New York: Alfred A. Knopf, 1992. (한국어판 제목 《테크노폴리》)

Rosenberg, Scott. Say Everything: How Blogging Began, What It's Becoming, and Why It Matters. New York: Crown, 2009.

Rowse, Darren. "'If You Had a Gun Against Your Head to Double Your Readership in Two Weeks, What Would You Do? '— An Interview with Tim Ferriss", Pro-blogger, July 25, 2007.

Rutten, Tim. "AOL? HuffPo. The Loser? Journalism", Los Angeles Times, February 9, 2011.

Schudson, Michael. Discovering the News: A Social History of American Newspapers. New York: Basic Books, 1978. (한국어판 제목 《뉴스의 발견》)

Silverman, Craig. Regret the Error: How Media Mistakes Pollute the Press and Imperil Free Speech. New York: Union Square Press, 2007.

Sinclair, Upton. The Brass Check: A Study of American Journalism. Chicago: University of Illinois Press, 2002.

Strauss, Neil. "The Insidious Evils of 'Like' Culture", Wall Street Journal, July 2, 2011.

Trow, George W. S. Within the Context of No Context. New York: Atlantic Monthly Press, 1997.

Walker, Rob. http://murketing. tumblr.com/post/4670139768.

Wasik, Bill. And Then There's This: How Stories Live and Die in Viral Culture. New York: Viking, 2009.

White, Charlie. Bloggers Boot Camp: Learning How to Build, Write, and Run a Successful Blog. Waltham, MA: Focal Press, 2011.

더 읽을 거리

나는 이 주제에 대해 아직 배울 것이 많다고 확신하며, 출간을 위해 이 책의 원고를 넘긴 이후에도 연구를 멈추지 않았다. 나와 함께 이 여정을 계속하고 (이 주제 및 다른 모든 주제들에 대해) 매달 책을 추천받고 싶다면, 내 추천 도서 이메일을 등록하라. 현재 내 메일을 구독하는 이는 8만 명이 넘으며, 책을 토론하기에 아주 유용하고 활기찬 곳이다. 당신의 추천도 듣고 싶다. ryanholiday.net/reading-newsletter에 가입하라.

내 인생을 바꾼 책 목록을 알고 싶으면, ryanholiday.net/reading-list에서 도서 목록을 확인하라.

또한 http://observer.com/author/ryan-holiday/에서 지난 몇 년 동안 미디어에 대해 쓴 나의 칼럼을 다수 읽을 수 있다. 이 주제에 대한 연구를 더 진행하기 위해 미디어와 마케팅에 대한 훌륭한 도서 목록이 필요하다면, TMIL@ryanholiday.net으로 이메일을 보내면 된다.

찾아보기